苏东坡大传

刘传铭 著

前页题字：刘传铭
前页印章：李智野

《东坡赤壁图》宋 王诜（传）美国弗利尔美术馆藏

此幅《东坡赤壁图》对后世颇有影响。团扇构图如局部放大，虽是聚焦一角，却为赤壁的辽阔江天、无边夜色和诗人兴会留下了丰富的想象空间。此幅画上虽有"王诜东坡赤壁"六字题签，当系后世所托。

李端叔 蘇東坡 王晉卿 蔡天啓

《西园雅集图》宋 刘松年 台北故宫博物院藏

若论影响深远，中国著名的文人雅集除了东晋永和九年（353）的兰亭以诗会友之外，就数北宋汴京（开封）王诜府第西园的这次聚会。聚会确切时间惜无记录，推知应是神宗元丰朝的风雅之事。主人王诜能书善画，广交天下放逸之士，且与苏轼、苏辙、黄庭坚、米芾、秦观、李之仪、张耒、晁补之等交善，故以诗画会友邀约。

该部分以手卷形式绘宾主16人，加上侍女、书童散落掩映于园林各处，或书或画或观或咏或弹琴或题石，风雅比兰亭之曲水流觞的饮酒赌诗更加丰富多彩。

当时即有李公麟图绘此事，后世画家纷纷摹写同一题材。《西园雅集图》超越了时代。

此幅是南宋刘松年所画，是学界公认的南宋真迹，故尔图中信息应最接近故事发生的年代。

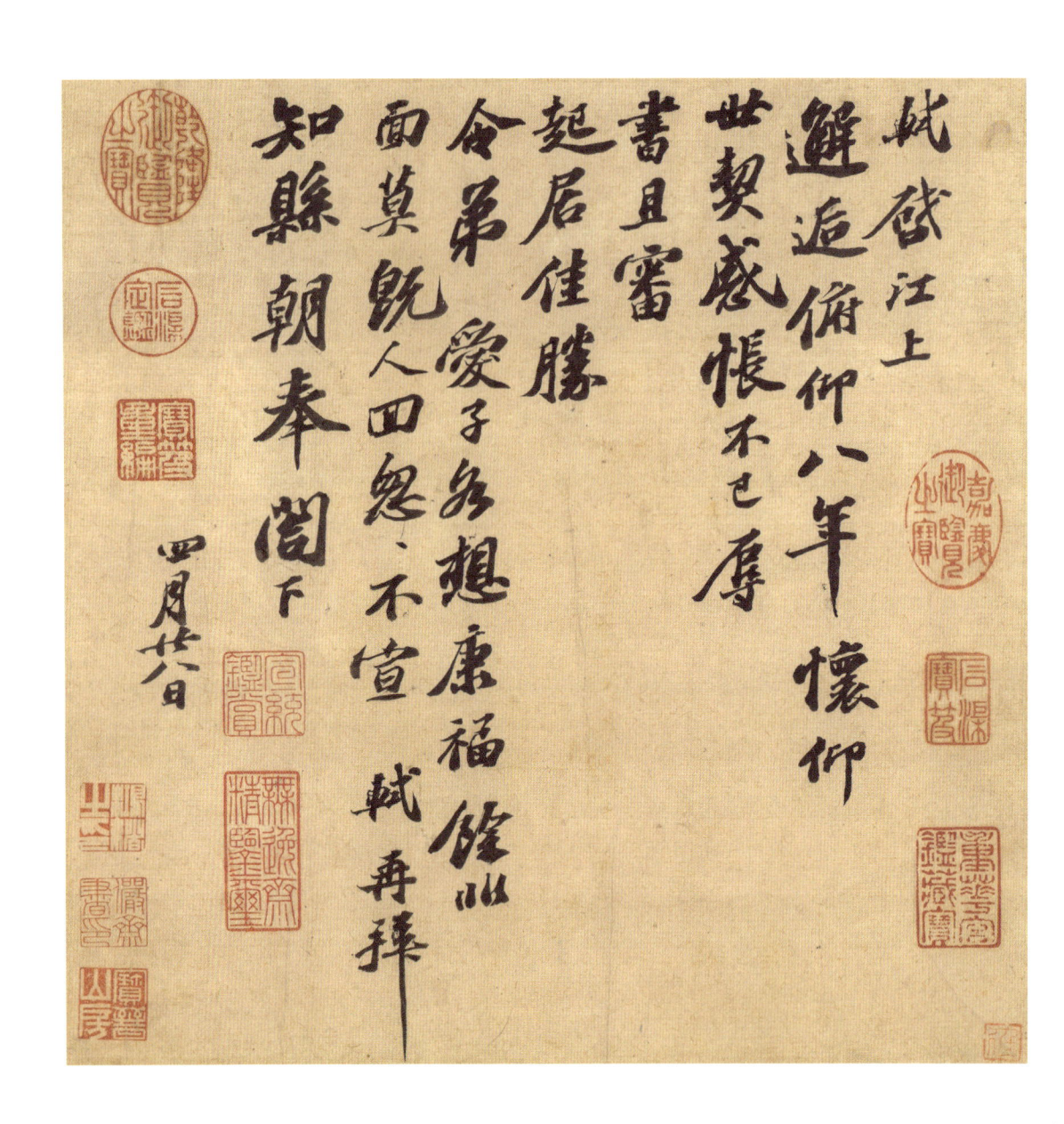

《江上帖》北宋 苏轼 台北故宫博物院

轼启。江上邂逅，俯仰八年。怀仰世契，感怅不已。辱书，且审起居佳胜。令弟、爱子各想康福。余非面莫既。人回，匆匆，不宣。轼再拜知县朝奉阁下。四月廿八日。

苏东坡大传

SU DONG PO

刘传铭 著

海南出版社
·海口·

图书在版编目（CIP）数据

　　苏东坡大传 / 刘传铭著 . -- 海口：海南出版社，2023.9
　　ISBN 978-7-5730-1277-7

　　Ⅰ.①苏… Ⅱ.①刘… Ⅲ.①苏轼（1036-1101）-传记 Ⅳ.① K825.6

中国版本图书馆 CIP 数据核字 (2023) 第 147359 号

苏东坡大传
SU DONGPO DAZHUAN

作　　者：刘传铭
出 品 人：王景霞
策 划 人：彭明哲
责任编辑：谭丽琳　刘长娥
特约编辑：杨佳黎
封面设计：林　林
责任印制：杨　程
印刷装订：北京雅图新世纪印刷科技有限公司
读者服务：唐雪飞
出版发行：海南出版社
总社地址：海口市金盘开发区建设三横路 2 号　邮编：570216
北京地址：北京市朝阳区黄厂路 3 号院 7 号楼 101 室
电　　话：0898-66812392　010-87336670
电子邮箱：hnbook@263.net
经　　销：全国新华书店
版　　次：2023 年 9 月第 1 版
印　　次：2023 年 9 月第 1 次印刷
开　　本：787 mm×1 092 mm　1/16
印　　张：38
字　　数：450 千字
书　　号：ISBN 978-7-5730-1277-7
定　　价：229.00 元

【版权所有，请勿翻印、转载，违者必究】
如有缺页、破损、倒装等印装质量问题，请寄回本社更换。

目录

引言

壹 孤岛不孤 不归为归

003　一　东坡是信轮回的

008　二　此生长作岭南人

015　三　渡海

019　四　荒凉在心

022　五　鸿飞雁也飞

029　六　孤岛不孤

034　七　凿泉

038　八　视自由为故乡

041　九　诗心不变形

049　十　局外观棋淡如菊

054　十一　反客为主

贰 眉山青黛 蜀道绛紫

- 069 一 苏门探源
- 077 二 眉山青黛
- 084 三 涣发于前
- 088 四 宗盟胜血脉
- 092 五 母亲
- 095 六 母教
- 099 七 但愿一识张益州

叁 漫漫仕途凤翔初

- 107 一 出川
- 113 二 逐梦京华
- 120 三 等闲登天
- 131 四 返乡奔丧
- 140 五 征帆无回棹

肆 不论变与不变

- 153　一　宜秋亦宜居
- 156　二　风乍起
- 160　三　巨石挡道
- 171　四　文星照耀的天空
- 176　五　凤翔故事
- 184　六　好雨知时节
- 196　七　室有良人
- 199　八　最后的乡愁

伍 只辨良与不良

- 213　一　吃鱼和鱼吃
- 217　二　法非不当变
- 221　三　人应是其人
- 227　四　政治是一台绞肉机
- 233　五　风暴中的进与退
- 237　六　万言书
- 243　七　知遇之恩罪与罚

陆 一湖诗酒趁年华

- 255 一 一湖诗酒趁年华
- 263 二 文化与宗教
- 274 三 佛缘深浅
- 279 四 风吹柳花满店香
- 291 五 太阳和月亮的战争
- 310 六 井深情更深
- 314 七 分山理水
- 320 八 告别西湖

柒 超然复超然 黄楼对黄昏

- 327 一 天灾人祸战犹酣
- 335 二 我思家国
- 345 三 黄楼的黄昏
- 353 四 山抹微云自飘零
- 362 五 师生情
- 365 六 爱恨人世间
- 370 七 五马出尘
- 377 八 爱铭心 恨刻骨
- 383 九 别亦匆匆 逢亦匆匆

捌 庐山烟雨

- 395 一 冰火两重天
- 400 二 上庐山
- 409 三 江心煮月
- 413 四 金陵神仙会
- 421 五 求田问舍
- 426 六 峰回路转又一新

玖 京华梦醉

- 443 一 如梦一样真实
- 454 二 新翻老戏码
- 460 三 敌人是一剂良药
- 467 四 十年风光路
- 473 五 理想不会老
- 478 六 京华烟云
- 487 七 江山依旧，人心不再

拾 泥土的救赎

- 499 一 珍贵的泥土
- 506 二 生命从六十岁开始
- 515 三 逸笔写悲怆
- 526 四 问客问水问月
- 537 五 幸福就是守住底线
- 542 六 承天寺的足音

- 553 尾声
- 559 主要参考书目
- 565 东坡一千年
- 571 致谢

引言

生命轮回是佛家语。中国人大多数讲而不信。我原先不信不讲是受了"子不语：怪、力、乱、神"的影响。这一点亦是20世纪以来中国读书人的共识。本以为讲不讲轮回无关宏旨，何况我们还生活在一个宗教信仰自由的时代和国度。随着岁月流逝，马齿徒增，当你一步步跨过"三十而立，四十而不惑，五十而知天命，六十而耳顺……"，一步步走向衰老的生命终点时，人生的终极拷问——"活着还是死亡"之问就一定会摆在面前。无论你的生活是轰轰烈烈还是平平淡淡，无论你是人生赢家还是理想幻灭，当丧钟敲响之前，轮回就变成了不少人纠结的问题。是信呢，还是不信呢？

这个问题没有标准答案。对于生命个体来说它无法被证明是对或是错。一条生死界河将对错分隔成我们迄今还无法认知，更无法说清的两个世界，按照世俗的说法，即有神和无神分述的世界。

对我而言，关于宗教和鬼神，由不信不讲到疑而不信到讲而存疑到将信将疑到信而不言到又信又讲，实在是一个漫长的生命体验过程。这种有限的思想变化耗时漫长，直至过了民间所说的阎王爷送来第一次邀请函的73岁，我好像才有了自己的答案。其中的玄机其实从认识苏东坡的50年前就开启了。

"中国人的文化是中国人的宗教"的思想认知，为我与前世那些千年隔膜的灵魂搭建起死生契阔、携手同行、牧马放歌的天边高台。也是为今生在与生命告别时，能对自己平静且又无比欣然地说一句：我这一辈子，行乎其所当行，止乎其所不得不止。我热爱生活，亦甘于平淡；我热爱生命，才不愿苟活。数年前，我在北京大学百年讲堂"纪念苏轼诞生980年"活动讲演中说过：

> 人难逃一死，不过伟大的人却能死三次。第一次死亡是停止呼吸，是由医生宣布的。第二次死亡是亲朋凋零，被世人遗忘。第三次则是此人的所有生活印记，包括财富、功名、文章、学术、政绩等等均被岁月荡涤一空。
>
> 死神不问鸿毛泰山之轻重，时光只信奈何忘川之无情。故世人无不死，唯求不朽。只是一个将诗思饱满快意人生融入文明长河血脉的人怎么会死？怎么会朽？怎么不令世世代代珍惜！
>
> 大家爱东坡是事实，但我以为"爱之者众，知之者稀"也是事实。自古至今，"非其鬼而祭，非其神而拜"的荒谬普遍存在。只有知之愈详，才能爱之愈深，所以后世寄托情感的"寿苏会"应该有一个新使命，勿使朗月蒙灰，爽笑变声，那便是"还原东坡真相"。这一点东坡先生当然不会计较，因豁达如先生者早已参透了"何以息谤？曰无辩"，笑骂由人，毁誉任他。只是我们不能缺失对先贤的敬意，把东坡也当成一顿文化消费快餐，当成一块甜软香腻的"东坡肉"。
>
> 不少人爱吃杭帮菜中的名菜"东坡肉"，坊间传闻还说这是纪念苏轼杭州仕宦时的爱民情怀与疏浚西湖的政绩。于是人们便一边心安理得甚至嬉皮笑脸、口角流涎地大吃特吃"东坡肉"，还一边轻薄为文说些东坡先生的闲话。我也喜欢吃肉，家人戏称我是"食

传铭题"羽扇纶巾"东坡提梁壶

肉动物"。然而每每面对"东坡肉"的色香诱人，无论如何都是难以下箸，这会让我想起《西游记》中写的"唐僧肉"，唯妖魔贪食。如此怪相折射出的岂不正是世风不古和扭曲以及假借纪念东坡之伧俗？纪念耶，淡忘耶，慈悲耶，屠杀耶？误读东坡可见一斑。

为这次活动写了"羽扇纶巾"4个字。这是苏轼《念奴娇·赤壁怀古》一词中的名句。"……遥想公瑾当年，小乔初嫁了，雄姿英发。羽扇纶巾，谈笑间，樯橹灰飞烟灭……"。枭雄曹孟德，率大军饮马长江，欲灭吴、蜀，于是少年英雄周瑜和孔明联手，火烧连营，大败魏军于赤壁之下，奠定了三分天下之政治格局。这里苏轼写的"羽扇纶巾"明明是指大都督周公瑾，然而不知从何时起，《三国演义》中的周公瑾变成了诸葛亮。由于明朝罗贯中的小说家之言罔顾历史，轻慢东坡，历史错误一直延续至今。于是我们在几百年的后世文艺作品中看到的便是手摇羽扇头戴乌巾的诸葛孔明。这样"周冠诸葛戴"的滑稽戏何时可以休矣？

此处还有一错，那便是何为"纶巾"？纶巾不是乌丝做成的帽子，而是自西晋时便流行的一种"休闲服"，是一块披在身上的丝巾。孙位的《高逸图》让我们见到了"纶巾"的样子，同时也为服装史研究提供了佐证。设想一下，于大军压境万分火急之际，两位少年英雄气定神闲地虎帐谈兵，手上也许还捧着一壶温热的香茶，谈笑间灭敌于"乱石穿空、惊涛拍岸"之大江，这是何等风雅！又是何等惊心动魄！故而东坡才拍舷而歌，"大江东去，浪淘尽，千古风流人物……"。

林语堂说："苏东坡是个秉性难改的乐天派，是悲天悯人的道德家，是黎民百姓的好朋友，是散文作家，是新派的画家，是伟大的书法家,是酿酒的实验者,是工程师,是假道学的反对派,是瑜伽术的修炼者,是佛教徒,是士大夫,是皇帝的秘书,是饮酒成癖者,是心肠慈悲的法官,是政治上的坚持己见者,是月下的漫步者,是诗人,是生性诙谐爱开玩笑的人。"我们还可以一一罗列下去,66岁的丰富人生着实令人眼花缭乱。如果让我来给东坡下结论,那么只需三个字:"扳道工!"他是一位改变中国历史列车方向的人。从公元960年至1127年,北宋历时167年,其中仁宗、英宗、神宗、哲宗、徽宗5位皇帝百年沧桑编织在东坡政治生命的经脉里,玄、佛、道、儒的思想智慧流淌在东坡的血液里,诗、酒、茶、花的芬芳流连在东坡拄杖的行旅里,悲、欣、沉、浮的体味消逝在东坡能将毒药化甘泉的释然一笑里。三次流放,三起三伏。当经历了乌台诗案,跨过了御史台监狱死亡门槛的人来到黄州,苏轼才变成了"东坡"。东坡在这里写出了凄风苦雨的"寒食诗",也写出了"二赋一词"的雄风绝唱,经历了冰火两重天,才会有真正的生命"欢乐颂"。这一切虽是难分幸与不幸,于家国是开启了"流放文学"的先河;于他个人,则是开启了"流亡政治",即践行"居庙堂之高则忧其民,处江湖之远则忧其君"之新天地。

在此之前,大多朝代的政治犯和思想罪多是被灭门九族,或砍头于郊野,或屠戮于阶前。纵使事后沉冤得白,也已铸成无可挽回之悲剧。尽管东坡只是一位"被流放"的刑余之人,万里投荒、步履蹒跚,然而他的一小步却走出了"文官无死罪"的政治由野蛮而逐渐文明的一大步。

书生本色的功业当然更多的还是在诗文书画、道德文章里。仅就卓然立于世界艺术之林的中国绘画而言,东坡以前的中国画是青绿与水墨并重，工笔与写意同辉，极致的工笔与惬畅的写意二水分流、双峰并峙，同时又一而二、二而一地对立统一在一起。前朝虽有王维等提倡渲淡一路，但直至以东坡为首的"宋四家"才确立了"逸笔草草，不求形似"的中国审美不二标准，确立了中国式"形神论"的顽固美学。这难道不又是一个"扳道工"的"丰功伟业"吗？林林总总，殊难尽述。

不少人是爱其才而爱其人，更多的人是爱其人而不一定尽知其才。甚至连政见不同的皇帝和大臣中也有人生出"世人皆欲杀，吾意独怜才"的想法。那么东坡是有什么样的魔力使人们无分敌友，一律既爱其才又爱其人呢？传铭认为，除了天才熠熠闪耀的光华，便是充盈其一生的道德力量。他挥动如椽之笔，如同"儿戏"一般出没于诗文辞赋之间，能狂妄怪癖，也能正经补史；能戏谑玩笑，也能郑重庄严；能享受饮宴歌舞、江湖放舟，也能画饼充饥、自我调侃；能一往情深，亦能随遇而安，如此方能在"不如意事十常八九"的人生中过得快乐，无所畏惧。向往幸福难道不是人类共情，不是我们的共同目标吗？

苏东坡曾对弟弟苏辙说过："吾上可陪玉皇大帝，下可陪卑田院乞儿。眼前见天下无一个不好人。"一句不经意的话——"人性皆善"，成了今天解码东坡的第一把钥匙。

世有善恶忠奸，怎么会个个都是好人，一个坏人、恶人也没有呢？在东坡看来，生活没有什么是不能原谅的。既原谅家人和朋友，也原谅一些政见不合的对头，包括冰火死敌。有时候如果能逆向思维，你会觉得有些敌人比朋友还要珍贵。诚如佛家所言：敌与友都是来度你的。"因为懂得，所以慈悲。"这情状颇似西方哲学家尼采说的："凝视深渊过久，深渊将回以凝视。"

苏轼26岁制科考试后步入政坛。一开始，他的政见就被王安石批驳，王安石的"新法"亦为苏轼所反对。后来，一为变法新党领袖，一为仁政守陈中坚。如此定位，注定两人是政治上的宿敌。王安石多次上疏皇帝提议罢黜苏轼，认为苏是一匹"恶马"，一定要"少俸禄，多鞭打"。苏轼也多次反唇相讥，指出新法祸国害民。苏轼的父亲苏洵更是以一篇《辨奸论》，斥责王安石为奸佞小人。

撕搏二十载，倾轧不胜数。没想到元丰七年（1084）七月，49岁的东坡甫一离开流放地黄州，便急匆匆赶赴江宁看望此时已经退隐的王安石。不少文献都记录了此次拜访。苏轼对过去的恩怨尔汝一字不提，二人谈天说地，畅聊诗文，多日相处，彼此钦慕。一对冤家对头的相互真心接纳，胜却人间无数的虚情假意！东坡有诗记之："劝我试求三亩宅，从公已觉十年迟。"王安石送走东坡后也对人说："不知更几百年，方有如此人物！"两人惺惺相惜，留下千古佳话。

心灵是一个有限的容器，装满了仇恨与冷酷就放不下爱与温暖。原谅一般人和亲人容易，原谅敌人难。比原谅敌人更难的就是原谅自己，聪明好胜之人尤其不易做到。所谓抱恨终身，往往就是不肯原谅自己。不原谅就是放不下。苏轼被贬黄州时也曾写下："长恨此身非我有，何时忘却营营？"放逐之人，原以为可以寄情山水，逍遥自在，可是放不下功名渴望、亲朋牵挂，尤其是痛失爱妻，不免心火灼烧，呼酒买醉。直至夜游赤壁，得悟"古今多少事，都付笑谈中"，直至真正读懂了"江上之清风，山间之明月"，才在躬耕田亩、鞭打牛角的释然中，变被动煎熬为主动闲适，才终于明白了那个最简单的生活道理：岂能尽如人意，但求无愧我心。放弃执念原谅自我，才能重获新生，才能拥抱一个新的自己。

如果据此便认为东坡是一个没有原则的"滥好人"那就错了。有人讥其这是老而气馁丧失了斗志，则更是大错特错！《论语·先进》中有《四子侍坐》一章，讲的是孔子和学生子路、曾皙、冉有、公西华闲坐论道。夫子让四人各言其志。在听完了子路的强兵壮国，冉有的经济富国，公西华的礼乐教国的治国方略之后，孔子不是讪笑便是不置可否。只有听到曾皙说出"暮春者，春服既成，冠者五六人，童子六七人，浴乎沂，风乎舞雩，咏而归"这句话时，孔夫子才长叹一声说："吾与点也！"为什么呢？难道徜徉山水，步舞春风就是孔子的家国情怀、雄心壮志吗？

传铭曾在《论语我注》一书中写道："本章夫子与学生的对论中，显然'吾与点也'之叹是关键。故甚为宋明儒所乐道，甚至谓曾点所为有'尧舜气象'。曾皙的生活如同道家的隐士，不屑与别人同流合污，亦如儒家君子'智者乐水，仁者乐山'。孔子欣赏这种典型。因为曾皙的志向显示出向往自由的生命情致，不受任何限制。如果志向被名利限制，就是身不由己。哪怕身处乱世、罹难灾祸，也必须自己设法配合天时、地利、人和，让自己快乐，这当然是苦难人生的美妙境界。"

海南是天涯海角，也几乎是东坡生命的终点（东坡死于流放海南后北归途中的常州）。我曾经写过短文《珠崖府记》：

"遥想东坡当年，渡海投荒。身陷僻壤蛮瘴地，罪加贬谪文曲星。求箪食而不得，思瓢饮亦未能。然豪杰自有过人节，圣贤处困而不馁。画饼充饥博一笑，巧手入厨玉糁羹。香似龙涎仍酽白，味如牛乳更全清。无肉也荤腥！

尝思今日若得苏子同座，岂非'在醉常醒，孰是狂人之药；得意忘味，始知至道之腴'。嗟乎！顺逆沧桑变，杯酒论英雄。珠崖府内思前贤，炉火闪烁意融融。凭栏看盛世，达观古今同。四美今朝具，二难复从容。吾面朝大海，汝心照花红。夜阑更秉烛，进退笑谈中……是为记。"

嗟乎！

苏子早已乘风归去，去了众神之所在的天空，他那爽利的笑声一如朗月清辉，无一例外地照耀着天下人华灯盛宴的欢乐和天涯逆旅的愁苦；

苏子早已零落成泥，呵护着春兰秋菊、夏荷冬梅，还有那故乡的海棠和岭南的荔枝，绘成了大自然一道道不败的风景；

苏子早已涓滴成河，将他文心纠结、情感震颤的溅花之泪幻化成一泓泓生意汩汩之清泉，接连起屈大夫、司马迁、李太白、杜子美、韩退之、颜鲁公、吴道子、范仲淹与辛弃疾、李清照、龚自珍那一声声澎湃的和弦；

苏子早已沉默如山，后人只需掬起一抔泥土，便可抟之成一壶在手，捧出八百里太湖，数千年江山和岁月里的一团温热无边滋味……

想想这些，我们都会感到幸福，爱东坡不需要理由。美文美景美诗美画美食美酒美情美思美人美事，心之向往、情之寄托，一同古今。不过美事难全，人无千岁，佛祈圆满。然而东坡收获了一切，并让芸芸众生同喜。

东坡不死。

那时说的"东坡不死"虽出于至诚，认识上还是有些空泛。类似当下"东坡热"中的不少人把东坡之一言一行都当成"包治百病"的良药一样浅薄。如今渐渐明白了，廉价的颂扬会将我们和东坡的关系定格成仰望，制造出新的误解、误读。

本书就是想让我们打通认知障碍，捅破解码东坡的最后一层纸，可以在反反复复的"精神轮回"之途和东坡晤谈对坐、临风把酒，无佛无道，有惊有喜。

这种关于轮回的"信仰同说"，既属于那位谢世近千年"死透了的大活人"，又属于每一个息息尚生，并且分享着东坡的光荣与梦想、欢乐与痛苦的生命。轮回不是个体生命的又活一次，而是精神复苏的觉醒与吟咏，是一首优雅的、不绝如缕的生命之歌。

数千年历史文化长河中，没有哪一个人能像本书传主那样被议论、被评述、被记录、被喜欢、被颂扬，同时又被误读、被消费、被肢解、被怀疑。唯有"解码个中幽微，洞悉人心波澜，答疑千年一问"，这部书或才能称"大传"，才能有别于林语堂的《苏东坡传》（后文简称"林传"）和各种版本的新传诗传词传画传书传别传外传，唯此我们才能在东坡的逆旅人生和心路轨迹延伸中走下去，让东坡在真实与虚幻的双重之境"复活"，去共同完成一次中华文化生生不息的大轮回。

十几年前，黄州苏东坡完成自我救赎之时，也就宣示了中国诗之精神传统的胜利。

这是屈原九死未悔的坚决与无辩息谤智慧的胜利；是庄周齐物天人，抟风逍遥，以梦为马，跨越虚幻与真实的胜利；是陶潜「采菊东篱下，悠然见南山」的云淡风轻与「刑天舞干戚，猛志固常在」合二而一的胜利；也是视自由为故乡的人类共同理想的胜利。

中国的真正读书人，无不记得孔夫子的那句：「君子怀德，小人怀土。」追逐理想的人，无一不是背着乡愁浪迹天涯，以无家可归、有家难归的沉重步履，在寻找生命的价值理想。

壹

孤岛不孤 不归为归

一、东坡是信轮回的

东坡是信轮回的。

元丰七年（1084）春天，东坡刚刚经历完前后 4 年的黄州（今湖北省黄冈市）流放，奉诏移任汝州（今河南省汝州市）团练副使。在东行金陵（今江苏省南京市）趋访宿敌王安石前，东坡有 3 个月左右时间行走"江湖"，兜兜转转。他在湖北、湖南、江西境内漫游，其实今天来看，这些漫无目的的行脚都是此人轮回之途上坑坑洼洼的脚印。

所谓"江湖"，今日的汉语词典中已有多重含义。与庙堂对应，与故土和学术剥离，与人情练达、处事圆滑挂钩，与颓丧失意为伍。然而在魏晋隋唐时，于"南朝四百八十寺"的烟雨朦胧中有一种"行脚僧"遍地的现象，才是"行走江湖"的本意。僧人中以江西、湖南两地最盛，故原先常常出现于道途的僧人问答"君欲何往""行走江湖"便慢慢流传开来，也就是"江湖"一词的来历。一句普普通通的实话实说，后经僧人自嘲和学人调侃，"行走江湖"就多了一层又一层言外之意。其实往深处一想，除却这些修行的"槛外人"[1]，那些世俗中的王侯将相、贩夫走卒，任何人的百年人生，哪一个不是自生到死的"行走江湖"，哪一个不是天涯逆旅的匆匆过客？在僧在俗的区别，无非一个是挂单和尚，一个是自带干粮；一个是青灯黄卷，一个是悲喜过场。

从认识论的角度讲，人之生死是人生的两个境界，也是生命的全部内容。其实，生与死之间还有一个往往被忽略的中间存在，那就是恍兮惚兮之梦境，有时也包括一半清醒、一半糊涂的醉后。在关于苏轼的传闻中就有这么两个以不同版本广为传颂的故事。

《冷斋夜话》中有一则"梦迎五祖戒禅师"（亦称五戒和尚）的轶话。苏辙被贬谪到高安（今江西省高安市，唐时属筠州）时，云庵和尚居洞山，聪禅师居圣寿寺。三人时时过从，品茗参禅。一天，云庵和尚梦到自己和子由、聪禅师一同出城迎接五戒和尚，醒来后觉得颇为怪异，便语之子由。话音未落，聪禅师也翩然而至。子由便笑着问聪禅师："难道你也是来说梦的吗？"聪禅师应声答道："果然，昨夜梦见我等三人同迎五戒和尚。"子由抚掌称奇，大笑曰："天下竟有三人同梦之奇事！"没多久，东坡传信说现在已到了奉新（今属江西省宜春市），很快就可以同大家见面。三人大喜过望，赶到城外的建山寺等候东坡。相逢后，大家惊喜地谈起三人做相同梦的奇事，东坡不以为怪，并说："我八九岁时就曾经梦到自己的前世是位僧人，往来陕右之间。还有我的先母刚怀孕时，也梦到一位风姿挺秀，但有只眼睛失明的僧人前来托宿。"云庵惊呼道："五戒和尚就是一只眼睛失明的

---

[1] 槛外人：《红楼梦》中栊翠庵女尼妙玉自称"槛外人"，此处指所有出家人。

陕右人，五十年前在高安大庾岭坐化。"而东坡当时正好虚岁五十。如此看来，苏东坡的佛缘天命是五戒和尚转世轮回已经宣示于朗日晴空。三人相视大笑，了然心会。后来，东坡给云庵写信时说道："今既是佛缘，我就痛加磨砺，希望可以从来处来，回去处去，也算殊胜欢喜。"

东坡喜欢穿僧衣，一般从外表看不出来，有时上朝也只是在外面罩一件官袍。宋哲宗曾经问内侍陈衍："苏学士朝服下面穿的是什么衣服？"陈衍答："是僧衣。"哲宗漠然不理会，对内中机锋了无感觉。

传铭于此则心有戚戚焉。幼时就多次听家母说过一件蹊跷事。因是三代单传，母亲近四十岁时仍无子嗣，后来怀孕了当然阖家欢喜，便感恩去庙中烧香并祈祷母子平安。一位叫杨八姐的女住持说，放心吧，你是菩萨送子，一切无虞。出生后，我的后脑勺上有点点白斑，似是和尚受戒时香火烫灼的戒斑，仿佛印证了母亲的"送子说"。这当然是笑谈。从前民间多有这类神神道道的说法，其实都是父母的爱子之心罢了。我一直奉行无神论，一直持无道无佛的唯物主义现代科学态度，甚至以为母亲所言这一切乃母亲爱子心切的杜撰。直至古稀之年常因机缘巧合，得行走于空相寺、天心寺、宝积寺、少林寺、别传寺、真身寺等佛门弘法道场，与诸方丈品茗参禅，始觉人生真耶妄耶？人之生命也许正是佛陀的无相布施或前世某一生命的今生再现。

苏东坡在杭州时曾与参寥一起踏访西湖边的寿星寺。一进山门，东坡略一环视即对参寥说："此行虽为初访，但眼前所见前庭后殿好像皆为旧游。"他还说："我记得从这里到禅堂应有九十二级阶梯。"参寥命人数后，果真如他所言。

据宋话本《五戒禅师私红莲记》载，五戒和尚一目失明，年轻时因一念之差同女子红莲犯了男女之戒，后来此事被其师兄明悟看

虚云和尚为韶关南华寺题"应无所住"碑

破，五戒羞愧难当只得投胎还俗。明悟唯恐五戒怨恨佛门，若下一世谤佛诬僧就永无回头之日了。想到此，他也赶紧坐化，紧追五戒而去。到了这一世，五戒成了苏东坡，而明悟就是苏东坡的好友佛印和尚。

梳理东坡成长之途，自少壮季的道心纯纯到白发时的释意淳淳，与佛印、参寥等一众僧人一直不离不弃地追随左右，或关心、或规劝，令其少感情用事的苦心点悟不无干系。

元符三年（1100）哲宗崩，徽宗即位，流放海南的苏东坡终于遇赦北还。归途中他再次拜谒了广东韶关曹溪的南华寺，与主持明老和尚一见如故。

东坡又一次见到了六祖慧能的漆储真身，只见祖师神色安详，静坐于塔中似陷入沉思，正等待着这位佛弟子的归来。东坡在祖师面前俯身膜拜，涕泪纵横，于感慨万千中想起自己曾写下的《南华寺》(《苏轼诗集》卷三十八）诗：

> 云何见祖师？要识本来面。亭亭塔中人，问我何所见。
> 可怜明上座，万法了一电。饮水既自知，指月无复眩。
> 我本修行人，三世积精练。中间一念失，受此百年谴。
> 抠衣礼真相，感动泪雨霰。借师锡端泉，洗我绮语砚。

此刻，苏东坡似乎真正认清了自己的本来面目。一生蹉跎，冷暖自知，宦海沉浮，寸心得失，一切身外之物，无非是天云一抹。今天，自己要用这曹溪清泉，洗尘涤障，在求无所求的觉悟中，参透出世界本"应无所住"，遂空明淡然地目送飞鸿……

二、此生长作岭南人

豁达如东坡者，如用一句话来概括其一生行迹与心路，则非他自己那句"一蓑烟雨任平生"不可。其中既有回答"竹杖芒鞋轻胜马，谁怕？"四海放歌唱出的豪情，又有"此心安处是吾乡"流露的随遇而安自淡然。这就好像给后世留下了一幅自画像：

凭谁荣辱加身，何听智者无言对？
任它惊涛拍岸，且看羽扇纶巾人。

也许这样一幅肖像太潦草、太简洁、太传神，一下子将东坡心路轨迹的复杂性简单化了。无数隽永的诗句，被人随意剪裁成闪光的碎片，并将苏轼起起落落的逆旅人生以及其中收放、进退、庄谐、哭笑的万般斑剥神秘性，过滤定格成一张素描。"东坡热"千年不退，近年更热，原因当然是东坡身上那种超然的宁静和优雅，那种忘却患得患失的"也无风雨也无晴"。这一点,正是一个功利社会和焦虑人生最稀缺的生活态度,故能令后世人心追步随,以为楷范。大约二十年前一个冬天我去南方访友,行至惠州西湖边的白鹤居前也曾不觉吟出:

> 腊月紫荆胜桃花,一样西湖别样茶。
> 塔影波光苏子梦,天涯行处刘郎家。

绍圣元年(1094)九月,东坡携朝云、苏过跨越大庾岭,十月抵达惠州(今广东省惠州市)。

惠州,古称鹅城,唐以来一直是贬官放逐之地。

东坡两年零七个月的惠州生活总的来讲过得不错。南国遍地是橘林、荔枝树、香蕉园、槟榔树,气候温暖湿润。古时岭南之地非常凶险,不承想惠州却有着宜居之地的特色。东坡有《十月二日初到惠州》(《苏轼诗集》卷三十八)一诗记其意外之喜。爱上岭南不需要理由,他硬生生将瘴蛮的穷乡僻壤当成了旅游目的地。

> 仿佛曾游岂梦中,欣然鸡犬识新丰。
> 吏民惊怪坐何事,父老相携迎此翁。
> 苏武岂知还漠北,管宁自欲老辽东。
> 岭南万户皆春色,会有幽人客寓公。

"岭南万户皆春色"一句生动描述了太守礼遇,百姓迓迎,连街头村口鸡犬也欢蹦乱跳,好像是见到老朋友回家了的热情场面。半年之后,东坡复信好友陈慥,说自己已服水土,乐天知命,一无牵挂,甚至还有三分得意。

> 到惠将半年,风土食物不恶,吏民相待甚厚。孔子云"虽蛮貊之邦行矣。"岂欺我哉!自数年来,颇知内外丹要处。冒昧厚禄,负荷重寄,决无成理。自失官后,便觉三山跬步,云汉咫尺,此未易遽言也。所以云云者,欲季常安心家居,勿轻出入,老劣不烦过虑,决须幅巾草履相从于林下也。亦莫遣人来,彼此须髯如戟,莫作儿女态也……长子迈作吏,颇有父风。二子作诗骚殊胜,咄咄皆有跨灶之兴,想季常读此,捧腹绝倒也。今日游白水佛迹山,山上布水悬三十仞,雷轰电散,未易名状,大略如项羽破章邯时也。自山中归,得来书,灯下裁答,信笔而书,纸尽乃已。(《与陈季常十六首》之十六,《苏轼文集》卷五十三)

苏轼在惠州的生活绝不寂寞是肯定的。"一封朝奏九重天,夕贬潮阳路八千"的唐朝韩愈自己也没想到这几千里路翻山越岭的艰辛之旅却成就了潮州的声名远大,同时也令此行的目的地江山改姓。诚如赵朴初所说:"不虚南谪八千里,赢得江山都姓韩。"中国不乏"地以人名"这样的风雅之事。然能够与韩昌黎比肩,甚至超越前人对一地一城影响的,大概只有同属唐宋八大家的宋朝苏轼。苏轼之于惠州的关系虽非空前,亦可称绝后。"一从坡公谪南海,天下不敢小惠州"这两句诗既道出了惠州人的自信,也表达了对东坡的热爱。同时也因为该诗句出自十九世纪忠亮清节、忧愤为国的惠州诗人江逢辰之口,更显出沉甸甸的分量。其实当年东坡早就表达了对惠州的爱与感恩,脍炙人口的诗句——"日啖荔枝三百颗,不辞长作岭南人"就是

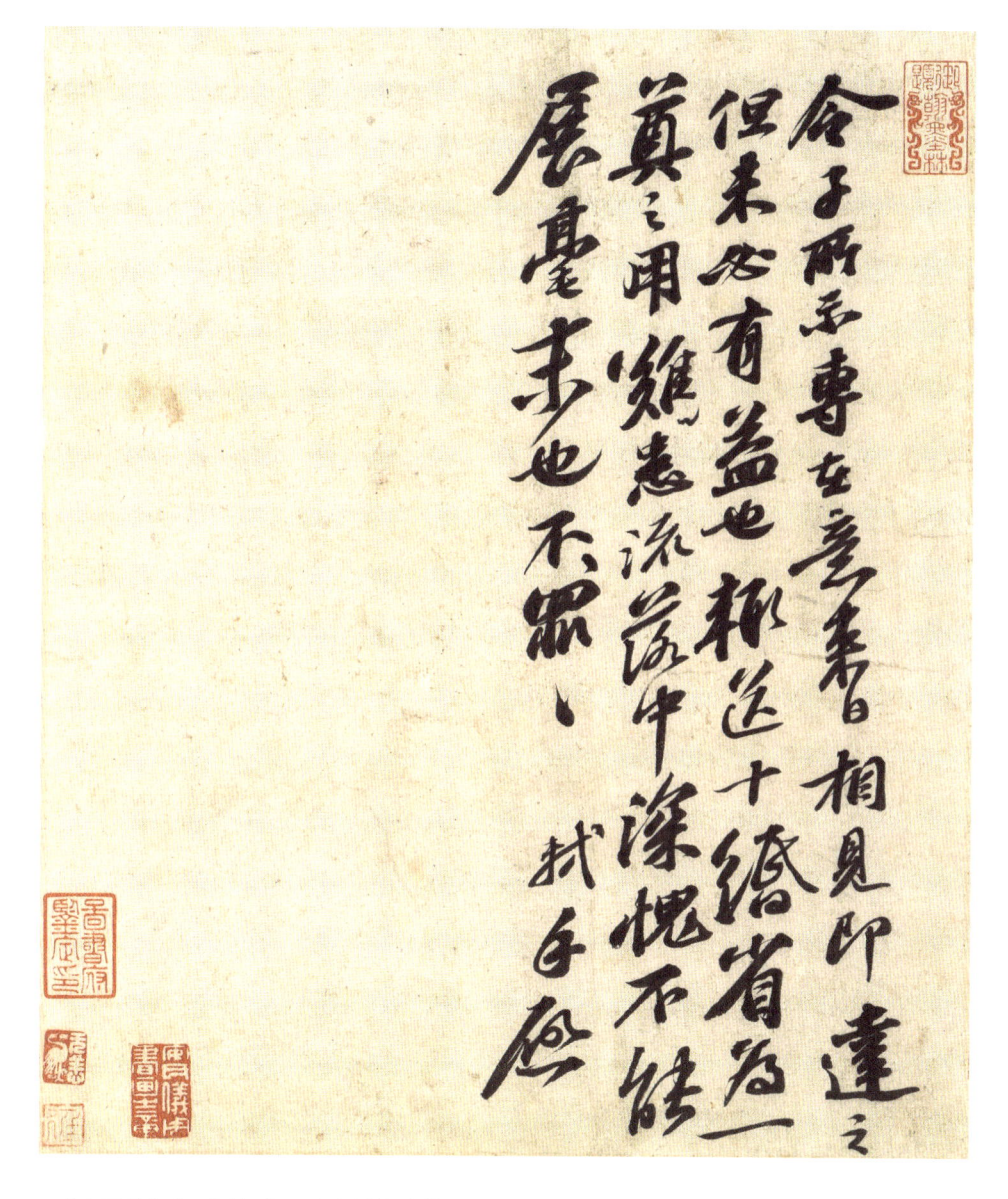

《令子帖》宋 苏轼 台北故宫博物院藏

此帖又名《致杜道源》，初被判断为苏轼绍圣元年（1094）所书，该年苏轼贬英州，途中改贬惠州，故一直被误认为是惠州时的作品。现代有人将此疑为黄州时所书以及治平二年所书皆荒谬离谱。

1094年初夏，苏轼南迁途中过金陵时正碰到好友杜道源谢世这样的伤心事，杜子孟坚来报丧时，苏轼哀伤不已，书此便签并付十缗奠仪。如此，帖文留下的种种疑云皆可释然。

释文：令子所示，专在意，来日相见即达之。但未必有益也。辄送十缗，省为一奠之用。难患流落中，深愧不能展毫末也。不罪、不罪。轼手启。

该帖书风老辣，意态凝重，出于至诚。

在惠州写的。一个人在一个地方生活得好，大概除了好山好水好朋友之外，就是好吃好喝好自在。这些对于苏轼的惠州生活来说一样也不缺。"林传"是这样具体记录的：

> 所有邻近地区的官员都利用此一难得的机会来与这位杰出的诗人相结交。惠州东、西、北三面，计有五县的太守，不断给他送酒送食物。惠州太守詹范和博罗县令林抃变成了他最亲密的朋友。其他至交如杭州僧人参寥、常州的钱世雄，不断派人带礼品、药物、书信来探望。苏州有一个姓卓的佛教徒，步行七百里给太湖地区苏家与那里的朋友来送信。……另一个苏东坡的同乡道士陆惟谦，不辞两千里之遥，特意来看他。苏东坡发现了一种极不寻常的酒——"桂酒"，他说桂酒不啻是仙露。他给陆惟谦写信开玩笑说桂酒一端即足以抵他迢迢千里跋涉之劳，而陆惟谦果然来了。……道教奇人吴复古和他同住数月……

对于"超级吃货"的苏轼来讲，接地气的惠州缘还是要说到吃。他有一封寄子由的信，说自己如何发明"烤羊脊"，可称千古奇文。不足两百字的信札先说得食不易，次述制作过程，接着调侃老弟缺此口福，最后四字"众狗不悦"，更是将与狗争骨的狼狈点化成自嘲的风雅。至今读来都令人忍俊不禁，口角流涎。

> 惠州市井寥落，然犹日杀一羊，不敢与仕者争，买时嘱屠者买其脊骨耳。骨间亦有微肉，熟煮热漉出，不乘热出，则抱水不干。渍酒中，点薄盐炙微燋食之。终日抉剔，得铢两于肯綮之间，意甚喜之。如食蟹螯，率数日辄一食，甚觉有补。子由三年

食堂庖，所食刍豢，没齿而不得骨，岂复知此味乎？戏书此纸遗之，虽戏语，实可施用也。然此说行，则众狗不悦矣。(《与子由弟十首·其七》，《苏轼文集》卷六十)

惠州生活最值得一记的当是他和朝云的爱与哀愁。朝云是杭州姑娘，天生有一种江南女子的柔美。秦观赠她的诗称"霭霭迷春态，溶溶媚晓光"(《南歌子》)，赞她美如春园，目似晨曦。在苏东坡第一次放逐北归的途中，她所生的婴儿夭折了。这件憾事令她肝胆摧折，使闻者黯然神伤。朝云聪慧活泼，生气勃勃，深得东坡之心，东坡将她引为人生知己。在东坡老年时，朝云依然追随左右，同他流离颠沛，东坡将感激之情记之以文字，并写诗赞美她为"天女维摩"，这些诗使他们在苦难岁月中的爱情，后来转化为共同追寻脱俗的仙道生活。这次，她又随同东坡放逐岭南，她到惠州时才31岁。

苏东坡携眷到惠州那年，为朝云写了两首词。第二首词里已表露出他们的爱情升华到宗教程度，那首词是：

> 白发苍颜，正是维摩境界。空方丈、散花何碍。朱唇箸点，更髻鬟生彩。这些个，千生万生只在。
>
> 好事心肠，著人情态。闲窗下、敛云凝黛。明朝端午，待学纫兰为佩。寻一首好诗，要书裙带。(《殢人娇·或云赠朝云》，《苏轼文集编年笺注》附录二)

除了信仰佛教，朝云对道家长生术也感兴趣，这或许是受了东坡的影响。今天看来，我们很难相信东坡真的笃信长生道术。我宁愿猜想他是为了爱情永恒才和朝云同修共炼。从绍圣三年(1096)开始，勉勉强强60岁的东坡过起了不再亲近女人的独居生活，我更不相信这是苏东坡修炼长生术而选择的生活。真正的原因应与当年夏天朝云因感染疟疾意外身亡有直接关系。可以佐证我的猜想不诬，是东坡对爱情的绝望和对朝云的不绝相思。

朝云"一生辛苦，万里追随"。东坡哀伤至极。朝云生前礼佛，遂其心愿，葬之于城西丰湖边之小山丘上，后迁至惠州西湖孤山东麓。

三、渡海

诚如音乐中优美的小夜曲无法替代恢宏的交响乐,绘画中精彩的素描也无法传达出油画的丰富与厚重,再传神的小品也不能表现出历史画的沉思与玄想。如果只看到苏东坡云淡风轻、超然物外的一面,便很难理解前文南华寺中东坡涕泪泫然,匍匐于六祖惠能漆储真身像前的一幕。难道他真的要皈依佛门,拿下居士帽,穿上袈裟袍?难道他真的老了,柔软到要退出江湖了吗?难道他放弃"亲射虎,看孙郎"的金刚志?难道他还在"长恨此身非我有"的伤心事中无助彷徨?难道他忘了陶潜"纵浪大化中,不喜亦不惧。应尽便须尽,无复独多虑。"的击节誓言?难道他又想起了眉山风雨中零落泥中的海棠吗?答案是又不是,还是回到东坡此行自孤悬海上蛮荒之岛重回大陆的三四年漂泊中寻找答案吧。

"林传"中对东坡绍圣四年(1097)自徐闻渡海投荒到元符三年(1100)离开海南的三年生活语焉不详。可能是林语堂所见史存的资料缺少，也可能是林语堂认为东坡精彩人生的那一页已经翻过去了。最可惜的是林语堂沿用着神化东坡浪漫东坡的笔路一直写下去，仿佛东坡诙谐轻松，一如过往。"林传"是想证明东坡确实是金刚不坏之身，有刀枪不入之坚，并断章取义，用东坡自述来证明这一点。

> 这次到海南岛，以身体的折磨加之于老年人身上，这才是流放。……他说："此间食无肉，病无药，居无室，出无友，冬无炭，夏无寒泉，然亦未易悉数，大率皆无尔。惟有一幸，无甚瘴也。"

"林传"接着笔锋一转，描述东坡在孤岛上还是并不孤独。不仅有僧人参寥派小沙弥持信携礼来访，甚至打算亲自趋探。也有神奇道士吴复古再次出现，数月相伴，令东坡他乡遇故人喜出望外。"林传"摘录东坡札记：

> 吾始至南海，环视天水无际，凄然伤之曰："何时得出此岛也？"已而思之：天地在积水中，九洲在大瀛海中，中国在少海中。有生孰不在岛者？譬如注水于地，小草浮其上，一蚁抱草叶求活。已而水干，遇他蚁而泣曰："不意尚能相见尔！"小蚁岂知瞬间竟得全哉？思及此事甚妙。与诸友人小饮后记之。

林语堂又进一步证明东坡已完全融入海岛生活，甚至有点乐其所哉！

己卯上元，余在儋耳，有老书生数人来。过曰："良月佳夜，先生能一出乎？"予欣然从之，步城西，入僧舍，历小巷。民夷杂糅，屠酤纷然，归舍已三鼓矣。舍中掩关熟寝，已再鼾矣。放杖而笑，孰为得失？过问："先生何笑？""盖自笑也，然亦笑韩退之钓鱼无得，便欲远去。不知钓者，未必得大鱼也。"

东坡在海南岛三年的生活情况大概不是如此简单。"林传"所引皆东坡抵海南岛两年后所记，不能概括海岛生活的全部。文中"何时得出此岛也？""不意尚能相见尔！"是几近绝望的对友忍泣悲叹，这与黄州时"夜饮东坡醒复醉，归来仿佛三更。家童鼻息已雷鸣。敲门都不应，倚杖听江声"享受清净的心境有云泥之殊，与《赤壁赋》中"苏子曰：'客亦知夫水与月乎？逝者如斯，而未尝往也。盈虚者如彼，而卒莫消长也。盖将自其变者而观之，则天地曾不能以一瞬；自其不变者而观之，则物与我皆无尽也，而又何羡乎？且夫天地之间，物各有主，苟非吾之所有，虽一毫而莫取。惟江上之清风，与山间之明月，耳得之而为声，目遇之而成色，取之无禁，用之不竭。是造物者之无尽藏也，而吾与子之所共适。'"自悟悟人的逸兴遄飞更有天地之别。

读懂生活难，读懂他人生活更难，读懂他人精神生活难上加难。既不能只信他言，也不能全信自话。尤其是为复杂鲜活如东坡这样一个人的灵魂存传，稍一疏忽便失信达。岂非难！难！难！

生于1912年的作家李一冰之《苏东坡新传》（后文中简称"新传"）和当代学者的研究作品能详加考证，海南本土作家孔见等关于苏轼在海南岛生活的这段经历的描述又得地利之便，有不少可圈可点之处，可资补缺"林传"，廓清史实迷雾。

苏东坡真正的天涯流放是从渡海的那一刻就开始了，渡海细节理当不可或缺。对于所有古时大陆人来说，渡海不仅仅是跨越琼州海峡那一湾浅浅的海水，而是跨出人生境遇变迁的一道深深的鸿沟，是从陆地到海洋生活的沧桑之变。对此一般人也会心存恐惧，何况东坡此时刚刚留下爱妾朝云新冢于惠州，自己又是年过花甲，戴罪之身，其凄凉惶恐不问可知。尽管东坡一生亲水读水理水治水寻水戏水，但那皆是立于江河湖海岸边作壁上观时的与水小小纠缠，等到真的要置身汪洋，能不怦然心悸？

> 尽管苏东坡以豪放著称，但要跨越白浪滔天、暗流涌动的琼州海峡，还是颇感不安。渡海之前，他专门到伏波庙进香，祈请两位开琼将军之灵的庇护。登船之后，起伏跌宕，坐立不是，与携歌女泛舟西湖完全不同，"舣舟将济，眩栗丧魄"，感觉天旋地转，随时都有被颠覆与淹没的危险。心始终是悬着的，没有了方向和陆地上的踏实感，如此无依无傍，双手没个把抓的状态，对他而言是完全陌生的。这或许就是《金刚经》所说的无所住……好在当天风浪不大，潮流悠缓，下午便顺利抵达琼州海岸，在海口靠岸了。在苏过的扶持下，东坡踏着跳板登岛。魂魄初定的他，回头一眼望去，只见水天苍茫，心中生起从未有过的凄怆，一种天地悬隔的孤独感，一种呼天不应、喊地不灵的遗弃感，骤然袭来，让他备生伤感。[1]

---

[1] 孔见著，《海南岛传》，北京：新星出版社，2020年，第123页。

四、荒凉在心

绍圣初年苏轼的穷途末路、一贬再贬，当然是由于大权在手、气焰正炽的章惇、蔡卞等政治宿敌对元祐党人的清算和穷追猛打。尤其是对声望如月的苏轼、学问如海的范祖禹和直言如剑的刘安世三人，他们更是咬牙切齿，必欲除之而后快。可是在与东坡同时代的张邦基《墨庄漫录》一类书中却将这些言之惊心的政治迫害轻描淡写，归之为莫须有又必须有，此与坊间故事一样不足为凭。

> 绍圣初，逐元祐党人，禁中疏出，当责人姓名及广南州郡，以水土美恶系罪之轻重而贬窜焉。执政聚议至刘安世器之时，蒋之奇颖叔云："刘某，平昔人推命极好。"章惇子厚以笔于昭州上点之，云："刘某命好，且去昭州，试命一回。"

南宋陆游在《老学庵笔记》中曾指出《墨庄漫录》所记对元祐政

敌的追杀是因姓名和地名的联系而定，所谓"皆戏取其字之偏旁也，时相之忍忮如此"，更不可采信。

如按某些流传的说法，章惇欲对东坡赶尽杀绝是东坡咎由自取。至于祸起的诱因，陆游认为是东坡那首《纵笔》(《苏轼诗集》卷四十)诗。这无疑更属荒诞之论。

  白头萧散满霜风，小阁藤床寄病容。
  报道先生春睡美，道人轻打五更钟。

春睡迟迟，钟声悠悠。你苏东坡一个流放之身却在南国的"小阁藤床"上享清福，章惇岂能不恨得牙痒？这当然还是陆游的逻辑，一个诗人眼中看到的世界。

看来诗人陆游还是太天真，很难理解那些阴谋家的险恶。上至独裁君王，下及弄权小人，他们往往在处置国事和清除异己时是以儿戏轻佻之言来掩饰其虎狼之残。所谓以漫不经心的闲话说出了蓄谋已久的心事。这也是古已有之的老把戏。后世甚至将之演绎成荒唐的政治闹剧"混账的事认真操办，庄敬的事敷衍了事"。让那些心存良善又最容易相信官府的老百姓不知什么是真，什么是假，什么是对，什么是错。

东坡对再贬儋州的凶险也不是毫无思想准备。途中经过广州时不敢淹留与好友太守王古叙旧，唯怕再给政敌以口实加害王古。此时王古也因受元祐党人案牵连被劾，以"妄济灾民"罪降调袁州。东坡在西江码头与在惠州一起生活还不到两年的苏迈等子孙告别，携苏过登舟西行前留一信给王古，万千心事皆已尽于此函：

某垂老投荒，无复生还之望，昨与长子迈诀，已处置后事矣。今到海南，首当作棺，次便作墓，乃留手疏与诸子，死则葬于海外。庶几延陵季子嬴博之义，父既可施之子，子独不可施之父乎？生不挈棺，死不扶柩，此亦东坡之家风也。此外宴坐寂照而已。所云途中邂逅，意谓不如其已，所欲言者，岂有过此者乎？故悾缕此纸，以代面别尔。(《与王敏仲十八首·其十六》，《苏轼文集》卷五十六)

东坡一方面对友人说，这一切接二连三的打击都是命中定数，不梦可知；一方面却已为埋骨荒岛作了最坏的打算。他计划到海岛的第一件事便是为自己买一口棺材、修一座坟茔。后来听说海南当时的殡葬风俗是不用棺木，遂决定舁榇以行，后来果然在渡海舟中加了一口棺木。揣着没有终结的恐怖走向令人恐怖的终结，东坡就这样溯西江而上，到梧州时意外听说苏辙也因贬去雷州，目下暂停藤州（今藤县，属广西壮族自治区梧州市），便迫不及待地以诗代柬嘱苏辙藤州相会。

五、鸿飞雁也飞

对于东坡而言,每次和小自己两岁的弟弟苏辙见面都是大事。相对于哥哥苏文忠公而言,苏辙虽也曾官至相当于副宰相的尚书右丞,并同为后世推崇的唐宋八大家之一,但在一般世人心目中,弟弟的存在感与哥哥相比实在微乎其微。苏轼与苏辙兄弟情深,两人自幼时起就几乎没有分离过,进退出入无不并肩。苏轼有诗忆儿时:"我年二十无朋俦,当时四海一子由。"苏门双子星同声相应、同气相求,这对孝悌典范成就之高、影响之深远甚至可以用绝无仅有一词来形容。

我们今天常常讲的中国文化,大多是指琴棋书画、诗词歌赋的学问技能。其实,中国人的文化观自古是"人品学问、道德文章",人品道德中首先就包括人伦孝悌、家风淳良。从这一点可以看出,苏轼、苏辙不仅是亲兄弟,更是学兄弟、师兄弟、官兄弟、生死兄弟。他们达时相济、难时相携、平时相伴、急时相顾,这种兄弟之道才是人伦之正行正道。

苏轼、苏辙的名字都是"车"字偏旁，之所以取与车相关的意思，其父苏洵在苏轼十一岁、苏辙九岁时所写《名二子说》(《全宋文》卷九二六) 一文中做了解释。

> 轮辐盖轸，皆有职乎车，而轼独若无所为者。虽然，去轼，则吾未见其为完车也。轼乎，吾惧汝之不外饰也。

"轼"是古代马车的一个构件，它和车轮、车辐（支撑轮圈的细条）、车盖、车轸（车底的横木）比起来，好像没有什么实际用处，仅仅是乘车人扶凭的一根横木，可是一旦人登车疾驰，如无轼把握，势必东倒西歪，乱了方寸，失了方向，甚至有从车上甩出的危险。这个看起来没有实际作用的"轼"，不仅仅只是起到一个装饰的作用，而是决定着人的前行方向。所以苏洵说："轼儿啊，我实在担心你过于率性天真而不注意外饰了！"言外之意是希望苏轼能文质彬彬，内外兼修。真可谓"知子莫若父"。

对次子苏辙，苏洵写道：

> 天下之车，莫不由辙。而言车之功者，辙不与焉。虽然，车仆马毙，而患亦不及辙。是辙者，善处乎祸福之间也。辙乎，吾知免矣。

所谓"辙"，就是马车行走过后车轮碾压的印迹。苏洵为次子命名为"辙"的意思显然是让苏辙心正行远，有迹可循。在古代，凡通衢大道上马车都要遵循前车的印迹来行走，以顺利抵达目标。可是人们总会说，这是马车的功劳，根本不会特别提到车辙。同时，一旦出现车翻马死这样的祸事，车辙也不会受到牵连。因而"辙"是中性的，无所谓对错，也最能在祸、福之间保持一种微妙的平衡以得无福无祸。故苏洵相信苏辙命中有自安之道，并不很担心苏辙将来会有什么不测。

对苏氏兄弟的命运，父亲苏洵的忧虑并不是空穴来风。所幸的是，苏洵在治平三年（1066）五月去世之前，没有看到苏轼、苏辙后来所遭受到的一系列磨难。

兄弟二人第一次分别是苏轼赴凤翔任签判，这是苏轼第一次出仕。古道西风，苏辙骑着马为哥嫂一家送行。在天寒地冻之中挥别于郑州西门郊外。从此，身在宦途的兄弟二人聚少离多，契阔生死，只能以诗代柬，互诵兄弟情深心曲，传递忧喜参半的各种信息和百样人生况味。

这一次别离，苏轼给弟弟留下了一首极为深情的诗《辛丑十一月十九日，既与子由别于郑州西门之外，马上赋诗一篇寄之》（《苏轼诗集》卷三）：

不饮胡为醉兀兀，此心已逐归鞍发。
归人犹自念庭闱，今我何以慰寂寞。
登高回首坡垅隔，但见乌帽出复没。
苦寒念尔衣裘薄，独骑瘦马踏残月。
路人行歌居人乐，童仆怪我苦凄恻。
亦知人生要有别，但恐岁月去飘忽。
寒灯相对记畴昔，夜雨何时听萧瑟。
君知此意不可忘，慎勿苦爱高官职。

苏轼与弟弟子由分别后深切地体味到"在家千日好，出门一时难"和"多情自古伤离别"的阵阵隐痛与难以言表，仿佛像饮了酒一样感觉到头晕目眩。这一次却不是因为醉酒，而是他的心也随着返回京城的子由而被掏空了。苏轼多想再看弟弟一眼，希望爬上高坡能目送子由远去的背影，却只看到弟弟头上那顶黑色帽子随着道路起伏上下出没。

苏轼不仅仅是念顾自己的孤寂和落寞。人生终有一别，他是担心岁月飘忽，不知何时能跟子由再次夜雨晤谈、听竹叶敲窗、数更漏声远——这本来是属于兄弟间的共同约定：寒灯相照，夜雨对床。可以无所不谈，也可以一言不发……但自此之后，青少年时的似水年华都成了一场场如梦追忆。

忽然，童仆的问话插进来，仿佛为这次分离找了正当的理由，"老爷不是去做官赴任吗？为何您这么闷闷不乐？"

读书出仕本来是为国为民多做事情，而不是为了私利谋求高官厚禄，也不应为私情羁绊，这大概是家国担当应付的代价。不知苏轼是否已稍稍释然。

《怀渑池寄子瞻兄》(《栾城集》卷一)从编年的角度看，是苏辙给哥哥寄去的第一首诗：

> 相携话别郑原上，共道长途怕雪泥。
> 归骑还寻大梁陌，行人已度古崤西。
> 曾为县吏民知否，旧宿僧房壁共题。
> 遥想独游佳味少，无言骓马但鸣嘶。

"旧宿僧房壁共题"一句，苏辙自注："辙昔与子瞻应举，过宿县中寺舍，题其老僧奉闲之壁。"子由想起他们二人前两年赴京赶考途中共同在僧房中题诗的情形，但这次因为送别了苏轼，孤身回程时故地重游，顿感索然无味，连话都不想说了。

苏轼收到弟弟的诗，立即作了一首《和子由渑池怀旧》（《苏轼诗集》卷三）：

> 人生到处知何似？应似飞鸿踏雪泥。
> 泥上偶然留指爪，鸿飞那复计东西。
> 老僧已死成新塔，坏壁无由见旧题。
> 往日崎岖还记否，路长人困蹇驴嘶。
> （公自注：往岁，马死于二陵，骑驴至渑池。）

苏轼所和的这首诗，在境界气度上，不仅比弟弟的那一首要好，还顺便为后世留下一个成语——"雪泥鸿爪"。

二人自从这一次别离，此后不管是顺还是逆，也不管身在何方，总会以诗代柬保持联络，始终没有间断过。诚如苏轼在《次韵子由除日见寄》（《苏轼诗集》卷三）中写的：

> 诗成十日到，谁谓千里隔。
> 一月寄一篇，忧愁何足掷。

前车后辙，辙乃车迹，无车便无辙。轼是领袖，辙是随从，内中天机早为父亲苏洵勘破。世间故此才有三苏同心说。而兄弟人生协奏曲中，苏辙永远是跟在首席小提琴手苏轼之后的第二小提琴手。

苏轼的诗词中对"鸿"的书写非常多。鸿之称谓包括了天鹅、鸿雁和大雁，古文中代指书信。这就不难理解苏轼、苏辙兄弟以诗代束的诗文中为什么常常出现"鸿"。李清照《一剪梅》词中："云中谁寄锦书来，雁字回时，月满西楼。"其中的"雁"也是指"鸿"。至于"鸿雁传书"则可以上溯到东汉班固的《汉书》。除上诗中将"鸿飞东西"比喻自己和子由的离别，苏轼也经常用来自喻。"鸿"是候鸟，随季节的变化而南北迁徙，官员苏轼要听从朝廷的差遣东奔西顾，于是他觉得自己也像只"鸿"。这一意象颇得世人共鸣。试问世人在熙熙攘攘的世界中跑来跑去的时候岂不像一只孤鸿，整个人生无非是在世间的一次匆匆旅行。天涯飘零，不仅仅是因气候冷暖变化的南北迁徙，还是随着宦海沉浮、追名逐利的潮起潮落。所以人生在整体上也像"鸿"一样飞过这个世界。那么留下来什么呢？苍鹰飞过天空，帆樯穿过大海，它们什么也没留下，似乎象征虚无；但它们又确实经历过。苏轼以"鸿"自喻，是注意到那些微末的不同、微小的痕迹，就似"雪泥鸿爪"。不过，这仅仅是苏轼写"鸿"的起点，飞过一生，方有终点。

宋徽宗建中靖国元年（1101），苏轼的生命已走到尽头了。他从苦热之地海南岛一路北归，五月一日舟至金陵（今江苏省南京市），遇见了法芝和尚，作《次韵法芝举旧诗一首》(《苏轼诗集》卷四十五)：

  春来何处不归鸿，非复羸牛踏旧踪。
  但愿老师心似月，谁家瓮里不相逢。

这首诗除了"鸿"之象征的呼应，还增加了一个"牛"的比喻。归鸿有欣然之意；羸牛则有疲惫之色。在境界上羸牛比飞鸿差一层。传铭今已较东坡多活十年，自觉凡奋斗人生，皆如卧牛、犟牛，所以我们要格外注意"羸牛"前"非复"二字，于苏轼而言，是不甘心耶，是前路漫漫耶？

苏轼写了此诗以后不久，七月二十八日就病逝于常州。所以，"春来何处不归鸿"中的"归鸿"是他最后一次对"鸿"的书写，这一只"归鸿"马上就要终结旅程，令人读来不免伤感。但苏轼写下"何处不归鸿"的时候，心情无疑是平和洒脱的，已和初写"雪泥鸿爪"时的孤寒心境大相径庭。诚所谓，少年不识愁滋味，为赋新诗强说愁；而今阅尽千帆过，悲喜如斯縠纹平。

"雪泥鸿爪"谈不上悲喜，而苏轼用一生让我们从中读出了生命不能承受之重也不过是一抹飞鸟留在雪原上的爪痕。

六、孤岛不孤

自哲宗绍圣四年（1097）六月十一日渡海到元符三年（1100）年回归生还，前后三年的海岛生活如何度过？人们多用孤悬海上来概括其情其状，然东坡不是鲁滨孙，孤岛也绝非蛮荒到无有人迹。衣食住行、吃喝拉撒虽与大陆天差地别，但生活的基本应对也如日常，只是因地因时变化而已。

近半个世纪来，国家对海南岛雄心勃勃的开发已经使这个天涯海角的边陲之地变成了今天认知中的"改革开放之前沿阵地"。近些年每至冬季，就会有大批内地人来海南生活，以前的候鸟北飞和今人的季节性南渡可谓颠倒乾坤，殊难预料。灯红酒绿的宾馆、活色生香的海滩、鳞次栉比的高楼、川流如织的豪车，时尚而又奢华。林语堂、李一冰等前辈作家写东坡传时不仅没见到这些变化，而且闻所未闻，想亦难想。他笔下东坡生活的海岛地远天荒、瘴疠交攻、黎汉殊俗，乃非人所可居。

在中国人看来，海南岛根本不适于人居住。在夏天极其潮湿、气闷，冬天雾气很重。秋雨连绵，一切东西无不发霉。……

本地人不能读书写字，但规矩老实。他们懒于耕种，以打猎为生。像在四川或福建的一部分地方一样，他们也是妇女操作，男人在家照顾孩子。黎民的妇人在丛林中砍柴，背到市镇去卖。所有的金属用具如斧子、刀、五谷、布、盐、咸菜，都自内地输入。他们用乌龟壳和沉水香来交换，沉水香是中国应用甚广的有名熏香。甚至米也自内地输入，因为当地人只吃芋头喝白水当作饭食。[1]

难怪东坡将之概括为"此间食无肉，病无药，居无室，出无友，冬无炭，夏无寒泉，然亦未易悉数，大率皆无尔。"（《与程秀才三首·其一》，《苏轼文集》卷五十五）的"六无"之地。

要在这"六无"之地活下去，仅靠琼州别驾一个罪臣的微薄薪俸来维持确实"居大不易"。东坡开始变卖家当，连酒具也在处理之中。《和陶止酒》（《苏轼诗集》卷四十一）正是此际感怀之叹：

时来与物逝，路穷非我止。与子各意行，同落百蛮里。
萧然两别驾，各携一稚子。子室有孟光，我室惟法喜。
相逢山谷间，一月同卧起。茫茫海南北，粗亦足生理。
劝我师渊明，力薄且为己。微疴坐杯酌，止酒则瘳矣。
望道虽未济，隐约见津涘。从今东坡室，不立杜康祀。

---

[1] 林语堂著，张振玉译，《苏东坡传》，长沙：湖南文艺出版社，2018年，第325—326页。

对于在海南度日如年的惨状，东坡于《书海南风土》(《苏轼文集》卷七十一)中有详述。

> 岭南天气卑湿，地气蒸溽，而海南为甚。夏秋之交，物无不腐坏者。人非金石，其何能久。然儋耳颇有老人，年百余岁者，往往而是，八九十者不论也。乃知寿夭无定，习而安之，则冰蚕火鼠，皆可以生。吾尝湛然无思，寓此觉于物表，使折胶之寒，无所施其冽，流金之暑，无所措其毒，百余岁岂足道哉！彼愚老人者，初不知此特如蚕鼠生于其中，兀然受之而已。一呼之温，一吸之凉，相续无有间断，虽长生可也。庄子曰："天之穿之，日夜无隙，人则固塞其窦。"岂不然哉。
>
> 九月二十七日，秋霖雨不止，顾视帏帐，有白蚁升余，皆已腐烂，感叹不已。信手书。时戊寅岁也。

这些绘声绘色的文字给人印象太深，便忘记了文人夸大其词的毛病在苏东坡身上也未绝迹。实际情况是"六无"之地未必一无所有，而是匮缺。帏帐易腐烂，终归还是有帏帐。人亦未必似蝼蚁。对于此时东坡的生活起居，不妨用"六人"来概括：挖井人、注经人、思乡人、教书人、诗人、观棋人，是人就要无可奈何地依照生活惯性活下去。东坡无法放下对亲朋的牵挂和对时局的忧心，亲朋、同道、弟子也没有忘记他，连敌人也没有因天高地阔而放过他。

绍圣五年（1098）二月，章惇、蔡京议派吕升卿、董必察访岭南。吕升卿是吕惠卿之弟，他家兄弟与苏氏昆仲有刻骨深仇，一旦落入其手，岂有生理？董必本为荆湖南路常平，在衡州按查孔平仲，连毙三命，更是著名的刽子手。章惇起用吕、董二人按察两广，意欲尽杀流人，则已显而易见。

幸而曾布天良未泯，一日，朝罢独留，对皇上进言道：

"闻遣升卿辈按问，岂免锻炼？况升卿兄弟与轼、辙乃切骨仇雠，轼、辙闻其来，岂得不震恐？万一望风引决（自杀），岂不有伤仁政？升卿凶焰，天下所畏，又济之以董必，必在湖南按孔平仲殊不当，今仍选为察访，众论所不平。"

又左司谏陈次升也于奏事毕，进前言曰："元祐臣僚，今乃欲杀之耶？"皇上答曰："并无杀人的意思。"次升才续奏道："升卿乃惠卿弟，今使指于元祐臣僚迁谪之地，理无全者。"

于是，哲宗对章惇等谕曰："朕遵祖宗遗志，未尝杀戮大臣，其释勿治。"

吕升卿广南东路察访之命，遂此罢行，而董必则由东路改使西路。北宋将全国分十五路行政区域，广南西路辖属雷、琼、儋、崖四州。董必使西路，其将为祸轼、辙则已无可避免。

············

元符元年（1098）七月，再诏范祖禹徙化州（今广东省化州市），刘安世徙梅州（即今广东省梅州市），苏辙徙循州（东江上游、惠州之东北）——这是董必到岭南来按问的结果。

············

董必的魔掌将及苏轼，幸而出现了一个救星。据说董必的随员中，有一潭州人彭子民，甚得董必亲信。当董必要派人过海，彻治张中庇护苏轼案时，彭对董流着眼泪劝道："人人家都有子孙！"

董必醒悟过来，只派一个小使臣过海。章惇的政府有流人不许占住官屋的命令,所以小使臣就根据这道行政命令,将苏轼父子逐出官舍,尚无其他诛求。[1]

总之,孤岛不孤。人在任何时候只要还有一口气,都无法成为绝对生活于孤岛的局外人。

---

[1] 李一冰著,《苏东坡新传》,成都:四川人民出版社,2020年,第859—863页。

七、凿泉

对于大宋政坛，此际的苏轼可能很早就是一个失去了话语权的局外人。这句话是相对于他在元祐（1086—1094）间曾身居局中、呼风唤雨、左右朝政而言的。其实苏轼一直是一位"落子风雨起，推枰鬼神收"的政坛博弈斗棋士。苏轼和那些将政治当游戏、将政坛当舞台的政客是有本质区别的。他一生不改"志于道，据于德，依于仁，游于艺"的书生本色，只不过有时是牛马之于田野，有时是鸿鹤之于天空，自己从来不多想局内局外，故而才获得了出世入世的天地自由。

"茫茫太仓中，一米谁雌雄？幽怀忽破散，永啸来天风。"这是期盼，更是以问代答的宣叙。这位流落天涯的老人，最终选择了以此知识精神的力量和一以贯之地看淡得失，来突破眼前的悲哀。

《次前韵寄子由》诗中曾悲叹："我少即多难，邅回一生中。百年不易满，寸寸弯强弓。老矣复何言，荣辱今两空。泥洹尚一路，所向余皆穷。……"

绍圣四年（1097）七月二日他到了昌化军贬所（今海南省儋州市）。《儋县志》说："盖地极炎热，而海风苦寒。山中多雨多雾，林木荫翳。燥湿之气不能远，蒸而为云，停而为水，莫不有毒。"又曰："风之寒者，侵入肌窍；气之浊者，吸入口鼻；水之毒者，灌于胸腹肺腑。其不死者几稀矣。"面对如此恶劣的生活环境，故苏轼进上谢表才说：

> 并鬼门而东鹜，浮瘴海以南迁。生无还期，死有余责。……而臣孤老无托，瘴疠交攻。子孙恸哭于江边，已为死别；魑魅逢迎于海上，宁许生还。……（《到昌化军谢表》，《苏轼〈海外集〉笺注》）

琼州海峡南北平均宽29.5公里，东西长103.5公里，渡船从北岸雷州半岛徐闻出发抵达琼州府治应该是不足一日水程。"新传"将之记为隔海四百里，苏轼整整走了一天一夜。难道海天莫测？不知是何处出了问题。登岸后东坡首先发现四面环水的海岛的最大问题是缺水，缺少能为人所饮用的干净水源。隔岸观水不同于隔岸观火。这是不到现场不能发现的新问题。

琼州府官员张景温派人来接应，还说要为他接风洗尘。一贯无友不欢的东坡这次却意外地回信婉拒："自以罪废之余，当自屏远，故不敢扶病造前，伏冀垂察。"婉言辞谢中一是谨慎，一是多多少少不屑与官场陌生人为伍，初登海岛的思虑可见一斑。在琼州府城东边的客舍中（今五公祠，位于海口市琼山区），东坡停留了十几天时间。其间，有琼州副使黄宣义等前来探望。没事的时候，他就到州城内外

苏轼名之浮粟泉,即憨山所言金粟泉。

走走，观察当地的风物人情。城区内外水面不少，但多为牛羊鸭鹅混养，水质十分浑浊且气味难闻。这类城乡不分的水塘，当时多兼养牲畜家禽，沉淀后的水又往往为人饮用。这般乡风民俗在今天看来简直匪夷所思。城中居民饮用水要靠人工开掘的为数不多的水井。由于人多井少，每天早晚汲水的人要在井口排成长队……这令东坡亲水亲民的真情勃然而起，于是临时起意，试着去寻找干净的水源。

  功夫不负有心人，在城墙东北角附近，他果然找到了两处涌泉。酌水掬饮，泉质相当甘润，只是周边的淤泥、灌木和废弃物需要清理。他把这一发现告诉当地官员，希望他们组织人力整治。后来，人们运来石头，在泉眼处筑起一个蓄水池。这"双泉"中的一眼，至今仍然保存在海口五公祠内，泉流源源不断，并常有些粟米浮出水面，被后来的憨山德清命名为"金粟泉"。[1]

金粟泉的意义在于它不仅是可资饮用的一眼清泉，同时又将清洁水源是文明生活之本的概念带给了海岛。仅此一端就可以说，这次流放是东坡不幸海南幸！

一上岛，东坡就成了"凿泉人"。东坡虽非亲持工具掘土挖洞的凿泉人，但他的开源之功，诚如佛家的"无相布施"，完全当得起造福一方的"挖井人"。

---

[1] 孔见著，《海南岛传》，北京：新星出版社，2020年，第123页。

八、视自由为故乡

"我们未尝不可说，苏东坡是个秉性难改的乐天派，是悲天悯人的道德家，是黎民百姓的好朋友，是散文作家，是新派的画家，是伟大的书法家，是酿酒的实验者，是工程师，是假道学的反对派，是瑜伽术的修炼者，是佛教徒，是士大夫，是皇帝的秘书，是饮酒成癖者，是心肠慈悲的法官，是政治上的坚持己见者，是月下的漫步者，是诗人，是生性诙谐爱开玩笑的人。可是这些也许还不足以勾绘出苏东坡的全貌。我若说一提到苏东坡，在中国总会引起人亲切敬佩的微笑，也许这话最能概括苏东坡的一切了。""林传"概括的苏东坡广受激赏。对于灵魂如此丰富的一个人，当他用微笑为东坡形象画上句号的时候，林语堂选择了一个仰望的视角，是完全相信了东坡对子由说的那句话："吾上可陪玉皇大帝，下可以陪卑田院乞儿……"我对此也是深信不疑。但东坡的复杂思想情感，绝非是有一个先天的编程密码储存在那里。这种豁然通透、真诚自然的应对，与那些宵小达时猖狂、穷时猥琐，能见风使舵、看人下菜碟儿，工于心计、巧于周旋是两回事，其中有一真一假，一高贵一卑贱的根本区别。

多年左迁流放生活，一直在走着一条泥泞艰难的下坡路，他能秉持"处处无家处处家，处处无友处处友"的随遇而安。如今踏上海南这段流亡的穷途末路，在短暂的惊恐绝望之后，以不归为归的诗性人生模式再一次启动。

> 四州环一岛，百洞蟠其中。我行西北隅，如度月半弓。登高望中原，但见积水空。此生当安归，四顾真途穷。眇观大瀛海，坐咏谈天翁。茫茫太仓中，一米谁雌雄。幽怀忽破散，永啸来天风。千山动鳞甲，万谷酣笙钟。安知非群仙，钧天宴未终。喜我归有期，举酒属青童。急雨岂无意，催诗走群龙。梦云忽变色，笑电亦改容。应怪东坡老，颜衰语徒工。久矣此妙声，不闻蓬莱宫。（《行琼、儋间，肩舆坐睡。梦中得句云：千山动鳞甲，万谷酣笙钟。觉而遇清风急雨，戏作此数句》，《苏轼诗集》卷四十一）

这是东坡自琼州赴儋州途中就开始酝酿的一坛美酒，海岛的第一首诗也是为未来三四年定了调子。好一个"千山动鳞甲，万谷酣笙钟"！十个字写尽了海岛豪雨天风的气势雄阔。"喜我归有期"中虽然暗含了尚未熄灭的一星星北归之望，但此刻东坡已然陶醉于"骑龙驾凤"、闻乐举酒的欢乐，赶着去赴天上的群仙会了。

十几年前，黄州苏东坡完成自我救赎之时，也就宣示了中国诗之精神传统的胜利。这是屈原九死未悔的坚决与无辩息谤智慧的胜利；是庄周齐物天人，抟风逍遥，以梦为马，跨越虚幻与真实的胜利；是陶潜"采菊东篱下，悠然见南山"的云淡风轻与"刑天舞干戚，猛志固常在"合二而一的胜利；也是视自由为故乡的人类共同理想的胜利。中国的真正读书人，无不记得孔夫子的那句："君子怀德，小人怀土。"追逐理想的人，无一不是背着乡愁浪迹天涯，以无家可归、有家难归的沉重步履，在寻找生命的价值理想。

九、诗心不变形

自六月十一日渡海到七月二日抵达昌化军贬所，下坡路终于走到头了。苏轼父子借住官舍伦江（今儋州西北北门江）驿馆，这是一处紧邻县衙，四面透风，早已破败的几间房屋。居于"六无之地"海南的苏轼此时真成了"六无之人"，即无书可读、无友可会、无亲可近、无事可做、当然少不了无酒可醉和无人劝饮［这里不包括苏辙因担心兄痔疾，发出的"止酒"之劝（如苏辙为其兄读陶渊明的《止酒》诗，后来苏辙作诗《次韵子瞻和陶公止酒》）］。"六无之地"的海岛与"六无之人"的东坡真是绝配。

但有一事苏轼非做不可，那就是上谢恩表，那是罪臣每到贬地必须向朝廷作的思想汇报。世事总是如此荒唐，明明是我对朝廷失望透顶，朝堂对我恨得牙痒，可是表面文章里还要诚惶诚恐、叩谢皇恩。东坡未能免俗，于是在《到昌化军谢表》里沉痛反思："生无还期，死有余责。……伏念臣顷缘际会，偶窃宠荣。曾无毫发之能，而有丘山之罪。

宜三黜而未已，跨万里以独来。恩重命轻，咎深责浅。此盖伏遇皇帝陛下，尧文炳焕，汤德宽仁。赫日月之照临，廓天地之覆育。"做这样的表面文章，无疑是折磨后加身的又一次羞辱，除了苦笑又当如何？

如果一个人一旦爱上写诗、学会写诗并且最终成了诗人，包括世所公认和自诩是个诗人，可能就是这个人厄运的开始。尽管历史上曾有科举以诗取士，出了不少诗状元，但那些帽插官花、平步青云者毕竟少之又少，同时也未必是真诗人。因为风花雪月、歌功颂德的文字充其量也只能是文字游戏。诗人是躺在山川日月的怀抱里用苦难喂大的。所以更多的诗人为诗所累，为诗所害。轻者如李白戏称杜甫"借问别来太瘦生，总为从前作诗苦"影响健康；重则像苏轼这类因诗获罪，生命堪忧。

然而诗风汩汩不绝，诗人前赴后继。谈到诗歌的重要性，有论者认为，盛世要诗颂扬，末世要诗针刺，所以诗重要。传铭以为不然。如果诗是被需要，哪怕它是概念上为自由、民主、科学呐喊，也已偏离诗道，归为政治附庸。真正的诗如乔治·塞尔登《时代广场的蟋蟀》中的一声鸣叫，是在异化世界中寻找生命之间的爱与关怀，最重要的那是蟋蟀的本能之鸣而非老鼠和猫的需要。这声音在音乐中叫唱，如果有了回应那便是和。"唱和"是诗之表达的亲切方式。至于诗之所以重要，不妨说出一个更真切也更直白的理由：诗会让那些百无一用的诗人在任何时候都不无聊。对于东坡而言，只要有诗，生活便不是一无所有。

东坡不仅与诗朋酒侣唱和，还穿破时空，与古人酬答。在海南的日子里写的诗中，和陶诗占了相当大比例。所谓"和陶诗"是陶渊明谢世以后，后代诗人以陶诗为题制韵的隔代唱和之作的总称。"和陶诗"在晋、隋、唐就有，真正意义上的"和陶诗"自东坡始是诗坛公论。步陶诗之韵、次韵、从韵皆为和作。东坡曾说："吾前后和其（陶）诗，凡一百有九篇，至其得意，自谓不甚愧渊明。"（《子瞻和陶渊明诗集引》）借古人酒杯浇自己胸中之块垒，可见东坡爱陶之深。

苏辙也有"和陶诗"47首，仅大宋一朝就还有李纲、吴芾、王质、陈造、陈起、朱熹等数量众多的"和陶诗人"，俨然一时风尚。至元代仍方兴未艾，郝经、刘因、方回、安熙等13人就在诗题中明确标上和陶之作。郝经《陵川集》专门辑录的"和陶诗"有118首。就其精神传承之意而言，"和陶"在后世自然扩容演变为"和陶和苏"。

同根同脉，同声相应，隔代酬答，携手同歌。和陶诗就这样由一个小众的情感表达，在东坡有意无意之间的推波助澜下，丕变成一种社会文化现象。如此观海南岁月中东坡之和陶诗，便更能理解"归去来兮"之叹中寄寓的书生本色和不屈不甘不躺平不放弃的斗志。这虽滥觞于陶潜，而至东坡才成峥嵘气象。

《苏轼十讲》（以下称"十讲"）以及《千秋岁》等研究宋代诗词的书中已经关注了这一文学现象，并对此有专论。

绍圣四年（1097）朝廷再贬"元祐党人"之时，除苏轼、苏辙外，"苏门四学士"也一同遭受横祸。其中处境最恶的，是被认为与苏轼关系最为亲密的秦观（1049—1100），从郴州（今属湖南省）再贬横州（今广西壮族自治区横县）。在途经衡州（今湖南省衡阳市）时，秦观将他的一首新作《千秋岁》词抄赠当时担任衡州知州的朋友孔平仲。

在这时，秦观没有将那首"山抹微云，天连衰草，画角声断谯门。暂停征棹，聊共引离樽。多少蓬莱旧事，空回首、烟霭纷纷。斜阳外，寒鸦万点，流水绕孤村。销魂，当此际，香囊暗解，罗带轻分。谩赢得、青楼薄幸名存。此去何时见也，襟袖上、空惹啼痕。伤情处，高城望断，灯火已黄昏"（《满庭芳·其一》，《秦观词笺注》，中华书局 2021 年版；此词为元丰二年冬秦观离会稽时所作）的千古绝唱拿出来，而是抄赠了新作。

> 水边沙外，城郭春寒退。
> 花影乱，莺声碎。
> 飘零疏酒盏，离别宽衣带。
> 人不见，碧云暮合空相对。
>
> 忆昔西池会，鹓鹭同飞盖。
> 携手处，今谁在？
> 日边清梦断，镜里朱颜改。
> 春去也，飞红万点愁如海。
>
> （秦观《千秋岁》，《全宋词》第 460 页，中华书局 1965 年版）

此词为秦观的名作，表达了对元祐时期诗文盛会的追忆，以及时变世改，旧日友人风流云散、自己身遭贬谪的凄怆，语调之间带有一种浓烈得惊人的悲哀，尤其是结尾的"飞红万点愁如海"之句，甚至被看作秦观将不久于人世的预兆。这首词引起了朋友们深切的情感共鸣，孔平仲随即次韵写作了一首，此后苏轼、黄庭坚、李之仪、释惠洪等都有次韵之作，形成一组同题同韵的作品群。……其标题"元祐党人贬谪心态的缩影"则是王先生（王水照）对其意义的概括……

…………

孔平仲读了以后，很为秦观的精神状态感到担忧，当即唱和一首：

春风湖外，红杏花初退。孤馆静，愁肠碎。泪余痕在枕，别久香销带。新睡起，小园戏蝶飞成对。

惆怅谁人会，随处聊倾盖。情暂遣，心何在。锦书消息断，玉漏花阴改。迟日暮，仙山杳杳空云海。

（孔平仲《千秋岁》，《全宋词》第 368 页）

....

大约在元符二年（1099），海南岛上的苏轼读到秦、孔二词，也作《千秋岁·次韵少游》一首。此词不见于各种版本的《东坡乐府》，《全宋词》是从南宋笔记《能改斋漫录》辑得：

岛边天外，未老身先退。
珠泪溅，丹衷碎。
声摇苍玉佩，色重黄金带。
一万里，斜阳正与长安对。

道远谁云会，罪大天能盖。
君命重，臣节在。
新恩犹可觊，旧学终难改。
吾已矣，乘桴且恁浮于海。

（苏轼《千秋岁·次韵少游》，《全宋词》第 332 页）

对于秦观、孔平仲悲哀、低调的情绪，历经更大磨难的苏轼却断然超越之。他曾多次在诗词中说自己"老"了,但这一次却明确地说"未老身先退",(指出自己)不是因为老而退,而是政见不同而被退。远贬海外当然不免伤感,但溅起的珠泪、破碎的丹衷,都是那么有质感,透出一份凝重。青色的玉佩、金色的腰带,依然是大臣的端严仪表,不因漂泊流离而变得苟且随便。对政治局势也依然密切关注,在万里之外的斜阳里的仍远远凝望着首都的所在。虽然可能没有再会之期,虽然被认为罪大难容,虽然君主的惩罚如此严重,但一个大臣的气概节操仍值得坚守。即使赦免的君恩犹可期待,自己一贯的见解也决不会改变。如果政见不被采纳,就乘着小船如此漂浮于大海之上,只有超越,绝无屈服。《论语·公冶长》载孔子语曰:"道不行,乘桴浮于海。"以孔子自比的苏轼,既没有被贬谪的打击所摧垮,也不回避严酷的政治环境,他直面惨淡的现实,坚持自己的独立见解,肯定自我的操守,顽强地追求生命价值的实现。

这是苏轼平生所作的最后一首词,一首豪放词。也可以说,这是对沉溺于悲哀的门下弟子的教诲,是自己一生的政治气节和人生态度的自白,是"贬谪文化"中的最强音。

....

元符元年(1098),苏轼在贬谪地海南首先和陶渊明《归去来兮辞》,表达自己精神上超越现实苦难、远离政治的决心。他将这篇和词寄给苏辙、秦观,邀请他们同作。秦观在元符三年(1100)获赦北归时和作了此辞(《淮海集笺注》第30页),而苏辙至建中靖国元年(1101)十月方才写作《和子瞻归去来词》(《栾城后集》卷五),此时苏轼已经去世,苏辙闲居于颍昌府,他以苏轼和自己的和词邀请张耒、晁补之、李之仪、李廌等一起写作。据李之仪事后所记：

> 予在颍昌,一日从容,黄门公遂出东坡所和……又曰:"家兄近寄此作,令约诸君同赋,而南方已与鲁直、少游相期矣,二君之作未到也。"居数日,黄门公出其所赋,而辄与牵强。后又得少游者,而鲁直作与不作未可知,竟未见也。张文潜、晁无咎、李方叔亦相继而作,三人者虽未及见,其赋之则久矣,异日当尽见之。(李之仪《跋东坡诸公追和渊明〈归去来〉引后》,《姑溪居士文集》卷十五)

....

此事在当时影响甚大,晁说之曾给人写信说:

足下爱渊明所赋《归去来辞》,遂同东坡先生和之,是则仆之所未喻也。建中靖国间,东坡《和归去来》至京师,其门下宾客又从而和之者数人,皆自谓得意也,陶渊明纷然一日满人目前矣。参寥忽以所和篇视予,率同赋。予谢之曰:"造之者富,随之者贫,童子无居位,先生无并行,与吾师共推东坡一人于渊明间可也。"(晁说之《答李持国先辈书》,《全宋文》卷2802)[1]

"纷然一日满人目前",乃一时盛况;千年不绝、诗风依旧,是余香袅袅、影响深远矣。史有"和陶诗",想必也应有"和陶文"。今年传铭有《新桃花源记》,虽是东施效颦,亦当古风之追。

---

[1] 朱刚著,《苏轼十讲》,上海:上海三联书店,2019年,第359、364—365、385—386页。

《新桃花源记》

西方学人柏拉图有博大精深三十万字《理想国》传世。

中国诗家陶渊明凭三百言字字珠玑《桃花源记》存史。

言简言繁，东西方文化各有特色，然异曲同工，皆人生理想环境追求之史诗。

国分中外、地隔南北、时有寒暑、水流东西，故才有春花秋月、南秀北雄，自其异者辨之各美其美；若人心相通、天下一家，自其同者视之，天高地阔、各领风骚，欣然美美与共。

昔五柳先生笔写"屋舍俨然、落英缤纷"已心知桃林路渺，无复寻路，怅然有无尽言外之意，又恐后世无人问津，于文尾留下一声叹息。

今放思楼主感慨物换星移、时代更新，历史虽有波折伤痛，幸美善种子早已耕植人心，何愁安宁祥和，民风淳朴，万花照眼，千家风流，桃源不再？

此桃源非怡然自乐，不与世洽小桃源，乃豁然广大，通江达海大神州。

此桃源非不知有汉，无论魏晋旧桃源，当立时代潮头，眺望星空与远方新桃源！

唯祈千年一梦成真：

神州无处不桃源。

岁在壬寅初春刘传铭记于鹤栖楼

十、局外观棋淡如菊

生活如果只有诗和远方那该有多好啊,可惜海岛生活是拧巴的,是乾坤颠倒的。与诗和远方结伴而来的往往多是苟且:狼狈、痔疮、缺医少药、缺吃少味。苏轼、苏过父子二人在黎汉杂处之地荒索凄凉、度日如煎;相对默坐,日就灰槁。

海南长夏无冬,衣、食、住、行四大基本生活要素最堪忧的就是吃,民以食为天,概无能外。今天的人很难理解,当时的海南岛为什么无肉无油,甚至连生计必不可少的米面亦赖内地舶运供应。或风或雨或雾,舟船一旦停航,岛上便衣食杂用匮乏。苏轼自谓:"衣食之奉,视苏子卿(苏武)啖毡食鼠为大靡丽。"对于苏轼这样的超级饕餮之徒,这时候连北国荒原中牧羊的苏武也羡慕起来。啖毡食鼠,恶之极也,如何能成奢华之事?可一直这样自怨自艾还会是东坡吗?好在他食谱宽泛,口味无边。此时他常煮菜为食,还能在黄连树下弹琵琶,作《菜羹赋》自嘲自乐,叙曰:

东坡先生卜居南山之下，服食器用，称家之有无。水陆之味，贫不能致，煮蔓菁、芦菔、苦荠而食之。其法不用醯酱，而有自然之味。盖易具而可常享……

惠洪《冷斋夜话》又记载："予游儋耳，及见黎民为予言：东坡无日不相从乞园蔬。"别时写有一诗，还跋曰："临行写此诗以折菜钱。"这虽可证明苏轼的生活状况，但释惠洪的这些话不可尽信，几近乞讨的狼狈在他所记中变成了以诗折钱的风雅。我不知道大字识不了一箩筐的乡下人要诗何用，更不相信东坡如此伧俗，甚至自轻自贱地要以诗来换菜。惠洪显然偷了"应写黄庭换白鹅"的创意，"王冠苏戴"说笑而已。

真是天无绝人之路。东坡到昌化军大概两个月后，他的救星来了。熙宁三年进士，开封人张中从明州象山（今浙江省宁波市象山县）县尉迁任昌化军军使。一到任，张中便持雷州太守张逢手书叩门拜见前辈。此后几乎无日不来苏家租住的州廨东邻官屋，张中和苏过同嗜围棋，每次来便会有一番黑白世界昏天黑地的厮杀，对弈者忘乎所以，观棋者兴味盎然。东坡现在整日坐在旁边看苏过与张中对弈，成了名副其实的观棋人。

观棋人虽是局外人，但有一个雅号"烂柯人"。东晋虞喜所作《志林》："信安山有石室，王质入其室，见二童子方对棋，看之，局未终，视其所执伐薪斧柯已烂朽。遽归，乡里已非矣。"世事如棋，岁月如流。东坡不懂棋，故对黑白世界"闲敲棋子落灯花"的优雅中的金戈铁马、战鼓轰鸣之"橘中秘"无法具体领悟。猜想他也许正在黑白棋子的厮杀声中体味刘禹锡的那首《酬乐天扬州初逢席上见赠》（《刘禹锡集》卷第三十一）。

> 巴山楚水凄凉地，二十三年弃置身。
> 怀旧空吟闻笛赋，到郡翻似烂柯人。
> 沉舟侧畔千帆过，病树前头万木春。
> 今日听君歌一曲，暂凭杯酒长精神。

此诗是刘禹锡为白居易量身定制，但个中的感慨似乎也给予数百年后的东坡以安慰。

人生如棋，棋如人生。争胜者"惴惴小心，如临于谷"，达观者"胜固欣然，败亦可喜"。或审时度势，"见可而进，知难而退"；或随缘冷暖，懒算输赢，又是一番景象。于是，东坡曾作《观棋》(《苏轼诗集》卷四十二)诗一首。

> 五老峰前，白鹤遗址。长松荫庭，风日清美。
> 我时独游，不逢一士。谁欤棋者，户外屦二。
> 不闻人声，时闻落子。纹枰坐对，谁究此味。
> 空钩意钓，岂在鲂鲤。小儿近道，剥啄信指。
> 胜固欣然，败亦可喜。优哉游哉，聊复尔耳。

"胜固欣然，败亦可喜"，说的是世事如棋，希望人于成败进退输赢中取达观态度。可对于真正的入局者而言，胜负手、平常心，苦心孤诣，如兵家三十六计无所不用，争的就是一个赢！对于大棋士而言，人生就是枰前输赢。苏轼当然明白这些道理，他之所以如是观棋，看的就是人生。

清初《血泪篇》记载了中国围棋十局巅峰之战，即清代黄龙士让徐星友三子的对弈。黄龙士当时纵横棋坛，所向披靡，被时人列为

"圣人",与叱咤风云的黄宗羲、顾炎武共享大名。当后生徐星友挑战他的权威时,他便以让三子来挫折徐的气焰。于是棋局步步惊心,招招致命,无不将凶狠发挥到极致。对弈二人在超常压力下的超常发挥成就了传世名局。清人李汝珍评道:"间各竭心思,新奇突兀乃前古所未有……"而黄龙士付出的代价是泪出血珠。

人生如棋但非棋,对于胜者,说一句"胜负不必计较"容易,对于败者,只要血是热的,"胜败欣然"的话是说不出口的。东坡不懂棋,但他懂诗、懂酒、懂生活、懂人生。当他以局外人的视角写出棋境哲理时,岂非如一个人生胜家在俯视成败荣辱、前程往事和海岛的穷厄困顿。海南岛,东坡的另类收获之地。

題舊本施註蘇詩

施氏註東坡詩四十二卷鏤版於宋嘉泰間世之學者
往往知有其書而流傳絕少商丘公購之數年從江南
藏書家得此本又殘闕僅存三十卷是書卷端題吳興
施氏吳郡顧氏而不著名序又闕故覽者莫
得其詳也其後得陸放翁所作施注蘇詩序有云施宿
武子出其先人司諫公所註數十大編屬某序之以頤子景繁
之字德初其註詩本末與序合又參考郡邑志及它書
之以顧子景繁名字乃灼然亡疑商丘公幸是書之存而惜
而三君之名字乃灼然亡疑商丘公幸是書之存而惜

東坡先生笠屐圖

即子立也又二十七卷有次韻王郎子立風雨有感
詩二十八卷有哭王子立次兒子迨韻三首先生度
嶺北歸時距子立之歿蓋十餘年矣是詩又別乃王
子直秀才非子立也王子直名原虔州人先生在惠
州子直不遠千里來訪留七十日去事載年譜先生
有贈王子直秀才詩見三十五卷起句云萬里雲山
一破裘今用其韻也題與註竝譌今正 王本十六卷

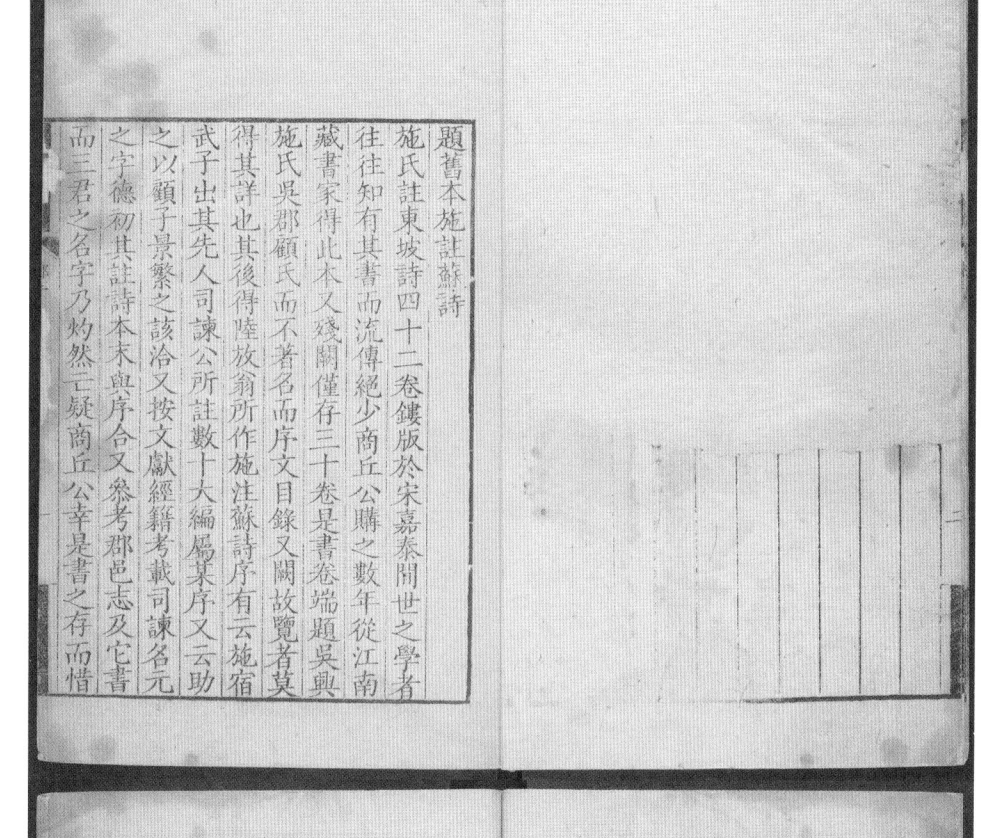

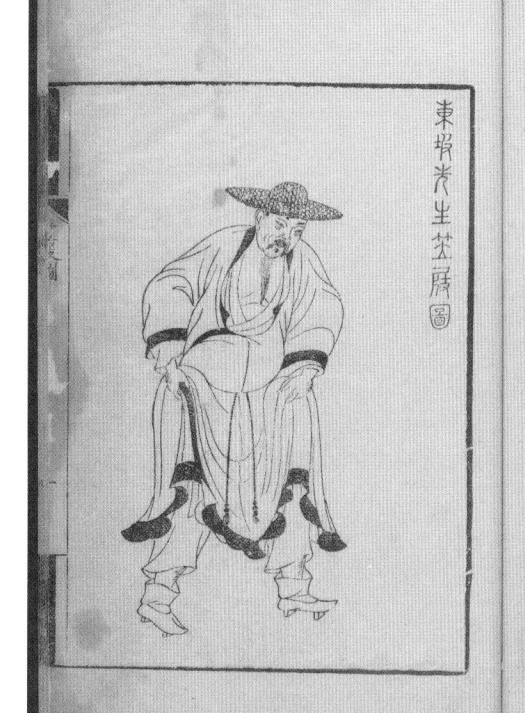

十一、反客为主

经张中介绍，苏轼认识了几个当地朋友，如此就有了可以串门子的地方。认识一个地方最重要的是认识这个地方的人，认识几个朋友。相信东坡对海南岛的认识和感情是从认识海南人后才真正开始的。真正安下心来的人才可以反客为主。

新结识的朋友中有乡贤黎子云和苏轼称之为"儋人之安贫守静者"的老秀才符林。朋友们还一起出钱修葺了一处破败的房屋，改造成"载酒堂"方便大家聚会。

"闲看树转午，坐到钟鸣昏"，终日漫游忘归的东坡是要"敛收平生心，耿耿聊自温"？"谢家堂前燕，对语悲宿昔"又是怎样前路茫茫的兴亡之叹……漫游中东坡常常会迷路，然能自创以牛粪、牛栏来作认路的指标。漫游中东坡认识了口吹葱叶的黎家儿童，结识了春梦婆这样可爱的邻家大娘——行歌田间，偶遇一老妇便闲谈起来。原以为如此荒僻处一村妪不会对自己有什么认识，绝没料遇伊却是一位看透他的知音，真是天下谁人不识君。老妇对苏轼道："内翰昔日富贵，一场春梦。"苏轼深以为然，遂呼之春梦婆。

行吟诗人苏轼作《被酒独行，遍至子云、威、徽、先觉四黎之舍，三首》(《苏轼诗集》卷四十二)，详述儋州风光，以及他与当地人交往的情景：

> 半醒半醉问诸黎，竹刺藤梢步步迷。
> 但寻牛矢觅归路，家在牛栏西复西。

> 总角黎家三四童，口吹葱叶送迎翁。
> 莫作天涯万里意，溪边自有舞雩风。

> 符老风情奈老何，朱颜减尽鬓丝多。
> 投梭每因东邻女，换扇惟逢春梦婆。

宋制有"流人不得占住官屋"的律令，东坡父子在绍圣五年（1098）春天被赶出了那几间四面漏风的茅庐。无家可归便暂在城南污池旁的桄榔林下度日。当时的狼狈无可名状。后来，东坡就于此买地造屋。

造屋时，黎子云、符林、张中等友人通力协助。不足一月，这间坐落城南的草舍就造好了。苏轼名之"桄榔庵"并摘叶书铭。

《和陶和刘柴桑》(《苏轼诗集》卷四十二)诗中说：

> 万劫互起灭，百年一踟躇。
> 漂流四十年，今乃言卜居。

> 且喜天壤间，一席亦吾庐。

有了属于自己的安身之地，本以为可以在这天高皇帝远的岛上过几天清净的日子了，但朝廷对以苏轼为首的"元祐党人"的追杀仍在延续和扩大，六卜不安朋友难安，东坡焉能自安？这次打击连僧人参寥也未能幸免。参寥被判立即还俗，编管兖州，真如"泥菩萨过河，自身难保"，参寥当然也就无法实施原本打算渡海来探视东坡的计划。

最糟糕的是董必"鸡蛋里挑骨头"，举报张中庇护苏轼。不仅张中被免职，而且广南西路都钤辖程节、户部员外郎谭栎，朝散郎、提点湖南路刑狱梁子美等都受牵连。真是六亲同运，罹祸蛛结。

初闻张中将去，东坡作《和陶与殷晋安别·送昌化军使张中》（《苏轼诗集》卷四十二）赠其行。真乃乐莫乐兮心相知，悲莫悲兮旧别离。

> 孤生知永弃，末路嗟长勤。
> 久安儋耳陋，日与雕题亲。
> 海国此奇士，官居我东邻。
> 卯酒无虚日，夜棋有达晨。
> 小瓮多自酿，一瓢时见分。
> 仍将对床梦，伴我五更春。
> 暂聚水上萍，忽散风中云。
> 恐无再见日，笑谈来生因。
> 空吟清诗送，不救归装贫。

《寒江独钓图》宋 马远（传）日本东京国立博物馆藏

传闻张中此去不久即染病客死。东坡别张中诗中的悲言"恐无再见日,笑谈来生因",不想竟一语成谶。

苏轼当年仓皇渡海,随身携带之物当然简之又简,最大的烦恼是无书可读。后从黎子云家借《柳宗元集》数册,自然爱不释手。正因没有别的书分散心思,终日玩诵此书,得与作者神会,始生欢喜。"千山鸟飞绝,万径人踪灭。孤舟蓑笠翁,独钓寒江雪。"面对南国的海浪如雪,东坡岂不更能体味孤臣独钓的悲喜甘苦呢?陆游说:"东坡在岭海间,最喜读陶渊明、柳子厚二集,谓之南迁二友。"(《老学庵笔记》卷九)这岂非人与人、人与书相逢的一段佳话。

江上清风,山间明月,对东坡来说是不够的,没有诗书典册相伴,亦是寂寥忧郁的。而海南岛文献缺失,也只能徒叹奈何了。正如陶渊明《赠羊长史》诗所说:"愚生三季后,慨然念黄虞。得知千载事,上赖古人书。"正当一筹莫展之际,惠州老友郑嘉会船运家藏千余卷典籍,借东坡阅读。如此天大好事,令苏轼喜出望外,便以和陶诗谢郑嘉会。《和陶赠羊长史》(《苏轼诗集》卷四十一):

次其韵以谢郑君。
我非皇甫谧,门人如挚虞。
不持两鸱酒,肯借一车书。
欲令海外士,观经似鸿都。
结发事文史,俯仰六十逾。
老马不耐放,长鸣思服舆。
故知根尘在,未免病药俱。
念君千里足,历块犹踟蹰。
好学真伯业,比肩可相如。

> 此书久已熟，救我今荒芜。
>
> 顾惭桑榆迫，久厌诗书娱。
>
> 奏赋病未能，草玄老更疏。
>
> 犹当距杨墨，稍欲惩荆舒。

有书的日子就是节日。此时无书可读的东坡如"叫花子捡了个大钱包"，喜不自禁。东坡让苏过抄《汉书》《唐书》，自己则接续黄州时撰《论语说》五卷注经之后，续编完成《易传》和十三卷《书传》。

苏轼对在海岛所做的学问三书稿很自负，后来北归时与苏伯固书云：

> 某凡百如昨，但抚视《易》《书》《论语》三书，即觉此生不虚过。如来书所谕：其他何足道？三复海语，钦诵不已。（《答苏伯固四首之三》，《苏轼文集编年笺注》卷五七）

学问到底是天下公器，说起东坡功业，当然是以诗书和经著为重。他在绝笔诗中所说的"黄州、惠州、儋州"实际内涵正在于此，其包含有"文章千古事，得失寸心知"的隐没心事。可惜的是当今某些"苏粉"于此关键处了无知觉。

一边食芋饮水，一边皓首穷经。海南最后岁月中的东坡：

神在儒释道三家行走，心在诗书画三艺盘桓，身在生死梦三界出没。生活可以被一次次颠覆，困惑又总是一次次被勘破。佛家《金刚经》之"无住而住"，让东坡内心破壁而出，豁然开朗，不再执迷于孤岛之困。庄生"小知不知大知，小年不知大年"此刻咀嚼更能将格局放大。东坡之所以为东坡，在看破生活真相的残酷之后，在面对人生苦短的黯淡之时，不是选择"躺平""摆烂"，也非浮躁亢奋，而是出道归儒，在"知不可奈何而安之若命，唯有德者能之"的精神胜利中安静下来，站立起来。拿起一天也没有放弃过的参究物理人情之笔写道：

> 天地在积水中，九洲在大瀛海中，中国在少海中，有生孰不在岛者？覆盆水于地，芥浮于水，蚁附于芥，茫然不知所济。少焉，水涸，蚁即径去，见其类，出涕曰："几不复与子相见。岂知俯仰之间，有方轨八达之路乎？"念此可以一笑。（《试笔自书》，《苏轼文集》佚文汇编卷五）

在这篇名为《试笔自书》的小文中，东坡记的不是试笔心得而是固执己见的自我认识，是朝花夕拾的思想新枝。

当然，东坡一生中也有诸多求卜问卦、炼丹试巫、祭神弄鬼之事。别人姑妄言之，传铭姑枉疑之，遂不论其是非得失，故从略。海南时的祛灾祈福、炼丹、制墨也在不记之列。

但有一事非记不可。海南岛虽是汉时已设郡制，归为中华，但真正完成国家认同还是要赖文明同体，文化一家。东坡应属此一功业的播种者。当他在儋州稍稍安定之后，便多了一项课读教书——不求功业的功德无量之事。原先只是附近青年来走读求学，后来又收了两个外地的住宿生，其中一个是琼山姜唐佐。《冷斋夜话》云：

> 东坡在儋耳，有姜唐佐从乞诗。唐佐，朱崖人，亦书生。东坡借其手中扇，大书其上曰："沧海何曾断地脉，朱崖从此破天

东坡书院 摄影 邓钧元

位于海南省儋州市中和镇的"东坡书院",原是东坡谈文会友的"载酒堂"。始建于绍圣五年(1098)时,虽无"书院"之名却有"学馆"之实,斯是陋室,惟吾德馨。书院在元代于原址重建,至明代改称"东坡书院"。后世几毁几建,现结构是1982年重新修建。

荒（一说白袍端合破天荒）。"又书司命宫杨道士息轩曰："无事此静坐，一日是两日。若活七十年，便是百四十。黄金不可成，白发日夜出。开眼三十秋，速于驹过隙。是故东坡老，贵汝一念息。时来登此轩，望见过海席。家山归未得，题诗寄屋壁。"又尝醉插茉莉花，嚼槟榔，戏书姜秀郎几间曰："暗麝着人簪茉莉，红潮登颊醉槟榔。"其放如此。

他们白日问学，夜晚陪老师饮茶、吃饭。无数个一灯如豆的夜晚，桄榔庵的书声、笑声颇慰先生孤寂，同时也把学风文风播植在莘莘学子心中。苏轼身后，姜唐佐成了海南中举的第一人。东坡曾"甚重其才"，赞扬姜唐佐文章"文气雄伟磊落，倏忽变化"，其为人处世"气和而言道，有中州人士之风"。从一定意义上讲，文明文化文脉的贯通，才使孤悬汪洋的海岛真正成了中华版图血脉的一部分。

邦有道，则近悦远来。人有德何尝莫是如此？东坡渡海后，亲如"苏门四学士"的黄庭坚、秦观、张耒、晁补之等人也在被祸流迁中无法亲赴海岛叩问，甚至连通音讯也困难。但师望之隆，仍有学子担簦万里，渡海问道。江阴葛延之便是一例。延之远来求学，东坡留他在昌化军住了一个月。授之以作文之要。

> 儋州虽数百家之聚，而州人之所须，取之市而足，然不可徒得也，必有一物以摄之，然后为己用，所谓一物者，钱是也。作文亦然，天下之事，散在经、子、史中，不可徒使，必得一物以摄之，然后为己用。所谓一物者，意是也。不得钱不可以取物，不得意不可以用事，此作文之要也。（《东坡诲葛延之》，《容斋随笔》四笔卷十一）

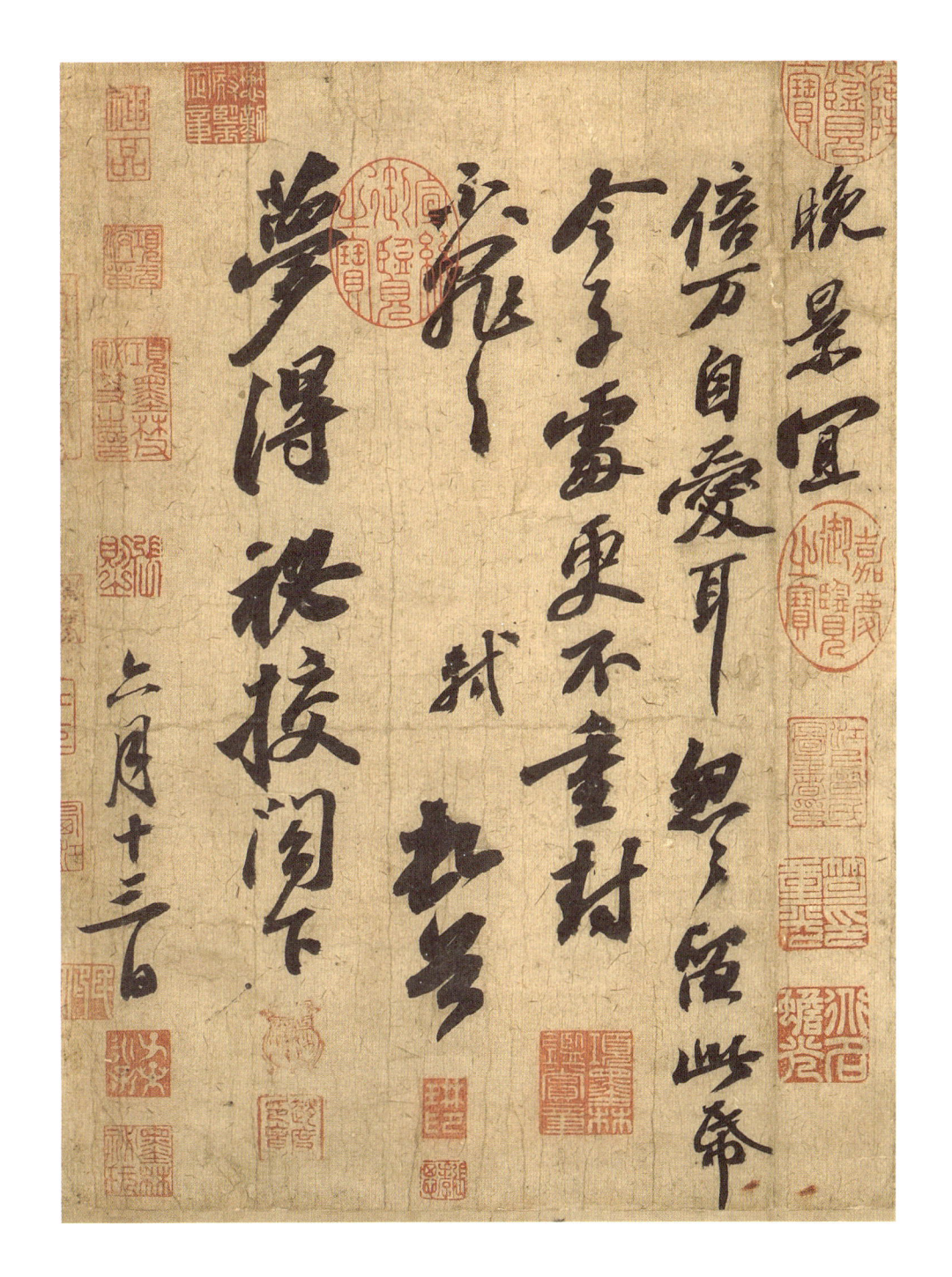

《渡海帖》宋 苏轼 台北故宫博物院藏

轼将渡海。宿澄迈。承令子见访。知从者未归。又云。恐已到桂府。若果尔。庶几得於海康相遇。不尔。则未知后会之期也。区区无他祷。惟晚景宜倍万自爱耳。忽忽留此纸令子处。更不重封。不罪不罪。轼顿首。梦得秘校阁下。六月十三日。

苏轼的意思显然是在"工欲善其事，必先利其器"的基础上加了一句：还要得其法。只有凭借良器优法，才能得到自己想要的结果。如没有钱难以有物，没有法难以成事，没有意不可以成文。

延之拜领其教，受益匪浅，于道器平衡思想有豁然贯通之得。

如此，海南岛从蛮荒之乡而文化之地的变化，东坡功不可没。除劝农、寻泉等事外，又一例"东坡不幸海南幸"，诚哉斯言。

三年前曾携棺渡海，以为孤岛会是葬身之地；三年后的公元1100年（元符三年）苏轼揣着一颗以不归为归的平常心，终于踏上了回归之路。

《渡海帖》是苏轼渡海北归前留给好友赵梦得的信札，一名《致梦得秘校尺牍》。

元符三年（1100）徽宗初登皇位大赦天下，苏轼获赦诏徙廉州。辞别儋州诸好友，至澄迈欲与赵梦得再见一面，惜未果。书此以为留别赠言。回想儋州数年赵梦得对自己关照多多并不惮辛苦奔走中州为苏轼与家人传信，苏轼五内铭感。又虑及自此一别恐再无相见来日，帖中遂寄望情深，读来不胜唏嘘。

此帖为苏轼海南儋州生活画上了句号。一湾浅浅的海水，一叶颠簸的小舟，人生行踪来去，此岸彼岸，无非一渡尔。

《渡海帖》现为台北故宫博物院收藏。若从书法论，深情见诸笔端，纵逸了无挂碍。诚非当下学书者只知呆摹二王、形仿颜柳者可梦见尔。此帖与《天际乌云帖》《黄州寒食诗帖》可为苏书三绝。

天才往往都是「无家可归」的大家。

一是说他行旅漂泊，天涯故乡；一是说他精神遨游天地、思接千载、视通万里，非常人可以想见，非学术所能归类。

对于这位改变历史火车方向的扳道工，传铭以为，他不是这一类，他是这一个。

对于千年不死，而且声望日隆的东坡，如果不是浅薄地凑热闹，每一个热爱生命、生活、真理、正义、自由、善良、公正、风雅、浪漫、劳作、慈悲、坦诚、幻想的人都不妨照一照这面镜子，交一交这位朋友。

貳

眉山青黛　蜀道絳紫

一、苏门探源

　　古时的四川地区与今天四川的行政区划不尽相同，古时属华阳、梁州、蜀郡、巴郡、江州、益州等。唐时，四川地区属剑南道及山南东、西等道。北宋时划分为益州（今四川省成都市）、梓州（今四川省三台县）、利州（今四川省广元市）、夔州（今重庆市奉节县）四路，合称"川峡四路"或"四川路"，四川由此得名。后来，四川版图一变再变，晚清时更有军阀混战、政治割据，其归属也不时被撕裂……就是这么一个变动不居、忽冷忽热的地方却有一个响亮的名字：天府之国。

　　这个名字比苏杭二州俗称"天堂"的名字好。天堂乃神仙之居，好虽好，但不是人住的地方。天府之国的烟火气、人情味、混搭风、变脸戏、麻辣香，熏沐出的男人像男人、女人像女人。男人既能热血洒战场，头颅掷地一声不吭，又可以几万人看足球齐声呐喊：雄起！雄起！女人则有薛涛浣纱[1]、当垆沽酒，既风骚不羁，又风雅窈窕，不输江南小家碧玉之"花照水、柳扶风"[2]，又兼米脂婆姨的风月无边。她们既美了男人心，更取悦了自己。

四川的由来还有一个更流行的说法，即境内有巴、岷、泸、雒四水，即嘉陵江、岷江、金沙江、沱江川流不息，故名之。

关于地名之说，无论是从行政区划、自然区隔、人文风俗等哪一个角度来看，都会找到一个合情合理的说辞，但又皆无法完全厘清四川这块复杂丰富、变化万千、奇正互出，"乱时可避祸，盛世能兴邦"的风水宝地。最令人奇怪的是，今天中国地理版图上的四川，明明是中央之地，却往往被呼作西南边陲。这当然是北方文化中心说的历史偏见。更多的是因为秦汉晋唐的中央政权，多视吐蕃经略的西藏、青海为异域，才会有视角偏差。也因为四川确与中原交通阻塞，难以沟通，所以才有李太白的蜀道之叹：

> 噫吁嚱，危乎高哉！蜀道之难，难于上青天！蚕丛及鱼凫，开国何茫然。尔来四万八千岁，不与秦塞通人烟。西当太白有鸟道，可以横绝峨眉巅……

按李白的说法，秦岭主峰太白岭的鸟道才是四川的出路。换言之，就是说四川的蜀道鸟可出没、人难行走，甚至无路可通，因而被视为与蛮夷同亦属理所当然。遗憾的是李白为陕西郿县（今陕西省宝

---

[1] 薛涛浣纱，非西施浣纱。唐代才女薛涛风雅无比，曾以成都浣花溪水制作诗笺与元稹、白居易、杜牧、刘禹锡作诗唱。红色小幅诗笺，花纹精巧鲜丽，人称"薛涛笺"。

[2] 花照水、柳扶风，出自《红楼梦》中曹雪芹《赞林黛玉》："闲静似娇花照水，行动似弱柳扶风。"江南女子自有此般娴静柔弱之美。

作者在三苏祠苏轼雕像前，笑称"背后有人"。摄影 曹煜

鸡市眉县）做的这个大广告并未让郿县名扬天下，倒是四川的苏轼以千古文章和人生不言之教让家乡眉州（今四川省眉山市）成了中国文化人的心灵故乡。

生于1037年（丙子年尾），殁于1101年。在中国的十一世纪，苏轼可以算寿终正寝。但今天看，这却是不折不扣的早夭。在这个短短的有限的人生，虽未曾有多少轰轰烈烈"了却君王天下事"的惊天动地之丰功伟业，但却能真正"赢得生前身后名"。这究竟为什么？苏轼是一个明明白白的大谜。难道仅仅是因为苏轼头上帽子多？非也。首先是因为他那无与伦比的才华和被后世梳理出来的多重身份。

苏轼，字子瞻，一字和仲，先号铁冠道人，后为东坡居士。

嘉祐二年（1057）殿试高中，赐进士及第。仕途沉浮，先后授大理评事、签书凤翔府判官，神宗时在杭州、密州、徐州、湖州任通判太守等职，哲宗一朝任翰林学士，官至礼部尚书并出知杭州、颍州、扬州、定州，最后被贬为别驾，流寓惠州、儋州。高宗时追尊太师，孝宗时追谥"文忠"。

苏轼被后人称为诗家、词家、书家、画家、政治家、思想家、美食家、壶艺家，不一而足；

苏轼被学界尊为诗不让诗仙、诗圣、诗魔、诗佛；又为开派词宗，能教山抹微云、晓风残月一路婉约，复领山重水复、挑灯看剑豪放先路。

苏轼文可比韩、柳[1]，画笑看吴、王[2]，书步舞王、颜[3]，将之归哪一门大家均是实至名归，但又颇为不妥，他是一位文化时空中"无

---

[1] 韩柳，指韩愈、柳宗元。
[2] 吴王，指吴道子、王维。
[3] 王颜，指王羲之、颜真卿。

家可归"的真正大家。

苏轼曾写过："故诗至于杜子美，文至于韩退之，书至于颜鲁公，画至于吴道子，而古今之变，天下之能事毕矣。"苏轼没有自评，愚之见，东坡才是能以一己之力毕天下能事的超人。

近世以来，苏轼还以中国的维吉尔、贺拉斯、莎士比亚、弥尔顿、华兹华斯、席勒、雨果、波德莱尔之名被介绍给西方世界。这些令人头晕目眩的名字恰恰证明这个人难以理解、不可思议，同时也造成了"乐之者众矣，知之者稀矣！"的无可奈何。

天才往往都是"无家可归"的大家。一是说他行旅漂泊，天涯故乡；一是说他精神遨游天地、思接千载、视通万里，非常人可以想见，非学术所能归类。对于这位改变历史火车方向的扳道工，传铭以为，他不是这一类，他是这一个。对于千年不死，而且声望日隆的东坡，如果不是浅薄地凑热闹，每一个热爱生命、生活、真理、正义、自由、善良、公正、风雅、浪漫、劳作、慈悲、坦诚、幻想的人都不妨照一照这面镜子，交一交这位朋友。

闭塞的四川因东坡而开阔，平凡的生活因东坡而精彩，他那短暂而真实的存在因注释出"人之所以为人"，才赢得了人们万世不朽的感恩。那千难万险的蜀道、莽莽苍苍的秦岭也因苏轼的跋涉行旅而云吐绛紫、雨含欣悦。

既为人物大传，史家总喜欢从头说起，西方人叙事方式"ABOVO"说的也是这个意思。本章虽循旧制作苏门探源，但仅摘录典籍所载、征询可信的材料，尽量删繁就简、不避褒贬以为录编。

眉山苏氏，原籍赵郡，赵郡历史沿革，代有不同，或赵州，或赵郡，或栾城。故三苏诗文书画等落款的题名惯称赵郡苏某，苏辙《栾城集》者亦是从其祖籍。苏洵的《苏氏族谱》，追认赵郡苏味道为其始祖：

> 苏氏出自高阳，而蔓延于天下。唐神龙初，长史味道刺眉州，卒于官，一子留于眉，眉之有苏氏自是始。

其实，历史上的苏味道虽然不算是个正经人物，但苏味道确实颇有味道。他的为人处世多有值得玩味的地方。说他是唐王朝的一位政治家，还不如说他是一位明哲保身的官油子。在武则天专权和改李唐为武周那样一个复杂的朝局变故中，由于他深谙台阁故事，能游刃有余地周旋于各方势力之间，用圆滑的模棱两可意见，不得罪任何一方，使自己置身激流之外。时人称他为"苏模棱"。

盛名之下无虚士，苏味道不仅只是一味圆通，当然也有他的过人之处。

苏味道九岁能诗文，进士及第后即为定襄道大总管裴行俭赏识，后为裴作呈皇家谢表，因文采飞扬传诵久远，深得吏部侍郎裴行俭赏识，三征突厥时引为管书记、监察御史，后来一路升迁凤阁舍人，迁凤阁侍郎、同凤阁鸾台三品，长寿三年居相位。然而世事殊难预料，至武则天改朝后，苏味道见大局已定便放弃模棱两可的策略亲附武则天的佞臣男宠张易之、张昌宗兄弟，聪明一世的苏味道这一宝终究还是押错了。唐中宗神龙元年（705）"神龙政变"，张昌宗兄弟被诛杀。苏味道亦受牵连，被贬眉州刺史，复为益州大都督府长史，未行而去世，时年五十八岁，留一子于眉州，是为眉州苏氏一支的始祖。唐根宋果，这是一例证。

火树银花合，星桥铁锁开。

> 暗尘随马去，明月逐人来。
>
> 游伎皆秾李，行歌尽落梅。
>
> 金吾不禁夜，玉漏莫相催。（《正月十五夜》）

这首诗是苏味道的代表作之一。在初唐近体诗改造定型中颇有影响，但作为宫廷诗人，终脱不了应酬习气。清末学者宋育仁《三唐诗品》的评论中肯：

> 盛有时名，藻思相称，惟其速达，故入境未宏。旧集阙残，未窥其所本。拟以连篇排比，其源盖出于王筠。初唐之古芳，实梁陈之支派也。火树银花，时留俊赏，然丰肌靡骨，无复陈隋。

苏氏落籍于眉州已三百余年。苏轼自谓家世："炯炯明珠照双璧，当年三老苏程石。里人下道避鸠杖，刺史迎门倒凫舄。"（《送表弟程六知楚州》,《苏轼诗集》卷二十七）自苏味道的儿子落籍于眉山，传家道两百余年而至苏泾，以前皆不详。

据苏洵《族谱后录》记载，眉州苏家高祖苏钊"以侠气闻于乡间"。钊生五子，苏洵的曾祖父是少子苏祐，"以才干精敏见称"。

苏洵的祖父苏杲乐善好施，孝顺父母、友爱兄弟、对朋友坦诚守信。乡里的人无论亲疏远近都喜欢、尊敬他。由于颇善治生，不久便使家道殷实，有余财可广善布施，是一位农耕社会中典型的乡贤。曾言："多财而不施，吾恐他人谋我。然施而使人知之，人将以我为好名。"所以他总是不声不响地帮助穷人。这一点和佛家的"无相布施"暗合。因为乐善好施而散尽家财，终其身时，苏家已是"田不满二顷，屋弊陋而不葺也"。

《族谱后录》还记杲有弟宗晁,是个"轻侠难制"的人物,侠之偏激者往往以武犯禁。看来这个家族中的人有桀骜不驯、任侠尚义和乐善好施、温朴敦厚的双重遗传基因。

苏序生于宋太祖开宝六年(973)。他心胸开阔,为人磊落,生性坦率,朴实甚俭,不注重外表和穿着,待人平和厚道、好相处。他读书不多,但对士人十分敬重,在别人眼里甚至几近谄媚,其实他对田夫野老也一样谦恭。古代中国不乏这类能刚正持重、一碗水端平,绝不见风使舵、一味圆滑之人。起于苏味道的苏门家风之变不知缘何而起,这个问题耐人寻味,确有几分味道了。

苏家之再续族谱的工作由苏辙接续。苏辙《栾城集》卷二十五《伯父墓表》:"苏氏自唐始家于眉,阅五季皆不出仕。盖非独苏氏也,凡眉之士大夫,修身于家,为政于乡,皆莫肯仕者。"不仕不等于不学不读。这在学而优则仕的科举年代,苏家学而优不仕也容易被人视为异类。

乡风亦如国风,乱世则隐,非无志无求。以眉州人足够的聪明,他们只是暂时放下仕途经济,尽可能享受耕读传家的巴适生活。

苏序有三子,长名澹,早逝;次名涣,字公群;幼子苏洵,字明允,生于大中祥符二年(1009),比他的二哥要小9岁。苏洵28岁得子苏轼。

二、眉山青黛

仁宗景祐三年腊月十九日，苏轼在乐山大佛的注视下降生眉山。关于出生时间，上文是农历纪年，换算成公历是1037年1月8日，这种鼠尾牛头跨年降生的孩子的年龄往往会把今人搞糊涂。东坡出生于1036年或1037年的"二年说"之对错，正是这种中西混淆的概念造成的，都不应为错。这里又说出生于眉山的苏轼是在乐山大佛的观照下诞生，岂非让人更糊涂？乐山古称嘉州，属宋代地方二级行政机构，眉山县属乐山管辖。如是我云，亦应无大错。

眉山县城不大。"林传"中描述道："在纱縠巷，有一座中等结构的住宅。自大门进入，迎面是一道漆有绿油的影壁，使路上行人不至于看见住宅的内部。影壁之后，出现一栋中型有庭院的房子。在房子附近，有一棵高大的梨树，一个池塘，一片菜畦。在这个小家庭花园之中，花和果树的种类繁多，墙外是千百竿翠竹构成的竹林。"这个院落就是当年的苏家。现代人去眉山探幽访古，一定会去

眉州三苏祠大门 摄影 雷同

"三苏祠"门匾为何绍基书于咸丰癸丑年三月,门外抱柱联联文分别为:
克绍箕裘一代文章三父子,堪称楷模千秋景慕永馨香;
北宋高闻名父子,南州胜迹古祠堂。

打卡"三苏祠",这里已是网红之地,人们也会下意识地认为"三苏祠"就是苏家。严谨地说,"三苏祠"只是在苏宅旧址上多次重建、翻建、新建的一座纪念性古代园林,建筑格局为典型的前清风格,与宋时苏宅的格局样式和简约大气的风格还是差别不小的。

"林传"描写眉州的语言干净漂亮,一如眉山街巷的整洁干净。"林传"中对眉山的介绍还注意到夏季眉山荷花盛开、清香溢远的盛景。林语堂没有交代荷花与苏轼的关系,且作拾遗之补。

"不如玉井莲,结根天池泥。"——苏轼《和陶饮酒二十首·其九》

"一朵芙蓉、开过尚盈盈。何处飞来双白鹭,如有意,慕娉婷。"——苏轼《江城子·湖上与张先同赋,时闻弹筝》

"菰蒲无边水茫茫,荷花夜开风露香。"——苏轼《夜泛西湖五绝·其四》

"微雨过,小荷翻,榴花开欲然。玉盆纤手弄清泉,琼珠碎却圆。"——苏轼《阮郎归·初夏》

不蔓不枝的荷花装点着东坡的诗词,而东坡诗词是瑞莲(三苏祠内的荷花)怀抱的大起大落、大喜大悲。这个在大佛注视下降生的婴儿,难道是如释迦牟尼踏着七步莲花一样来到人世间的吗?这个问题不必有答案,然东坡爱莲千真万确。"琼珠碎却圆"一句道尽露珠在荷叶上聚散分合的灵动与悲喜。

我之爱荷一如东坡。曾有《荷花,从池塘里绽放的宗教》一文记录着荷花于我生命中时隐时现的断想。

老家合肥，古称庐州，乃北宋龙图阁大学士包拯故里。关于这位铁面法官"日断阳、夜断阴"的种种神话，曾被后世敷衍得花团锦簇、妇孺皆知，合肥人以此为荣。旧合肥城南有建于清朝康熙年间的"包公祠"，祠内有线刻石板包公像，祠外高台凉亭内有一眼水井，井栏石围已被井绳磨勒出道道深沟，这些岁月的刻痕曾是那样令我感动，此眼井便是"廉泉"。廉泉甘冽清醇，盛夏时游人常来此取水消暑解渴。传说，凡贪赃枉法者饮之必腹痛似绞，常人则甘之如饴。祠外的带状池塘是"包河"。而今半个多世纪过去后，关于包河的全部记忆只剩下岸边的春风杨柳和夏日池塘中绿盖掩映的荷花。我曾经摘带刺的荷梗撑起硕大的绿叶遮挡骄阳；也曾采下蓬花，一瓣瓣掰开那由深渐浅的粉红……也许正是从这一刻起，荷花便把她那神秘的种子栽种到了一个懵懂少年的心底。

当然，在以后半个多世纪的时光里，我还见过杭州西湖的"三秋桂子、十里荷花"；见过朱自清笔下清华园的月色荷花；见过沧浪亭外那七亩方塘里摇曳在细雨中的荷花；见过玄武湖秋风中睡在残叶上孤寂的荷花……这些印象都是模糊的，浅浅的，几乎算不上什么周遭际遇。我第一次真正见到纸本荷花是在日本大阪市立美术馆看到的李鱓《荷花图》轴。"休疑水盖染淤泥，墨晕翻飞色尽黳。昨夜黑云梅浦潋，草堂尺素雨风凄。"……画家用水墨晕染成大片荷叶，莲蓬、荷花夹在叶中，下有芦荻数茎，笔墨纵横，枝茎纷披。这幅纯水墨的《荷花图》轴，不似周敦颐说的那样"出淤泥而不染"般纯洁，也不似我幼时记忆中的那样由深渐浅的粉嫩妖红。然而，它不仅从完全相反的视角抓住了系在我心间的乡思，也撩拨着我对画作者寄附于荷花上的感怀身世与幻梦萦想。

稍后,我又见过徐青藤(徐渭)托物言志——"养就孤标人不识,时来黄甲独传胪"的《黄甲图》;见过八大山人用泼墨法写就的风神朴茂的《荷花》:一枝卓尔不群的白莲临风照水,俯瞰着老嫩枯荣的荷叶,这凝视中便是后世津津乐道的冷硬狂怪和温雅沉雄;我还见过黄永玉"风卷连天碧,雨听一叶鼓"的湘西荷花;见过宋雨桂那脱胎于吴昌硕、潘天寿一路没骨法的关东荷花……对于荷花来说,原来同样的种子,在不同人的心中可以开出各种各样、姿彩万千的不同样的花。这些宣纸上的花开花落,在诉说着怎样的恩恩怨怨……关于荷花的美丽已经无从稽考了,但是无论岁月如何流逝,荷花不仅不会遥不可及,而是总有一些心灵会深陷其中,恋恋不舍,会让它开得更加忧伤或者灿烂。

比苏轼大37岁的北宋名臣包拯是我庐州同乡,还有比苏轼大20岁的湖南人宋儒周敦颐,加上苏东坡,他们与荷花的种种情愫,哪一个不是一种莫逆于心的纠缠啊!据此推说荷花是北宋时代之华应该无人反对。

花是悦人画,人是解语花。无声的问候伴着关于花与画的笑问笑答一齐悄悄地落向夕照澄澈的湖底……

…………

不可言说的美感便是"禅意"。而"禅意"的尽头是佛祖的拈花微笑,是宗教。对于绘画,如何捕捉灵动,如何在放弃中参悟机心,如何在坚守中表述渴望,大概都是让求道者良苦用心的命题。这正像一片荷叶的阴阳两面:俯瞰大地和仰望天堂。在这向两极延伸的叩问中,有的人看见画家将一声叹息写进了祈祷,写进了荷花——那枝从池塘里绽放的"宗教"。可是你知道吗?画家此刻正吞咽着燃烧的激情，吞咽着分明闪烁的情欲与渴望。善非善、恶非恶，每一片荷叶都裹着一颗内省的虔诚……但它同时又是那样坦然地舒展自己，推广着自己，期望着人们看到隐喻建构的大同。所以画家的画仍然是画，荷花仍然是荷花，而不是宗教。

将历史上画家的荷画系列、天南地北的系列荷花与哲学和宗教捆绑在一起，也许又是一次误读。我不介意绘画上的见喜见悲，反思物我。阐释艺术的错位一向由人自取。我只担心千万不要因此而误读画家的四时佳兴与自得人心；不要辜负了荷花在光影中的那份云淡风轻……杨柳依依如何？雨雪霏霏又如何？那些我看过的荷花和荷画从未欺骗过我，那些招摇的谎话无非是在宣喻一种生命的箴言。不要将理性与激情对立起来，不要将单纯与复杂对立起来，不要将静穆与喧闹对立起来，不要将抱虚冲淡与热爱生命对立起来……今天，我如是观荷画，也如是观荷花。对于绘画，文字的宿命只能是期待，就像对荷花，当它在秋风和冬雪中将莲子深埋于泥土时，我们只能期待她在来年的春风中穿出水面，在盛夏的池塘中再一次绽放。

若论宋人审美风尚，则非荷花莫属。除了东坡咏荷的诗章传诸久远，湘人濂溪先生在嘉祐八年（1063）写的《爱莲说》更是将荷之夭夭、莲之灼灼，描述得淋漓尽致。若与那些开于枝头、插于瓶供的园花室朵相比，先不说它那中空外直的君子之姿，仅天地为雅室、湖池为瓶赏的格局即非他花可比。所以说荷花是赵宋一代之符码当无可争议。

遗憾的是时人在说到宋人的尚意文化特色时，大多无法理解为何从屈原之"制芰荷以为衣兮，集芙蓉以为裳"到宋之周敦颐的《爱莲说》,再到现代朱自清之《荷塘月色》,虽同为咏荷,但审美气象已多少呈现出衰退委顿的病态。再比如,当下以宋代瘦金体为宗,官窑器为贵,禅茶味为上,脂粉色为正的那些"故宫派""西湖派"的说辞亦应视作浅薄的播散,与宋之风雅正脉绝缘。不妨夸张一点说,不懂荷花便不懂宋之文化,不懂东坡,更不能理解陈寅恪所论"华夏民族之文化,历数千载之演进,造极于赵宋之世"的历史判断。推论下去,不懂苏东坡便不懂千年以前那个王朝的转折与荣辱,也就不懂中国的文化与政治。

敬宗法祖当然是中国人之传统美德。可不少人常常会把家风淳淳、渊源有自,与家世显赫、世代簪缨混为一谈,更有甚者还厚着脸皮扯出真假祖宗十八代的光荣来为自己贴金。唉!关于一个人的家世家风、学统学风对他的影响,"查三代"即可。我既质疑"王侯将相宁有种乎?"又不绝对怀疑万物有种的基因影响,故本书谨选择着力于苏序、苏洵、苏轼三代三人的宗脉主线。当然在详评前,还是要先说说影响东坡深远的苏门内外那些不得不记的人和事。

三、涣发于前

相信很多人,包括东坡那些铁粉也未必知道,在苏氏一门的谱系中,有一个人,一个比东坡还神奇的人。不要以为这是夸大其词,我坚信至少苏轼、苏辙兄弟会赞同,这个人便是被两兄弟视为偶像的二伯父苏涣。不知什么原因,在一些权威的"苏传"中,苏涣一直被遗漏、被遗忘,不能不说这是一个遗憾。苏涣在"林传"书中也只是如一部长篇电视剧中一个路人甲,在镜头前匆匆闪了一下,没名没姓没露脸。

一天,老汉正在喝酒取乐,重要消息来到了。他的二儿子,苏东坡的叔父(应是伯父,下同),已赶考高中。在邻近还有一家,儿子也是同样考中。那是苏东坡的外祖母程家。因为苏程联姻,所以可以说是双喜临门。程家极为富有,算得上有财有势,早就有意大事铺张庆祝,而苏家的老汉则无此意。知父莫如子,苏东坡的叔叔亲自派人由京中给老人家送上官家的喜报，官衣官帽，上朝用的笏板，同时还有两件东西，就是太师椅一张，精美的茶壶一个。喜信到时，老汉正在醺醺大醉，手里攥着一大块牛肉吃。他看见行李袋里露出官帽上的红扣子，一下子就明白了。但是当时酒力未消，他拿起喜报，向朋友们高声宣读，欢乐之下，把那块牛肉也扔在行李袋里，与那喜报官衣官帽装在一处。他找了一个村中的小伙子为他背行李袋，他骑着驴，往城里走去。那是他一生中最快乐的日子。街上的人早已听到那个考中的消息，等一看见酩酊大醉的老汉骑在驴背上，后面跟着一个小子扛着一件怪行李，都不禁大笑。程家以为这是一件令人丢脸的事，而苏东坡则说只有高雅不俗之士才会欣赏老人质朴自然之美。[1]

很奇怪，林语堂这段文字依据的是旧版的《苏轼年谱》，书中明明有记苏涣科举高中的内容，可他为什么没挑明苏涣？更奇怪的是"林传"中一直称苏涣为东坡叔叔，尽管英语中 uncle 不分叔伯都可用，但译成中文必须分清叔伯。

这段如电视画面中出现的老头是东坡的祖父苏序，而寄回金榜高中、光耀门楣的喜报、官衣、官帽、朝笏板和太师椅的就是老人的二儿子，苏轼、苏辙的嫡亲二伯父苏涣。苏涣比苏洵长9岁，比苏轼大37岁。仁宗天圣二年（1024）进士，历任主簿、参军、通判、利州路刑狱等职，殁后累赠太中大夫。元丰五年（1082）伯父死后20年，东坡有《题伯父谢启后》（《苏轼文集》卷六十六）一文寄托绵绵哀思。

---

[1] 林语堂著，张振玉译，《苏东坡传》，长沙：湖南文艺出版社，2018年，第18页。

> 天圣中，伯父中都公始举进士于眉，年二十有三。时进士法宽，未有糊名也。试日，通判殿中丞蒋希鲁下堂，观进士程文，见公所赋，叹其精妙绝伦。曰："第一人无以易子。"公力自言年少学浅，有父兄在，决不敢当此选。希鲁大贤之，曰："君子成人之美。"乃以为第三。明年登乙科。此则其亲书启事谢希鲁者也。公殁后十三年，得之宜兴人单君锡家，盖希鲁宜兴人也。又八年，乃躬自装缥，而归公之第二子子明兄，使宝之以无忘公之盛德云。元丰五年七月十三日，第六侄责授黄州团练副使轼谨志。

已经考中进士并准备出仕的苏轼曾经拜望伯父苏涣问政文学，这件事情被苏辙记录下来。

> 颍滨尝语陈天倪云：亡兄子瞻及第调官，见先伯父，问所以为政之方。伯父曰："如汝作刑赏忠厚论。"子瞻曰："文章故某所能，然初未尝学为政也，奈何？"伯父曰："汝在场屋，得一论题时，即有处置，方敢下笔，此文遂佳。为政亦然。有事入来，见得未破，不要下手；俟了了而后行，无有错也。"至今以此言为家法。伯父即提刑涣，事见语录。（《经进东坡文集事略》卷九）

苏涣从苏轼登龙文章《刑赏忠厚之至论》谈起，以为文之道喻为政之法，即一定要准备充分，心中有数，方才有妙文良策，为政也当如此。用今天的话来说就是要先调查研究，做到腹有良谋，后举措处置才收良效。苏轼受益良多。

嘉祐七年（1062）苏涣殁于赴利州路刑狱任上，远在凤翔的苏轼闻信后悲然泣下,有《祭伯父提刑文》(《苏轼文集》卷六十三):"辛丑之秋,送伯西郊。淫雨萧萧,河水滔滔。言别于槁,屡顾以招。孰知此行,乃隔幽明。"此刻的东坡一定是想起了伯父当年对自己和弟弟的耳提面命,谆谆教诲。

  《栾城集》卷二十五《伯父墓表》云:"辙生九年,始识公于乡",以下叙兄弟侍伯父,闻其言曰:"予少而读书,师不烦。少长为文日有程,不中程不止。出游于途,行中规矩。入居室,无惰容。非独吾尔也,凡与吾游者举然。……尔曹才不逮人,姑亦师吾之寡过焉可也。"皆再拜曰:"谨受教。"[1]

伯父对两兄弟所说的意思用白话翻译一下就是"你们这两个小东西,做人、做事和做学问莫贪功,先求无过尔"。这种低调又务实的态度让轼、辙受益终身。故才有心悦诚服的"谨受教"三字,以谢长者之恩。

苏涣成功的求学问、求功名、求服务家国的人生之路,不仅影响了苏门子侄的命运,同时也影响了眉山一地的民俗乡风。原先小富即安、不思进取,后来变成了地方读书人对苏涣欣而慕之、行而效之,皆以涣为旗帜。一时眉山书风勃兴,继而学者辈出,不出30年便有学而优则仕数十百人。看来"榜样"行不言之教,故影响力是惊人的。

轼、辙之视苏涣,诚乃子侄之敬伯父,又如后学之仰先贤,更如群星之慕太白。对于心胸豁达、好学不倦的苏氏兄弟,少年求学时有先贤为标杆,壮年为政时有榜样可导路。生于苏家,东坡兄弟何其幸也。

---

[1] 孔凡礼撰,《苏轼年谱》,北京:中华书局,1998年,第23页。

四、宗盟胜血脉

在"三苏"的家族社会关系网络中,有一位非"六亲"之近,而又胜似一家人的苏颂。苏颂、苏轼同姓不同宗,一位祖籍福建泉州同安后世居润州(今江苏省丹阳市);一位系出四川眉山,一生居无定所、四海漂泊。一个是顶级天文学家、机械制造家、药物学家,因"不务正业"一不小心成了刑部尚书、礼部尚书、尚书右丞、尚书右仆射兼中书侍郎(即宰相)等"量能授任"的北宋权臣;一个是文曲星下凡的政、经、兵、文全能的大学问家。苏颂被李约瑟在《中国科学技术史》一书中称为"中国中世纪最伟大的博物科学家",且博学多才,于经史子集及训诂、音乐、天文、历算、地理、医药无所不通。苏颂曾领导制造了世界上最古老的天文钟"水运仪象台",开启了钟表器先河。

苏颂、苏轼看起来八竿子打不着,科学家和文学家应是"道不同不相为谋",但因政见仿佛,遂志同道合,二苏以"联宗"之亲,俯仰四十年，成就了"人生得一知己足矣，斯世当以同怀视之"的佳话。

北宋自太祖开国，首倡以文治武、以文化人，凡从政者大多非博学多能即学有专攻，是一个贤人治国、学人问政、能人理事的时代。近二百年之北宋，无论是帝党、后党派系之分，无论是改革派和保守派各持己见，不同的阵营中皆不无精英干才。尤其是仁宗一朝，用今天话来说，更是干部素质了得，先后有寇准、包拯、范仲淹、欧阳修、王安石、司马光等名臣，史书对此多有载录。可惜的是史家往往眼瞎，看不到这一群星璀璨背后的关键人物——宋仁宗，这位存在感低的皇帝之"非强悍"政治营造的和谐氛围才是造就此番盛世的重要原因。无此一端，所有"文治武功"的帝王纪念碑一经揭秘，顷刻便会坍塌。

同姓不同宗且没有血缘关系的"二苏"（苏洵、苏轼、苏辙与苏颂、苏坚、苏庠）两家的友谊最早可以追溯到嘉祐年间，当时苏洵与苏颂同在京师任职，结为联宗。据苏轼回忆，"自昔先君以来，常讲宗盟之好"。治平三年（1066）苏洵去世，苏颂曾有二副挽联，其二"尝论平陵系，吾宗代有人。源流知所自，道义更相亲。痛惜才高世，赍咨涕满巾。又知余庆远，二子志经纶"。二人之间这种道义相交的精神纽带并不输给血亲关系。俯仰四十年的佳话就这样产生了。

熙宁初年开始变法，首开先河者是王安石。王安石本人不贪财、不好色，除了不修边幅，私德上没有什么值得非议的。但王安石在人事任免上凭个人好恶晋升和贬黜官员，应该犯了政治家之大忌。苏轼与苏颂对王安石进行了公开批评和抵制。当时苏颂任中书舍人，他就曾拒绝拟写任命王安石亲信李定的诏书。为此遭到神宗皇帝撤职也在所不顾，苏轼称赞苏颂的"三舍人之冠"，可见苏轼与苏颂在政治操守上"凌厉高蹈"的一致。

苏颂《苏魏公文集》和苏轼《东坡志林》中保有诸多"二苏"倾心相交的记录。

两人同进退招致共罹祸，使同道友谊又进一层，上升为生死之交。

元丰二年（1079），苏轼、苏颂遭乌台诗案等无妄之灾，两人曾同时被关进御史台大牢，这次真成了同一屋檐下的"一家人"。苏颂的"罪名"是在开封府任上判陈世儒案过轻，被秋后算账。这实际上是变法派向反对派发起的一次清算，将普通刑事案迅速上升为政治案件的结果。二苏在御史台监狱隔窗相望，苏颂对自己的遭遇不曾多言，反倒在诗歌中记录了苏轼在狱中受折磨的情况："却怜比户吴兴（今浙江省湖州市）守，诟辱通宵不忍闻。"接下来对二人交往的历史作了深情的回溯："源流同是子卿孙，公自多才我寡闻。谬见推称丈人行，应缘旧熟秘书君。""杭婺邻封迁谪后，湖濠继踵絷维中。"并对未来出狱相会也抱有期待："他日得归江海去，相期来访蒜山东。"

元丰七年（1084），苏轼由黄州出发，过润州（今江苏省镇江市润州区）适逢苏颂母亲去世，苏轼作《苏子容母陈夫人挽词》寄托哀思。这是苏轼与苏颂在润州的唯一一次相见，终于兑现了二苏在御史台监狱"相期来访蒜山东"的心愿。

十年以后的绍圣元年（1094），苏轼贬谪惠州路经扬州，苏颂时任扬州州守。这是苏轼与苏颂的最后一次见面。建中靖国元年（1101），苏颂在润州去世，苏轼路经润州时也已病入膏肓，写下了物伤其类的《荐苏子容功德疏》（《苏轼文集》卷六十二）："伏以自昔先君以来，常讲宗盟之好。俯仰之间，四十余年。在熙宁初，陪公文德殿下，已为三舍人之冠；及元祐际，缀公迹英阁前，又为五学士之首,虽凌厉高躅,不敢言同;而出处大概,无甚相愧。"这是苏轼与苏颂君子之交最为实质的总结与概括,带有盖棺论定的味道:启于宗姓,识于学问,亲于道德,因而才能在世事倾轧、政坛搏杀的泥潭中相濡以沫,惺惺相惜。

苏颂、苏轼同殁于徽宗建中靖国元年(1101),"生不同宗死同年"。这只是一个模模糊糊的巧合,也可以勉强说成二苏友情的圆满象征。但有一点非常明确,这一年不妨看成北宋气数已尽,从此江河日下,几近亡国南迁的跌落之始。

五、母亲

"父兮生我,母兮鞠我。拊我畜我,长我育我。顾我复我,出入腹我。欲报之德,昊天罔极!"(《诗经·蓼莪》)

父母于我有九恩,我记严慈必终身。苏轼、苏辙兄弟的母亲对苏门的影响不是贤妻良母、家庭梁柱之类赞辞所能概括的。大史家司马光受苏轼、苏辙之请为他们母亲写的《苏主簿程夫人墓志铭》(苏主簿即苏洵)中就有这样评价:言慎谨、意挚诚、识通透、理分明、思深远……

治平三年夏,苏府君终于京师。光往吊焉。二孤轼、辙哭且言,曰:"某将奉先君之柩终葬于蜀。蜀人之祔也,同垄而异圹。日者吾母夫人之葬也,未之铭。子为我铭其圹。"光固辞不获命,因曰:"夫人之德,非异人所能知也。愿闻其略。"二孤奉其事状,拜以授光。光拜受,退而次之曰:

夫人姓程氏，眉山人，大理寺丞文应之女，生十八年，归苏氏。程氏富，而苏氏极贫。夫人入门，执妇职，孝恭勤俭，族人环视之，无丝毫鞅鞅骄倨可讥诃状，由是共贤之。或谓夫人曰："若父母非乏于财，以父母之爱，若求之，宜无不应者，何为甘此蔬粝，独不可以一发言乎？"夫人曰："然。以我求于父母，诚无不可。万一使人谓吾夫为求于人，以活其妻子者，将若之何？"卒不求。时祖姑犹在堂，老而性严，家人过堂下，履错然有声，已畏获罪。独夫人能顺适其志，祖姑见之必说。

府君年二十七犹不学。一旦慨然谓夫人曰："吾自视今犹可学，然家待我而生，学且废生，奈何？"夫人曰："我欲言之久矣，恶使子为因我而学者。子苟有志，以生累我可也。"既罄出服玩鬻之，以治生，不数年，遂为富家。府君由是得专志于学，卒成大儒。

夫人喜读书，皆识其大义。轼、辙之幼也，夫人亲教之。常戒曰："汝读书勿效曹耦，止欲以书自名而已。"每称引古人名节以励之曰："汝果能死直道，吾无戚焉。"已而，二子同年登进士第，又同登贤良方正科目。宋兴以来，唯故资政殿大学士吴公育与轼，制策入三等，辙所对语，尤切直惊人。繇夫人素勖之也。若夫人者，可谓知爱其子矣。

始，夫人视其家财既有余，乃叹曰："是岂所谓福哉？不已，且愚吾子孙。"因求族姻之孤贫者，悉为嫁娶振业之。乡人有急者，时亦赒焉。比其没，家无一年之储。夫人以嘉祐二年四月癸丑终于乡里。其年十一月庚子葬某地（眉之东北彭山县安镇乡可龙里），年四十八。轼登朝，追封武阳县君。凡生六子。长男景山（应为景先）及三女皆早夭，幼女有夫人之风，能属文。年十九，既嫁而卒。呜呼！妇人柔顺足以睦其族，智能足以齐其家，斯已贤矣。况如夫人能开发辅导，成就其夫子，使皆以文学显重于天下，非识虑高绝，能如是乎？古之人称有国有家者，其兴衰无不本于闺门。今于夫人，益见古人之可信也。铭曰：贫不以污其夫之名，富不以为其子之累。知力学可以显其门，而直道，可以荣于世。勉夫教子，底于光大。寿不充德，福宜施于后嗣。（《司马温公集编年笺注》卷七六）

伟大的母亲首先必然是一位伟大的女性。为人妻、为人母的程夫人，除她与"三苏"至亲至爱的关系，更重要的是她在质朴生活中自然流露的财富观、学问观、慈善观对子女影响巨大，值得后世人深思，以为家教殷鉴。程夫人完全当得起"妇人柔顺足以睦其族，智能足以齐其家，斯已贤矣"的礼赞。诚所谓，夫贤贤一人、妻贤贤一家。如此家世家风家学令苏轼、苏辙受益终身。

"苏老泉，二十七，始发愤，读书籍。"（《三字经》）中的丈夫苏洵在她的诫勉鼓励下，起而奋进，终超拔于平庸。

儿子苏轼与苏辙自幼在她"细嚼梅花读汉书"的教育下，在以汉代范滂母子为典范的人格教育中成长。致兄弟二人的人品学问、道德文章自有源头活水，泠泠流芳。

苏母之教是希望儿子将来能像范滂这样，成为一位有家国担当的士君子。"重名节"应是苏轼母亲对儿子教育的关注点。

六、母教

苏洵娶眉山大理寺丞程文应之女为妻是苏门自苏涣金榜题名后的又一件大事,对苏家命运的改变有着至关重要的影响。

虽都是士族,然苏家经济上一直比较拮据,这和程家的殷实富足有很大反差,弱势方自然有极大的精神压力。因此,而立之年的苏洵要外出求取功名。此时,程夫人也将苏洵一支从三代同堂的大家庭里迁了出来,还经营布帛或织物生意。有苏轼自记可见:

> 昔吾先君夫人僦宅于眉,为纱縠行。一日,二婢子熨帛,足陷于地。视之,深数尺,有大瓮,覆以乌木板,先夫人急命以土塞之。瓮有物如人咳声,凡一年乃已,人以为此有宿藏物欲出也。(《先夫人不许发藏》,《东坡志林》卷三)

苏洵离家后，苏轼即从蒙师道人张易简的私塾处退学，改由母亲程夫人亲授。这件事影响深远。此等家学一般多务实，而程夫人课子，犹重"经书下酒"高古之风。故十岁时苏轼开笔能写出精当沉稳之句："匪伊垂之带有余，非敢后也马不进。"这两句用典的意思是说："自风雅不做作，真忠勇不贪功。"如此家风学风世所稀也。再加上以母为师更能将"推己及人"的儒教发扬至"推人及鸟"的仁爱泛众。能爱多无沮丧，故清贫苏门乃能笑语盈盈。诚所谓真智慧，能快乐。

列夫·托尔斯泰曾经说过，幸福的家庭都很相似，不幸的家庭各有各的不幸。具体来说家庭幸福不仅仅是高堂华屋、锦衣玉食，门前车水马龙，庭阶童仆恭谨，其气象中更不可或缺的是笑声朗朗的盎然生机。彼时的苏家在程夫人操持下，一切井井有条。苏家的庭院和堂前屋后竹柏掩映、杂花纷呈，有高干凌霄、低枝近人，这便很容易引得鸟雀来此筑巢。问题是鸟雀既怕鹰鼠侵害又怕儿童骚扰。鸟巢究竟筑在什么样的高度，真是上下为难。程夫人菩萨心肠，最恨虐杀生灵，仿佛也洞悉了小鸟的心事，不仅驱鹰灭鼠还不允许童仆们加害鸟雀。鸟雀岂能不通人性，两三年后，满庭丛草就成了小鸟天堂，母鸟在此孵育后代，苏轼、苏辙等也常常来喂食这些叽叽喳喳的快乐精灵。

《东坡志林》一书中还记录了苏宅园中常有一种羽毛美丽的桐花凤飞来，树花繁茂、珍鸟翔集的盛景便是一家和睦之祥瑞。

自南宋王应麟《三字经》将苏洵"知过能改"的后学故事以"苏老泉，二十七"写入历史教材后，恐世人多是先知苏老泉后知苏洵，而两人本为一人。"新传"作者李一冰以苏氏祖坟蟆颐山东二十里有"老翁泉"解释苏老泉得名由来似可商榷。

检点东坡诗集，他曾作过一首名叫《六月七日泊金陵，阻风，得钟山泉公书，寄诗为谢》的诗。"宝公骨冷唤不闻，却有老泉来唤人。"一句明确写出"老泉"二字，而在避讳甚严的唐宋时期，是根本不可能出现子称父讳的。关于苏老泉的质疑种种，宋元之际更加明显。明人娄坚在《学古续言》卷二十三《记苏长公二别号》一文中，凭借一份墨迹上的印章，作了更进一步的解释："东坡此书，古淡遒劲……又纸尾有'东坡居士''老泉山人'印。盖公自黄（指黄州）还朝，既衰而思其丘墓，而作此书不远，两别号殆相继于元丰、元祐之间也。当时如宗室（赵）令畤，尝从公为颍州倅，亦札记及此。而南渡后，虽马端临之博，犹以老泉为明允别号。至本朝杨升庵，其该洽为一代所推，亦仍其误。"娄坚得出的结论是，"东坡居士"和"老泉山人"都是苏轼的号。而将"老泉"和苏洵合为一个人，是从马端临、杨慎等人开始的。此一公案至此仍未定论。

传铭由是感慨，认识一个人的名字原本为易事，竟也如此曲折。识人心更应见其人、听其言、读其文、观其事，还要揣摩曲直，辨其真伪，明其庄谐，岂不难上加难。不过这种"以父为子"的事发生在对"二苏"的认识上确实蹊跷。

大器晚成的苏洵在今人"不要输在起跑线上"的人生设计中一定是个另类。就是当时，如苏洵这样纵侠尚游、固执任性，也非受世人待见。

庆历七年（1047）以后的大约十年时间，苏洵用著述来表达对古今治乱得失的思考，同时通过教授苏轼和苏辙来重塑好父亲的形象和弥补对家庭的亏欠。苏轼和苏辙大概此时才算真正能亲近父亲。伯父苏涣从外地回来奔丧时，苏轼兄弟也是第一次见到自己的亲伯父！

苏辙的"游戏图书，寤寐其中"，以及"读书犹记少年狂，万卷纵横晒腹囊"等诗句，正是对这段时光的温暖记忆。

如此，父子兄弟享受天伦之乐的同时，又同修共学，诚人生至乐至福。传铭少时父殁，又无兄弟，独学之苦，无友之叹，不足为外人道。故对苏轼父兄之人伦和睦、欢笑满堂，格外垂涎。

农耕社会除媒聘之外也多奉行亲上加亲的联姻。所以婚嫁不仅是男女两个人的事，更是两个家族的大事。苏、程两家原本就因贫富差距而不太和谐，又因苏洵女儿八娘嫁与程夫人兄长程濬之子正辅的婚姻悲剧而风波再起。家庭龃龉，致哀怨中的八娘丧了性命，一时亲家变仇家。

最不幸的当属程夫人。在痛失爱女和娘家断绝关系等足以令人肝胆摧折的一连串打击下，她却没有呼天抢地，甚至连怨毒的话也没说过。她选择了沉默。程苏两家对她来说都是至亲之人，所谓手心手背都是肉。在家从父、嫁后从夫的礼教约束和识大体、明是非的贤良淑德让她能忍人所不能忍。悲不失节与乐不忘形是一个完整人格的两面。回过头来看程夫人初嫁苏洵时绝不向父母乞助，既是其性情刚强亦是她能洞悉人情世故，有先见之明。

七、但愿一识张益州

所谓先见之明，一般指人大事不糊涂，对后来发生的祸福之预判被生活所验证。苏序在眉山"怀慕亲戚乡党，不肯出仕"时就命其子苏涣就学，待学成归来，不仅苏氏一门引为荣耀，还使眉山学风大炽，人才辈出，这算不算先见之明？

苏洵的先见之明是嘉祐丙申（1056）当年壮游时即动了心思，打算离开三百年世居之地——"郁然千载诗书城"的眉州，迁居中原。有这样一首诗：

  岷山之阳土如腴，江水清滑（清清）多鲤鱼。古人居之富者众，我独厌倦思移居。平川如手山水麽，恐我后世鄙且愚。经行天下爱嵩岳，遂欲买地安妻孥。晴原漫漫望不尽，山色照野光如濡。民生舒缓无夭札，衣冠堂堂伟丈夫。吾今隐居未有所，更后十载不可无。闻君厌蜀乐上蔡，占地百顷无边隅。草深野阔足狐兔，水种陆收身不劬。谁知李斯顾秦宠，不获牵犬追黄狐。今君南去已足老，行看嵩少当吾庐。(《寄陈景回》,《皇朝文鉴》卷第二十一)

当时正为儿子赴京赶考做准备的苏洵，未必能预见第二年两个儿子都能一举登科，但他要从虽然"巴适"但却闭塞之地走出去，去往人物精彩的外面世界，这是对"少不入川，老不出蜀"世风的怀疑，也是对子孙会因见闻狭隘变得"鄙且愚"的恐惧。这又算不算是另类的先见之明呢？

将重大改变的决策付诸实施是需要契机的。户部侍郎张方平出知益州（治今四川省成都市）就是苏洵、苏轼、苏辙的天赐良机。那是至和元年（1054），蜀中漫天散布着一个谣言：广源州少数民族首领侬智高即将率众寇犯蜀。十万火急之际，朝廷改派重臣，礼部侍郎张方平（安道）以户部侍郎出知益州。

张方平乃奇人一个，妙人一位。《宋史》中对他有过目成诵、凡书不读二遍，且能文能武、忠贞为国的评价。苏洵的《张益州画像记》（《全宋文》卷九二七）对他每临大事有静气的治乱之功也有详记。

至和元年秋，蜀人传言有寇至边。边军夜呼，野无居人。妖言流闻，京师震惊。方命择帅，天子曰："毋养乱，毋助变，众言朋兴，朕志自定。外乱不作，变且中起。既不可以文令，又不可以武竞，惟朕一二大吏。孰为能处兹文、武之间，其命往抚朕师。"乃推曰："张公方平其人。"天子曰："然。"公以亲辞，不可，遂行。冬十一月，至蜀。至之日，归屯军，撤守备，使谓郡县："寇来在吾，无尔劳苦。"明年正月朔旦，蜀人相庆如他日，遂以无事。又明年正月，相告留公像于净众寺，公不能禁。

《宋史》记张方平治蜀之功令人赞叹。

北宋前期，政治清明，选拔人才，不遗余力，官员在任，皆有访贤之责。张方平常以此为念，先前经雷简夫推荐知道蜀有苏洵其人时，即生交好之意。张苏订交，从相知到相惜就这样开始了。如张方平文章所言：

> 仁宗皇祐中，仆领益部，念蜀异日常有高贤奇士，今独乏耶？或曰："勿谓蜀无人，蜀有人焉。眉山处士苏洵，其人也。"……公不礼士，士莫至；公有思见之意，宜来久之。苏君果至，即之穆如也。（《文安先生墓表》，《全宋文》卷八二七）

苏洵初赴成都时幅巾素服，投书求见。苏洵与张方平二人一见如故，论古今治乱之得失，品一时之人物，契趣融洽，两人皆有相见恨晚之叹。张方平封奏朝廷，保荐苏洵代黄褒为成都学官。从此成就了一段"白首如新，倾盖如故"的佳话。

久等朝命不下，苏洵遂出访时为雅州知州的雷简夫。雷简夫读过文友苏洵的《洪范论》，今见"有朋自远方来"自然"不亦乐乎"！知道苏洵近况后，古道热肠的雷简夫又分别致信韩琦、欧阳修等重臣推介，复作书促请张方平为苏洵事再三努力，志必功成。

张方平亦有意助苏洵赴京师，而他却踌躇良久，一则是与张方平认识不久，恐交浅言深，不能以私事相烦。二则张方平对轼、辙二子如何看也未知。苏洵所虑其中作祟的要害还是他那万事不求人的自尊心。经过反复思量，遂作《上张侍郎第一书》道出伴子赴京赶考的决定。

三苏于嘉祐元年（1056）三月赴京应试。

其间，苏家的经济情况已经出现问题，苏洵携二子毅然启程后，家庭的重担就落在程夫人的肩上了。对于一个家庭而言，优秀男人固然可以光耀门楣，立功名于世间，而贤淑女人才是荫护家庭，守根基于危艰的柱石。

东坡亦庄亦谐,非圣非魔,他是一位有温度的人,让那个时代厌倦了道德镜鉴与礼法标榜的民众看到了一线光,他是一位忍不住要拥抱的朋友。

现在,汴京城阙在望。

东坡马上要开启新一程人生之旅。

叁

漫漫仕途凤翔初

一、出川

很久以来，"出川"原本是站在中原文化立场上讲的四川人闯天下。出川路线主要有南北两条。南为水路，经岷江、嘉陵江入长江，出夔门，再从白帝城顺流而下，穿过长江三峡，一般从江陵（今湖北省荆州市）弃舟登车北上中原；另一条北路是陆路，出成都斜插绵阳、广元、汉中，其间有一段漫长的山路，翻越秦岭，抵达陕西宝鸡后折向东，穿西安再东行便是河南中原。嘉祐元年（1056），三苏出行走的就是这条北路。

出川道路的实际状况绝非路线图上画的那样笔直平坦，而是一条迂回曲折、颠沛艰险的行役之路。

三月，莽莽秦岭依然冬寒未褪。出没云雾的群峰若隐若现、沉郁苍黛，天边不时有乌鸦飞过，一如无声的水墨淋湿世界里掠过的精灵。三苏沿着高悬于山谷间的古栈道前行，脚下是深不见底的褒水，头上浓荫蔽日。行旅中人迎着西风割面，艰难地跋涉其间。一行人因

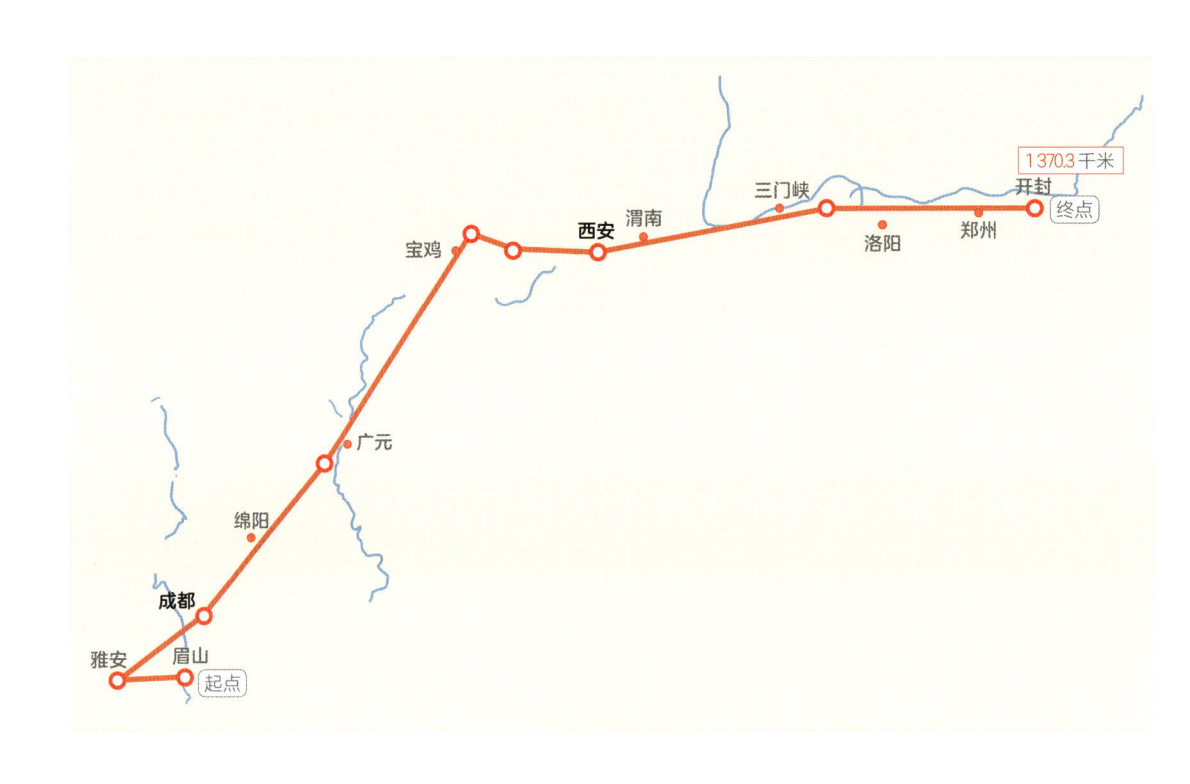

嘉祐元年（1056）21岁苏轼出蜀赴京路线。

为揣着对未来和对中原的无限向往，却不以蜀道为险为苦为难。他们在早春秦岭群峰上，仿佛看到了东方微露的绛紫正在召唤。由于苏洵笃信佛教，佛缘殊深，一路上三苏常借寺庙寄身，当然偶尔也会住进"鸡声茅店"之类的小客栈。在大散关（今属陕西省宝鸡市）关右附近投宿寺庙时，苏轼见到了北宋开国时诗人王嗣宗留在寺庙的一首题壁诗《题关右寺壁》：

欲挂衣冠神武门，先寻水竹渭南村。
却将旧斩楼兰剑，买得黄牛教子孙。

诗意是诗人历尽沧桑看淡俗世功名，劝人卖剑买牛，躬耕田畴的感慨。只是此刻正踌躇满志的苏洵父子未必能尽解其中深意。诗中"欲挂衣冠神武门"一句是指南北朝时名臣陶弘景于建康西门（即神武门）脱朝服、挂冠冕以隐退的典故。而此际的三苏正雄心勃勃如日出东方，奔向一个远大前程，还无暇顾及这些人生进退之考量，云淡风轻之浩叹。

东行至二陵[1]间，人困马死，又经骑驴颠簸两日后，三苏不得不在战国时秦王大会诸侯的渑池停下来休整，这次还是借宿僧庙。兄弟二人题诗寺壁以为答谢老僧奉闲的殷殷之意。可惜原寺原墙早已毁弃，原诗荡然无存。五年后苏轼赴任陕西凤翔，弟苏辙送兄至渑池得旧地重游之时就已旧迹难寻了，"寺壁题诗"的往事在苏辙孤身返汴京途中写的《怀渑池寄子瞻兄》诗中有深情追忆，并由此引出苏轼那

---

[1] 二陵者，东崤山与西崤山。《左传》称因南有夏后皋之墓，北有文王避风雨（文王墓），故名。

首著名的《和子由渑池怀旧》(《苏轼诗集》卷三):

> 人生到处知何似?应似飞鸿踏雪泥。
> 泥上偶然留指爪,鸿飞那复计东西。
> 老僧已死成新塔,坏壁无由见旧题。
> 往日崎岖还记否,路长人困蹇驴嘶。

仁宗嘉祐元年(1056)五月,三苏抵达汴京。偏塞的外乡人踏进京城,新鲜感和莫名的兴奋在所难免。但苏轼兄弟既非野心勃勃、贪慕虚荣,又非无所事事、心浮气躁。他们是来参加待秋季礼部的初试,是要奔向一个远大前程。苏氏昆仲顺利通过了秋试。此后便是备考明年春天的殿试。京都盘桓这段时间,兄弟二人还不时在京城参加社交,拜访贤达硕儒。所见大概如《东京梦华录》中的描述。

> 正当辇毂之下,太平日久,人物繁阜。垂髫之童,但习鼓舞,斑白之老,不识干戈,时节相次,各有观赏。灯宵月夕,雪际花时;乞巧登高,教池游苑。举目则青楼画阁,绣户珠帘,雕车竞驻于天街,宝马争驰于御路,金翠耀目,罗绮飘香。新声巧笑于柳陌花衢,按管调弦于茶坊酒肆。八荒争凑,万国咸通。集四海之珍奇,皆归市易;会寰区之异味,悉在庖厨。花光满路,何限春游,箫鼓喧空,几家夜宴。伎巧则惊人耳目,侈奢则长人精神。

南宋孟元老的这本笔记体散文集,是对昔日繁华时光的追怀,也许会放大赵宋曾经的辉煌,但仍应属非虚构描写。此类描写或粉饰太

今日蜀道,翻过秦岭就是长安。

平或追忆繁华，总是因国运兴衰交替在这一类文献中出现。

苏洵也去拜见了德高望重的欧阳修（永叔）并呈献自己的著作。欧阳修一副和蔼可亲的样子，《东坡志林》中描绘他："耳白于面，名满天下；唇不着齿，无事得谤。"欧阳修也许并非相貌堂堂伟丈夫，但丝毫不影响欧门前车喧马鸣，访者不绝。天下士子皆以能一见这位文坛盟主为幸事，获得此翁的垂青召谈，乃足慰读书人梦寐之望。

深获政坛、学界双重敬重的欧阳修，祖籍江西吉安，出生于四川绵阳，号醉翁。欧阳修知滁州时写《醉翁亭记》即是以号自名。欧阳修历仁、英、神三朝，官至翰林学士，是北宋文坛开派宗师。加之他总是以求才育才为己任，既接续了孔夫子"有教无类"的博雅之风，又继承了如"九方皋相马"般识人的火眼金睛。因苏洵有张方平、雷简夫推荐，欧阳修自然对他热诚接待甚至还高看一眼，并将其介绍给枢密使韩琦等高官显宦。

二、逐梦京华

与眉山蕞尔小城的宁静比起来，当时中国第一大都市开封的车水马龙、舟楫穿梭、繁华富庶、热气蒸腾的万千气象让苏氏兄弟着实大开眼界。

开封，北宋时称汴州、汴梁、汴京，是北宋四都之一的东京都。

开封府头枕黄河、手牵运河，所以开封的风景线离不开水上风流。传世的《清明上河图》为我们重现了北宋京城之繁华风貌。《清明上河图》是徽宗一朝画待诏张择端所绘，张择端比苏轼晚生近50年。相信苏轼、苏辙当年所见的开封同样丰富精彩。至于后世研究者经过仔细考察，在《清明上河图》的盛景背后，隐隐约约读出一丝颓丧气象。此一说权作妄言。

《清明上河图》描绘北宋都城汴梁（今河南省开封市）早春时节汴河及其两岸的都市风光。全画共分三段：首段写市郊风景，有村落、丛林以及上坟回城的人群；中段描写汴河及其两岸的景观，

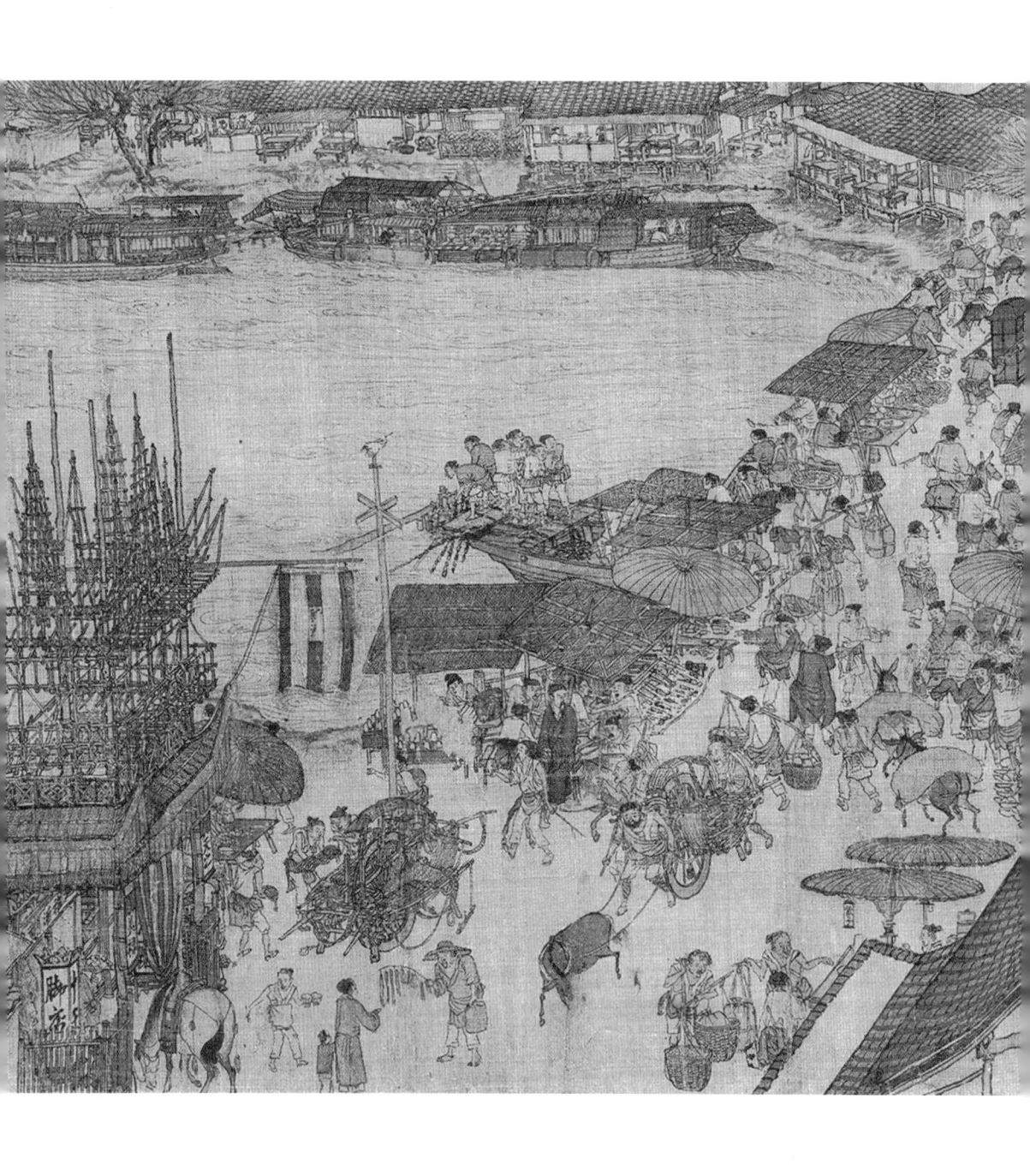
脚店

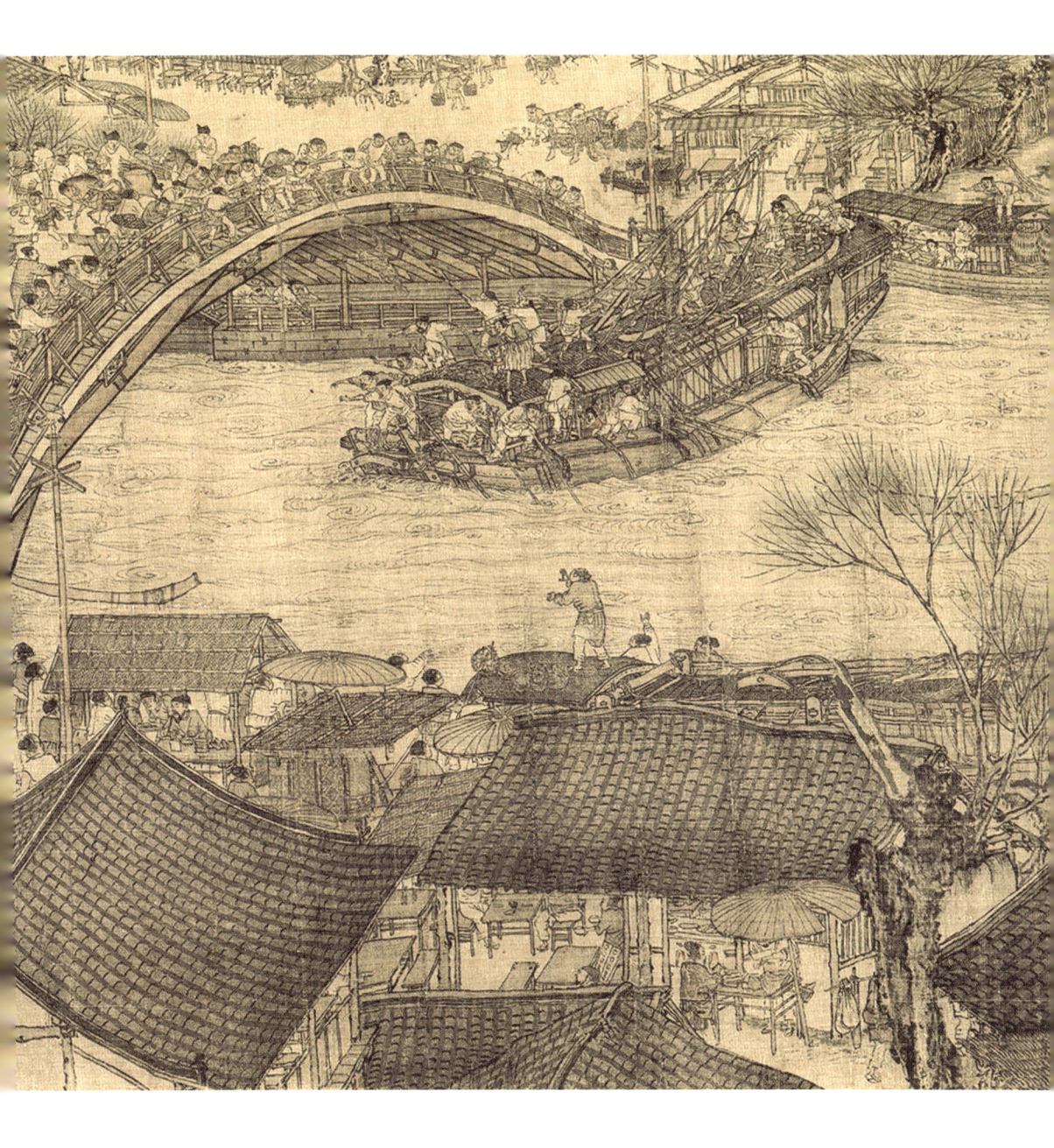

《清明上河图》局部 宋 张择端

特别是虹桥附近的漕运、车、船和人群活动；后段描写市区的繁华场面，如茶坊、酒肆、脚店、寺观、公廨等，士农工商，无所不有。然而，一些细节却引起后世学者的注意，如图中拱桥附近有两船险些相撞，船头妇人惊恐地抱着怀中婴儿……这些不易察觉的信息，被认为不仅是张择端的绘画忠实于生活的证明，同时也是对时代的担忧和预言。

清明，太平盛世的意思；上河，指都城汴京的水系。《清明上河图》的画题，即揭示了此图旨在通过描绘汴京上河两岸物阜民丰的生活景象，反映汴京承平时期的高度繁荣。画卷内容繁复精谨。卷首从右开端，描绘城郊景色，宁静的田野，稀疏的农家。过了村口小桥，到了汴水河边，绕过茂密的树丛，房舍、店肆渐多。官道上的轿马和河中的舟船正在向汴城进发。接着以汴河上的一座规模宏伟的木质拱桥为中心展开画面：一艘巨大的漕船正逆流而上，拉纤的、撑篙的、掌舵的都在用力拼搏，桥上挤满了凭栏俯视的人群，有的抛绳索相助，有的在呐喊鼓劲。桥两岸更是店铺林立，人流如织，热闹非凡。这是全图高潮所在，也是最精彩的段落。后段描写汴京城内的繁华，街道平坦宽阔，纵横交错，各种店铺鳞次栉比，买卖兴隆，各色人等摩肩接踵，川流不息……画图以长卷的形式，鸟瞰的角度和散点透视法摄取物象，段落节奏分明，结构严整紧凑，画法工细灵活，布局繁简有序，设色清雅淳朴，不愧为流芳百世的名画杰作。苏氏兄弟首次开封之行除了领略了都城的雄伟壮丽、兴盛繁华之外，另一个重要收获是增广了见闻，拓展了胸襟。对于读书人而言，胸襟便是家国天下，是修身齐家治国、"学而优则仕"的理想抱负。明年春天的殿试就在眼前，猜想这个时候应该是苏轼由原来单纯关心"经史子集"学问而向社会观照，学统道统双修双学的转折。也就是说，士子踏上科举之路便是踏上政坛之路，同时也是踏入社会人生之路的起点。"书生苏轼"若顺利通过科考，即可丕变为"官吏苏轼"，由士而仕。第二年，苏轼果然"鲤鱼跳龙门"，从此开启了与仁、英、神、哲、徽五代皇帝的恩怨纠缠，卷入波诡云谲的大宋政局。

对于大宋政治，历代史家褒贬不一，争议一直围绕着当时国家是强是弱的形势判断和要不要进行皇权、后权与相权的重新分配，以及要不要"变法"和如何"变法"来展开。

从政治操作的角度看，对于坐江山的皇权政治，要不要变法？如何变法？变哪些旧法？立多少新法？由谁来推行变法？对于哀民生的士人理想所关心的诸多问题的根子是暴政与仁政的分野，是家天下、国天下、天下人天下之皇权官僚天下与庶民百姓天下的取舍争斗。有一类观点认为，那些朝堂上、案牍上的争辩，只不过是钱权本质下的"代理人战争"，双方各司其职，与民主和专制的斗争无关。而另一类观点认为，变法与反变法至少有一方是在为国家政权、民众福祉而争，是在为真理而战。这就涉及对中国政治制度的反思和对中国历代政治得失的考量。

由于农耕社会基础稳固，中国政治制度自秦汉至晋隋再至唐宋的千余年来的变化很有限。钱穆（宾四）是一位文化史大家，却著有一本《中国历代政治得失》的书，显然是跨界了。书中从中央政权和地方政权关系（皇权与政府关系）、税收、兵役、官吏等多方面议论政治，属文化史、思想史的泛泛而谈。就政治本体而言，终究难以一针见血。不过对钱穆在此书中讲到的三点方法论，我均深以为然。一是谈中国政治不必完全以西方政治制度得失为是非标准。这一点也是对"五四"思潮反思的收获；二是政治不能唯制度建设而缺乏人事改良。可以理解为法治、人治并肩而进才是政治变革的正确之路；三是不能以"专制黑暗"四个字来一笔抹杀中国政治史中那些王权烛照苍生的光明。传铭以为，中国政治制度的核心一直围绕着皇权（包括氏族大家）与民权（包括为民请命、以民为重的政府官吏）的争夺与掣肘，平衡和再分配。具体而言，就是对掌权人和未来掌权人的发现、考核、培养、使用、制约、奖惩。那些墙内宫斗和墙外阴谋，那些发端于秦汉，肇启于隋唐，成熟于宋明，沿袭于清代的种种沿革都是围绕此一系列矛盾冲突而展开的。中国古时解决这一政治问题的办法便是用"科举取士"来选拔人才，再由他们参与权力分配。

不过钱宾四在《中国历代政治得失》一书中，竟然对隋文帝杨坚于开皇一朝创设"三省六部"和创立"科举"制度只字未提，这大概不能只用疏忽来解释。

《大宋之变，1063—1086》一书对北宋政局的分析大致如下。仁宗谢世后的英宗荒唐四年给北宋政治造成了深度伤害，财政困难加剧，官僚集团裂隙横生。政治和经济的平衡被打破了。作为英宗长子，十九岁的神宗血气方刚，即位时就背负了为父辈和血统"正名"的责任，必欲"大有作为"。开疆拓土、整顿吏治、重修礼乐都是应有之义，然而财政困窘，无其奈何！王安石"乃能趋赴，以向圣意所在"，施展理财之术，创为青苗、免役诸法，以朝廷而行商贾之事，与富民争利，多方敛财，乃使国库充盈，这是君臣二人一拍即合的国势大前提。变法前期亦颇有提振纲纪的影响力。可惜后来神宗和王安石对新法利弊得失不做反思变通，听不得丝毫异见。王安石与神宗先后相继，变本加厉，"一道德""同风俗"，斥"异见""人言"为"流俗"，弃"祖宗之法"于不顾。自熙宁二年（1069）二月王安石参政至元丰八年（1085）三月神宗驾崩，十六年间，"靡然变天下风俗"，其中最重要的变化不是军事、经济而是政治，尤其是把仁宗朝独立思考、有担当的士大夫改造成了工具性十足的官僚。北宋前中期朝堂上"异论相搅"的宽仁风气，宰相大臣、侍从台谏皆敢争是非的独立精神尽皆崩解消散，"危辱时代"能不来临？

三、等闲登天

在一本个人传记中过多讨论学术思想和政治制度，一定会令读者感到乏味，也不合时宜。然而我坚持认为，认识一个人的前提是看清他所处的时代。对传主东坡这样一个关乎时代兴衰和风气清浊的关键先生，了解他生活时代的思潮和政治格局是认识这个人物的先决条件。考量他人生顺逆进退的每一步，都要看他的选择和时代选择能否叠合，这当然是重中之重。反言之，聚焦大宋之变又必然会聚焦苏轼。他的一言一行，一叹一咏皆为世人关注。就个体生命而言，人生中的大事，包括像对婚姻这类生活大事如何处置似也包含了命运安排的深意。

苏轼、苏辙的婚姻都在赴京考试前就遵父母之命在眉山完成了。兄弟俩这第一次婚姻可能是一次被动的选择，说不上错与不错，智与不智。但对于苏洵和程夫人这样一对父母，敢于做出这样的安排，你不能不佩服他们的深谋远虑和务实精明。

前朝皇帝宋真宗曾写过一首劝学诗。

富家不用买良田，书中自有千钟粟。
安居不用架高堂，书中自有黄金屋。
娶妻莫恨无良媒，书中有女颜如玉。
出门莫恨无人随，书中车马多如簇。
男儿欲遂平生志，五经勤向窗前读。

此诗一直为学界鄙视，因其与先秦荀况《劝学》一文强调的"为己之学"大相异旨，但这并不影响这首诗的广为传播。尤其是"书中自有黄金屋""书中有女颜如玉"二句常常被父兄师长拿来劝学训子。民国初年，激进的青年反科举时就抨斥这些"黄金屋""颜如玉""如鱼钓之饵"，有诱人上钩之危。只是这类言论无法改变历代士子争向通过科举而"鲤跃龙门"的史实，自也不能改变真宗皇帝的历史判断。正是这位皇帝御驾亲征力挫辽军，以战场上的实力，赢得了和议的机会。宋辽缔结"澶渊之盟"，长达二十五年的战争终得停息，以岁币换和平，北宋赢得了百年以上的太平。真宗还改良科举、完善制度，综合体现了一个皇帝的文治武功。

科举制是中国古典社会通过考试选拔官吏的制度，究竟是何时创设，学术界存有争议，大抵滥觞于两汉，创制于隋，唐宋已是相当成熟了，朝廷制定了更为严密、完备的制度。其中弥封、誊录，就是北宋对科举制度最为重要的改革，旨在杜绝考官营私舞弊。"所纳卷子，经发下弥封所封卷头，不得试官知士人姓名，恐其私取故也。"（宋吴自牧《梦粱录》）誊录则始于宋真宗景德二年（1005）的殿试。弥封、誊录互为表里，是科举制度中防止舞弊最有效的方法。中国书法中的

"馆阁体"也是由此而产生。眷录试卷副本时要求字体工整如一，能既便于阅读审卷又不易识别何人所作。欧阳修曾称宋代的科举制度"无情如造化，至公如权衡"。

类似方法至今仍在高考中沿用。科举制度的深远影响让考生们甫入考场，就能感受到平民化、世俗化、人文化的政治纲纪，奠定好官德人品的基础。

经过"以策论取仕"的进一步改革，科举由没有实用性的"纯文学"比试，转变为对知识分子全面修养的考察，无疑是科举改革之进步。真宗赵恒的《劝学诗》纵有千般不堪，但有一点非常可取，他将读书改变人生、知识改变命运说得如此具体而真切，恰如一把直指人心的利剑。

当时北宋京城世家望族那些待字闺中的女儿，甚至皇家公主，她们择婿的目光往往就盯着那些大考高中的举子们，那些未曾婚娶的白马才俊更是抢手货。一旦金榜题名，或攀龙附凤，或被招入钟鸣鼎食之家，就能开启一帆风顺的人生。后世戏码中的《女驸马》和《铡美案》可称为这类情状悲喜剧的代表。情节虽为小说家虚构，但也是源自世风如此的社会生活。这种由科举制度带来的副产品是福是祸完全在人取舍。有人看到的是丹墀走马，锦衣玉食，有人看到的是"侯门深似海"的危机。所以，秦香莲的命运、陈世美的背叛也非空穴来风。猜想苏洵和程夫人为二子婚姻所作的决定至少出于三方面考虑：一是将来远行的成年男子须有人贴身料理生活起居，所谓"室内有女方为安"；二是出于对京城花花世界和科举后人心变故的担忧；第三点，也是最重要的一点。母亲亲手为儿子选定的媳妇犹如牵在手中的一根风筝线，一面带着儿子高飞，一面又被死死地攥在手里。"慈母手中线，游子身上衣"，母亲缝的不是寒衣，而是万千心事。现在程

乐山大佛

夫人和两个媳妇正在故乡一起伫望着远行的亲人。

这里不妨回归正题再来议一议宋代科举。

尽管百年以来已经是新政、新学、新教育,但是"知识改变命运"的理念会随时事推移而呈多元化趋势。但由科举埋下的一考定人生输赢的状况,一时恐难改易。不过现在要把千余年前的科举制度系统梳理清楚并不容易,那就随着苏轼亲历大考来认识这个和政治捆绑在一起的教育制度是如何运作的。

宋代科考制度中的贡举和明经无论有什么样的差别,内容一定是以儒家思想的典籍为重。此处不妨插论一事。"半部论语治天下"是北宋开国名臣赵普名言,对后世影响巨大,但一直仅仅被视为尊孔重儒之言看。赵普本人读书并不多,却为人刚毅果敢,从宋太祖开国前的幕僚到立国后的拜相,在宋初内外重大国策中起决定性作用。以他为代表的一干权臣对儒家思想极力推崇。赵普的这句话说明儒家思想在科举制度中具有举足轻重的作用,同时也强调这一思想是王朝人才制度的战略思想。此后数百年,随着不同时代尊孔和批孔的沉沉浮浮,此一思想几乎变成了治与乱的政治符码。

赵宋开国之初,君臣莫不读书好学,世风以学问为尚。但宋初文风却颓然不振,士人作起文来只求艰深新奇,甚至不惜割裂文意,字雕句琢弄得诡怪不通,迂僻难以句读。所谓旧病未除,新弊更生,文风萎靡,这也是欧阳修等要接续韩、柳"古文运动"传统,革除恶习,更化文风的原因。

仁宗一朝主持学政和科考的是欧阳修,他认识到,读书人求出路只有通过科举这条道,而试官玉尺量才又具有至高无上的权威,所以树立试场评文的新标准,是丕变文风的关键,转揆痼疾的机会。当时风气是天下的士子莫不事先猜测下一科的主考会是谁,然后去揣摩主考官的好尚与意向，他的文章也就成了仿照诵习的模板。而欧阳修决心趁主持苏轼这一届进士考试的机会为古文运动推波助澜，入闱之初即与同僚协议定下原则，凡是雕刻诡异之作一律黜落。

苏轼在考场骋其健笔，发痛快淋漓的议论，成气象峥嵘的辞章。很多人以为像苏轼这样"下笔千言、倚马可待"的天才，考试一定十分轻松。其实科考对任何人都是一次不死也要脱层皮的体力和脑力的摧折，苏轼也一样需要苦心经营。考官王珪曾将苏轼的论与策两份草稿带回家里秘密珍藏，论文《刑赏忠厚之至论》凡三改草稿，多有涂注，其慎如此。可见任何成功，如无雄狮搏兔的实力与精益求精的态度也是难以取得的。

嘉祐二年，欧阳修主试礼部进士，"疾时文之诡异，思有以救之"，而梅尧臣与其事，为副主考，得苏轼《刑赏忠厚之至论》，以为有"孟轲之风"，遂立呈欧阳修。其文简洁晓畅，结构谨严，以忠厚立论，阐发儒家仁政思想，一扫五代宋初之浮靡艰涩之风。"文忠惊喜，以为异人"，故想将其置为榜首，又怀疑是学生曾巩所为，怕人闲话，遂将此文抑置第二。这对苏轼来讲或许不公平，虽然成就了欧阳永叔因公废私的佳话，但也可称此翁清醒时比醉后反而糊涂。

初试毕，复以《春秋》对义，苏轼居第一，殿试考中进士乙科。

据《宋史·选举志》载：宋取进士分五等，第一等、第二等曰及第，第三等曰赐进士出身，第四等、第五等曰同进士出身。嘉祐二年一科考试的结果：建安章衡得第一，为状元；眉州苏轼得第二，为榜眼，皆进士及第。其余同榜进士者有苏辙、曾巩、曾布、林希、朱光庭、蒋之奇、郑雍、章惇、叶温叟、林旦、邵迎、刁璹、苏舜举、程筠、萧世京、家定国、吴子上、陈侗、王琦、莫君陈、蔡元导、蔡承禧、黄好谦、单锡、李惇、丁骘、吕惠卿、郑霞、程颢等。

苏轼那篇流传千古的《刑赏忠厚之至论》是"御试对策"中难得一见的满分作文。这篇文章对于弱冠之年的苏轼来讲意义非凡，可以说是其成名作也是代表作。文章中对政治、司法、历史的思考多有突破，其影响不在黄州时所作的"二赋一词"之下。苏文为主考欧阳修激赏，他在给友人的信中说："老夫当避路，放他出一头地也"（欧阳修《与梅圣俞书》）"出人头地"的成语即出于此。此文问世还牵出了东坡与北宋开山诗祖梅尧臣忘年交之始末，这又是一个为后人津津乐道的故事。

嘉祐二年（1057），副试官梅尧臣批改会试试卷时，为一篇雄辩滔滔、文采斐然的文章所吸引，忍不住击节称妙！复又苦笑着摇头："我的学识，竟然还不如这位年轻考生……"梅尧臣对主考官欧阳修称，这份《刑赏忠厚之至论》清新脱俗、见解深刻，可为第一。其中用的"皋陶杀人"典故尤为精彩！只是自己作为考官还不知典出何处。欧阳修一听就来了兴致，展开卷子，细细品读后说："竟然连你都不知道'皋陶杀人'的典故？等开榜后问问曾巩。"此刻，欧阳修心中已判定如此妙文定出自弟子曾巩之手。

梅尧臣急于揭秘，就觍着老脸继续问道："可否现在就告知典故出处？我这两天将家里的藏书都翻遍了，还是没找到出处。"梅尧臣万万没想到这位当朝第一博学、无所不知的"醉翁"摆摆手笑道："圣俞啊，我要是知道早就告诉你了！"

不要以为这是从苏辙为其兄写的墓志铭上的一句话所演绎出的一个子虚乌有的故事。据南宋陆游《老学庵笔记》对此事的记载，欧阳修原话为"此郎必有所据，更恨吾辈不能记耳"，证明此事应该可信。

就这样阴错阳差，文章第一的苏轼没能高中状元。

张榜之日，梅尧臣终于可以当面询问"皋陶杀人"典故的出处。

苏轼告诉他："您不知道当属情理之中，因为那个典故是我杜撰的。"苏轼接着说，"虽然这个典故是我编的，但是历史上肯定发生过这类事。《后汉书·孔融传》曾记载：曹操将甄宓许配给儿子曹丕，孔融上书祝贺，说周武王灭了纣王后，把纣王的妃子妲己许给了自己弟弟。曹操问他典出何处，他说是自己编的，还说当朝之事无外重演历史。同理，皋陶杀人、帝尧救人，都是讲君主慎刑爱民，古代贤君这么多，怎么能断定不会发生类似的事呢？"

梅尧臣听后觉得十分有道理，所谓一切皆有可能。

杨万里的《诚斋诗话》也曾记录此事："欧退而大惊，曰：'此人可谓善读书，善用书，他日文章必独步天下'。"

以上故事后来为苏轼的谢师文《上梅直讲书》(《苏轼文集》卷四十八)所印证。

轼每读《诗》至《鸱鸮》，读《书》至《君奭》，常窃悲周公之不遇。及观史，见孔子厄于陈、蔡之间，而弦歌之声不绝，颜渊、仲由之徒，相与问答。夫子曰："匪兕匪虎，率彼旷野，吾道非邪，吾何为于此？"颜渊曰："夫子之道至大，故天下莫能容。虽然，不容何病？不容然后见君子。"夫子油然而笑曰："回，使尔多财，吾为尔宰。"夫天下虽不能容，而其徒自足以相乐如此。乃今知周公之富贵，有不如夫子之贫贱。夫以召公之贤，以管、蔡之亲，而不知其心，则周公谁与乐其富贵？而夫子之所与共贫贱者，皆天下之贤才，则亦足以乐乎此矣。

轼七八岁时，始知读书，闻今天下有欧阳公者，其为人如古孟轲、韩愈之徒。而又有梅公者，从之游，而与之上下其议论。其后益壮，始能读其文词，想见其为人，意其飘然脱去世俗之乐，而自乐其乐也。方学为对偶声律之文，求斗升之禄，自度无以进见于诸公之间。来京师逾年，未尝窥其门。今年春，天下之士，群至于礼部，执事与欧阳公实亲试之。诚不自意，获在第二。既而闻之人，执事爱其文，以为有孟轲之风。而欧阳公亦以其能不为世俗之文也而取焉。是以在此，非左右为之先容，非亲旧为之请属，而向之十余年间，闻其名而不得见者，一朝为知己。退而思之，人不可以苟富贵，亦不可以徒贫贱。有大贤焉而为其徒，则亦足恃矣。苟其侥一时之幸，从车骑数十人，使闾巷小民聚观而赞叹之，亦何以易此乐也。《传》曰："不怨天，不尤人。"盖优哉游哉，可以卒岁。执事名满天下，而位不过五品。其容色温然而不怒，其文章宽厚敦朴而无怨言，此必有所乐乎斯道也。轼愿与闻焉。

《刑赏忠厚之至论》主要谈到了宽仁与峻法之间相辅相成的治世关系。这应是中国式法治精神特色，当代那些一味只知移植西方十八世纪以后各类法典的人应参照反思。《上梅直讲书》是梅苏师生间的通信，讲述梅苏之神交知遇，岂非人际关系之隐喻？看重人品学问、道德文章，抱有无论达穷皆"不怨天，不尤人"的生活态度，才会感恩生命、感恩生活。做人"温然不怒"，为文"宽厚敦朴"，亦是苏轼敦行而浪漫的一生的追求。元丰七年（1084），苏轼离开黄州后立即去江宁探望"宿敌"王安石，二人冰释前嫌，互相激赏。此后苏轼又赴苏州凭吊已谢世23年的梅尧臣，在梅家桥上徘徊良久，不忍离去……当然，这也许是我"杜撰"的。

一般人对科举的关注，多在谁中谁不中的个人成败。科举在文学、教育学，尤其是政治学上的价值意义，也绝对不应忽略。

由于唐朝曾是"国家以文德应天，以文教牧人，以文行选贤，以文学取士"（白居易《策林》），有人就将之概括为"文学化社会"。先不说这个概念是否精准。随着安史之乱长达六年的折腾，唐朝早已被割裂成身首异处的两个天地。文学之盛衰也不例外。故自唐朝韩愈、柳宗元到宋代欧阳修、王安石、苏洵、苏轼、苏辙、曾巩"唐宋八大家"一脉相承的古文运动，就是要通过改变浮华奢靡沮丧的文风来"振纲纪""挽颓势"。所以后世才用家国情怀来概括他们的文章功业。唐时韩、柳虽也以自己的"诗文开风气、论著明道理"，但直至欧阳修将文风、政风与科举结合在一起来传播推助，这才将"古文运动"从文学的茧壳中蜕变为社会性浪潮。这一历史性进步也终于结出了苏轼这一届科考中"贤良进卷"50篇策论文章之大瓜硕果。这也是唐之"文学化社会"和宋之"文化化社会"的重大区别。

"十讲"中提到，"贤良进卷"源于唐代的进士"行卷"。所谓"行卷"，就是考生将自己的代表作呈送给考官和可以决定他们命运的人看。"宋初的君臣讨厌这样的风气，设计了'糊名（弥封）''誊录'等法，而且禁止举子们投递'行卷'，使进士考试成为真正的'一考定终身'。但是，以'贤良方正能直言极谏科'为代表的'制科'，却正式要求先缴'进卷'。这等于是'行卷'的制度化。"这一制度也为王安石变法改革唐朝以诗赋取士的做法埋下了伏笔。"贤良进卷"确实也产生了不少传诸后世的杰作，可见命题作文不必全盘否定，其中也有可为大观之作。从这个角度讲，"贤良进卷"是士大夫文学典范。苏轼的此类文章后来都收入《应召集》，从中不仅可以看出他初露头角时便展现出的对"经史子集"的全面修养，也有他以古为师、以时为进的政治观点的系统表述。对于想更深一步走进东坡心灵的读者，一定不要错过他的《应召集》。可惜此处只能割爱。

"金榜题名"被古人称为大登科，是人生至乐之一。然花无尽红，月无全圆。就在苏轼兄弟于京都汴京沉浸于进士及第的喜悦，成天忙于谢师庆祝、觥筹交错时，远在四川眉山的老家突然传来凶讯，母亲程夫人已于春末四月病逝。消息传到汴京时已是五月初夏，三苏立即收拾行装回府奔丧。转瞬之间，欢乐的人生叙事曲一下子转为抽泣难抑的哀乐，此中万般无奈的滋味非亲历者难以言表。数年后，苏轼之所以能写出"人有悲欢离合，月有阴晴圆缺，此事古难全"，正是出于这些生命不能承受之重和不得不面对的生命打击的感悟积累。

四、返乡奔丧

自嘉祐二年（1057）四月至嘉祐四年（1059）六月的两年零三个月中，苏轼行踪无大事可记，好像真的平淡如"也无风雨也无晴"。对于一生在波峰浪谷间大起大落的东坡，这是一段空窗期。敬宗法祖、有厚葬传统的中国人，如遇服大孝（父丧母亡）则须庐墓三秋（此是虚数，但无论何人服孝期至少也要在一年以上，宰相也莫可例外）。

今人的生活节奏争分夺秒，一定很难理解旧制度中服丧期为何如此之长。农耕社会里粟米、小麦等庄稼皆一年熟，古人的生活节奏按年月计、按季节算。所以，春秋是季节概念也是时间概念，如问人的年龄可以说"春秋几何"或"青春多少"。

服丧中最大的事是为逝者修造坟茔。苏洵选定了武阳安镇山的山谷中一个名为"老翁"的泉水边作为苏家坟地。苏洵看重此处风水皆因老泉井久旱不竭，喻福泽汩汩不绝，可荫佑子孙。苏洵又在坟边修一长亭，以作守望暂坐之用。程夫人是葬于此的第一人。

程夫人的突然病故对苏洵的打击很大，甚至几乎令苏洵崩溃。遥想两年前，苏洵带着儿子们赴京时，程夫人尚不足40岁，以为恩爱夫妻，来日方长。而这次返乡见到的却是屋庐破漏，篱院倒坏，真乃惨不忍睹。加之新丧在堂，儿媳们悲泣绕棺，更添空寂凄凉。"死别已吞声，生别常恻恻"，在如烟往事奔来眼底时，苏洵记忆里皆是程夫人的千好万好。

苏洵作《祭亡妻文》（《全宋文》卷九二七）寄托哀思：

呜呼！与子相好，相期百年。不知中道，弃我而先。我狙京师，不远当还。嗟子之去，曾不须臾。子去不返，我怀永哀。反复求思，意子复回。人亦有言，死生短长，苟皆不欲，尔避谁当？我独悲子，生逢百殃。有子六人，今谁在堂？唯轼与辙，仅存不亡。咻呴抚摩，既冠既昏。教以学问，畏其无闻。昼夜孜孜，孰知子勤？提携东去，出门迟迟。今往不捷，后何以归？二子告我：母氏劳苦。今不汲汲，奈后将悔。大寒酷热，崎岖在外。亦既荐名，试于南宫。文字炜炜，叹惊群公。二子喜跃，我知母心。非官实好，要以文称。我今西归，有以借口。故乡千里，期母寿考。归来空堂，哭不见人。伤心故物，感涕殷勤。嗟予老矣，四海一身。自子之逝，内失良朋。孤居终日，有过谁箴？昔予少年，游荡不学。子虽不言，耿耿不乐。我知子心，忧我泯没。感叹折节，以至今日。呜呼死矣，不可再得！安镇之乡，里名可龙，隶武阳县，在州北东。有蟠其丘，惟子之坟。凿为二室，期与子同。骨肉归土，魂无不之。我归旧庐，无不改移。魂兮未泯，不日来归。

苏洵人品孤傲，看起来有些"刚毅木讷近乎仁"，甚至有点冷漠，别人多以为这是天性使然。然而苏洵心里明白自己之所以性格刚强、不易屈服，甚至作为一家之长，也仍葆有年轻人天不怕、地不怕的无忧无虑，一是出于天性，还有一个重要原因是怀有良人，有程夫人这样的精神顶梁柱，他才能无所畏惧、孤标傲立，才能自然地呈现出外冷内热的样貌。

嘉祐三年（1058）十一月，苏洵年届五十，皇帝召试，"辞以疾不就"。十二月一日，上书仁宗皇帝，提出改革吏治，恢复武举等十条措施。

苏洵向友人表述对朝廷的不满之处，《答雷太简书》曰："向者《权书》《衡论》《几策》，皆仆闲居之所为。其间虽多言今世之事，亦不自求出之于世，乃欧阳永叔以为可进而进之。苟朝廷以为其言之可信，则何所事试？苟不信其平居之所云，而其一日仓卒之言，又何足信邪？"苏洵的意思是，他的这些文章都是日积月累所作，连像欧阳修这样的大文学家都认可推荐，还有什么必要再参加考试的呢？

《与梅圣俞书》又曰："圣俞自思，仆岂欲试者？惟其平生不能区区附合有司之尺度，是以至此穷困。今乃以五十衰病之身，奔走万里以就试，不亦为山林之士所轻笑哉？"这倒是心里话。既怕别人笑话他，也顾忌自己考不取。

这些一而再，再而三的请辞文牍其实是表面文章。苏洵此际早已视考试为畏途，在苏轼、苏辙进士高中时就已流露："莫道登科易，老夫如登天。莫道登科难，小儿如拾芥。"现在他又经丧妻摧折，不仅发白身佝，一下老了许多，精神上也早已豪情不再。

尽管写了请辞信，但朝廷的召唤和张方平、欧阳修等人的知遇之恩，还是让苏洵动了心。加之故乡这时已成了伤心之地，而二子高中，也使移家京师变得顺理成章，于是苏洵放下一切纠缠，决定远走他乡。苏洵写道:"死者有知,或生于天,或生于四方上下,所适如意,亦若余之游于四方而无系云尔。"(《极乐院造六菩萨记》)他已决定离开故乡,四处流浪,其实是闯天下。在开始背着故乡去流浪之前,苏洵心怀亡妻,使人请了六尊菩萨像,安放在两个镀金的佛龛中,供在极乐寺的如来佛殿里。那六尊菩萨是:观世音菩萨、大势至菩萨、天藏王菩萨、地藏菩萨、解冤菩萨、引路菩萨。苏洵安排好这一切后,去亡妻坟前告别。

苏轼的佛缘渊深有自,一开始是出于父亲的无言身教。中国佛教一方面相信轮回,一方面祈祷升天。这里且借苏洵供奉的这尊"引路菩萨"来说一说中国人生死观中宗教与文化转换融合的一个侧面。

引路菩萨,即引导死者往生净土的菩萨。其名号未见诸经典,故汉传佛教史曾认为这尊菩萨系唐末宋初净土宗流行时兴起的民间信仰。当时的丧葬出殡行列中,常有书写"往西方引路王菩萨"的挽旗,由人手持走在行列的前面,以导引亡者往生西方极乐世界。查阅有关佛学资料,对引路菩萨的解释仍以敦煌绘画资料为基本依据。引路菩萨名号虽然未见诸经典,然敦煌莫高窟出土物中有图像及其名号。英藏敦煌绢画 Stein painting 47 题"引路菩"三字,即为"引路菩萨"之简写。法藏敦煌绢画 MG.17657 更明确记"画引路菩萨壹尊",又 MG.17762 地藏十王变相图下引路菩萨像题记"南无引路菩萨",这些都是我们认识此类图像最直接和最为可信的资料。大量唐中期的画像说明引路菩萨的出现不会晚于隋末唐初。只是有些人会将这尊佛造像和观音像混淆。

出自敦煌藏经洞的引路菩萨像,首推大英博物馆收藏的斯坦因绘画第 47 号(Stein painting 47),"浅褐地色,左上角绘彩云,云上有楼阁长廊,表示净土世界,右上角有'引路菩'三字。画中引路菩萨

《引路菩萨像》 唐 敦煌藏经洞遗画

和随在菩萨身后的贵妇亡灵立于云层上。菩萨面相丰满,有须髭,右手执香炉,左手拿莲茎,茎上挂引路幡(招魂幡),脚踏白莲,半侧身,略回首。其身后盛装贵妇,体形丰满,蛾眉樱唇,金饰博鬓,垂眼下视,神情安详,似已排除一切杂念,随菩萨往生净土。"(《敦煌学大辞典》)

中土大乘佛教流行以后,不仅佛造像呈多重变化趋势,就是中等规模以上寺庙的格局也发生了很大变化。一方面是汉传佛教普遍信奉的阿弥陀佛、观音和大势至菩萨造像组合,逐渐取代了原先的释迦牟尼、帝释和梵天的组合,其中观音菩萨在佛教盛行地区逐渐成了一个非常重要的崇拜对象。一般大雄宝殿释迦牟尼佛造像的背面都会设置观音菩萨。中国佛教的两大系统——汉传佛教与藏传佛教信仰中,观音菩萨的重要地位甚至在某种程度上几乎超越了佛。随着佛教信仰的民俗化,观音崇拜顺理成章地演变为对观音娘娘的民间信仰;藏区观音则成为雪域的保护神,而执掌政权的藏王成为观音在现世的化身。正是因为观音菩萨无处不在,所以不少人认知上就会将一些不清楚法名的佛造像归为观音。

我也曾在拙著《一眼识大唐》中错将《引路菩萨像》(又称《引路图》)中的菩萨误认为是观音。在书中言之凿凿,但在文献记录面前那些莲花手引出的推测难称可信。引路菩萨不等于观音菩萨。他们在佛家的生死观中的意义大同小异。亡人有菩萨导引升天是一帖最好的化解死亡痛苦和亲人思念安慰剂。可惜的是一般人要等到死神叩门时才会知道这一点。

对于苏洵所做的这一切,依礼守制的苏轼看在眼里,记在心里。大概也正是从此时起,苏轼开始远道近佛,乃至日后出道入佛。童年从张易简道士开蒙时所取的"铁冠道人"的名号开始慢慢被遗忘,而

20年后于黄州所得的"东坡居士"的大名,则成了他自由出入僧俗两界的精神腰牌,成了一面临风飞舞的旗帜。

与沉溺哀痛的父亲不同,青春使苏轼不久便走出了母丧阴影,同时还开启了"无事忙、忙闲事"的模式。这一模式的特点是"家事不勤,国事不忘"。

嘉祐三年(1058),苏轼在家乡守制时,龙图阁学士王素(公仪)从定州来知成都,苏轼以在籍进士的身份,上书进议有关蓄兵赋民之事。相信苏轼的陈情表是经过一番调查研究的。略曰:"蜀人不知有勤恤之加,擢筋割骨以奉其上,而不免于刑罚。有田者不敢望以为饱,有财者不敢望以为富,惴惴焉恐死之无所。"同时,他不忘提醒王素,民困虽深,这也是为政者有所作为的时候。王素也很喜欢苏轼,便让儿子王巩跟随苏轼学习。苏轼、王巩相识后,逐渐成了患难与共的知交。

青年才俊王巩不乏众人赏识。除得前辈冯京、吕大防、司马光看重外,苏轼兄弟、黄庭坚、秦观、王安礼、谢景温等人也与他交好。

物以类聚、人以群分,当然也有不少人对王巩看不顺眼。王安石骂他是不懂事的"孺子";王巩为宗正丞时,被指离间宗室;判登闻鼓院时,又被朱光庭执奏"未协公议"……但这不妨碍王巩我行我素。他以园明志,在繁华京城构建起一座"可以卧游,可以居停"的园林,取名为清虚堂。

……凡游于其堂者,萧然如入于山林高僧逸人之居,而忘其京都尘土之乡也。或曰:"此其所以为清虚者耶?"客曰:"不然,凡物自其浊者视之,则清者为清。自其实者视之,则虚者为虚。故清者以浊为污,而虚者以实为碍。然而,皆非物之正也。

盖物无不清,亦无不虚者。虽泥涂之浑,而至清存焉。虽山石之坚,而至虚存焉。夫惟清浊一观,而虚实同体,然后与物无匹,而至清且虚者出矣。今夫王君,生于世族,弃其绮纨膏粱之习,而跌荡于图书翰墨之围,沉酣纵恣,洒然与众殊好。至于钟、王、虞、褚、颜、张之逸迹,顾、陆、吴、卢、王、韩之遗墨,杂然前陈,赎之倾囊而不厌。慨乎思见其人而不得,则既与世俗远矣。然及其年日益壮,学日益笃,经涉世故,出入患祸,顾畴昔之好,知其未离乎累也。乃始发其箱箧,出其玩好,投以与人而不惜。将旷焉黜去外累而独求诸内,意其有真清虚者在焉,而未之见也。王君浮沉京师,多世外之交,而又娶于梁张公氏。张公超达远骛,体乎至道而顺乎流俗。君当试以吾言问之,其必有得于是矣。"

熙宁十年正月八日记。

这篇《王氏清虚堂记》(《栾城集》卷二十四)为苏辙所作的绝妙文章,论清浊辨虚实,称赞园主"超达远骛,体乎至道"。尤为难得的是,文章由苏轼书写后送予王巩,风雅又增三分。苏轼在全文后面还附一长跋:

世多藏予书者,而子由独无有。以求之者众,而子由亦以余书为可以必取,故每以与人不惜。昔人求书法,至扪心呕血而不获,求安心法,裸雪没腰,仅乃得之。今子由既轻以余书予人可也,又以其微妙之法言不待愤悱而发,岂不过哉!然王君之为人,盖可与言此者。他人当以余言为戒。(《跋所书清虚堂记》,《苏轼文集》卷六十九)

这是苏轼与弟弟、与挚友之间的笔墨情愫，令后人万千感慨：子由因珍惜兄书，平时绝少索字，今为王巩破例，得成珍贵的"弟文兄书"，这在苏轼一生中未多见也。

如何消磨居丧期大把的闲暇时光？苏轼喜欢四处漫游，首选之地是眉州首府青神县的岳父家。苏轼与夫人族叔王淮奇意气相投，每次苏轼一到，淮奇就约几个友人陪他喝酒，闲话天地，了无隔阂。日后回忆起这段闲适生活，苏轼记的是只想早日"归休，得相从田里"。其实苏轼自己这时候也许还没意识到，这种与年龄不相符的田园之思里面藏着这位青涩少年的"维特式烦恼"。

比王弗夫人小 10 岁的堂妹王闰之（苏轼第二任妻子）、堂弟王箴（元直）此时也在青神瑞草桥，常常参与聚会。他们坐在庄口一起剥瓜子、吃炒豆，听苏轼大摆龙门阵。无间谈笑中，忘了谁是新科进士，谁是邻家小妹。苏轼日后一直心驰于瑞草桥之西南与此不无干系，这也许就是前世姻缘。

苏轼喜欢酒，可并无酒量，属于"一杯陶然，三杯即醉；酒量不大，酒瘾不小"的那种人。有时看人喝酒也一样可觅得酒趣。族叔苏慎言住在蟆颐山下的道观里，苏轼常和堂兄子明一同去道观找他，相邀喝酒，醉后放歌，苏轼说："其豪气逸韵，岂知天地之大秋毫之小耶？"（《题子明诗后》）与子同乐，仿佛自己也陶然于歌于酒。苏轼大体就是这样度过了在故乡的最后的日子。

五、征帆无回棹

嘉祐四年（1059）九月，苏洵携苏轼、苏辙并此时腹中已有孩子的大儿媳王弗、二儿媳史家姑娘以及佣人等在热热闹闹、忙忙乱乱同时又像被一缕莫名惆怅缠绕着的淡淡忧伤中离开了故乡眉山。此行的师出之名当然是陪两位新科进士赴京办理注官手续。苏洵心里早有闯天下的念头，这一次挥手告别故乡可谓得偿夙愿。心中纵有未知何年得归的疑问，但绝未曾料到，再回首时已然只能魂归故里。

苏洵以为眉山风土可爱，但人事欠佳。白眼势利如箭，对人的伤害如刀刺心。他第一次自北路出川赴河南时就萌生去意，"嵩山之下，洛水之上，买地筑室，以为休息之馆"，还一再以诗明志，"岷山之阳土如腴……我独厌倦思移居……"。

夫人已逝，仕途受阻，但仕梦仍未破碎，汴京仍令他梦萦魂牵……这次行程是一家人自眉州入嘉陵江，先至嘉树，游龙岩、凌云寺。后过犍为，至戎州。泊南井口，过渝州、涪州。经明月峡，至忠

《蜀川图卷》宋 李公麟 美国弗利尔美术馆藏

《蜀川图卷》又名《蜀川胜概图》，绘川峡四路（今四川省、重庆市）的山河全貌，且标有地名，合山水与地图为一体，乃伯时（李公麟，字伯时）绘画中所罕见，足可证其无所不能的笔墨功夫。

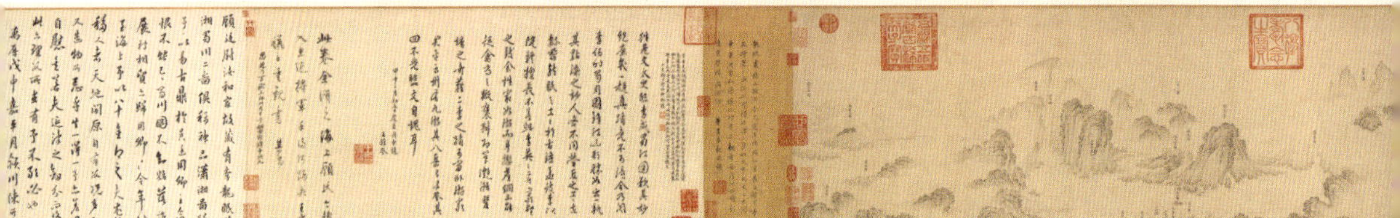

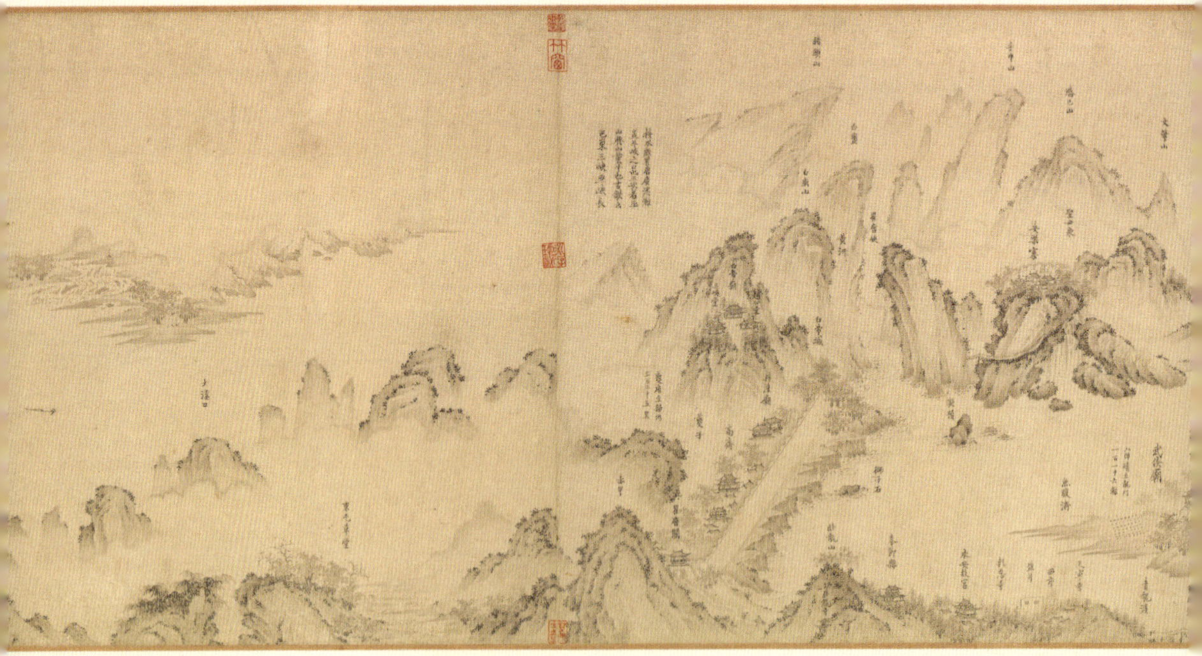

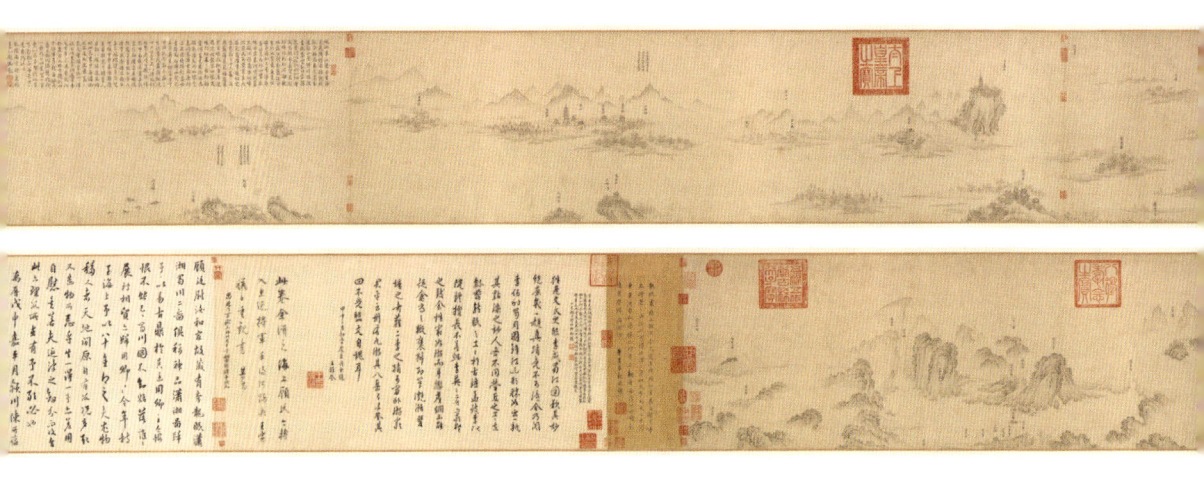

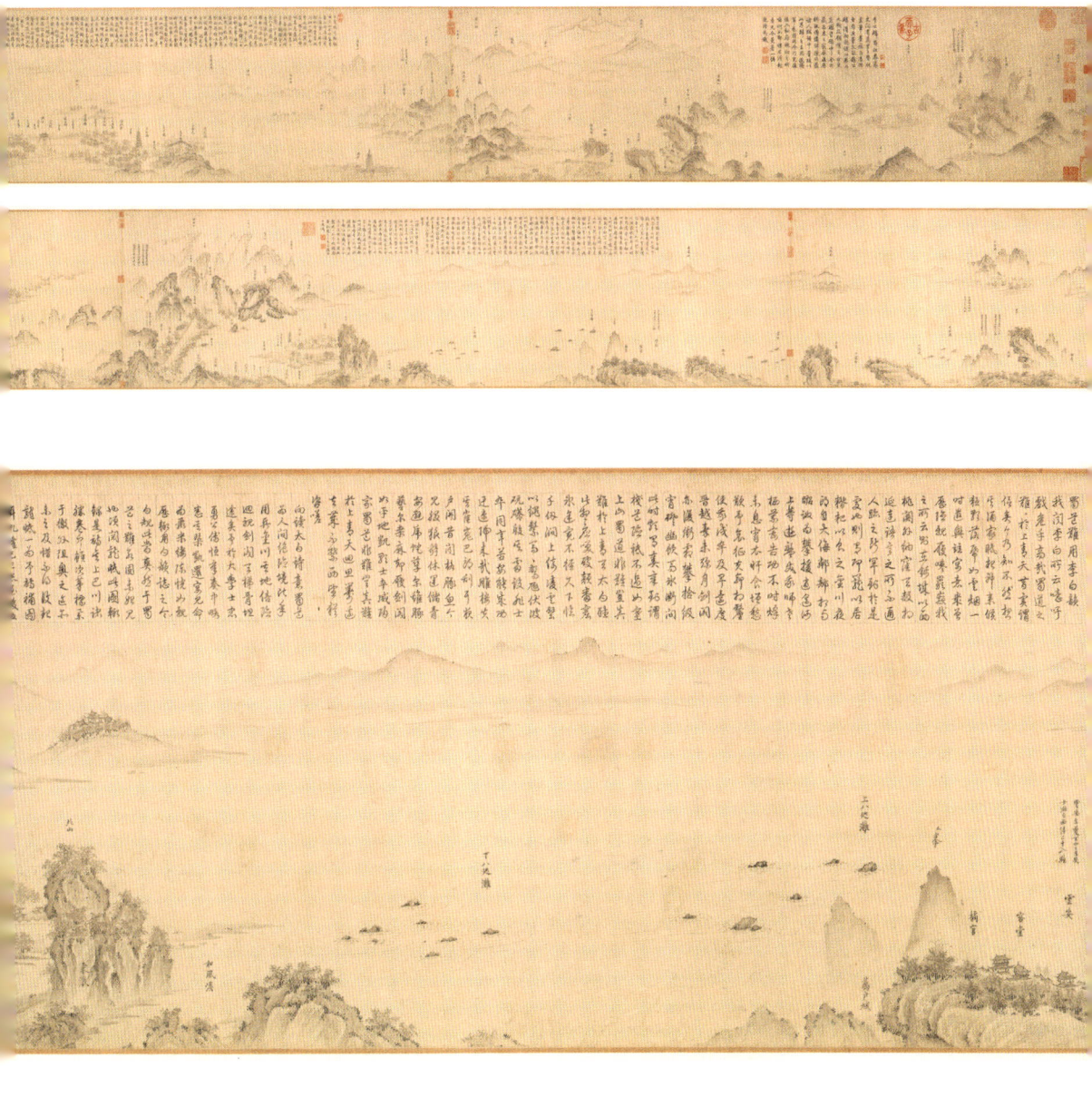

《蜀川图卷》

州丰都县。过万州，至夔州。发瞿塘入峡，过巫山至巴东。过秭归、黄牛峡，出峡抵江陵，留江陵度岁。

三苏就这样开启了他们的浪漫行吟之旅。

文化叙事的中国自古就是一个诗的国度，加上隋、唐、宋三朝的科举设计中皆有以诗取士的内容，故世人眼中诗人这顶桂冠不仅是浪漫的花环，而且也是华贵的轩冕。进士及第的诗人金殿赐宴、皇城走马的风光，让多少非富即贵者也会投来羡慕的目光，就是在乡风淳朴的荒村僻野，敬纸惜字的老百姓同样也会觉得诗人高人一等。

长江是诗思澎湃的大江，三峡是诗魂流连的渊薮。尤其是巴山蜀水这一段，大自然的鬼斧神工劈开两岸万丈绝壁，让一江水墨、万壑松风的啸吟一泻千里……

南北朝时地理学家郦道元《水经注》中《三峡》一文，虽属自然学科的理工类记写，然三峡的四时风光也令作者难抑诗情。

自三峡七百里中，两岸连山，略无阙处。重岩叠嶂，隐天蔽日，自非亭午夜分，不见曦月。

至于夏水襄陵，沿溯阻绝。或王命急宣，有时朝发白帝，暮到江陵，其间千二百里，虽乘奔御风，不以疾也。

春冬之时，则素湍绿潭，回清倒影，绝巘多生怪柏，悬泉瀑布，飞漱其间，清荣峻茂，良多趣味。

每至晴初霜旦，林寒涧肃，常有高猿长啸，属引凄异，空谷传响，哀转久绝。故渔者歌曰："巴东三峡巫峡长，猿鸣三声泪沾裳。"

李白曾在三峡长啸：

> 朝辞白帝彩云间，千里江陵一日还。
> 两岸猿声啼不住，轻舟已过万重山。（《早发白帝城》）

杜甫曾在三峡放歌：

> 白日放歌须纵酒，青春作伴好还乡。
> 即从巴峡穿巫峡，便下襄阳向洛阳。（《闻官军收河南河北》）

白居易的三峡诗不是要和李、杜争胜，更像是为三苏此行量身定制的祝福：

> 不知远郡何时到，犹喜全家此去同。（《入峡次巴东》）

神州何其巍峨，诗国何其博大。诗章车装舟载也难尽收。仅《唐诗三百首》一书中就收录了12首三峡诗。好像历代诗人们有个约定，过三峡岂可无诗？

不巧十月即飘雪，三苏在舟中无事，诗兴勃然而起，欲效仿杜诗《解闷十二首》中"孰知二谢将能事，颇学阴何苦用心"之雅。兄弟俩依欧阳修《江上值雪》诗限制，作雪诗不得用盐、玉、鹤、鹭、絮、蝶之类的常用比喻字眼，又另外设限，不得用皓、白、洁、素等形容词，这就更增加了作诗的难度。这是一种文字游戏，也是一种文字的基本功训练。过忠州后，沿途多探访三国名迹，如游永安宫，登山望诸葛亮的八阵图，看诸葛盐井，访屈原庙。抵夔州，又凭吊刘备托孤的白帝城。这些宇宙山川与历史人物的交织，可作怀古抒怀的好题目。

三苏一行不久得诗百首之多，后收入《南行集》，苏轼作《南行前集叙》(《苏轼文集》卷十)：

> 夫昔之为文者，非能为之为工，乃不能不为之为工也。山川之有云雾，草木之有华实，充满勃郁，而见于外，夫虽欲无有，其可得耶！自少闻家君之论文，以为古之圣人有所不能自已而作者。故轼与弟辙为文至多，而未尝敢有作文之意。己亥之岁，侍行适楚，舟中无事，博弈饮酒，非所以为闺门之欢，而山川之秀美，风俗之朴陋，贤人君子之遗迹，与凡耳目之所接者，杂然有触于中，而发于咏叹。盖家君之作与弟辙之文皆在，凡一百篇，谓之《南行集》。将以识一时之事，为他日之所寻绎，且以为得于谈笑之间，而非勉强所为之文也。
>
> 时十二月八日。江陵驿书。

我们千万不要将苏轼叙言结尾那句轻描淡写的话忽略过去。所谓诗者，"得于谈笑之间，而非勉强所为之文也"，正是诗之美学"游戏说"的中国版本。公允的诗论也承认：金戈铁马、壮怀激烈是诗，"成教化、助人伦"是诗，"山抹微云，天连衰草"是诗，"杨柳岸，晓风残月"也是诗。至于《红楼梦》中群芳开夜宴时的调笑打趣的联句也可以称诗。诗之雅俗轻重全在取舍剪裁，不可执一端而弃全。"游戏说"更偏重美景、美情、美歌、美食、美人、美文、美好意向、美妙联想的美感轻松表达，也就是谈笑间的自然流露。在心性自由歌唱中，将文字的张力无限延展。如此我们便不难理解东坡"大江东去，浪淘尽，千古风流人物"的雄浑浩然与"小舟从此逝，江海寄余生"的沉郁释然在一个人身上的和谐统一。

东坡的美学思想一以贯之："论画以形似，见与儿童邻。赋诗必此诗，定非知诗人。"求新、求变、求美、求真的文艺观，将这一思想说得明明白白。

唐诗是古诗天花板。很多人以为这只是诗仙、诗圣、诗魔、诗佛等有限几个诗人的功劳。其实无论是"贞观"还是"开元"，那场近三百年的诗歌盛世大合唱，除了诗人领唱、独唱、合唱之外，还有引车卖浆者的喜爱，渔夫村妇的喝彩。换言之，唐诗就是一场全民的"卡拉OK"。唐人薛用弱《集异记》中旗亭画壁故事，为我们勾勒了一幅诗人放达争衡，在酒楼与歌伎于音乐美酒间谈笑致意，诗酒游戏的风俗画。此图可为苏轼某些诗中也有文字游戏的意趣作一注脚。

开元中，诗人王昌龄、高适、王之涣齐名。时风尘未偶，而游处略同。一日天寒微雪，三诗人共诣旗亭，贳酒小饮。忽有梨园伶官十数人登楼会宴，三诗人因避席隈映，拥炉火以观焉。俄有妙妓四辈，寻续而至，奢华艳曳，都冶颇极。旋则奏乐，皆当时之名部也。昌龄等私相约曰："我辈各擅诗名，每不自定其甲乙，今者可以密观诸伶所讴，若诗入歌词之多者，则为优矣。"俄而，一伶拊节而唱，乃曰："寒雨连江夜入吴，平明送客楚山孤。洛阳亲友如相问，一片冰心在玉壶。"昌龄则引手画壁曰："一绝句。"寻又一伶讴之曰："开箧泪沾臆，见君前日书。夜台何寂寞，犹是子云居。"适则引手画壁曰："一绝句。"寻又一伶讴曰："奉帚平明金殿开，强将团扇共徘徊。玉颜不及寒鸦色，犹带昭阳日影来。"昌龄则又引手画壁曰："二绝句。"之涣自以诗名已久，因谓诸人曰："此辈皆潦倒乐官，所唱皆巴人下里之词耳！岂阳春白雪之曲，俗物敢近哉？"因指诸妓之中最佳者曰："待此子所唱，如非我诗，吾即终身不敢与子争衡矣！若是吾诗，子等当须列拜床下，奉吾为师……"因欢笑而俟之。须臾，次至双鬟，散声则曰："黄河远上白云间，一片孤城万仞山。羌笛何须怨杨柳，春风不度玉门关。"之涣即揶揄二子，曰："田舍奴，我岂妄哉！"因大谐笑。诸伶不喻其故，皆起诣曰："不知诸郎君，何此欢噱？"昌龄等因话其事，诸伶竞拜曰："俗眼不识神仙，乞降清重，俯就筵席！"三子从之，饮醉竟日。

嘉祐五年（1060）正月，三苏过江城襄阳时，苏轼作《汉水》《襄阳古乐府三首》等诗记录此行。他们即将告别巴蜀，踏入中原。面对穿城而过酷似故乡蜀江的汉水，苏轼大发感慨："古风随世变，寒水空泠泠。过之不敢慢，伫立整冠缨。"他已经整装待发，为步入新生活、新天地做好了准备。

毋庸置疑，东坡一生中除政敌的诬言构陷，坊间对他的私德也不无诟病。其中有多少误解误读，有多少恨其不圣、斥其不洁，有待后评。现在唯一可以确定的是，东坡亦庄亦谐，非圣非魔，他是一位有温度的人，让那个时代厌倦了道德镜鉴与礼法标榜的民众看到了一线光，他是一位忍不住要拥抱的朋友。现在，汴京城阙在望。东坡马上要开启新一程人生之旅。

苏轼作为北宋乃至中国传统文化的一面旗帜，其书画修养和理论主张，是其艺术观、人生观不可忽缺的一个构成和一块诗思隽永的芳草地。在苏轼留下的精神遗产里，画论、画题、画跋是其心性释读的生动影像。所谓文章到不了的地方，诗词可以抵达；灵魂到不了的地方，书画可以抵达。

肆

不论变与不变

一、宜秋亦宜居

嘉祐五年（1060）二月末，苏家抵达东京汴梁。

从进士到官吏，还有吏部制科的"铨选"（亦称"注官"）考试，相当于现在任职答辩的面试。一般考身、言、书、判四项（身，须体貌丰伟；言，须言辞辩正；书，须楷法遒美；判，须文理优长），四项皆可，则先以德行取，次为才智。考试全部通过之后，才有机会得到任命。"注官"的流程到此走完。此事急不得，或数月或逾年。但人之衣食住行一日不可或缺，一日不可等。苏家初到京城如何解决生活问题呢？衣、食、行三项因时因地有变数，今人只可以想象。居所情状当然也只能想象，居住之地不会移动，于是便不断有好事者、文史家查对资料以确认苏家居停的生活情状，也就形成了新的叙述、新的历史。关于苏家在汴京的居所，至少有两种截然不同的描述：一是"新传"所说"于西冈租了一栋宅子居住"；另一说法就是"林传"的绘声绘色描写，"苏家在二月安抵京城。他们买了一栋房子，附有花园，约有半亩大，靠近仪秋门（应是宜秋门之误），远离繁乱的街道。绕房有高大的老槐树和柳树，朴质无华的气氛，颇适于诗人雅士居住"。

一说租屋，一说买屋，虽只是一字之差，但不要以为租屋和购屋这些生活琐碎不值得关注。换用今天的话来说，这是衡量一个人（一个家庭）在繁华都市生活背后经济实力的重要标准。

在刘墨《苏东坡的朋友圈》（后文简称"朋友圈"）书中，对此又详加考订得出新的结论。

《苏轼诗集》收录有苏轼在治平元年（1064）写给苏辙的11首诗，诗后有小注："南园在京师宜秋门内，公在京所置业也，时子由奉宫师居其中。"由此"朋友圈"一书推断，"林传"所说苏氏父子在开封买房的时间和地点都有误。

> 宜秋门又叫"郑门"，俗称"老郑门"，是开封内城的西门，位于皇宫西南方向，苏轼称其家为"南园"，正是由此方位而言。有人说，该门位于今开封包公湖码头西侧两公里处，所以苏洵购买的南园，应该就在现在的包公湖码头的西侧。

苏轼在《与杨济甫十四·其四》(《苏轼文集》卷五十九) 中提到了这所房子：

> 舍弟差入贡院，更半月可出。都下春色已盛，但块然独处，无与为乐。所居厅前有小花圃，课童种菜，亦少佳趣。傍宜秋门，皆高槐古柳，一似山居，颇便野性也。

春天来时，房子生机盎然，正房南边有一个小花园，即南园，那里可以种花，可以种菜。房子旁边就是宜秋门，城墙下高大的槐树和森然的古柳，入诗入画。

新结论以考据为证当然更有说服力，但批评"林传"时间、地点皆错，似又有些孟浪。林语堂是诗家散文家笔法，不应苛求精准。何况，对地点的认识，如非地理教科书则全看叙事者个人视角立场。林语堂所说的苏家旧宅在"宜秋门附近"也可以成立。至于买房时间，至少也是抵开封后一年左右时间的事，所以"新传"所说"西冈租屋"是苏家初到时的权宜之计更不能算错。何况《苏轼文集》中《与杨济甫十四·其一》也有记录。考察这些状况最终目的是对苏家的经济有一个大致的了解。这样对"三苏"贫与富的认识，既不会因视其富贵而阻塞了视听，也不会因视其贫穷误导了我们的想象。

二、风乍起

贫穷限制了我们的想象,这是我们无奈的调侃;权力限制了人们的发展,那才是对帝王权贵的惊讶。前者叹钱少,后者叹权小。考虑到政治理念多信奉的是"强权即真理",故对一朝政治的评判,总是先宣告掌权者坐江山的合理性,后才讨论此权力施政的得失是非。

对于苏轼生活的十一世纪北宋历来褒贬不一,争辩难停。颂之者认为,这是一个国泰民安、经济繁荣、科技发达、文化昌明、艺术风雅的太平盛世;斥之者认为,这是一个内忧外患、国弱民穷、官腐民刁、商奸农废的无为之国。钱穆就认为,汉、唐、宋、明、清五个朝代里,宋是最弱的一环。宋与唐的关系有"唐因宋果"之说,多是指宋继于唐之末世,善则唐因、恶则宋果,宋朝"有事而无政",毫无建树。钱穆的这一判断,是不是忘了唐宋之间还有一个近七十年动乱的五代十国?

结束了国家动乱的赵宋王朝是以"一姓治天下"的典型皇权政

治。这种体制的最大特点是追求长治久安。打江山的太祖、太宗、真宗三代一直在为国家安全、皇权安稳、制度设计合理和经济秩序安定而励精图治。这一政治理想表现为对国家制度的不断改革和完善，希望既保证皇权的超越性又兼顾百姓的生活诉求和利益，这就需要一整套新的政治制度设计。这些必须由乾纲独断的皇帝和贤良辅弼的士大夫共同来完成。两者要磨合到皇权受尊重也要受监督，士大夫听命于朝又有权利纠皇帝的错处，从而形成制度化操作。截至仁宗一朝，北宋政治已接近理想状态。再往下发展，就必然会遇到更新的问题：要不要不断进取，甚至是自我否定？即所谓打江山难，守江山更难。从仁宗的庆历新政到神宗的熙宁变法，要不要变旧法为新法的治国理念之争，很快演变为一场你死我活的权力血拼。这就是苏轼生活的时代大背景。

今天再来考量这些见诸典籍文献的关于"变法"的对立观点，你会发现一个有趣的现象，即褒之者多假平头百姓之名，好像都是对权力和政治不感兴趣的素食者；而贬之者多为大权在握的权贵或觊觎权力的政客。如何才能得出一个正确的结论？无论怎么说，还是要回到"知人论世"的历史逻辑中来。所以我们要真正地认识东坡这个人，还是要先回到千年以前那个王朝。那些政治漩涡里爱苏恨苏、追苏弃苏、挺苏打苏的各色人等如一个多棱镜，多方观照，才可以还原一个立体的东坡。

东坡生命之舟最初驶入政治之海时运气不错，他碰到了一个风和日丽的好日子。那一轮照耀天空的太阳便是心系黎民的仁宗皇帝赵祯（1010—1063）。从 12 岁当儿皇帝开始到 54 岁驾崩，命寿虽短却在位 42 年，是中国历史上少有的坐在龙椅上手握皇权超过 40 年的皇帝之一。赵祯是真宗李宸妃亲生，后认了真宗爱妃刘娥为母，母凭子贵，刘娥成了皇后；子承母威，赵祯坐上了龙椅。这笔糊涂账便是坊间"狸猫换太子"故事的原型。从中可见，刘娥于政坛长袖善舞、手段了得。赵祯12岁登基时，刘娥权倾朝野，垂帘问政长达11年之久。然而她没有效法唐朝的武则天，改"李唐"为"大周"。而是将仁宗赵祯"扶上马，送一程"，等赵祯弱冠之后就还权帝位，自己功成身退享起皇太后清福。我们不能只将此当一个孤立的现象看，这也许是个隐喻，是唐宋同因不同果的一个象征。一个国家最高权力的转让交接，往往会闹得父子反目、兄弟阋墙、腥风血雨、天惊地动。这虽不能完全归之为一个人的品德心性，但有一点也不能不承认，赵祯之仁爱孝悌、无为而治、任贤选能的政风，与政权的和平过渡不无关系。从仁宗在位时任用范仲淹、包拯、韩琦、富弼、欧阳修、蔡襄、司马光等一大批干臣硕儒来看，赵祯当得起一个"仁"字。他被史书记为"恭俭仁恕，律己严谨"。单是嘉祐二年（1057）那场科举选出了苏轼、苏辙、曾巩、曾布、蒋之奇、吕惠卿等人才，就可以胜过太多王朝。苏轼评价仁宗"天容玉色，仁皇情种"，绝非只是知恩图报、拍"龙"屁。

对仁宗是非功过的历史评价，最有争议之处莫过于"庆历议和书"的签署，即一直被指责的宋辽之间"白银换和平"的外交软弱。此问题在今天，如果用进步的、放大的大中华国家观来看，这也是内政而非外交。契丹、西夏、辽、金等都是中华版图的构成部分。战争与和平的选择是关乎千百万黎民百姓生死的头等大事。非不得已，选择和平才是硬道理。相信赵祯与苏轼在这一点上一定是君臣同心。《左传》载："国之大事，在祀与戎。"其未必就是强调一定要穷兵黩武，以鲜血来染红帝王的功劳簿。当大事者当慎之又慎，非唯战方可言勇，唯战并非唯一选择。

苏轼仕途本应一帆风顺，可命运就是要开一些无情的玩笑。他的仕途上横亘着一座大山——王安石，如一块巨石挡在前行的航道上。于是两个人就开始不停地上演起"既生瑜，何生亮"的文争武斗悲喜大戏。

王安石是位贴着"变法"标签的政治人物，就连他作为"唐宋八大家"之一的极高学术成就也往往会被后世忽略。作为文学家和思想家的王安石，创"荆公新学"，促进了宋代疑经变古学风形成；用"五行说"阐述了宇宙生成本相；提"新故相除"又使辩证法方法论的思想宝库中多了一件新武器。可惜的是这些皆被视若阙如，知之者少之又少。对于"拗相公"，人们也以"拗"相报，在历史的天空和国民的意识里王安石头上只有一顶帽子，那就是既顽强又顽固的政治"变法家"。

熙宁二年（1069），34岁的苏轼送苏洵尸骨返乡安葬并服孝2年3个月后从四川重返京城任殿中丞，一个不大不小的从五品官。此时，王安石被宋神宗诏任参政知事，即已拜相，主持变法。拗牛和犟牛面对面站在角斗场，就二人的地位和影响而言，这不是一次旗鼓相当的官场角力，但就文化和政治上的意义而言，无疑又是一场旷日持久、惊心动魄的"火星撞地球"。

世无无由之爱也无无由之恨。人与人视若仇雠，虽表现为政见分歧、党争站队，但恩怨之起大多离不开具体的人和事。

三、巨石挡道

苏轼和王安石的恩怨尔汝，并非只是两个人之间的争斗，而是一场几乎将整个大宋王朝的重要官员都卷进来的风暴，先后还惊动仁宗、英宗、神宗三代皇帝，这场旷日持久的政治斗争将满朝文武撕裂成挺苏和挺王两大阵营。因此，自宋始就代有学人议论是非功过。故相关人物的年表、文集、札记等多有各种文献载录。尤其是王安石、苏轼的研究者无不致力于"变法"中两个人的立场态度的研究。本传在综合取舍各类传记叙事的基础上，又借鉴了具有版本学意义的"十讲""大宋之变"等新研究成果，删繁就简重做整理，以期厘清这件事情的大致轮廓以及"变法与保守""改革与守旧"的苏王"官斗"背后的是非曲直。

这是一道复杂的政治题，可以让我们窥见人性的斑驳与政治的诡异，只是不必急着得出谁对谁错的简单结论。对于这场历史上真实存在的"神仙打架"确应"审问之，慎思之，明辨之"。

那就从嘉祐六年（1061）制科考试的最后阶段说起。

《苏轼年谱》记载这次秘阁试论于八月十七日举行，考官是吴奎、杨畋、王畴、王安石等人，考题是《王者不治夷狄论》《礼义信足以成德论》《刘恺丁鸿孰贤论》《礼以养人为本论》《既醉备万福论》和《形势不如德论》六论。评判的标准是能准确交代题面的出典，文章大致通顺就可以了。然而考试的结果，仅有苏轼、苏辙和王介三人合格。

通过了秘阁试论的三人一齐进入制科考试的第二关，即八月二十五日在崇政殿举行的"御试对策"。仁宗皇帝亲临考场，主考官换成了胡宿、沈遘、范镇、司马光、蔡襄。《策问》试题即有关时政的一系列提问，考生回答后还要拟出应对政策建议。

这一次苏轼的对策被评为实际上最高等的"第三等"（共五等，第一、二等为虚设），真是破天荒的高分。注意，这次考官中没有王安石。苏辙的对策却引起了不少争议。据《苏辙年谱》备录司马光闰八月九日所奏《论制策等第状》、苏辙《颍滨遗老传上》自述和《续资治通鉴长编》相关记事，争论的大致经过是：因苏辙对策批评朝廷、宫廷事"最为切直"，司马光第以三等。范镇以为不妥，与蔡襄等商量后，置于第四等。但胡宿以为策语不逊，力主黜落。司马光坚持要录为第三等，最后闹到了要仁宗皇帝御裁的地步。仁宗皇帝处理此事时原想根据大臣们的不同意见取个中间值，所以他考虑把苏辙收入第四等。推荐二苏应制科的杨畋仍不同意胡宿的黜落意见，不过杨畋的说话技巧实在高明。他说苏辙批评得那么激烈，而皇帝还能包容他，这是吾皇开明的朝廷盛事，应该把这件事记下来，交给史馆，去编入国史。他这个建议令仁宗皇帝很开心，也遂了仁宗的想法，所以苏辙最终被录为第四等。

通过苏辙考评争议一事，我们可以看到司马光史家的批评立场，看到杨畋以机智套出仁宗皇帝的心之所向等考评之外的情状。那些决定别人命运、给他人打分的考官，历史也会给他们打分。

新进制科按例要各写一篇《谢制科启》对考官表示感谢。这里面有一个小插曲，就是苏辙的"谢启"未见史载。后经考订，《苏轼文集》中的两篇"谢启"中就有一篇是苏辙写的。这只是当时文字工作的一个小差错，但事后看来简直就是兄弟仕途顺与不顺的一个象征。

获得制科出身的二苏改授官职。苏轼授大理评事、签书凤翔府判官，苏辙授试秘书省校书郎，充商州军事推官。而负责起草任命状的知制诰王安石，却只肯作苏轼的制词，而拒绝为苏辙草制。这也是王、苏矛盾的起点。苏辙对此耿耿于怀。

苏辙后来在《颍滨遗老传上》（《苏辙集》卷十二）自述这件事：

> 知制诰王介甫意其右宰相，专攻人主，比之谷永，不肯撰词。宰相韩魏公哂曰："此人策语，谓宰相不足用，欲得娄师德、郝处俊而用之，尚以谷永疑之乎？"知制诰沈文通亦考官也，知其不然，故文通当制有爱君之言。

对于这一冲突的起因至今仍有争议。孔凡礼编的《苏辙年谱》据此判断："'宰相不足用'云云，亦苏辙答策中语，疑以此开罪宰相，宰相欲黜之也。""十讲"指出这是非常明显的误读。宰相"韩魏公"乃韩琦，他对二苏极为欣赏，他那段话是为苏辙辩护的，怎能理解为"欲黜之"？真正对苏辙不利的，就是被韩琦所"哂讽"的王安石。"十讲"一书的解释是，王安石是用宋代知制诰"封还词头"的权力，即以拒绝撰制来表示自己反对这一项任命。可王安石为什么要反对这一任命，其与苏辙有什么过节仍未说清。宋人吕希哲记载此事比较详细：

> 初，欧阳文忠公举苏子瞻，沈文通举苏子由应制科，兄弟皆中选。时王介甫知制诰，以子由对策专攻上身及后宫，封还词头。乃喻文通为之，词曰："虽文采未极，条贯靡究，朕知可谓爱君矣。"盖文与介甫意正相反。子由《谢启》云："古之所谓乡愿者，今之所谓中庸常行之行；古之所谓忠告者，今之所谓狂狷不逊之徒。"又云："欲自守以为是，则见非者皆当世之望人；欲自讼以为非，则所守者亦古人之常节。"（吕希哲《吕氏杂记》卷下）

王安石"封还词头"这一箭射向苏辙并未致命，因为担任知制诰的不止一人，苏辙的制词，后来便转由沈遘来起草。沈遘与王安石看法不同。值得注意的是，他作的制词还引用了苏辙给自己的"谢启"，对胡宿、王安石之类"当世之望人"表示了不屑。文人这些看起来起于青蘋之末的微风之刺割，丝毫不输于战场上武将之刀光剑影。

"当世之望人"王安石能不光火吗？这把火不仅开始烧向苏辙，随即蔓延至三苏：

> 东坡中制科，王荆公问吕申公（字公著）："见苏轼制策否？"申公称之。荆公曰："全类战国文章，若安石为考官，必黜之。"故荆公后修《英宗实录》，谓苏明允"有战国纵横之学"云。（邵博《邵氏闻见后录》卷十四）

这段公案究竟如何，后世又有诸多实与失实的争论。

真相暂时放下不说，事实是二苏虽然在嘉祐二年就考中了进士，但苏辙延宕到嘉祐六年"制科"及第才真正进入仕途，其中除因母丧守制耽误了时间，其仕途不顺的种种原因中，一定有王安石作梗。而苏轼颇为顺利，不久便离京去凤翔赴任。《颍滨遗老传》记载："是时先君被命修《礼书》，而兄子瞻出签书凤翔判官，傍无侍子，辙乃奏乞养亲。三年，子瞻解还，辙始求为大名推官。"

嘉祐八年（1063）八月十二日，王安石的母亲在汴梁辞世之际，苏洵专门写了那篇《辨奸论》的文章。这让原先在有限范围内传布的矛盾昭揭天下。一般人都以为苏轼和王安石的矛盾是由苏洵而起，其实是苏辙与王安石龃龉在先，苏洵的《辨奸论》（《嘉祐集》卷九）报复在后。精彩文章，当然照录：

> 事有必至，理有固然，惟天下之静者，乃能见微而知著。月晕而风，础润而雨，人人知之。人事之推移，理势之相因，其疏阔而难知，变化而不可测者，孰与天地阴阳之事。而贤者有不知其故，何也？好恶乱其中，而利害夺其外也！
>
> 昔者，山巨源见王衍曰："误天下苍生者，必此人也！"郭汾阳见卢杞曰："此人得志，吾子孙无遗类矣！"自今而言之，其理固有可见者。以吾观之，王衍之为人，容貌言语，固有以欺世而盗名者。然不忮不求，与物浮沉，使晋无惠帝，仅得中主，虽衍百千，何从而乱天下乎？卢杞之奸，固足以败国。然而不学无文，容貌不足以动人，言语不足以眩世，非德宗之鄙暗，亦何从而用之？由是言之，二公之料二子，亦容有未必然也！
>
> 今有人，口诵孔、老之言，身履夷、齐之行，收召好名之士、不得志之人，相与造作言语，私立名字，以为颜渊、孟轲复

出,而阴贼险狠,与人异趣,是王衍、卢杞合而为一人也。其祸岂可胜言哉?

夫面垢不忘洗,衣垢不忘浣,此人之至情也。今也不然,衣臣虏之衣,食犬彘之食,囚首丧面,而谈《诗》《书》,此岂其情也哉?凡事之不近人情者,鲜不为大奸慝,竖刁、易牙、开方是也。以盖世之名,而济其未形之患,虽有愿治之主,好贤之相,犹将举而用之。则其为天下患,必然而无疑者,非特二子之比也。

孙子曰:"善用兵者,无赫赫之功。"使斯人而不用也,则吾言为过,而斯人有不遇之叹。孰知祸之至于此哉?不然,天下将被其祸,而吾获知言之名,悲夫!

苏洵在文章中提到了历史上两个人:一个是王衍,一个是卢杞。

王衍出身于魏晋高门琅琊王氏,徒有清明俊秀外表,虽位高权重,但崇尚清谈,不思报国,是一个"误尽天下老百姓的"("竹林七贤"之一山涛语)小人。

唐代中期奸相卢杞,他最擅长的事情就是对同僚进行陷害、排挤、倾轧和报复。

《辨奸论》中的奸是谁?苏洵虽然没有直接在文章中点名,然明眼人无不知道他影射的正是王安石,加之王安石不修边幅,衣裳肮脏,须发纷乱,为世诟病。苏洵以"衣臣虏之衣,食犬彘之食","囚首丧面,而谈《诗》《书》"来表达对王安石的厌恶之情,已经说得再明白不过了。

宋人叶梦得《避暑录话》的记录中,苏洵和王安石之间是因政见不同而生间隙,矛盾是由王安石挑起的。同时王安石还屡次在众人面前不给苏洵面子，才让性格刚烈的苏洵将王安石视为仇人。其中诸多八卦恕不一一录存。

苏洵、苏辙与王安石形同冰火，不能不直接影响到王安石与苏轼之间的关系。

对于当时急于寻求摆脱内忧外患、种种危机的神宗，王安石"变法"之论让这位年轻皇帝有了动力。熙宁二年（1069），王安石被擢升为参知政事，开始大力推行青苗、均输、免役、方田等新法，史称"熙丰新法"。变法之初，皇帝和朝中重臣同样对王也都寄予厚望，甚至不少人还钦佩他高远的政治抱负以及过人的才华。随着变法的深入，政见分歧和一些结构性矛盾，便一一显露出来。当必须分边站队的时候，那些重臣都站到强烈反对他的阵营中去了。致使整个行政中枢近乎瘫痪，人们把中书省里的几个关键人物分别形容为"生老病死苦"，即王安石"生"、曾公亮"老"、富弼"病"、唐介"死"、赵抃"苦"。

反对归反对，在相权和皇权合一面前这些声音只能如耳旁风般轻轻掠过。加之大权在握的王安石性格执拗而狂热，于是年轻好胜的皇帝和刚愎自用的宰相以及附和变法的"新党"们，合力卷起的变法飓风一刮就是八年。

这种情况在晚清重臣张之洞看来，"古来世运之明晦，人才之盛衰，其表在政，其里在学"，已经触及了问题的根本。粗略地概括，支持和反对王安石变法的正反两方的治国纲领可以用"法儒分野"来区隔。

王安石所制定的新法，包括青苗、免役、均输、市易、农田水利、保甲、方田均税、均输、保马等，以及教育、农业、手工业、商业，所涉及的改革是多方面的，也触及了军事制度的改革。培养"为我所用"的"干部队伍"势必要改变科举考试制度，王安石亲撰《周官新义》，与王雱、吕惠卿撰《毛诗义》《尚书义》，合称《三经新义》，为科举改革提供了新教材。

熙宁二年（1069），神宗明确要求大臣商讨科举改革，这无疑是给王安石和苏轼的正面交锋直接开辟了战场。

科举改革时，苏轼和王安石分歧的本质往往被一些史学家低估和忽略。表面上，两人冲突的核心是改科举制度，变自唐以来施行的"考诗赋"为"考义理（即策对）"。这好像是一个学术之争，至多也只是一个考试制度和政策之争。实际上，这是一个关乎国家人才选拔、人才擢用、人才培养的根本问题，诚"其表在学，其里在政"。苏轼有《日喻》(《苏轼文集》卷六十四）一文详述个中利害。

> 生而眇者不识日，问之有目者。或告之曰："日之状如铜盘。"扣盘而得其声，他日闻钟，以为日也。或告之曰："日之光如烛。"扪烛而得其形。他日揣籥，以为日也。日之与钟、籥亦远矣，而眇者不知其异，以其未尝见而求之人也。

> 道之难见也甚于日，而人之未达也，无以异于眇。达者告之，虽有巧譬善导，亦无以过于盘与烛也。自盘而之钟，自烛而之籥，转而相之，岂有既乎！故世之言道者，或即其所见而名之，或莫之见而意之，皆求道之过也。

> 然则道卒不可求欤？苏子曰："道可致而不可求。"何谓致？孙武曰："善战者致人，不致于人。"子夏曰："百工居肆以成其事，君子学以致其道。"莫之求而自至，斯以为致也欤？

> 南方多没人，日与水居也，七岁而能涉，十岁而能浮，十五而能浮没矣。夫没者，岂苟然哉，必将有得于水之道者。日与水

居，则十五而得其道。生不识水，则虽壮，见舟而畏之。故北方之勇者，问于没人，而求其所以没，以其言试之河，未有不溺者也。故凡不学而务求道，皆北方之学没者也。

昔者以声律取士，士杂学而不志于道。今者以经术取士，士求道而不务学。渤海吴君彦律，有志于学者也，方求举于礼部，作《日喻》以告之。

这是一篇极富哲理的短文，前面以庄子笔法写全面认识事物，实践出真知的必要性。接着指出学者型政治家修养的重要性，不能为儒而儒，而应儒道法释兼学并收，更不能急功近利为仕而学。最后指出"昔者以声律取士，士杂学而不志于道。今者以经术取士，士求道而不务学。"如此，学问何在，善政何来？《日喻》对认识苏轼思想何其重要不言而喻。所幸《哥伦比亚中国文学史》收录此文，实在是好眼光。

先是苏辙《制置三司条例司论事状》已经全面批评了王安石新法的弊端，令王安石大为光火。可以说，苏辙是最早将自身置于危崖之上，对王安石变法投下反对票的人。

摩擦不断升温，王安石从一开始不喜欢苏辙，发展到不喜欢苏轼一家，他怎么会让苏轼任谏官执掌言路来捆住自己的手脚？

熙宁二年（1069）九月，关乎国计民生的青苗法开始实施，朝廷上下一片哗然。韩琦、范镇、欧阳修、张方平、司马光、富弼、赵抃等人见反对无效，相继辞出。只有被王安石斥为"司马光朝夕所与切磋者"的苏轼等二三人仍然留在朝堂，并不时与王针锋相对。每当神宗皇帝问政于他时，他便批评王安石"求治太急"，反复上书历陈"新法"不妥。苏轼以孤勇之身作逆流抗争，只是"拗相公"公王安石根本不在乎苏轼如何反对他，满朝大臣联合抨击他都无所谓，何况苏轼一人孤军奋战。王安石的性格从来就是越战越勇！熙宁三年（1070），王安石与韩绛并同中书门下平章事，成了名副其实的真宰相。

这一年礼部考试，吕惠卿任知贡举主考官，苏轼任编排官。真是冤家路窄，面对面的冲撞在所难免。他们分歧的焦点是要不要以考策问取代考诗赋。坚持御试不废诗赋的苏轼最后败下阵来，神宗皇帝不再折中而倒向了王安石，王安石的相权看来确实可以左右皇权。

苏轼坚持认为尽管现在暂时没有看到变法的弊端，然而恶果不堪设想。这是对江山社稷的警告。后世对苏王之争有一个和稀泥的看法，即王安石的着眼点是国家，因而他不惜一切代价尽忠于国家和皇帝；苏轼的着眼点则是人民，他以不同的方式尽忠于人民和皇帝。从不同角度说，两个人都没有错。其实当时王安石和苏轼的相互攻击，既是"家仇"亦属"国恨"，所以一时难得出谁对谁错的简单结论。千年以降，人们仍一直在苏王分野中自觉不自觉地选边站队。总的来说，王安石用权力赢得了一时的胜利，苏轼以初心如月和人格魅力征服了人心。苏粉远远多于王党，其中有公道自在人心的历史公正，也有为亲者讳的惯性思维。吾等亦当细察。作为当事人，政治斗争历来都是势同冰炭水火不容。

司马光不愿继续留在朝廷，他在与皇帝的最后对话中，除了阐述自己要离开的理由，也为苏轼作了辩护：

安石素恶轼，陛下岂不知？以姻家谢景温为鹰犬，使攻之，臣岂能自保？不可不去也。且轼虽不佳，岂不贤于李定？不服母丧，禽兽之不如，安石喜之，乃欲用为台官。

这里对王安石近乎人身攻击的斥责之语竟出自大史家之口，确实具有是非因人论的代表性。

司马光退而不休，归而不隐，在洛阳一头扎进史书里，绝口不提时事，他邀约了一批优秀的历史学者一起编撰皇皇巨著《资治通鉴》。这是政坛党争的副产品，也是中国士人"进则治国，退则著书"的又一典范。

四、文星照耀的天空

"唐宋八大家"中唐朝的韩愈、柳宗元分别是河南、山西人。宋时的欧阳修祖籍江西永丰,王安石和曾巩都是江西人,加上"三苏"都是四川人,合成八家。按照约定俗成的地理概念,北宋文坛可以称作南方的凯旋。地域上的远近常常又会被视为人际关系的亲疏。也许纯属偶然,真宗景德四年(1007),欧阳修出生于四川绵州(今四川省绵阳市),他比苏轼大近30岁。欧视苏如父视子、师视徒,提携关怀备至,难免让某些小人以己心度君子,猜想这两位四川乡党私下是否有什么瓜葛。这也是元祐时"蜀党"一词的先兆。

中国人与人的关系中,有同宗、同姓、同乡、同党、同学、同侪、同泽、同志、同门等称谓,有君子之交、生死之交、倾盖之交、白首之交、忘年之交等描述。还有我最属意的"神交"二字,即未曾谋面便已倾心。这种柏拉图精神范式不仅有超越男女之间一见倾心的性别吸引之纯粹,也同样有美酒般醉人的芬芳。此情况多见诸文人中的那些真性情之人。神交是二人之间跨越时空的关爱、激赏，神交最关键的一点是他们在彼此身上看到了另外一个自己。苏轼与欧阳修在嘉祐二年（1057）科考认识之前，虽神交已久，但本质还是权威与拥趸，明星与粉丝的关系。

早在景祐三年（1036），欧阳修就加入了范仲淹改革的行列，两人共沉浮、同进退。范仲淹被贬饶州（今属江西省鄱阳市），欧阳修被贬夷陵（今湖北省宜昌市）。庆历三年（1043），欧阳修任右正言、知制诰。此时范仲淹、韩琦、富弼等人推行"庆历新政"，欧阳修亦积极参与其中，提出改革吏治、军事、贡举法等主张。

理学大家石介在当时写了一篇《庆历圣德颂》，歌颂这些政坛上的风云人物。有从京师回眉山的士人，将这篇弘扬新政的文章读给乡学的先生听。当时苏轼在旁偷看便能诵习其词，他插话问先生："文章中颂扬的是什么人？"先生问他："小孩子何必打听这些？"苏轼答："此天人也，则不敢知；若也是人，为什么不可以问呢？"先生大为惊奇，因此详细介绍韩琦、范仲淹、富弼和欧阳修等人的人品学问、道德文章，并称这四个人是当今天下的人杰。这是苏轼第一次知道并记住了欧阳修的名字。当时苏轼不会想到，未来他与这些人会有诸多奇妙关联。在这四人中，范仲淹殁于1052年，与当时才15岁的苏轼当然缘悭一面，苏轼也自然没有和范仲淹面对面接触的机会。

欧阳修是近视眼，但在发现人才方面却目光如炬，有远见卓识。如以相马来比喻他的识人之明，伯乐不足与之比肩。只有《列子·说符》篇中所载田子方能不看马的牝牡骊黄之外相而一眼洞穿骨相，才可与之相提并论。欧阳修性格随和、心胸开阔，看见别人有优点便会竭尽全力地去推荐。《宋史·欧阳修传》说他"奖引后进，如恐不及，赏识之下，率为闻人"，因而欧阳修深孚众望，口碑日隆。后来嘉祐二年（1057）他主持知贡举录取的388名进士中，大多数人皆心悦诚服投其门下，并在此后几十年里都成为北宋名臣。如此立德树人之成就，一在胸襟，二在学术。

关于欧阳修的成就，一般多关注他成功地倡导推行古文运动，改变了汉唐以来盛行的"骈体"文风。变浮泛奢靡为务实自然，变炫词虚言为言志真言，变四六呆板为清新灵动。放大来看，"文风变"是表，"世风变"是里。一个人的文风是这个人的思想外壳，一个时代的文风是这个时代的精神实质。欧阳修"以古为师，变古为今"的学术思想值得我们重视与深思。所谓"文章千古事，得失寸心知"，既关乎一人之进退得失更关乎一国一世之利弊得失。如此文章才堪称"经国之大业，不朽之盛事"。

至于说到欧、苏之间的君子之交，诸多史料均未见他们之间有一丝蝇营狗苟。坊间唯一传闻是说欧阳修后来为呵护苏轼，曾暗暗打击过与苏轼在凤翔任上不睦的太守陈希亮。经考订，这当然又纯系子虚乌有。至于说到苏轼之二子苏迨［苏轼有四子，长子苏迈、二子苏迨、三子苏过、四子苏遁（早夭）。苏轼兄弟名字都有"车"，苏轼孩子名字都有"辶"，是否隐喻苏家要继续做行路之人呢？一笑妄言。］迎娶了欧阳修孙女为妻，当然可算亲上加亲，不过这也无关政坛风云中二人的关系，乃多年以后的后事与后话。醉翁不醉，诚绝世高人也。欲知"醉翁"情怀，《醉翁亭记》值得一读再读。

> 环滁皆山也。其西南诸峰，林壑尤美。望之蔚然而深秀者，琅琊也。山行六七里，渐闻水声潺潺，而泻出于两峰之间者，酿泉也。峰回路转，有亭翼然临于泉上者，醉翁亭也。作亭者谁？山之僧曰智仙也（一作山之僧智仙也）。名之者谁？太守自

谓也。太守与客来饮于此，饮少辄醉，而年又最高，故自号曰醉翁也。醉翁之意不在酒，在乎山水之间也。山水之乐，得之心而寓之酒也。

若夫日出而林霏开，云归而岩穴暝，晦明变化者，山间之朝暮也。野芳发而幽香，佳木秀而繁阴，风霜高洁，水落而石出者，山间之四时也。朝而往，暮而归，四时之景不同，而乐亦无穷也。

至于负者歌于途，行者休于树，前者呼，后者应，伛偻提携，往来而不绝者，滁人游也。临溪而渔，溪深而鱼肥，酿泉为酒，泉香而酒洌，山肴野蔌，杂然而前陈者，太守宴也。宴酣之乐，非丝非竹，射者中，弈者胜，觥筹交错，起坐而喧哗者，众宾欢也。苍颜白发，颓然乎其间者，太守醉也。

已而夕阳在山，人影散乱，太守归而宾客从也。树林阴翳，鸣声上下，游人去而禽鸟乐也。然而禽鸟知山林之乐，而不知人之乐；人知从太守游而乐，而不知太守之乐其乐也。醉能同其乐，醒能述以文者，太守也。太守谓谁？庐陵欧阳修也。

文脉传承，渊源有自。欧阳修之所以为欧阳修，不妨看一看他成长之路上的关键几步。

天圣元年（1023）和天圣四年（1026），欧阳修两次参加科举考试都意外落榜。天圣七年（1029）春天，23岁的欧阳修由胥偃保举，参加了开封府最高学府国子监的考试，补广文馆学生；同年秋天，欧阳修又参加了国子监的解试。两次考试，欧阳修均获第一名，成为监元和解元。来年正月，他在礼部省试中再获第一名，成为省元，可以说"连中三元"。大家一致认为欧阳修在即将到来的殿试中也能夺得状元，不想，19岁的王拱辰中了状元。与他同榜的，还有蔡襄、石介等人。

欧阳修天圣八年（1030）进士及第，被仁宗皇帝圈定为第十四名、位列二甲，未能夺魁是太后刘娥的意思。据时任主考官晏殊的说法，欧阳修锋芒过盛，晏殊欲挫其锐气，以期得成大才，所以才有这样的安排。高中虽然高中，高兴未必尽兴。人生得意时自有"小人"捣乱，甚至打出长远关怀牌来掩盖祸心包藏的当头一击；而人生失意时也有贵人相助，站出来为其辩不能辩。欧苏相似的人生经历，使二人同气连枝，心心相印实属同类人的精神契合。

晏殊以"挫其锐气，以期大成"为理由未点欧阳修为头名状元，与34年后，欧阳修误以为苏轼考卷为学生曾巩所作，避嫌未将苏文列为榜首的理由不同，结果的遗憾却无异。然内含一个道理，"欲成非常之人，必有人之非常"。当然，这种人生经历上的波折最终能否化为精神成长之途的觉悟和助力，完全在此人内心之感悟。入境宜缓，出境宜宽；顺时忌狂，逆时忌畏。如此看来，晏殊之意似可信。这对师生之间虽初有龃龉，但总的基调仍是互相牵挂，友情为主。晏殊那首著名的《浣溪沙·一曲新词酒一杯》的小令，便是在景祐三年（1036）范仲淹、欧阳修遭贬谪时，对这两位学生的思念。

一曲新词酒一杯，去年天气旧亭台。夕阳西下几时回？
无可奈何花落去，似曾相识燕归来。小园香径独徘徊。

"无可奈何花落去，似曾相识燕归来"之中有没有晏殊的遗憾呢？

五、凤翔故事

自嘉祐六年（1061）十一月苏轼赴凤翔任签书判官，到治平二年（1065）二月还朝判登闻鼓院，召试秘阁，入史馆，仕途的前四年皆在凤翔任上度过。其间经历了嘉祐八年（1063）仁宗驾崩和新君英宗赵曙登基的更迭换代。因为皇权是自然交替，时局并无大的波动。相对于以后的惊涛骇浪，凤翔的日子属风平浪静。如以棋局比喻人生博弈，这可以算是苏轼人生这盘棋的初盘阶段。"入境宜缓"是棋理所教，也是苏轼仕途中规中矩开局的基本状况。

凤翔离开封七百公里。按现在的交通情况来看，也就是区区几个小时的车程。可在一千年前，中间隔着一道函谷关，便有了地域上关内、关外的天差地别。至于仕途之人，这里面主要还有京官和外任心理上的落差。这也是中国官场特色之一，至今也未必根绝。政界的近与远是没有地理概念的，全凭离权力中心的远近来计算。可是在苏轼的各种版本传记中，不少又似乎将凤翔经历低落的情绪渲染过了头。

尤其是将父子别、兄弟别的思念当成了彼时生活的主旋律，让读者误判苏轼在凤翔一定是天涯飘零、情绪委顿。其实，苏轼的凤翔四年一切顺理成章，既有初入仕途之兴奋，也有离别亲人之惆怅。

凤翔今天听起来有点冷僻，其实也曾是历史上大热之地。

凤翔在长安西，唐初置岐州。"安史之乱"后，唐肃宗以此为驻地。到至德二年（757），肃宗收复长安、洛阳两京，还都长安，同年十二月升凤翔郡为府，建号西京，与成都、京兆、河南、太原合称五京。府治所在今陕西省宝鸡市凤翔区，辖境相当今宝鸡市岐山区、凤翔区、麟游县、扶风县、眉县，西安市周至县等市县地。唐属关内道。五代属关西道，宋属秦凤路。

凤翔昔时龙盘凤栖留下诸多史迹，如一部斑驳的古书。面对这些故事多多的旧踪故迹，当时苏轼思亲怀都不假，但不排除他喜欢凤翔。如此便不难理解他于任上不时流连山水，畅游太白山、黑水谷，访古探庙得入文王故台、拜观吴道子画像的悠游生活。他是在乐此不疲地读着这本底蕴丰厚的大地之书，我们千万不要被那句"无聊才读书"的调侃蒙骗了。

苏轼在凤翔的故事中，先后出现了温文儒雅、礼敬同僚的前太守宋选，刚劲严冷、不苟言笑的后太守陈希亮以及陈希亮的儿子陈慥等人物。陈希亮也是眉州人，本以为"亲不亲，故乡人"，他与苏轼之间应该有不少共同语言。孰料他们之间却演绎出"老乡见老乡，背后来一枪"的尴尬。苏、陈摩擦不断，积怨日深，几近酿成仇恨。而陈希亮之子陈慥自与苏轼相识后，因二人散淡豁达、脾味相契，竟成了莫逆之交。东坡视陈慥为"一世豪士"。陈慥一生追随东坡。

凤翔的故事中当然还有如影随形，一直相伴身边的爱妻王弗；最后一个便是东坡下半生"相见常讨厌，不见又想念"的相生相克之星，同出于欧门的章惇。

苏轼的朋友圈中，章惇（1035—1106）是一位相当重要的人物。章惇是福建浦城人，从小跟着父亲住在苏州，晚于苏轼四年去世。章惇在《宋史》中被编入了奸臣传，但他在政治上绝对是北宋时期的第一流人物。苏轼甚至说："子厚奇伟绝世，自是一代异人，至于功名将相，乃其余事。"苏轼此论固然有拔高人的嫌疑，但这样评价章惇，也是凤翔时期苏轼的真心话。

凤翔苏轼有权无权？忙与不忙？这是判断他此间生活质量好与不好的标准。

苏轼是以大理评事签书凤翔府判官，当时的凤翔府面积大于现在的宝鸡市所辖范围。"签判"是选派京官充当各州、府判官，称"签书判官厅公事"，简称"签判"。凡兵民、钱谷、户口、赋役、狱讼听断之事，皆可裁决，是兼行政与监察于一身的中央官吏。由皇帝直接委派，辅佐州政，可视为知州副职。正因其由皇帝直接委派，因而拥有直接向皇帝报告的话语通道。"签判"当然有权，"林传"也持此论。

另一种观点认为"连署公文"的判官职务只相当于政府秘书长，与幕僚一类相若而非实权在握的官。非官即无权。

隋创制了"三省六部"的中央官僚体系，其目的是防止出现专权的现象，分散相权，强化中央集权，即加强皇帝的权力。而三省六部各司其职，既分工又合作，且互相牵制、互相监督。这种类似集体领导的政治结构原本是迈向民主政治的一小步。但自唐以降，皇权与相权明争暗斗以及各类争权暗战，致使后世的政治现实中往往是一个政权机构（无论中央和地方）只一人有权：在中央是皇帝；在地方也只有一人是官有权，其余为僚，皆为附庸，并无实权。

这又向专权后退了两大步。"一把手"大权独揽，实在不值得称道。所以一般官吏之有权无权，在中央看皇帝脸色，在地方看与长官关系，如此而已。

苏轼的长官是凤翔知府宋选。宋选和苏轼都是不久前空降凤翔的京官，宋选仅比苏轼早到任几个月。这使得二人在感情上自然亲近些。宋选一直以温厚支撑初入仕途的年轻人，既保护又予权，使苏轼感有知遇之恩。苏轼在与宋选之子宋汉杰的书信中，犹心存感激。"某初仕即佐先公，蒙顾遇之厚，何时可忘。流落阔远，不闻昆仲息耗，每以惋叹。辱书累幅，话及畴昔，良复慨然！"在任期间，苏轼曾撰《代宋选奏乞封太白山神状》一文，得朝廷称赞。

宋选的二弟宋道与三弟宋迪，亦皆是见诸画史的名家。喜爱绘画的东坡，当然对宋家又多了几分好感，亦有更多共同语言。

苏轼与长官宋选关系如此，当然有权。嘉祐七年（1062）正月，苏轼作《凤翔到任谢执政启》（《苏轼文集》卷四十六）。

> 右轼启。违去轩屏，忽已改岁。向风瞻恋，何翅饥渴。前月十四日到任，翌日寻已交割讫。轼本凡材，缪承选取。忽从州县，便与宾佐。扪躬自省，岂不愧幸。伏自到任已来，日夜厉精。虽无过人，庶几寡过。伏惟昭文相公，素所奖庇，曲加搜扬。既蒙最深之知，遂有自重之意。所任金署一局，兼掌五曹文书。内有衙司，最为要事。编木筏竹，东下河渭；飞刍挽粟，西赴边陲。大河有每岁之防，贩务有不蠲之课。破荡民业，忽如春冰。于今虽有优轻酬奖之名，其实不及所费百分之一。救之无术坐以自断。惟有署置之必均，姑使服劳而无怨。过此以往，未知所裁。

以述劳代权责，在苏轼是实话实说，也是古已有之的官场流行话术。就像我们今天还会常常见到的一种情况，饭局中迟到的官场贵客，总是一边落座一边致歉："抱歉、抱歉！太忙、太忙！"闻者无不心知肚明。这何尝不是一种权力宣喻？

有权无权的问题有了肯定答案，那么忙与不忙呢？

答案也是肯定的。苏轼不仅忙而且比别人加倍忙。苏轼一是忙于公务履职，二是忙于访道问佛，"擂鼓"吊昔。什么是"擂鼓"？这便牵出苏轼与石鼓文的一段缘分。

首谒凤翔孔庙时，苏轼参观了珍藏在那里的石鼓。唐贞观二年（628），在凤翔陈仓出土了十个鼓形大石。通过释读石鼓铭文，当时大家认为是周文王时期的石刻，但宋朝《石鼓音序》一书问世后，"石鼓秦物论"开始被世人认同。近代又有郭沫若等人推定为秦襄公之物。石鼓之珍贵一在石二在文，即石上刻的铭文。石鼓文亦名籀书，是文字学上一种重要的大篆书体，介乎金文和秦篆之间。故这十个石鼓堪称无上国宝。

石鼓上的铭文，欧阳修记录时仅存四百六十五字，几近半数已磨灭不可辨识。后苏轼再看并用心辨认，《石鼓歌》所记："旧闻石鼓今见之，文字郁律蛟蛇走。细观初以指画肚，欲读嗟如钳在口。"

冬十二月岁辛丑，我初从政见鲁叟。旧闻石鼓今见之，文字郁律蛟蛇走。细观初以指画肚，欲读嗟如钳在口。韩公好古生已迟，我今况又百年后！强寻偏旁推点画，时得一二遗八九。我车既攻马亦同，其鱼维鲂贯之柳。（公自注：其词云："我车既攻，我马亦同。"又云："其鱼维何？维鲂维鲤。何以贯之？维杨与柳。"）古器纵横犹识鼎，众星错落仅名斗。模糊半已隐

石鼓（其一）

瘢胝，诘曲犹能辨跟肘。娟娟缺月隐云雾，濯濯嘉禾秀稂莠。漂流百战偶然存，独立千载谁与友。上追轩颉相唯诺，下揖冰斯同鷇彀？忆昔周宣歌《鸿雁》，当时籀史变蝌蚪。厌乱人方思圣贤，中兴天为生耆耇。东征徐虏阚虓虎，北伐犬戎随指嗾。象胥杂沓贡狼鹿，方召联翩赐圭卣。遂因鼓鼙思将帅，岂为考击烦蒙瞍。何人作颂比《崧高》，万古斯文齐岣嵝。勋劳至大不矜伐，文武未远犹忠厚。欲寻年岁无甲乙，岂有名字记谁某。自从周衰更七国，竟使秦人有九有。扫除《诗》《书》诵法律，投弃俎豆陈鞭杻。当年何人佐祖龙，上蔡公子牵黄狗。登山刻石颂功烈，后者无继前无偶。皆云皇帝巡四国，烹灭强暴救黔首。六经既已委灰尘，此鼓亦当遭击掊。传闻九鼎沦泗上，欲使万夫沉水取。暴君纵欲穷人力，神物义不污秦垢。是时石鼓何处避，无乃天工令鬼守。兴亡百变物自闲，富贵一朝名不朽。细思物理坐叹息，人生安得如汝寿？（《石鼓歌》，《苏诗补注》卷四）

石鼓文的辨认因剥蚀严重和文字生涩，当时尚未定论，但苏轼已知其意。苏轼借《石鼓歌》以刺秦之暴政及批李斯严刑峻法治国，这与后来他反对王安石以法掠民的思想一以贯之。重农爱民、体仁正心是他的一贯思想。苏轼于释读研究石鼓用力，正是他清楚书写汉字不仅有文化之功用，更是文明之本体，即史刀如笔和史笔如刀。

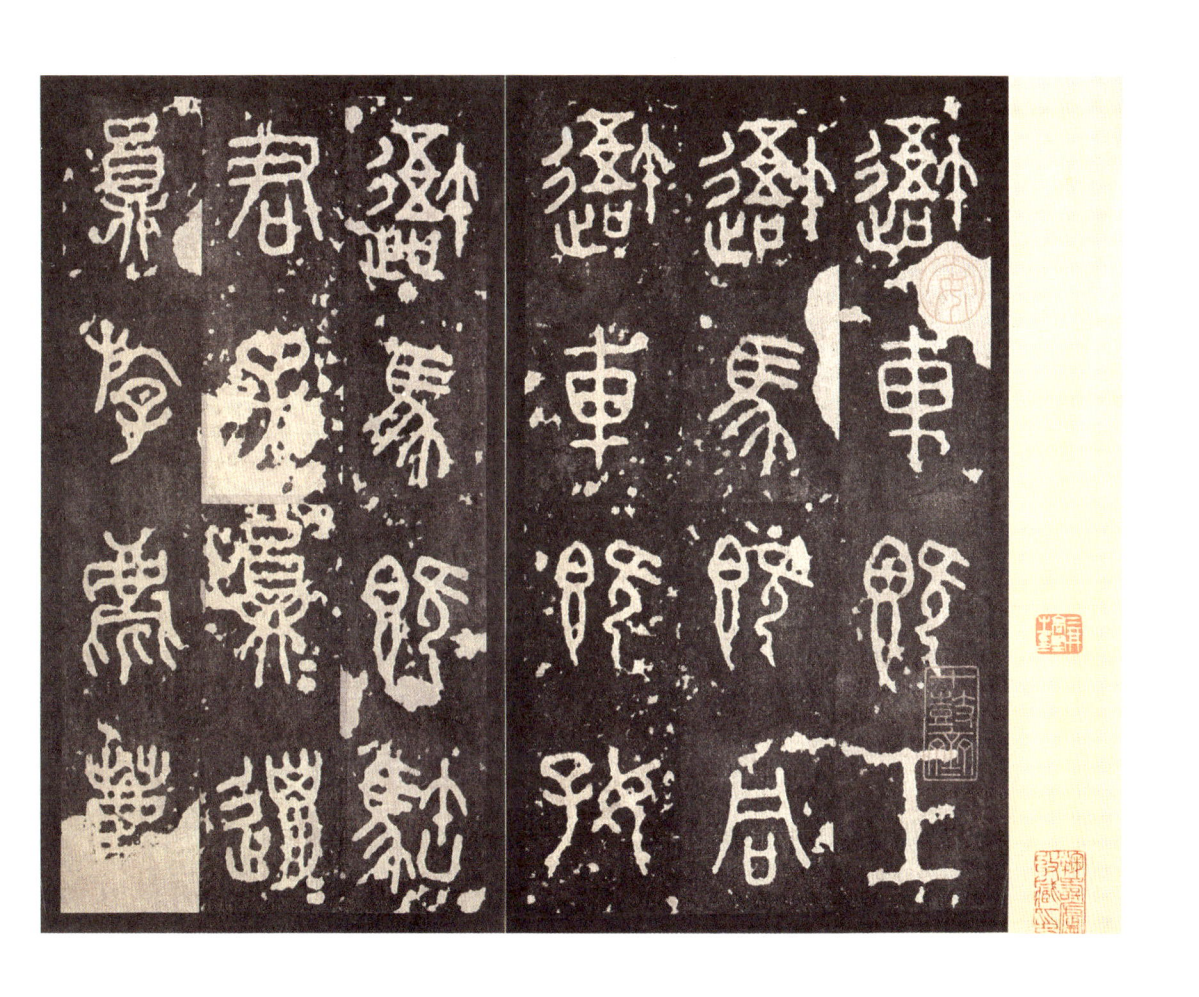

《石鼓文》拓片 局部

六、好雨知时节

苏轼喜闹不喜静,爱忙不爱闲,属于越忙越兴奋的那一类人。这种人往往敏感多情又心思缜密。少年时,这类人中有的似"富贵闲人"贾宝玉那样,除了在胭脂堆里厮混,便觉得生活无聊空虚;有时多数人又会像风车轮轴转,不是抓鱼摸虾,就是斗鸡走马,忙得没时间干一件正事。但他们往往都纯粹良善如一枚璞玉,而这些经历也是健康快乐的青春该有的样子。他们如果经历苦学、苦读、苦思和生活磨炼,便会成为修身、齐家、治国的君子,在未来的人生之路上,顺途时担着风雨,支撑起道统与学统;逆境中,从害怕孤独、直面孤独再到享受孤独,活出万般精彩!

苏轼在凤翔,理政、治学、修身、齐家一事也不懈怠,乐此不疲、乐彼也不疲。他还忙中偷闲,为自己的新家治了一个水绕亭立、花木葱茏的园子。

苏轼居住的官舍在州长官官邸西邻。府衙的后院,乔木繁茂,远方的终南山都因其失色。初时园内萧索荒凉，经苏轼筑小亭，掘横池，养鱼植树，苦心经营改造，小园旧貌换新颜。北有轩窗曲槛，南有曲径回廊，好一个临池饮酒的风雅居所。

"三年辄去岂无乡，种树穿池亦漫忙"，虽是自嘲，流露出的却是家庭建设的喜悦。园中的小亭便是大名鼎鼎的喜雨亭，此亭得名有一段亦真亦幻的故事。

嘉祐七年（1062），陕西大旱。苏轼首先能做的便是写一份祈告状子呈递给神明。这方面他一直信心满满，相信在神明前的雄辩滔滔，会为百姓祈求到普降甘霖。

传说雨神龙王就住在太白峰道士观前的水池里。于是苏轼决定赴太白峰求雨。他在祈雨文里先奉承了几句话之后，就和龙王晓之利害、明之道德，讲起了道理。

> 维西方挺特英伟之气，结而为此山。惟山之阴威润泽之气，又聚而为湫潭。瓶罂罐勺，可以雨天下，而况于一方乎？乃者自冬徂春，雨雪不至，西民之所恃以为生者，麦禾而已。今旬不雨，即为凶岁，民食不继，盗贼且起。岂惟守土之臣所任以为忧，亦非神之所当安坐而熟视也。圣天子在上，凡所以怀柔之礼，莫不备至。下至于愚夫小民，奔走畏事者，亦岂有他哉！凡皆以为今日也。神其盍亦鉴之。上以无负圣天子之意，下以无失愚夫小民之望。尚飨。（《凤翔太白山祈雨祝文》，《苏轼文集》卷六十二）

关于求雨一事始末，"新传"等书虽煞有介事、绘声绘色、神乎其神，甚至编出个"竹篮打水也成功"的故事。但至多也只是个传说。当然求雨成功是确实的。

苏轼为纪念顺利求雨，把后花园的亭子改名"喜雨亭"，并写了一篇《喜雨亭记》刻在亭上。

亭以雨名，志喜也。古者有喜，则以名物，示不忘也。周公得禾，以名其书；汉武得鼎，以名其年；叔孙胜敌，以名其子。其喜之大小不齐，其示不忘一也。余至扶风之明年，始治官舍，为亭于堂之北，而凿池其南，引流种木，以为休息之所。是岁之春，雨麦于岐山之阳，其占为有年。既而弥月不雨，民方以为忧。越三月乙卯，乃雨，甲子又雨，民以为未足，丁卯大雨，三日乃止。官吏相与庆于庭，商贾相与歌于市，农夫相与抃于野，忧者以乐，病者以愈，而吾亭适成。于是举酒于亭上以属客，而告之曰："五日不雨，可乎？"曰："五日不雨，则无麦。""十日不雨，可乎？"曰："十日不雨，则无禾。"无麦无禾，岁且荐饥，狱讼繁兴，而盗贼滋炽，则吾与二三子，虽欲优游以乐于此亭，其可得耶？今天不遗斯民，始旱而赐之以雨。使吾与二三子，得相与优游以乐于此亭者，皆雨之赐也。其又可忘耶？既以名亭，又从而歌之，曰："使天而雨珠，寒者不得以为襦。使天而雨玉，饥者不得以为粟。一雨三日，伊谁之力？民曰太守。太守不有，归之天子。天子曰不然，归之造物。造物不自以为功，归之太空。太空冥冥，不可得而名。吾以名吾亭。"

今天看来，这类拜仙祛灾、祭神求雨的活动纯属装神弄鬼。但古时，这既属"国之大事"，也是政府官吏职责所在。我曾经以为，苏轼在这一点上好像犯了孔夫子"子不语怪力乱神"的忌讳。孔子的"不语"是用沉默给后世留下一个关于宗教和神灵认识的空白。关于苏轼对此空白如何认知我有一个猜想。"子不语"不等于"子不许",所以孔子留下的空白恰恰成了中国人精神自由行走于儒、释、道三教和民俗与自然泛神崇拜的巨大空间。对于得悟正道者,最后一定是变外求为内求,变求人求神为求己责己。比如苏轼所行的一切,灵则谢天谢地,感恩神祇的赐福与庇佑;不灵则反躬自省,是自己的错误和不够虔诚,宗教信仰与活动就自然转换为文化反思与礼仪。中国人的文化即中国人之宗教。传铭如此来回答孔夫子的填空题和揣摩苏子之心,不知孔师、苏子是否满意。

苏轼在凤翔的行踪有《凤翔八观》诗集详记。游终南山、探藏经龛、访真兴寺、过李氏园、拜秦穆公墓,皆一一在录。除此之外,还时时前往的是开元寺。

开元寺位于凤翔城北街,里面有先秦的诅楚文碑,吴道子画的佛像和王维的画竹。苏轼喜欢吴道子气韵雄壮、磊落的笔墨,称他"当其下手风雨快,笔所未到气已吞";也喜欢诗人王维的自然平淡、清新雅静,称"摩诘得之于象外,有如仙翮谢笼樊"。两者比较,苏轼既爱吴道子的"妙绝",也迷王维画竹之超脱。

苏轼于开元寺得观吴道子、王维真迹当然喜不自禁,便有《王维吴道子画》(《苏轼诗集》卷三)一文记之,我们今天得读苏子画论,更是幸福满满。

> 何处访吴画?普门与开元。开元有东塔,摩诘留手痕。吾观画品中,莫如二子尊。道子实雄放,浩如海波翻。当其下手风雨快,笔所未到气已吞。亭亭双林间,彩晕扶桑暾。中有至人谈寂灭,悟者悲涕迷者手自扪。蛮君鬼伯千万万,相排竞进头如鼋。摩诘本诗老,佩芷袭芳荪。今观此壁画,亦若其诗清且敦。祇园

弟子尽鹤骨，心如死灰不复温。门前两丛竹，雪节贯霜根。交柯乱叶动无数，一一皆可寻其源。吴生虽妙绝，犹以画工论。摩诘得之于象外，有如仙翮谢笼樊。吾观二子皆神俊，又于维也敛衽无间言。

他说的"吾观二子皆神俊，又于维也敛衽无间言"，是指自己的喜爱选择，不可当作区分吴王轩轾之标准，更不可理解为中国画重意轻工的标准。仁心兼爱，苏轼的美学思想在后来的那句"淡妆浓抹总相宜"中说得明明白白。

苏轼以唐时王维、吴道子两画家个案论画，虽然说的只是个人品评取舍，却已关乎中国画来龙去脉和明天方向，不到30岁的苏轼已法眼如炬，洞穿了中国画之玄奥幽深之理，诚又是一奇迹。

唐以前的中国画一直是"两条腿"走路，即以大小李将军李思训、李昭道父子为代表的青绿工谨写实一路和以王维、吴道子铁画银钩、水墨渲淡写意一路。至北宋，正是由于苏轼等文坛领袖倡导"逸笔草草，不求形似"，致使评品标准以写意简约为雅为上，以写实为俗为匠。中国画的审美趣味从健康的二元多元嬗变为水墨逸兴的一家独唱。这一变化促使水墨线勾的表现力放大丰富，但也使色彩上的青绿表现和线条工整萎缩退化。兹后虽有"元四家"黄、王、倪、吴[1]和"明四家"文、沈、仇、唐[2]的一时中兴，总的趋势日渐式微已无法挽回。

至明末董香光[3]又以"南北宗"禅说改造更令"文人画"谬种流

---

[1] "元四家"，黄公望、王蒙、倪瓒、吴镇。
[2] "明四家"，文徵明、沈周、仇英、唐寅。
[3] 董香光，即董其昌（1555—1636），字玄宰，号香光居士，松江华亭（今上海市松江区）人。明朝后期大臣、书画家。

传，至"四王"王时敏、王鉴、王翚、王原祁，"四僧"朱耷、石涛、弘仁、髡残，已是中国画之绝响遗音。近世中国画只是中国人用中国材料工具的绘画，最多可称中国画变异的新画种，而非中国文化传统意义上的高标独立于世界艺术之林的中国画。对于此中的功过是非，无论怎么说都绕不开苏轼这座千年之前就赫然矗立的高山。

如果说开元寺令苏轼流连忘返，那么乌牙僧舍又有更大的惊喜在等着他。

据苏轼《四菩萨阁记》一文所载：

> 始吾先君于物无所好，燕居如斋，言笑有时。顾尝嗜画，弟子门人无以悦之，则争致其所嗜，庶几一解其颜。故虽为布衣，而致画与公卿等。

> 长安有故藏经龛，唐明皇帝所建，其门四达，八板皆吴道子画，阳为菩萨，阴为天王，凡十有六躯。广明之乱，为贼所焚。有僧忘其名，于兵火中拔其四板以逃，既重不可负，又迫于贼，恐不能皆全，遂窍其两板以受荷，西奔于岐，而寄死于乌牙之僧舍，板留于是百八十年矣。客有以钱十万得之以示轼者，轼归其直，而取之以献诸先君。先君之所嗜，百有余品，一旦以是四板为甲。

> ……

苏家的收藏后来不少捐赠友人和寺庙，也算物得其所。苏洵当时以李公麟绘菩萨祭烧给程夫人，乃为人子赤诚之孝心。若从文物保护角度看，也实乃暴殄天物！苏家真是太有钱了，如此奢侈，大概焚琴煮鹤的主人也难望其项背。此乃笑谈，不当如此以今测古。

中国书画是中国人文之大科。士人的修养与情致皆寄托于琴棋

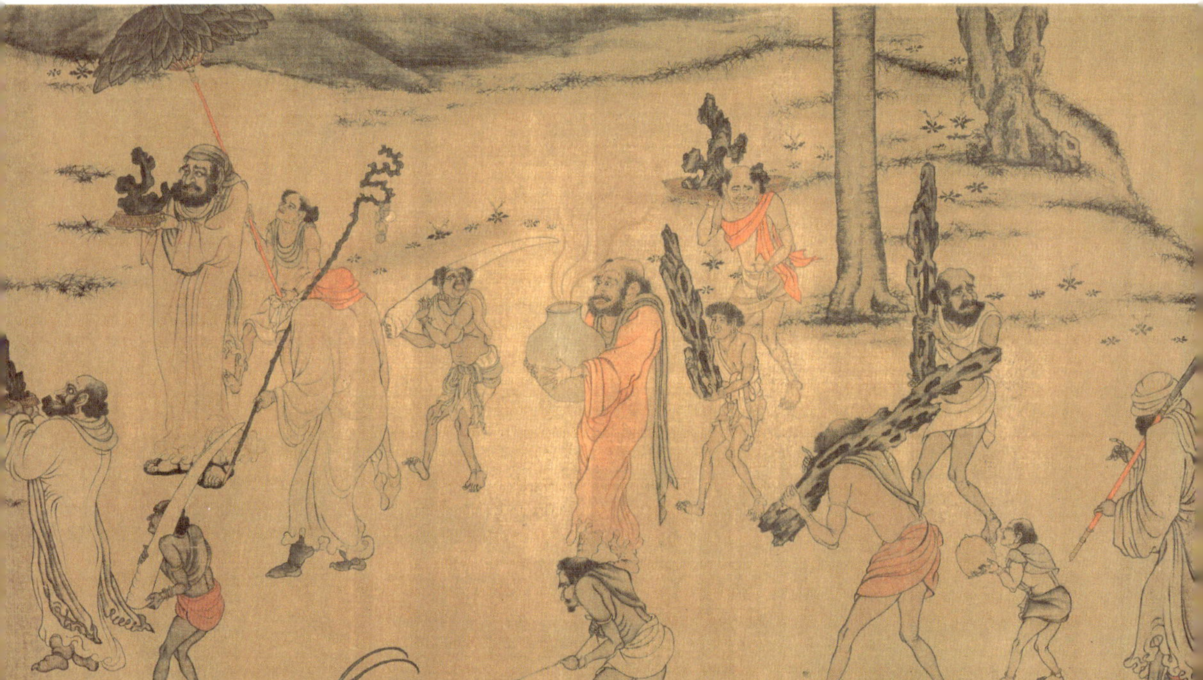

《职贡图》唐 阎立本 台北故宫博物院藏

此《职贡图》是唐朝阎立本所绘绢本设色人物画。表现了当时南洋罗刹国使臣一行27人与西域各邦国一样赴长安拜见"天可汗"唐太宗的场景。队伍中人们形象各异,或持奇珍异物,或肩扛象牙,或举伞持扇,或抬箱顶罐,将大唐盛世、万邦来朝的气象渲染得活灵活现。此图与阎立本的另一幅传世名作《步辇图》有异曲同工之妙。

苏轼于此图有题画诗:

贞观之德来万邦,浩如沧海吞河江,音容伧狞服奇庞。
横绝岭海逾涛泷,珍禽瑰产争牵扛,名王解辫却盖幢。
粉本遗墨开明窗,我喟而作心未降,魏征封伦恨不双。

我们应特别注意苏诗中"贞观之德来万邦,浩如沧海吞河江"句,亦当作其世界观来看。

书画。加上"成教化、助人伦"的政治加持,自秦汉以后,书画又成了宣叙王朝文化"主旋律"和道德教化的载体,如《女史箴图》《历代帝王图》都属这一类。晋唐以后,书画在自娱娱人和政治需求双动力的推助下有了长足进步,理论之系统化、技法之丰富以及题材之拓展都是前朝无法比拟的。尤其到了唐宋,由于皇家画院的创立和画待诏官职的设置,"职业性"画家大量出现。追求"尽精微,致广大"的表现力更具社会影响力。"职业性"画家不等于职业画家,更多的是指那些能与"宣威沙场"抗衡的"驰誉丹青"的士大夫(后来慢慢扩大至文人)。唐太宗一朝之右相阎立本便是这样一位代表性人物。苏轼作为北宋乃至中国传统文化的一面旗帜,其书画修养和理论主张,是其艺术观、人生观不可或缺的一个构成和一块诗思隽永的芳草地。后世关于他的研究介绍,不是内容阙如便是人艺分论,诚一大遗憾。毫不夸张地说,书画之于苏轼犹如诗文之于东坡一样重要不可割裂。不识兹意不谈东坡。

苏轼的书画情结对他人格塑造和精神世界的影响可能需要长时间考量和分析。然可见的结果是他的朋友圈因此而大大拓展毋庸置疑。与众多画家书家的交往是苏轼生活的重要组成,眼前苏轼和宋选一家(包括宋选的两个弟弟宋道、宋迪及其子宋汉杰)的关系因同好而结缘日深,增添了说不尽的共同话题。

北宋郭若虚《图画见闻志》记录了一位五代北宋初期名叫宋澥的画家,他是宋道的"从祖",和李成齐名。郭若虚认为,"高尚其事,以画自娱者"只有两个人,一个是李成,一个就是宋澥。李成又和范宽齐名(《溪山行旅图》的作者),可见宋澥画艺了得。

元祐五年(1090)九月十八日,苏轼有一篇《书朱象先画后》(《苏轼文集》卷七十):

松陵人朱君象先，能文而不求举，善画而不求售。曰："文以达吾心，画以适吾意而已。"昔闻立本始以文学进身，卒蒙画师之耻。或者以是为君病，余以谓不然。谢安石欲使王子敬书太极殿榜，以韦仲将事讽之。子敬曰："仲将，魏之大臣，理必不尔。若然者，有以知魏德之不长也。"使立本如子敬之高，其谁敢以画师使之。阮千里善弹琴，无贵贱长幼皆为弹，神气冲和，不知向人所在。内兄潘岳使弹，终日达夜无忤色，识者知其不可荣辱也。使立本如千里之达，其谁能以画师辱之。今朱君无求于世，虽王公贵人，其何道使之，遇其解衣盘礴，虽余亦得攫攘其旁也。元祐五年九月十八日，东坡居士书。

在苏轼眼中，朱象先是一个不屑于以文才去考取功名，也不会因自己善于绘画而求售卖的人，他之所以喜欢文章与绘画，是因为它们能"以达吾心""以适吾意"，这正是士人所追求的以及苏轼所欣赏的。直抒胸臆，以畅情怀，这与他的诗词观一致。

苏东坡在《书吴道子画后》里说："智者创物，能者述焉，非一人而成也。君子之于学，百工之于技，自三代历汉至唐而备矣。""君子之于学，百工之于技"就是谈儒家道与器的关系，也就是对本体与方法价值判断的清醒认识。

在苏轼留下的精神遗产里，画论、画题、画跋是其心性释读的生动影像，后文还将详加论述。所谓文章到不了的地方，诗词可以抵达；灵魂到不了的地方，书画可以抵达。

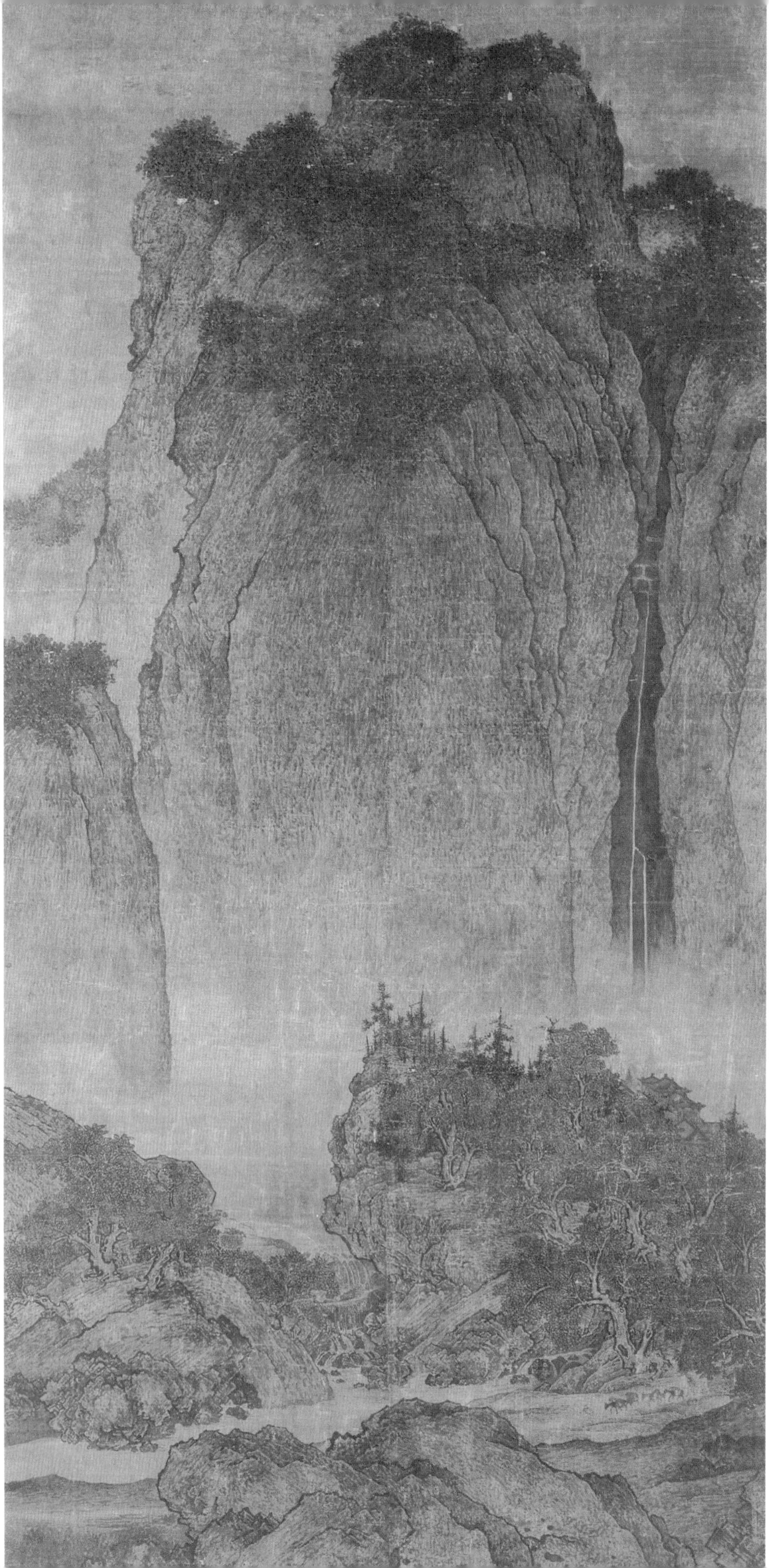

《溪山行旅图》宋 范宽 台北故宫博物院藏

溪山何处？何人行旅？《溪山行旅图》山道上的商旅骡马队中的豆马寸人，已然被庞大巍峨的山体逼压得若隐若现，不易辨认。但范中立（范宽，字中立）在画中寄寓的怀抱之深，说此画描写的就是画家本人逆旅人生的一段经历也不会错。此图勾魂摄魄的魅力，让我们每一个观者都如身临其境，故行旅之人也可以说是我、是你、是他、是东坡。

此图是传世的范宽作品中唯一为学术界公认的范宽真迹。明代董其昌称其为"宋画第一"；近人徐悲鸿评其"大气磅礴，沉雄高古，诚辟易万人之作"，为他"所最倾倒者"。

七、室有良人

古往今来，婚姻于人之命运乃至于婚姻双方家庭的重要性不言自明。女方"糠箩跳到米箩"嫁入富户，男方攀龙附凤、入赘豪门，甚至在皇家中，这类"攀龙附凤"的也大有人在。当年像苏轼兄弟这样的青年才俊当然是抢手货，何况科举高中在即，"黄金屋""颜如玉"等在前方。然而苏洵更看重相夫教子，更懂贤妻良母对一个家庭的影响，因而于至和元年（1054），坚持为19岁苏轼迎娶了16岁王弗。这一正确选择如命运送给苏轼的一件珍贵礼物，让他一世珍重一世感恩。尤其凤翔时期王弗为苏轼所做的一切远非"半边天"可以简述。

在王弗不足27岁（即1065年）病故于开封后，苏轼写《亡妻王氏墓志铭》(《苏轼文集》卷十五)，备述两人缱绻幸福的日子和王弗的贤良淑德。

治平二年五月丁亥，赵郡苏轼之妻王氏，卒于京师。六月甲

午,殡于京城之西。其明年六月壬午,葬于眉之东北彭山县安镇乡可龙里先君、先夫人墓之西北八步。轼铭其墓曰:

君讳弗,眉之青神人,乡贡进士方之女。生十有六年,而归于轼。有子迈。君之未嫁,事父母,既嫁,事吾先君、先夫人,皆以谨肃闻。其始,未尝自言其知书也。见轼读书,则终日不去,亦不知其能通也。其后轼有所忘,君辄能记之。问其他书,则皆略知之。由是始知其敏而静也。

从轼官于凤翔,轼有所为于外,君未尝不问知其详。曰:"子去亲远,不可以不慎。"日以先君之所以戒轼者相语也。轼与客言于外,君立屏间听之,退必反覆其言曰:"某人也,言辄持两端,惟子意之所向,子何用与是人言。"有来求与轼亲厚甚者,君曰:"恐不能久。其与人锐,其去人必速。"已而果然。将死之岁,其言多可听,类有识者。其死也,盖年二十有七而已。始死,先君命轼曰:"妇从汝于艰难,不可忘也。他日汝必葬诸其姑之侧。"未期年而先君没,轼谨以遗令葬之,铭曰:

君得从先夫人于九原,余不能。呜呼哀哉。余永无所依怙。君虽没,其有与为妇何伤乎。呜呼哀哉。

在苏轼的记忆里,王弗从来没有说过自己读过书,可当苏轼有时背书背不出来时,王弗竟然可以从旁提示他。苏轼有时随意拿起任意一本书问她时,她也都能说出大概。苏轼才知道王弗除了"谨且肃"的性格之外,更有"敏而静""聪而慧"的一面。

"女子无才便是德",内中含有对女性的不屑意味,甚至还会衍生出有才一定无德的误读。在那个女人以相夫教子为本业的年代,出现将德才捆绑在一起的认知偏差也不奇怪。愚以为,这句话如果说全了，应加上"女子有才了不得"。所谓了不得，也未必是成就功业，而是能赢得幸福和爱情，赢得至亲至爱之人的欣赏与尊重。王弗秀外慧中，是位了不得的女人，晚清沈复《浮生六记》中的妻子芸娘也可以算一个。

苏轼在《亡妻王氏墓志铭》中叙述平静，却饱含沉痛。梦萦魂牵的思念终于在熙宁八年（1075）正月二十日夜密州任上的苏轼与王弗梦中相会醒来后的无限凄凉中发而为涕泪潸然：

> 十年生死两茫茫，不思量，自难忘。千里孤坟，无处话凄凉。纵使相逢应不识，尘满面，鬓如霜。
>
> 夜来幽梦忽还乡，小轩窗，正梳妆。相顾无言，惟有泪千行。料得年年肠断处，明月夜，短松冈。（《江城子·乙卯正月二十日夜记梦》，"肠断"一作：断肠）

凤翔时为人妻、为人母的王弗除关护丈夫衣食起居外，还常以苏洵父教警策、以程夫人母教规劝自己的丈夫，做了一个贤内助所能做的一切。《东坡志林》中有《先夫人不许发藏》一文既是对母教的凭吊，也是对亡妻的追思。男人身后有这些女人的提醒和规劝，才会受约束而少犯错乃至不犯错，甚至在动了歪心思后能"愧而止"。

八、最后的乡愁

治平元年（1064），苏轼和章惇的凤翔相会似乎是个偶然。

章惇与苏轼同科，作为政治家的章惇虽被《宋史》编入奸臣传，但他政绩了得。特别是在军事方面：曾先后三胜西夏，击败吐蕃，开拓西南，招降了十几个大酋长，将四川南部、湖北西南、湖南西部、贵州东北、广西西部纳入宋朝版图。章惇还主持治理汴河、黄河、支家河、淮河、涟河，以及扩大社会手工业生产的规模……故有人认为，章惇在政治上所取得的成绩远在苏轼之上。

大宋立国时，太祖、太宗、真宗三朝除北边辽国外，西边的西夏也是威胁，不得不常常用兵，苦战久矣！至仁宗"庆历新政"，范仲淹、韩琦等也亲涉兵战，范仲淹那首《渔家傲·秋思》写的就是关于战争与和平的思考。

塞下秋来风景异，衡阳雁去无留意。四面边声连角起，千嶂里,长烟落日孤城闭。

浊酒一杯家万里,燕然未勒归无计。羌管悠悠霜满地,人不寐,将军白发征夫泪。

很显然,词中流露出的反战情绪悲怆又迷茫。可惜的是,后世史家在对北宋外交、政治的是非功过作价值判断时,又多以"主战即爱国,主和即卖国"的定式思维为前导,其中是非曲直,恐难下定论。稍后的苏轼在这方面不可能不受范仲淹影响,但也仅仅止于一个慎战派而非主战派亦非主和派。所以,他和主战的章惇自然就有分歧。

王安石推行变法前期,苏、章分属两个阵营政见不同,但友谊仍在。

神宗元丰二年(1079),苏轼因诗获罪,史称"乌台诗案"。案件审理期间,李定、舒亶等人在苏轼的诗文中罗织罪名,非要置苏轼于死地不可。章惇此时挺身而出为苏轼辩护,不管他是不是使苏逃过生死劫的救命先生,"乌台诗案"的结局是苏轼仅仅被贬黄州。此后,已经做到副宰相的章惇还主动写信给贬谪的苏轼,规劝他不要再乱说话,苏轼写了《与章子厚参政书》(《苏轼文集》卷四十九)作答。个中情愫五味杂陈。章惇做了朋友该做的事,道义上无可指责。所谓"万人丛中一握手,使我衣袖三年香"(清代龚自珍《投宋于庭翔凤》),苏轼当然不会忘记这些患难中的友情。

轼顿首再拜子厚参政谏议执事。去岁吴兴,谓当再获接奉,不意仓卒就逮,遂以至今。即日,不审台候何似?

轼自得罪以来,不敢复与人事,虽骨肉至亲,未肯有一字往来。忽蒙赐书,存问甚厚,忧爱深切,感叹不可言也!恭闻拜命与议大政,士无贤不肖,所共庆快。然轼始见公长安,则语相识,云:"子厚奇伟绝世，自是一代异人。至于功名将相，乃其余事。"方是时，应轼者皆怃然。今日不独为足下喜朝之得人，亦自喜其言之不妄也。

轼所以得罪，其过恶未易以一二数也。平时惟子厚与子由极口见戒，反覆甚苦，而轼强狠自用，不以为然。及在囹圄中，追悔无路，谓必死矣。不意圣主宽大，复遣视息人间，若不改者，轼真非人也。来书所云："若痛自追悔往咎，清时终不以一眚见废。"此乃有才之人，朝廷所惜。如轼正复洗濯瑕垢，刻磨朽钝，亦当安所施用，但深自感悔，一日百省，庶几天地之仁，不念旧恶，使保首领，以从先大夫于九原足矣。轼昔年粗亦受知于圣主，使少循理安分，岂有今日。追思所犯，真无义理，与病狂之人蹈河入海者无异。方其病作，不自觉知，亦穷命所迫，似有物使。及至狂定之日，但有惭耳。而公乃疑其再犯，岂有此理哉？然异时相识，但过相称誉，以成吾过，一旦有患难，无复有相哀者。惟子厚平居遗我以药石，及困急又有以收恤之，真与世俗异矣。

黄州僻陋多雨，气象昏昏也。鱼稻薪炭颇贱，甚与穷者相宜。然轼平生未尝作活计，子厚所知之。俸入所得，随手辄尽。而子由有七女，债负山积，贱累皆在渠处，未知何日到此。见寓僧舍，布衣蔬食，随僧一餐，差为简便，以此畏其到也。穷达得丧，粗了其理，但禄廪相绝，恐年载间，遂有饥寒之忧，不能不少念。然俗所谓水到渠成，至时亦必自有处置，安能预为之愁煎乎？

初到，一见太守，自余杜门不出。闲居未免看书，惟佛经以遣日，不复近笔砚矣。会见无期，临纸惘然。冀千万以时为国自重。

数年后的元祐朝情况反转，苏章易位苏轼对章惇的态度和所作所为颇令人费解，甚至可以说苏轼的朋友道义打了折扣。这中间是苏轼

世緣已深未於果脫奈何無緣
一見少道宿昔為恨人還布
謝不宣 軾頓首再拜
子厚宮使正議兄 執事
十二月廿七日

轼启。前日少致区区,重颇
诲答且审
台候康胜感慰兼极
归安丘园早岁共有此意
公独先获其渐岂胜企羡但恐

《归安丘园帖》,又称《与子厚帖》 宋 苏轼 台北故宫博物院藏人情淡薄还是他不以政治为交易？真乃"彼亦一是非，此亦一是非"，个中隐情不得而知。

有史料称，由政见不同裂变为政敌仇雠是苏轼默许苏辙向章惇打出了第一枪。

哲宗元祐元年（1086），九岁小皇帝哲宗登基，宣仁皇太后临朝，于是尽罢新法，尽黜新政。新法阵营中只剩章惇孤军奋战，力辩新法不可尽废。在元祐旧党多人联手攻击下，势单力孤的章惇希望此时的苏轼能为他说上一句话，但苏轼就是不说话。章惇只能猜测：苏辙的行为亦是受了苏轼的指使。

苏、章关系盘根错节，他们是同门、同科、姻亲等等，可在残酷的政治搏杀中，一切友谊马上变得不值一提。

元祐元年（1086）春节一过，章惇罢汝州。十个月后，苏轼才有信寄章惇。

> 轼启。前日少致区区，重烦诲答，且审台候康胜，感慰兼极。归安丘园，早岁共有此意。公独先获其渐，岂胜企羡，但恐世缘已深，未知果脱否耳？无缘一见少道宿昔为恨。人还布谢，不宣。轼顿首再拜子厚宫使正议兄执事。十二月廿七日。（《与子厚一首》，《苏轼文集》佚文汇编）

信中流露出不经意间的讥讽。苏轼并非看人下菜碟的浅薄之人，挺苏者认为苏轼大大咧咧，只是喜欢开玩笑而已。其实意气正盛之年的大才子还没有学会宽容和如何表达厚道。他完全没有考虑到彼时一个春风得意，一个失魂落魄，一丝不慎也会让心高气傲的章惇记恨终生。那么苏轼是否会投桃报李对章惇施以援手呢？历史没有如果，这类问题也就没有答案。

章惇是忠是奸，苏轼是庄是谐，二人是亲是仇，谁对谁错，是历史留给后人的选择题，答案全在人心。二人身后一个被谥赠苏文忠公，一个入了《宋史》奸臣册，这大概可以算一个皇家的"标准答案"和民意好恶完全重叠的特例。这样的奇迹也只能在苏轼与章惇身上才会出现。

传铭以为，章惇之于苏轼诚如克吕瑞之于莫扎特、丹特士之于普希金、卢梭之于伏尔泰、周公瑾之于诸葛亮，天生地对，相生相克。如果让他们重活一次，结果也是一样。苏轼和章惇这样的政治人物皆因"了却君王天下事，赢得生前身后名"的抱负致政见不同而反目成仇。他们之间的友谊幻灭也非性格决定命运那么简单，他们原可以因道德崇高和善良拥有友谊。但当邪恶左右的政治和权力闯了进来，原本的一切美好顷刻化为乌有，虚幻的人生终成一幕悲剧。

英宗治平二年（1065）苏轼举家迁返京都。当时宋制，凡地方做官三年之后，朝廷就要考察他政绩如何，即"磨勘"。后依据考察的结果再行推荐，另授新职。东坡既然回京，父亲苏洵膝下不虚。子由就获得了自由，不久就外放到北方的大名府去做官了。

新主英宗早闻苏轼大名，要破格拔擢任以翰林之职，为皇帝司草诏等事。可帝党宰相韩琦站出来反对，提出与"制诏"性质相近的"直史馆判官"更适合苏轼，前提是要另加考试。依法考试及格后苏轼得到新职。也许是因祸得福，"直史馆判官"如皇家图书馆馆长，这份工作令苏轼有机会饱览珍本书籍、名人手稿、名家绘画。此等机缘也许胜过顶上乌纱帽之大小。

治平二年（1065）春末，苏轼的妻子王弗以虚27岁之龄病逝，长子苏迈6岁。

治平三年（1066），苏洵完成了《太常因革礼》一百卷后也于四

《治平帖》宋 苏轼 故宫博物院藏

此帖是苏轼写给乡僧的信札，委托他们照管父母坟茔。据考证当是他三十岁左右在京师所作。引首有明人绘东坡像，卷后有赵孟頫点评"字画风流韵胜"，以及文徵明、王穉登题跋。

東坡先生像贊

岷山峨之江水所出鍾為異人生此王國東帝抒機繡散萬物其文如粟帛之有用其言猶河漢之無極若夫紫微玉堂瑤庄赤壁閬庄富貴於春夢等榮名於戲劇忠君之志雖困愈堅浩然之氣之死不屈至其臨絕答維琳之語此尤非數子之所能及也

吳郡釋東臬妙聲

軾啟久別思念不忘遠想
鈐中佳勝
法眷多無恙
佛閣必之成就
樊脩不易數年舍經度得幾人徒弟
應師仍在思濛住院如行略望
示及
石頭橋塥頭有靈墳瑩必頻
照管程尔小心吾惟頻与提舉星要
似久末蜀中一郡歸去相見未間惟
佳營之不宣　軾　手啟上

月病逝。兄弟二人立即辞去官职扶灵返乡，经过千里迢迢的旱路、水路，把父亲和王弗的灵柩运回四川眉州故里祖茔埋葬。

运送灵柩必须雇船途经河南、安徽水路，然后再顺长江逆流而上，次年四月二人安抵故里。父亲的坟墓此前早已营建完成，只要将父亲的灵柩安放在母亲墓穴之旁便算完事。苏轼在山上补种三千棵松树寄托哀思。故十年之后与王弗梦中相见，醒来才有"料得年年肠断处，明月夜，短松冈"之句。他与王弗夫妻情深，思念永在，仿若从未分离。

苏轼在回京之前，还必须做两件事：一是师法父亲为纪念母亲而立佛像的往例修了一座庙，以纪念父亲。他在庙内悬挂父亲遗像和四张极宝贵的吴道子画佛像，那是他在凤翔时物色的准备送给父亲的礼物，现在就让菩萨庇佑父亲亡灵叶落归根吧。

第二件事就是续弦。因为父母双亡，苏轼自然可凭自己的意思择偶，他觉得前妻堂妹王闰之正合心意。这件婚事大概还要归功于闰之哥哥的张罗，因为他已长期追随苏轼左右，感情很深厚。再加上闰之也早就对苏轼佩服得五体投地，婚姻自然水到渠成。闰之性格温顺，知足惜福，与苏轼情深意笃，同甘共苦，此后25年共同生活中，历经坎坷与繁华，"三子如一，爱出于天"，是一位典型的贤妻良母。

神宗熙宁元年（1068）腊月，服丧期满。苏氏兄弟便携眷自陆路返回京都。

随着时间的淘洗与沉淀,
我们会越来越清晰地看到苏轼以生命为剧长、以国家为舞台的本色人生;
看到一个以诗文为心声,以平凡烟火生活真相示慈悲坦荡的菩萨心怀;
看到一个人有家有国、有敌有友、有爱有恨、有弃有取、有风雅有荒诞的真实生活。
相信一千个人就会有一千条爱苏轼的不同理由,其中有一条应该是共同的:爱他不装不演和对生命的热爱,对生活的忠诚。

伍 只辨良与不良

一、吃鱼和鱼吃

"北溟有鱼,其名为鲲。鲲之大,不知其几千里也。化而为鸟,其名为鹏。鹏之背,不知其几千里也……"庄子的《逍遥游》在后世解读里是一则追求自由的寓言故事。记不清何时初读,但由此而生一个朦朦胧胧的意象:"鲲鹏是鱼变的,蜩鸠是鱼变的,人也是鱼变的……"书未读好,却学会了胡思乱想,留下了"好读书,不求甚解,每有会意,便欣然忘食"的毛病。后来,书读得多了就猜想苏轼也有这个毛病,因为上述感慨是他的精神偶像——陶潜所发。就这样把鸟、鱼、人和读书、冥想、吃饭稀里糊涂地混到了一起。更有趣的是,我不仅不沮丧,还有一点小小的得意。如今,就在我苦思冥想、探索不断升温的"东坡热"的原因时,一条坊间传闻的小段子引起了我的关注。

忧国伤时的屈原叹息"初既与余成言兮,后悔遁而有他"(《离骚》),他在被楚怀王背叛后,绝望投水,死后变成了汨罗江中小鱼的美食。而同样经历了政治幻灭的苏轼,却选择依然如故地在东京汴梁小巷深处的一家小饭庄内,吃着用鱼做的美食——传说后来宋室南渡,这家小饭店也迁到临安的西湖边,做的就是"宋嫂鱼羹"。故事的最后是一个问题:"你是愿意做被鱼吃的屈原,还是愿意做吃鱼的东坡?"这不是废话吗?!这个二选一的问题,答案一定是选择愿意做苏轼的人更多,因为选择愿意做屈原的人都被鱼吃了。当然,选择成为苏轼者未必能成为东坡。不过,他们至少"活"了下来。

由热爱生活而热爱生命是人之本能也是人之共情,这也是人人都爱东坡的原因。我们也应该相信人之所以为人,是因为有理想。屈原死了,但他是为了政治理想奋斗而死,所以后世一直怀想和纪念他。东坡也有理想,在成熟的具有历史感的人们心中,拥有一个为超现实的理想而活着并努力奋斗的人生,有时候比以死抗争更不容易,也更值得深思和尊重。这样说并非是为了讨好"苏粉",而是想说:人生艰难,生命珍贵,无论顺逆都要坚持,哪怕你生活在一个苦难的年代。

关于吃鱼,在苏轼生命中真有这么一个惊悚的故事。下面就展开来说。

苏轼因"乌台诗案"入狱,狱中遭"诟辱通宵",痛不欲生。《避暑录话》卷下记载:"苏子瞻元丰间赴诏狱,与其长子迈俱行。与之期,送食附菜与肉,有不测,则撤二物而送以鱼,使伺外间以为候。迈谨守踰月,忽粮尽出谋于陈留,委其一亲戚代送,而忘语其约。亲戚偶得鱼鲊送之,不兼他物。子瞻大骇,知不免,将以祈哀于上而无以自述,乃作二诗寄子由,嘱狱吏致之。"下狱的苏轼,再豁达,也是一日数惊。父子的约定,忙中出错,苏轼也只能听天由命了。

诗曰：

圣主如天万物春，小臣愚暗自亡身。
百年未满先偿债，十口无归更累人。
是处青山可埋骨，他时夜雨独伤神。
与君今世为兄弟，又结来生未了因。

柏台霜气夜凄凄，风动琅珰月向低。
梦绕云山心似鹿，魂惊汤火命如鸡。
眼中犀角真吾子，身后牛衣愧老妻。
百岁神游定何处，桐乡知葬浙江西。

（《予以事系御史台狱，狱吏稍见侵，自度不能堪，死狱中，不得一别子由，故作二诗授狱卒梁成，以遗子由，二首》，《苏轼诗集》卷十九）

诀别诗的措辞极为悲惨，苏轼、苏辙感情深厚。自己一家只能托付弟弟照料了。君王的光辉如春光润泽万物，而自己却愚暗犯下大错。他只能寄希望于来世，报答君恩，再续兄弟情深。子由得其诗，"以面伏案，不忍读也"。稍后又命狱卒把诗携走，退还苏轼。其中玄机直到苏轼开释时才揭秘。狱卒将诗退回，说他弟弟不肯收，苏轼大为诧异。苏辙之所以把诗交还狱卒，是因为按宋律，狱卒必须把犯人写的片纸只字呈交监狱最高长官查阅，像苏轼这样的钦犯，他的一言片纸也许会呈皇帝御览。结果正如所料。这两首诀别诗神宗看了十分感动，他原本就没打算赶尽杀绝，私心早已原谅了苏轼。这就是何以"乌台诗案"中虽有御史台强行施压，但对苏轼的处置"雷声大，雨点小"，最后却判得很轻的原因之一。

后世研究中，有人以这则故事来否定章惇在解救苏轼中的作用。客观而论，章惇尽了朋友道义。不妨猜想，他在神宗皇帝面前为苏轼说好话，正是给了神宗"借坡下驴"的绝佳机会。但人们只见章恶不见章善，对他种种编排也可理解。这也是历史的另一类不公。

二、法非不当变

自神宗熙宁元年（1068）苏轼33岁开始，至元符三年（1100）哲宗驾崩，刚好经历了33年，这是大宋王朝历史上颇具争议的33年，更是苏轼命运跌宕起伏，在朝野高度关注下被冷暖聚焦，几乎是透明人生之33年。上到他的国事对策、议政典章，中及分山理水、勤政爱民、亲朋信札、诗赋唱和、评书论画，下至衣食住行、问道拜佛、风花雪月、饮酒品茶，无不被各色人等记录在册。在这"天下第一、历史无二"的关于一个人丰富至极的文字记录中，褒贬兼呈、真伪间存。相信随着时间的淘洗与沉淀，我们会越来越清晰地看到苏轼以生命为剧长、以国家为舞台的本色人生；看到一个以诗文为心声，以平凡烟火生活真相示慈悲坦荡的菩萨心怀；看到一个人有家有国、有敌有友、有爱有恨、有弃有取、有风雅有荒诞的真实生活。相信一千个人就会有一千条爱苏轼的不同理由，其中有一条应该是共同的：爱他不装不演和对生命的热爱、对生活的忠诚。

苏轼是神一样的存在，然而他的全部生命又是在宣示着人之应该为人，人之所以为人。

检讨历史人物传记写作的得失（包括苏东坡、王安石等这类传主的书籍），由于先入为主的"英雄主义"（叙事方式），一无避免地会陷入宏大叙事和称颂过度的偏颇。然而不谈时代何论历史，不谈国家何论个人。跳出这一悖论怪圈的办法，唯有"叩其两端而执其中"，在国家和时代、家族和个人互为因果的全方位观照下，力争还原客观真相并恰如其分地叙述个人作用才是解决问题之关键。当然，任何历史叙述也只属于撰写者一个人的认知。

国家积弊重矣，纲纪日渐颓矣。这是东坡春风得意时仍能清醒看到并承认的事实。但北宋是不是到了"天下苦秦久矣"，需要改弦更张以新法代旧制，到了要完全颠覆旧秩序的时候呢？今天要认识政治家苏轼的历史作用，就要细细考量北宋政治中"由儒转法"时代思潮的起起落落，以及隐藏在诸多偶然事件背后的个体作用。对于"苏传"而言，避免颂圣和神化是必须迈出的第一步。这也是这本"大传"自设的努力目标。因为我相信世界上没有神，甚至也没有巨人，只有以巨人步伐前进的人。

神宗赵顼是英宗的长子，母亲为宣仁皇太后高滔滔。治平三年（1066）十二月，18岁的赵顼被立为太子，次年正月正式即位。

神宗幼时便"知祖宗志吞幽蓟、灵武，而数败兵"，到十多岁后就更加"慨然兴大有为之志，思欲问西北二境罪"，以振国祚。神宗读书时即对法家"富国强兵"之术颇为留意，还读过王安石《上仁宗皇帝言事书》，对其理财治国思想非常欣赏。待其即位时，北宋正面临一系列危机，可谓民穷财困、军政敝弛，而每年赠送辽夏的岁币更是雪上加霜。据《宋史·食货志》载，在立他为太子的前一年（即治平二年，1065），朝廷的财政亏空已达惊人的数字，再加上民不堪赋税徭役，屡屡有暴动反抗，真乃一副内忧外患的烂摊子。年轻的皇帝对太祖、太宗的"祖宗之法"不得不产生了怀疑，自然就萌生出变法图强的壮志雄心。这也让他和政坛新锐王安石一拍即合，随后以迅雷不及掩耳之势，推出一系列新法措施。

"新传"中于此有一小段简要概括。

> 神宗好学深思，即位后，更欲奋发有为，心里隐藏着一段国恨家仇，曾于滕元发（范仲淹的表弟）陛见时，因他向以熟谙兵学出名，所以留他长谈天下事，语及北辽，神宗说：太宗自燕京城下兵败，被北虏穷追不舍，仅得脱身。行在服御的宝器，都为所夺。随行的宫嫔，皆沦陷虏中。太宗股上中了两箭，每年都要发病，其崩，也是箭创复发之故。像这样的不共戴天之仇，我们还要年年捐献金帛以事之，为人子孙者，应当这样的吗？言下，不禁唏嘘哭泣起来。

赵宋立国之初，由太祖赵匡胤"杯酒释兵权"开启的"文人政治"，是一场安内为主的政治变革。起初是用和平方式将军权从那些同患难打天下的功臣手中夺下来，再分散地交到唯皇权是尊的一批听话的人手上。后来逐步变更为由文人出任军事主官，这是裁抑武将兵权的主要举措。中央政权因此而巩固，然国家军事力量的削弱也是显而易见的。至神宗朝，反对变法的宰相文彦博向皇帝进言时说的那句"为与士大夫治天下，非与百姓治天下"，正是点明了这种士大夫政治的特色。论其利弊，一边是皇权独大，一边是国防柔弱。自太宗朝后，由于和平年深，又由于基本奠定了"文官政治"的格局，故重文轻武乃成一时气象。加之朝野耽于苟安逸乐，表面上平安无事，内中边患屡发的事实和民心士气的萎靡不振却已无法掩盖。

这是神宗所不满的文人治国之现实。天下大事除"分久必合，合久必分"外，还有一个不成规律的规律，那就是：守久要变，治旧要新。苏轼忧心国事，然对国家形势的基本判断和神宗并无不同：

> 夫天下之未平，英雄豪杰之士，务以其所长，角奔而争利，惟恐天下一日无事也。是以人人各尽其材，虽不肖者，亦自淬厉而不至于怠废。……天下既平，则削去其具，抑远天下刚健好名之士，而奖用柔懦谨畏之人，不过数十年，天下靡然无复往时之喜事也。于是能者不自愤发，而无以见其能，不能者益以弛废而无用。当是之时，人君欲有所为，而左右前后皆无足使者，是以纲纪日坏而不自知。（《策略四》，《苏轼文集》卷八）

可用描写中国画的语句来形容神宗所面对的朝局：这是一个墨守成规、耽于空谈，缺少强国治世人才的现实，虽然笔法、构图、色彩皆中规中矩，然因缺乏气韵生动显得暮气沉沉。

三、人应是其人

一个官吏对时局的政治认知当然是为其背后的政治主张服务的。故判断只是议政之虚，而其后主推的治国方略才是其真实意图。这一政治学逻辑也适用于对"王安石变法"（即"熙宁变法"）的分析。

对于要不要变法，神宗一朝大多数重臣在王安石主政变法的前期皆无大异议。纵有不同政见，正反两方的争斗尚有节制。作为推行变法的最高机构"制置三司条例司"也能容忍"持不同政见者"，苏辙曾厕身其间。反对派元老欧阳修也在临终遗言里交代属僚，要对王安石手下留情。而随着农田水利、青苗、均输、保甲、免役、市易、保马、方田等新法的逐步推行，变法的成效和弊端显现于世之后，双方分歧越来越大，斗争的火药味越来越浓，政见不合迅速演变成党争加宫斗，朝堂也变成党同伐异、你死我活的战场。所以，我们如果还执迷于用主张或反对变法是一场政治阴谋、自一开始就是一场善与恶的决斗来为北宋政坛的风云人物分边划线，那就失之于简单粗暴，同时

中岳庙内北宋铸铁武士,刚猛肃然,可见宋之风雅气象的另外一面。

于史不合。

英宗帝祚太短仅4年，神宗接棒登基后，面对的还是先父、先祖留下来的旧班子和老面孔。这位功业心重的青年皇帝，不仅感到缺少新鲜血液，还会产生一种压力。但压力并未让雄心勃勃的皇帝知难而退，相反激起了这位年轻人的斗志。自然而然地，压力随之转化为改革朝政的动力。25年（庆历三年，1043）前，"庆历新政"的变法尝试虽然失败了，但不等于改革方向不对。只不过，当时主张改革的范仲淹、韩琦、富弼、欧阳修等三朝元老，人虽在，志已迁。于政局的看法和应对，已从锐意进取转向稳健守成，这也是人事之自然。皇权和相权（官权）之争一直是历史政治学家关心中国政治制度是非得失的重点，但总的来说，在历史的天空中，皇权一直是至高无上的存在。帝王的"心电图"往往就是一个时代风云变幻的路线图。神宗决心变法。

神宗之励精图治从寻找发现政治新人开始，经整顿吏治、官场洗牌，到信任王安石、曾布、吕惠卿、李定等一批激进派政治狂人，终于完成了摧枯拉朽最终又折戟沉沙之政治风暴的力量积蓄。

以上于史所载大多均为公允的事实，也是不能将"变法"与惊天阴谋画上等号之依据。然当局者迷，理性随着激斗正一点点丧失，复杂的时局正一步步滑向不可收拾的地步。

接下来反对和支持新法的几件公案，让我们看到变法与反变法的明争暗斗绝不仅仅是一场书生意气的辩论会，而是关乎国之兴衰、人之存亡的生死劫，其情一如雪崩，一旦爆发，灾难无可避免。

其中以"布衣宰相"知谏院范纯仁对"均输法"的反对颇具代表性。范认为"变祖宗法度，搔克财利，民心不宁"。于是作《尚书解》进献神宗，力劝神宗以史为鉴，不可为小人所误："小人之言，听之若可采，行之必有累。盖知小忘大，贪近昧远，愿加深察。"范纯仁又上疏，不仅称王安石一党为小人，还抨击王安石"欲求近功，忘其旧学。尚法令则称商鞅，言财利则背孟轲，鄙老成为因循，弃公论为流俗，异己者为不肖，合意者为贤人。……人材不可急求，积敝不可顿革。倘欲事功急就，必为憸佞所乘"。言辞激烈，情绪激昂。神宗听不进逆耳忠言，留章不下，范纯仁只好求罢谏职，去意愈确。其后，侍御史刘述、刘琦、钱颙劾奏王安石，皆被遣出。

当实施新政的最高机构制置三司条例司改由诡诈善辩的吕惠卿掌权后，王安石实际上也被架空，大多由曾巩的弟弟曾布斟酌条目，编为法典。作为新政派的理论家，曾布还负责解析法理，辩驳反对派的声音。而他关于新法的思考，已嬗变为一味讨好圣意，以坚定神宗皇帝的信心。新法推行过程中的"非其事"和"非其人"至此合二而一。新法的弊端也越来越大，越来越明显。

吕惠卿（1032—1111），字吉甫，福建泉州人。他和苏轼同为嘉祐二年（1057）进士。

吕惠卿与王安石的相识，最初还是由于欧阳修的引荐。智者千虑，必有一失。在吕惠卿的任用上，欧阳修犯了"唯才识人而非唯德是举"的错误。王安石将吕惠卿当作自己最得力的助手和最知心的朋友，三番五次向神宗推荐这个人才。司马光却上谏神宗说，吕惠卿是不折不扣的奸佞小人，用心不正，绝非什么人才，并预言将来令王安石遭天下人反对的定是此人。由他给王安石出谋划策，王安石势必会成众矢之的。看来还是司马光目光敏锐，早已洞悉吕惠卿这类奸邪的本质。

吕惠卿从38岁参加变法，43岁任参知政事，44岁罢官出朝，七年多时间里，在王安石变法的过程中，他一直充当王安石的得力助手。然而司马光却一直不待见吕，直至最后司马光被吕惠卿排挤出朝廷，他在离京之前还多次给王安石写信，告诫王安石要防备吕惠卿，提醒道："谄谀之士，于公今日诚有顺适之快，一旦失势，将必卖公自售矣。"（吕惠卿是谄媚阿谀之人，现在确实令您顺心痛快，而一旦您失了权势，一定会出卖您来显扬自己的。）对于司马光的苦口婆心，王安石置之不理。然后事正如司马光所言，王安石悔之晚矣。

《步里客谈》记录司马光上述那封信之后，就接了一段苏轼的话：

> 苏子瞻改铸颜渊之语曰："吾闻觋君子者，问雕人不问雕木。"曰："人可雕欤？"曰："吕惠卿雕王安石。"

在苏轼眼中，不是王安石领导吕惠卿，而是吕惠卿改造王安石；不是王安石倚仗吕惠卿进行变法，而是吕惠卿利用王安石达成自己目的。苏轼的分析很快得到印证。当变法遇到极大挫折，神宗也不再支持王安石时，吕惠卿的真实面目才显露出来。他不仅背叛了王安石，还因为担心王安石重新还朝执政，于己不利，更加无耻地对王安石落井下石，进行打击陷害。

《宋人轶事汇编》一书中谈到王安石和吕惠卿的矛盾有这样一句："荆公、吕吉甫同在政府，势焰相轧，遂致嫌隙。"这种将王安石、吕惠卿的矛盾归为争权是不准确的。吕惠卿先后和欧阳修、苏轼、苏辙乃至王安石的矛盾冲突，既有政见不合的分野，更有人格冲撞的斗争。说到底是君子和小人的不可调和。

吕惠卿可谓黑心小人，他很早就偷偷搜集一些对王安石不利的信息。比如他们在讨论政事时，因为还没有最终拿定主意，王安石便写信嘱咐吕惠卿，让他先不要把这件事告诉皇帝。没料到，一旦遇到对自己有利的机会，吕惠卿就将这封信上交皇帝，并诬陷王安石欺君罔上。神宗固然没有立刻追究王安石的欺君之罪，但从此也不再信任他。就一个人的政治节操而言，告密大概算最卑鄙的行径。苏轼不是以德报怨的迂夫子，故也绝不会原谅此宵小。真乃卑鄙是卑鄙者的通行证，高尚是高尚者的墓志铭。

后世在检讨王安石变法的是非得失和经验教训时言人人殊，莫衷一是。但据《宋史·黄廉传》载，神宗曾下诏征询朝臣对新法的意见，黄廉那句"法非不良也，而吏非其人"的应对不失为古今史家所认同的重要观点之一。如果从大历史观来考察辨析千年以前的这场暴风骤雨般的政治变革，又可以引申出法治和人治的进一步思考。政治制度逐步走向法制完善是一步步走向文明的社会进步，但仁心仁德、人文素养之提升，尤其是智慧变通和顺势推移等齐头并进才可实现变法之初衷。

四、政治是一台绞肉机

将王安石变法的最终失败归结为王安石"一人之罪,用人之过",是北宋以后相当长一段时间那些掌握了话语权的史家的普遍看法。又因为苏轼、欧阳修等深孚众望的文坛领袖皆反对王安石变法,故后世民意也多以此好恶作取舍,甚至将公元11世纪那场政坛争斗,看成是以好人苏轼为代表和坏人王安石为代表之间的一场两败俱伤的"内斗"。这些唯人之论当然也影响了后世对这场关乎国运之大决战的历史评价,以及变法的历史教训与经验之总结。

后来,随着王安石、苏轼等淡出政坛和相继辞世,北宋逐渐走下坡路,被北方金驱赶南迁。"靖康之耻"后,高宗迁都临安(今浙江省杭州市),高宗及后来的南宋诸帝一方面要为光复中原谋兵、谋财,一方面还要处置种种当务之急,并无心思整理"国故",去翻祖宗们的旧账。后继的元朝更是"秋风不吹夏日荷",将这一页轻轻翻过。中国人喜欢说"前事不忘,后事之师",但历史从不会给你把"前事"

再说清楚的机会。历史是历史，史书是史书。史家有秉笔直书之志，史书无还原真相之可能。后人凭史书典籍识史、论史也一无例外地只取自己愿意采信的史实，故有"史无真相"一说。

"史无真相"不代表历史完全被忘记、被抛弃。"后之视今，亦犹今之视昔"，历史被作为不同时代"当代史"的时候才又一次次被打开。史学不是必然要一代代写下去的纯学术"千古伟业"，而是不同历史时期"政治学"的化身穿越。一定要真切地记住：再漫长的历史也不会超过百年人生、千般喜忧，历史往往又是属于撰写者一个人的历史。

谈论昨天和历史，如果没有一种超然时空的"无为"之心，只会更加偏激地陷入误读。具体到近现代学术界和公共话语场对"王安石变法"的议论和对苏轼的再认识，梁启超的《王安石传》和林语堂的《苏东坡传》是绕不过去的两座大山。前者影响了学界和政界，后者则左右了公共传播领域的话语导向。

梁启超（1873—1929），广东新会人，字卓如，号任公，中国近代思想家、政治家、史学家、文学家。《王安石传》纠正了历史上对王安石的一贯偏见，还原了改革家王安石的雄才伟略和卓越思想，中肯地指出北宋政治的积弊。梁启超本身就是一位政治家、改革家，此书呈现了改革家眼中的改革家、变法者眼中的变法者，见解尤为独到。其深刻固然深刻，感情难免偏颇，然也不可否认，此书有助于理解中国历史、思索中国历史走向。

梁启超其文条理明畅，笔锋常带感情，别有一番魔力。晚清政治家、诗人黄遵宪称之为"惊心动魄，一字千金，人人笔下所无，却为人人意中所有，虽铁石人亦应感动。从古至今，文字之力之大，无过于此者矣。"颂扬之极，无以复加。这里只想提醒一下，作为政治家、

《元祐党籍》拓片 宋 佚名 中央美术学院图书馆藏

北宋徽宗时，蔡京专权，将前朝元祐、元符间的司马光、苏轼等309个"持不同政见者"列为奸党，并刻石立碑，广布天下。后为徽宗下诏毁弃。

当时凡入奸党名录者如被刻于政治耻辱柱，怎料风云变幻，公案不久被推翻时，耻辱柱反而成了纪念碑。

此拓片是"奸党后人"据家藏旧本于南宋时重刻。碑额"元祐党籍"四字清晰可见，碑身斑驳剥落严重，更添几分沧桑悲凉。

改革家的黄遵宪还写过《赠梁任父母同年/题梁任父同年》一诗："寸寸山河寸寸金，侉离分裂力谁任。杜鹃再拜忧天泪，精卫无穷填海心。"对梁任公（启超）一贯推崇备至。从王安石变法到戊戌变法，中国士人的变革之心一脉相承。如影随形之是非褒贬也是一家之言，信之则用则存，疑之则抨则弃。《王安石传》一书主要评价苏轼政敌王安石，其对苏轼的影响带动毕竟隔了一层，而后出的林语堂《苏东坡传》可能是让苏轼走出历史沉沙，重回时代热点并赢得生前身后名的不二推手。

必须承认，没有昨天的林语堂《苏东坡传》，便没有今天的《苏东坡大传》，而如果真的像林所说"不可无一，难能有二"，其言指苏轼未尝不可，指"林传"则大可商榷。否则，何必再有各种版本的"苏传"和"评传"？我注意到学界近年也于《苏东坡传》颇有微词，代表性的意见是认为林语堂过度美化苏轼，有造神之嫌。"苏仙"一词的泛滥，就是这种影响的结果。"大传"认为，可讨论处绝非仅止于此。

"林传"中对"王安石变法"对立的两派人物列了一张表。

当权派

王安石（拗相公）

神宗（雄心万丈的皇帝）

曾布（活跃的政客）

吕惠卿（声名狼藉，后出卖王安石）

李定（母丧不奔，后弹劾苏东坡）

邓绾（两面人，先后服侍吕惠卿和王安石）

舒亶（与邓绾同弹劾苏东坡）

王雱（王安石之子）

谢景温（王安石姻亲）

蔡卞（王安石女婿）

章惇（后为苏东坡敌人）

吕嘉问（王安石手下的贸易霸主）

反对派

司马光（反对派之首，大史学家）

韩琦（元老重臣）

富弼（老臣）

吕诲（第一个发动攻击的人）

曾公亮（脆弱人物）

赵抃

文彦博（老好人）

张方平 ⎫
范镇　 ⎬（元老重臣，苏家"叔伯"辈好友）
欧阳修 ⎭

苏东坡

苏子由（东坡之弟）

范仲淹（伟人）

孙觉（高俊，易怒，东坡密友）

李察（矮壮，东坡密友）

刘恕（性火爆，东坡至交）

吕公著（美髯，曾与王安石为友）

韩维（出自世家，曾为王安石好友）

王安礼 ┐
　　　├（王安石弟）
王安国 ┘

刘挚（独立批评者，后与东坡为敌）

苏颂　┐
宋敏求├（熙宁中三学士）
李大临┘

其他御史

郑侠（负重任之宫廷门吏，王安石因他而败）

其中的"当权派"又称"帝党"，"反对派"称"后党"。这样划分的理由是神宗皇帝亲信任用王安石等人，而仁宗赵祯的第二位皇后，后为英宗、神宗朝的皇太后、太皇太后曹娘娘，和神宗时的皇太后高滔滔，一直是欧阳修、司马光、苏轼等人的拥趸和保护神。这些皆于史有据。但当林语堂将北宋的朋党之争类比于19世纪欧洲政治的两党制，以英国克伦威尔政治学理论来诠释900多年前的那场政治风暴则难免落入以今测古、以西论中的历史感缺乏、中国性不纯的理论误区。

五、风暴中的进与退

自熙宁二年（1069）二月返京至熙宁四年（1071）十一月底出任杭州通判，苏轼和一朝京官一直在变法的风暴中撕扯折腾。每一项新法的推出均会遭到反对。而反对声音越大，新法推进越快。熙宁二年九月，开始实行青苗法，其带来的波折动静最大。随后，御史台大规模整肃，官吏中两派的政见不同衍化成缠斗不休、你死我活的朋党之争。

熙宁三年（1070）踌躇满志的王安石在大年初一提笔写下《元日》一诗：

> 爆竹声中一岁除，春风送暖入屠苏。
> 千门万户曈曈日，总把新桃换旧符。

人们很快就读懂了"总把新桃换旧符"一句的政治含义。这绝非仅仅是指年节的时间更替，而是政治春天即将到来的欢欣鼓舞。春天，御史台大规模整肃，这一次王安石下定决心拿人开刀。他不仅换掉了那些旗帜鲜明、谏言反对新法的御史，连同一些曾经同进退的友人也因直言新法之弊而遭到王安石的打击。

其中就有曾为王安石倚为助援的政治同盟孙觉。

孙觉虽属元祐党人，但他与新旧阵营的瓜葛颇深。他是仁宗朝进士，是苏轼、王安石、苏颂、曾巩的好友，是黄庭坚的岳父，是秦观、陆佃的老师。曾任湖、庐、苏、福、亳、扬、徐等七州知州，官声颇隆。加上他身材颀长，性情爽直，雄辩滔滔，是北宋政坛一等人物。秦观在《淮海集·孙莘老挽词四首·其二》中说他："转守七州多异政，奉常处处有房祠。"作为"庐州人"的我，在此补上一笔。古庐州合肥城隍庙至今仍供奉着孙觉塑像，可为秦观佐证。

王安石外派孙觉去调查民怨极大的政府高息强贷之事，原希望可以引为政治援助。孙觉根据调查结果直言确有此事。这无疑是泼了王安石的冷水，遂被革职。

与孙觉同时受到王安石打击的还有前宰相吕夷简的儿子吕公著。吕公著和王安石在文学上同享盛名。他虽曾助王安石上位掌权，可如今见到王安石激进推行新法和几近疯狂地排除异己，便在呈给皇帝的奏疏中以辛辣之笔写道："昔日之所谓贤者，今皆以此举为非，岂昔贤而今皆不肖乎？"这一下刺痛了王安石的要害。

亲者痛哉，仇者快；贤者疏哉，奸人近。"林传"接着又记述了王安石的荒唐事。

一个月内，王安石派了两个劣迹昭彰的小人进入御史台，去填补他排挤出来的空缺。他派李定为全权御史，在御史台引起了群情激愤。李定既没考中科举，也没有为官的其他必要资格。他叫人知道的反倒是他隐瞒母丧不守丧礼一事。在中国人心目中，这简直是败德下流至于禽兽……（只因李定）向皇帝奏明青苗贷款法极受人民欢迎，王安石把他向皇上引荐，好向皇上陈奏。这件事使御史们怒不可遏。

…………

这时另一位遭到牺牲的御史是程灏（程颢），他是宋朝理学家"二程"之中的兄长大程。在新政推行之初，他曾经与王安石合作。现在他也到中书省为那同一个案子向王安石争论。王安石刚看了他的奏折，程灏看到他正在怒气难消。这位理学大家以颇有修养的风度对他说："老朋友，你看，我们讨论的不是个人私事或家事，我们讨论的是国事。难道不能平心静气说话吗？"从儒家的道德修养看，王安石觉得很丢脸，很难为情。

一个月的光景，御史台的清除异己便已告完成。连前年所罢黜的那六个御史在内，王安石清除的御史一共达到了十四人，十一名是御史台的人，三名是皇宫中的谏官。司马光向皇帝曾经痛陈其利害。只有三个人，就是王安石、曾布、吕惠卿，赞成新政，朝廷百官无不反对他们三个人。"难道皇上就只用这三个人组织朝廷？就用这三个人治理国家吗？"……（司马光的反对并未起到明显作用。时局已如苏轼奏议所言：盲人骑瞎马，夜半临深渊。）神宗熙宁三年（1070），王安石正式出任相职，在整个政府中其权位凛乎不可侵犯。次年九月，欧阳修辞去朝廷一切职位，退隐林泉。

苏东坡此时在写他那封上神宗皇帝的万言书，也准备罢官而去。

"苏东坡的上神宗皇帝万言书甚为重要，其中包括他自己的政治哲学，也表示其个人之气质与风格，其机智学问与大无畏的精神，都显然可见。

愤怒的争论与冷静清晰的推理，交互出现。有时悲伤讥刺，苛酷的批评，坦白直率，逾乎寻常；有时论辩是非，引证经史，以畅其义。为文工巧而真诚，言出足以动人，深情隐忧，因事而现。"这是林语堂对万言书的评价。这也是对苏轼由而立走向不惑之十年政治生涯的一次总结。

> 《书》曰："予临兆民，凛乎若朽索之驭六马。"言天下莫危于人主也。聚则为君民，散则为仇雠，聚散之间，不容毫厘。故天下归往谓之王，人各有心谓之独夫。由此观之，人主之所恃者，人心而已。人心之于人主也，如木之有根，如灯之有膏，如鱼之有水，如农夫之有田，如商贾之有财。木无根则槁，灯无膏则灭，鱼无水则死，农夫无田则饥，商贾无财则贫，人主失人心则亡。此必然之理，不可逭之灾也。其为可畏，从古以然。（《上神宗皇帝书》，《苏轼文集》卷二十五）

"苏东坡如生于现代，必然反对联合国安理会全体同意原则。"这是林语堂的臆测，进而推断苏轼在政治上是反民主拥专制，则更是武断。考虑到林语堂所处时代全盘西化的社会环境，加上《苏东坡传》又是他在美国以英语写成的，语境中自然会流露出以今测古、以西论中的趋向。这会令读者对"仁政"特色政治理想范式（也是苏轼真实的政治认识）产生误会。

时隔千年，今天罗列再多的材料也难详尽熙宁变法中的人和事，何况今天的读者最关心的还是苏轼此刻的作为和态度。苏轼多次在奏疏中都明确反对新法，而这篇《上神宗皇帝书》就是他和"新法"决裂的宣言书，也寄托了他对神宗的最后一丝期望。

六、万言书

《上神宗皇帝书》（后文称"万言书"）是认识苏轼的第一手珍贵资料，本当尽量摘录原文以为分析。但这对今天的读者来说难免有些阅读障碍，故从《苏东坡全集》（北京燕山出版社2009年版）译文中摘选关键一二段，来概说苏轼的政治观点和人生态度。

> 臣在这里要说的内容有三个方面，就是希望陛下能团结人心、纯厚风俗、维护纲纪。

"万言书"首先概括奏章内容，总揽全局。从文本写作的角度看，《上神宗皇帝书》亦堪称典范，绝非一般寻章摘句、故作风骚的文章可比，而是能让人从中读到作者殚精竭虑、为国效命之忠心，以及纵论古今、历陈是非的雄辩滔滔。

现在，陛下也知道天下人心并不和顺。朝廷内外的人，无论贤能的还是不贤能的，都认为我们宋朝自祖宗以来，治理财政的不过是三司使、副使、判官这些官员，至今已历经百余年，财政事务未尝有所缺失。今时却又无故创立一个司，号称制置三司条例司，派六七位年轻者日夜守在这个司内讲求财政利害问题，又派四十余人分行各个地区筹划，干预财政事务，可以说是规划庞大，使人民惊诧疑虑，创法新奇，使官吏都恐惑不安。

接着直陈"新法"出自"制置三司条例司"，一违祖制，二背人心，三非初衷所愿。但又指出，法之所出以民心为关要，"实践是检验真理的唯一标准"，古今一也。

陛下之所以创立这样一个机构，其目的不过是为了兴利除弊。假若废掉它而天下人高兴，人心安定，兴利除害的事没有不可以做的。那么又何苦而不废呢！陛下希望革除积弊而建立新的法度，有关问题一定要让宰相仔细讨论之后再去实行。有关事情如果不经过中书宰相讨论就执行，这是乱世的法度，圣君贤相难道会赞同这种做法！

又娓娓道来，以蜀汉刘备与黄忠、西汉文帝与贾谊的君臣关系，婉转批评神宗用人不当。"屈贾谊于长沙，非无圣主"，连黄忠这样的"五虎上将"和写出《过秦论》的贾谊也要受委屈不得不被认真甄选，何况那些无才无德，仅靠巧言令色以惑权贵之心的小人呢？按照苏轼的用人标准，不仅要德才兼备，还应看资历和功绩。这观点看似保守，影响破格选材，但这才是常法为法与那些仅凭圣意独裁的"无法之法"互行并用的中国式政治传统智慧之所在。

　　大体上来说，事情如果可以实行也不必都要有典故制度。假若实行后民众不高兴，人心不安，那么即使有经典明文记载的事例，也无补于民众的怨愤。

　　自古以来任用人才，都是要经过具体实践的锻炼。即使有卓异天赋的人，也必须有已经建立的功绩，这一方面是使他经历事情的复杂变化而知道办事的难处，做事情不草率行事，另一方面是使他功业成就之后而威望提高，这样人们就自然无话可说而服从他。过去蜀汉先主刘备任命黄忠为后将军，而诸葛亮却担心不能够这样做，因为他觉得黄忠的名望，平常并不能与关羽、张飞并列，如果把黄忠的品位马上提高与关、张二人相同，他们二人一定会不高兴，其后关羽果真提出了这件事。这里黄忠有豪杰强勇的气概，有与先主刘备间的君臣关系，尚且考虑这些环节，更何况其他的人呢？世间常常认为汉文帝不任用贾谊，感到十分惋惜。我考查当时的用意，自以为这样的看法不对。贾谊固然是天下的奇才，他的建议也是一时之良策。然而他建请把匈奴作为汉的属国，想以此去牵制单于，这是处士不切实际的大话，是年轻者头脑发热的意气之言。当初汉高祖以三十万众与匈奴作战，被围困于平城，当时的将相群臣中，难道就没有像贾生这样的人！三表五饵，明白人都知道这些议论不切实际，并且用这去制服中行说，尤其不可相信。战争问题，关系到生死成败，却故意去轻描淡写，就像赵括轻视秦军，李信小看楚军。当时如果汉文帝采用了贾生的建请，那么将会给天下带来不安宁的局面。假使贾生曾经受过实践的磨难，也一定对他的言论自感后悔。

臣不敢一一诋毁革新政策，如果要抒发别的方面的议论，比如近日裁减皇上亲族受恩条例、重新刊定任子条式、修缮器械、军事演习，有关这些事情，都是陛下神机妙算的高明之举，是君权所必须裁决的，天下公议即已平允，臣下怎敢发什么议论！至于以上献陈的三方面建议，也不是臣一个人的意见，有关这些弊病，是朝野内外人士所共同觉察到的，还有谁不知道！过去禹告诫舜说："不要像尧的儿子丹朱那样傲慢，只有谨慎从事、宽缓为治是好。"舜难道有那样不好的德性！周公也告诫成王说："不要像商王那样，受迷乱所蒙蔽，沉沦于酒乐。"成王难道有那样不好的德性！周昌把汉高祖看作成像桀、纣一样的帝王，刘毅把晋武帝看作成像汉代桓帝、灵帝一样的帝王，当时作为人君的皇上，也未曾治他们的罪，后来把这些事记载于史册当中，成为美谈。

苏轼这篇"万言书"写得很机智很狡猾！也可以说是他政治成熟的体现。有褒有贬才能令人动容。借称颂神宗"神机妙算"的机会，再次强调对"新法"的批评出于公心公义，最后又借尧、舜、周公、成王这些先贤都闻过则喜，至少也能兼听容纳批评意见，不会加罪于直言之士留给皇帝一个纠错的台阶，同时也为自己留了一条后路。

苏轼这时仍对皇帝抱有希望，企图挽救不为民心所容的君王与权臣。但神宗这时已听不进所有良吏能臣用心良苦的批评意见。《上神宗皇帝书》如石沉大海。皇帝又下一诏书，严禁强销青苗贷款，但对其他措施却没有废止的打算。苏轼明白这仍是枉顾是非、不图改正。苏轼的上皇帝书虽犹如射出的一支利箭，直指"新法"和王安石，然箭靶似乎是稻草人，毫无反应，一时双方静默僵对。

然苏轼对王安石变法的抵制并没有停止。熙宁四年（1071）一月，苏轼任告院权开封府推官并主持乡试，便拟了一道堪称天下第一长题的考题《论独断》（全题是：晋武平吴以独断而克，苻坚伐晋以独断而亡，齐桓专任管仲而霸，燕哙专任子之而败，事同而功异。何也？）。这当然是变着法子批评新政，也彻底激怒了王安石。于是王安石身边的群小不惜捏造谣言，挟法诬告苏轼。曾任江东路转运判官的谢景温，便诬告苏轼、苏辙兄弟当年运苏洵棺木返乡时，滥用官兵，谋利购买瓷器，还可能偷运私盐等等，总之是想陷苏轼于不义和纠纷之中。官方派人多方调查，结果虽属子虚乌有，后亦不了了之，但影响之恶劣令苏轼立遭罢黜。

在苏轼新职任用上，王、谢又联手反对依例安排，欲以一县判官来继续打击苏轼。但以前的《上神宗皇帝书》终于起了作用，神宗对其忠言颇嘉许，加上司马光等人力辩，苏轼也许是因祸得福，皇帝最后任命他为杭州太守。

司马光在最后一次上疏请辞时说：

> 臣之不才，最出群臣之下，先见不如吕诲，公直不如范纯仁、程颢，敢言不如苏轼、孔文仲，勇决不如范镇。……臣畏懦惜身，不早为陛下别白言之。轼与文仲皆疏远小臣，乃敢不避陛下雷霆之威、安石虎狼之怒，上书对策，指陈其失，黩官获谴，无所顾虑。此臣不如轼与文仲远矣……今陛下惟安石之言是信，安石以为贤则贤，以为愚则愚，以为是则是，以为非则非，谄附安石者谓之忠良，攻难安石者谓之谗慝。臣之才识固安石之所愚，臣之议论固安石之所非，今日所言，陛下之所谓谗慝者也！伏望陛下圣恩裁处其罪。若臣罪与范镇同，即乞依范镇例致

仕，或罪重于镇，或窜或诛，所不敢逃。（《续资治通鉴长编》卷二百二十）

司马光去志已坚，神宗挽留无用，最后只好从其所请。司马光归洛阳后，绝口不谈时事，邀约了一批史学家着手编撰《资治通鉴》。他给神宗留言要善待苏轼，这是神宗一朝，这位大史学家离开朝廷时最后一次过问政治。

一个人能将文章写到圣上惊心、友人称心、敌人服心、闻者动心，大概也只有苏轼了。

七、知遇之恩罪与罚

古之士人若得皇帝赏识,这叫知遇之恩。神宗是一位对文字极其挑剔的人主,更懂得欣赏锦心绣口、才华横溢的人。神宗喜欢苏轼,否则不会在第一次召见时即欲拔置左右,委以重任。无奈前有王安石反对,后有谢景温诬告,逼得苏轼只好自请外放。苏轼与神宗这叫"知"而不"遇",既令人感怀亦令人慨叹。

自嘉祐六年(1061)授大理评事、签书凤翔府判官,至如今熙宁四年(1071)外放任杭州通判。政坛匆匆十年,如烟云过眼。心怀匡时济世雄心的苏轼能不百感交集?变幻莫测的荒谬,庄而不重的官场,愿望落空的悲哀,同声相应的努力……有人猜测苏轼此刻一定是惘然若失、情绪低落。可当苏轼挈妇将雏刚刚踏出汴京东门,在运河码头登上南下官船时,他还来不及伤感,便如出笼之鸟,顿觉天高地阔,欣然飞向一个心性怡悦的新天地。他在赴杭州之前,先要去陈州(今河南省周口市淮阳区)拜望张方平并与弟弟苏辙相聚。

张方平待苏轼为子侄，苏轼视方平为叔伯。这还不是苏轼一旦离京就迫不及待拜望张的原因。此前一年，张方平因反对新政而判应天府、知陈州。这位元老重臣，故旧门生遍朝野，天涯处处可为家。孰料陈州监司官换了新进后生，这些人见张方平失势外放，难免不以老人为意，多有怠慢。遂令方平生出"吾衰矣，雅不能事人，归欤以全吾志"（《张文定公墓志铭》）之叹。苏轼深知老人内心之凄凉，所以行之当行，其意义已超过一般友情、亲情的送温暖。

苏轼、苏辙"兄弟二人在政治上虽然看法相似，而且也立场相同，二人个性则迥然相异。子由沉稳、实际、拘谨、寡言，而东坡则轻快、开阔、好辩、天真、不顾后果。在朋友同僚的心目中，子由为人可靠，而东坡之直言无隐，玩笑戏谑，则使人害怕。在亲密朋友之间，东坡谈笑风生夹杂惊人的双关语。天下拘谨实际的人听他说话，都觉得他随时可以吐露真理，仿佛不论何事，只要是真，便值得说出口来，此外不知还有什么禁忌！"[1]

这一对兄弟此刻已非少不更事、戏谑玩耍的儿童，也非初涉世事之青涩少年，而今已然是在官场摔打历练中日趋成熟的精英。他们在看清彼此后更加珍惜这份手足之情。世界上没有两个人完全一模一样（这不仅仅是指容貌），哪怕是一母所生的双胞胎也不例外。苏轼、苏辙兄弟虽然心意无二，但根骨上的差异还是十分明显。一个恬淡沉静，一个奔放热情，所以哥哥有时对弟弟的逆耳忠言感情上很珍惜，但无法完全接受，这就是所谓气质差异的那一口气。人们谈到苏轼的浩然之气，总是喜欢用孟子的解释来作注脚："难言也。其为气也，至大至刚。以直养而无害，则塞于天地之间。其为气也，配义与道；

---

[1] 林语堂著，张振玉译，《苏东坡传》，长沙：湖南文艺出版社，2018年，第132页。

无是,馁也。是集义所生者,非义袭而取之也。行有不慊于心,则馁矣。"我认为这个答案对也不对。所谓对,苏轼精神中确有朝气蓬勃的英雄本色,刚猛无畏的一面;但他还有柔肠百结的如渊深情,春风拂衣的一面。还是用鲁迅那句"无情未必真豪杰,怜子如何不丈夫"来形容苏轼最为贴切。

熙宁四年(1071)的那个中秋节对于苏轼兄弟是珍贵的。这是后来六年中唯一的中秋聚会。临别不舍,长亭短亭,苏辙决定还是陪伴兄长赴颍州看望欧阳修。在颍州盘桓半个多月,终须分别的时刻还是到来了。临别前夜,二人又在苏轼的官船上吟诗论政,彻夜无眠。苏轼后来将万千心事都写进诗里,到达杭州之后寄给子由。

是夜,苏轼一连写下两首五言《颍州初别子由二首》(《苏轼诗集》卷六),他的复杂心境倾诉无余:

其一

征帆挂西风,别泪滴清颍。
留连知无益,惜此须臾景。
我生三度别,此别尤酸冷。
念子似先君,木讷刚且静。
寡辞真吉人,介石乃机警。
至今天下士,去莫如子猛。
嗟我久病狂,意行无坎井。
有如醉且坠,幸未伤辄醒。
从今得闲暇,默坐消日永。
作诗解子忧,持用日三省。

其二

近别不改容,远别涕沾胸。

咫尺不相见,实与千里同。

人生无离别,谁知恩爱重。

始我来宛丘,牵衣舞儿童。

便知有此恨,留我过秋风。

秋风亦已过,别恨终无穷。

问我何年归?我言岁在东。

离合既循环,忧喜迭相攻。

语此长太息,我生如飞蓬。

多忧发早白,不见六一翁。

多忧皆由多情。数年后《念奴娇·赤壁怀古》中的"多情应笑我,早生华发",与此一脉相承。

"新传"中有一段关于欧阳修的议论,略做整理,在此一并录存。欧阳修不久即辞别人世,从北宋政坛和苏轼的人生大戏中淡出了。

欧阳修文章风骨,深孚天下众望,但于英宗治平年间朝廷"濮议"中,被吕诲、彭思永攻击得灰头土脸;平生提携后进不遗余力,但被门生蒋之奇造作"帷薄不修"[1]的流言蜚语。公连遭污蔑,意冷心灰。自治平四年(1067)出知亳州后,就接二连三以体弱多病为辞,自请退休。到调知蔡州时,更是决心求去,门人蔡承禧劝他道:"公德望为朝廷所重,且未及引年(规定告老的年纪),岂容遽去也?"欧阳修叹道:"某平生名节为后生描画尽,惟有速退以全节,

---

[1] 蒋之奇诬欧阳修与自家的甥女有私情。

岂可更俟驱逐乎？"

北宋官僚间的风气，败坏到这个地步，是苏轼所意想不到的。欧阳修一生忧患，精力早衰：他的头发完全白了；终年牙痛，已经脱落了好几个；两耳重听；本来是深度的近视眼，这时候，已接近失明，仅辨黑白而已；最严重的是患有多年的消渴疾，即今之糖尿病，时发时病，全身肌肉消瘦，自言"弱胫零丁，兀如槁木"，以致步履维艰。

唐诗以抒写感情为主，几已写尽人类情绪上各种隐微曲折的变化，穷工极态，后人很难超越。而宋代文人除以词抒怀外还着力于散文。宋人以自由剪裁的方法，让工整的格律诗获得了自由的节律，如此敏感也更拨动心弦的"知性之诗"，另辟蹊径，可与唐诗争胜。

欧阳修的《日本刀歌》是宋人咏物诗中的代表作。这次见面老师给苏轼出了个难题，要他为所珍藏的石屏风赋一首诗，于是便有《欧阳少师令赋所蓄石屏》（《苏轼补注》卷六）诗：

> 何人遗公石屏风，上有水墨希微踪。不画长林与巨植，独画峨眉山西雪岭上万岁不老之孤松。崖崩洞绝可望不可到，孤烟落日相溟濛。含风偃寒得真态，刻画始信天有工。我恐毕宏、韦偃死葬虢山下，骨可朽烂心难穷。神机巧思无所发，化为烟霏沦石中。古来画师非俗士，摹写物象略与诗人同。愿公作诗慰不遇，无使二子含愤泣幽宫。

物，本是"死"的，要将它写"活"，实在不大容易。苏轼早年在凤翔时写过一首《石鼓歌》，将历代文字流变间的人物一一引进诗中，便将活泼泼的生命赋予了"死"的石鼓，后世评者认为胜过韩愈的《石鼓歌》先作。看来，今天我们挂在嘴边的"让文物活起来"也是苏轼开创的新风。

欧阳修虽然须发尽白，满身疾病，但（据苏轼说）气色甚好，谈锋甚健。苏轼劝老师道："已将寿夭付天公，彼徒辛苦吾差乐。"这是安慰老人的话，想不到未及一年，"醉翁"便一醉不醒，在颍州谢世。

苏轼自颍入淮再过泗州（今江苏省宿迁市东南）时，想起五年前扶丧回蜀在此遇到逆风三日不能开航，船上人劝他向僧伽灵塔祷告，果有应验。但苏轼心里明白这只是"巧合"。神明何分厚薄，求与不求不会分别对待。再说去舟要顺风，来船便盼逆风，心境变了，想法自然不同，神明岂不左右为难？

这次苏轼决定如果再遭逆风，当不再求神，怅然道：

今我身世两悠悠，去无所逐来无恋。
得行固愿留不恶，每到有求神亦倦。
…………

苏轼离京时还是夏暑难当的七月，一路盘桓，直到十一月二十八日始抵杭州，行程用时几近半年。

住进杭州府衙设于凤凰山之右麓官邸后，依照俗例要祭灶。遂请四邻吃酒，乃作绝句两首《初到杭州寄子由二绝》（《苏轼诗集》卷七），代柬寄陈州苏辙。

其一

眼看时事力难任，贪恋君恩退未能。
迟钝终须投劾去，使君何日换聋丞。

其二

圣明宽大许全身，衰病摧颓自畏人。

莫上冈头苦相望，吾方祭灶请比邻。

淡看人生得失的苏轼，在杭州上任初期的心情应该是喜忧参半。

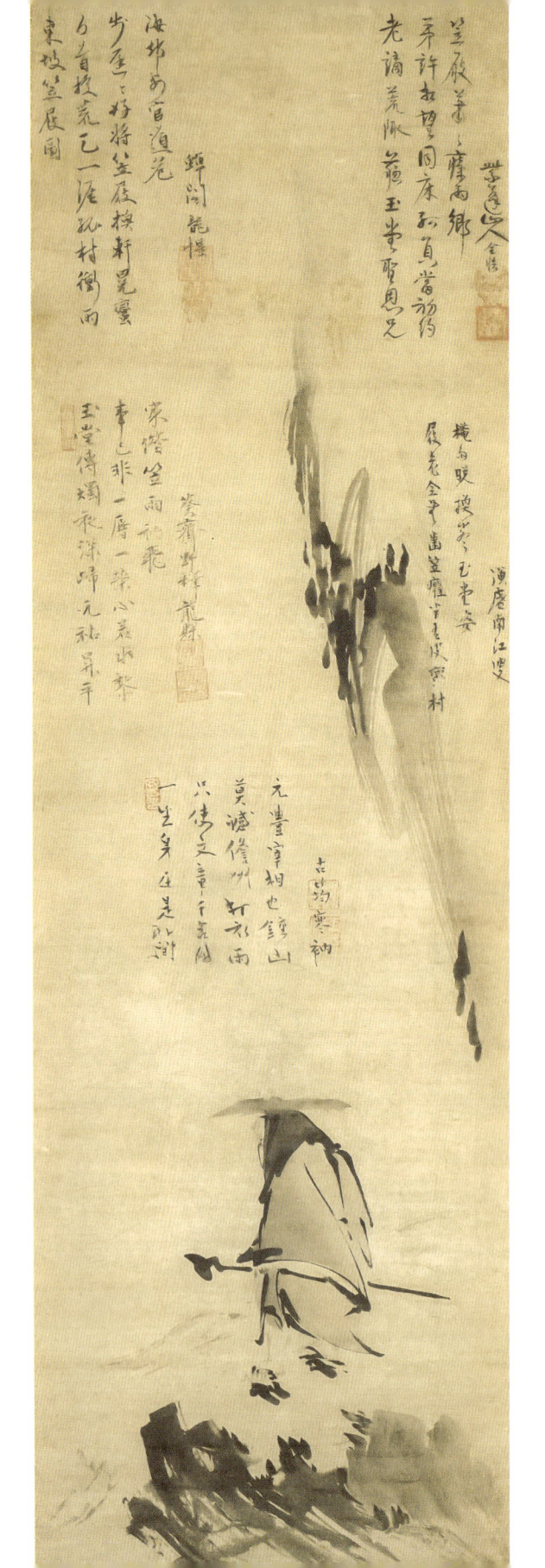

《东坡笠屐图》日本 15 世纪 佚名
美国大都会艺术博物馆藏

这是一幅佚名的日本南画，上面有十五世纪日本五位僧人的题诗，内容涉及人们熟习的苏东坡一些重要的生活场景和典型形象，即戴笠踏屐、风雨前行的身影。

南画是流行于日本十四、十五、十六世纪的水墨画，很显然是受中国减笔写意人物画的影响。南宋时的梁楷、牧溪被他们视为大宗师。此幅苏轼像虽不见容颜却颇见精神，与梁楷的《泼墨仙人图》《李白行吟图》有异曲同工之妙，亦足见苏轼的跨越国界的影响。

我相信,苏轼的佛缘殊深也正是基于心中真、善、美追求和有意无意之间与一切随缘,杂学旁收,博采众家。

如此洒脱超然,不仅为他赢得身后无数拥趸的热爱,更令他生前得以网罗天下放失轶闻、博通古今,天涯行处,无处无旧雨白头、新知倾盖。

至于杭州时苏轼身边的友人,当然不仅仅是高僧大德,更多的还是诗人和女人。

陆

一湖诗酒趁年华

一、一湖诗酒趁年华

与爱闹不爱静天性对应的是苏轼之喜新不厌旧。所以他甫到杭州便"移情别恋、精神出轨",好像是"爱了杭州,忘了眉州"。不是我有意臧否人物,要说苏轼的坏话,而是他有诗如自供状。

其一
黑云翻墨未遮山,白雨跳珠乱入船。
卷地风来忽吹散,望湖楼下水如天。

其五
未成小隐聊中隐,可得长闲胜暂闲。
我本无家更安往,故乡无此好湖山。
(《六月二十七日望湖楼醉书五绝》,《苏轼诗集》卷七)

"故乡无此好湖山",你让故乡眉山父老乡亲情何以堪?

苏轼自去年（熙宁四年，1071）初冬抵杭州，相信至今年初夏之前他一定多次望过西湖，游过西湖，写过西湖。而这一次是游湖突然遇雨，才能见到"黑云翻墨未遮山，白雨跳珠乱入船"这幅以湖水为墨、青山为笔、狂风为气的大泼墨西湖山水画。正是有了这次难得的沉浸式游湖体验，才有了前一秒还是风狂雨骤，下一秒已是云散雨收的动静转折；才有了诗人一口气连珠五叹"卷地风来忽吹散，望湖楼下水如天"；才有了"故乡无此好湖山"这句醉于湖光山色后真情吐露的，让杭州人开心、让眉州人锁眉的七字真言。

杭州西湖之美是人人看得见的，后人将之梳理成：断桥残雪、柳浪闻莺、曲院风荷、平湖秋月等经典十景反倒俗了。西湖无处不美，尤其是那种平淡、舒缓、温暖、湿润的气氛中坦然敞开的湖山映衬姿态，一如天成文章，经得起反复咀嚼。我爱西湖也已有半个世纪了。当我坐在东岸，于晨光熹微的薄明中，听着湖水哗哗地轻拍堤埂的声音，看着湖面烟笼雾锁的云雾一层层散去，西高峰、北高峰一点点显露出温婉与娴静的轮廓、丰富与俊逸的曲线，我相信，这就是天堂的模样。

可是西湖根骨里的美又是看不见的。它一直被包裹在岁月流逝的故事里。所以真正读懂西湖，既要有一双发现美的眼睛，更要有一颗温柔敏感、能领悟自然恩赐和人文熏沐的道心。在西湖千古知音中，"梅妻鹤子"的林和靖是一个；唱出"最爱湖东行不足，绿杨阴里白沙堤"的白乐天是一个；八岁时便信口说出"杨柳千条绿，桃花万树红。船行明镜里，人醉画图中"的毛先舒是一个；那位暮春时节在西湖边漫步，穿过一片落英缤纷的桃林，吟成"垂杨小苑绣帘东，莺阁残枝蝶趁风。最是西陵寒食路，桃花得气美人中"的柳如是也是一

个。当苏轼写出《饮湖上初晴后雨二首·其二》(《苏轼文集编年笺注》附录一):

> 水光潋滟晴方好,山色空蒙雨亦奇。
> 欲把西湖比西子,淡妆浓抹总相宜。

杭州和西湖笑了,她们知道自己这一次遇到了一位"尽心尽性尽理、尽才尽情尽气"的爱人。苏轼与西湖自此结下了不解之缘,流传出风月无边的佳话。

> 心似已灰之木,身如不系之舟。
> 问汝平生功业,黄州、惠州、儋州。

这首《自题金山画像》(《苏轼诗集》卷四十八)绝笔诗是人们所熟悉的。可我心中一直有个疑问,难道苏轼认为他的不世功业和心之所属就只有"黄州、惠州、儋州"?难道故乡眉州和"不是故乡胜似故乡"的杭州不是他的心之所系?难道他忘了密州的超然台和徐州的黄楼……想必有此疑问的不止我一人。所以明末陈眉公(陈继儒)就为西湖上一艘美丽的游舫题名"不系园"。他这是要把"饱食而遨游,泛若不系之舟"的苏轼和西湖永远地捆绑在一起。今天看来,这已不是一人之所望,而是杭州满城之所愿,是一个人与一座城、一湾湖的永恒之恋。

无可争辩,苏轼一生中最快乐的日子是在杭州度过的。

杭州是古运河"一河三州"(扬州、苏州、杭州)最南端的一个城市,因意大利人马可·波罗的赞美,和苏州共享"上有天堂,下有苏杭"的称誉，显然也是一个"衣锦繁华地，温柔富贵乡"。在杭州的历史名称中，余杭和钱塘这两个名字最惹人注目。钱塘容易理解，字面上就将富贵写得明明白白。余杭，传说是和大禹有关。"杭"是舟的意思。大禹治好东海之水后，从此地舍舟登陆北上，故名"余杭"（谐音"余航"）。余杭又可释为东方的"诺亚方舟"。富足、吉祥，加上山水人文之胜，谁不爱杭州呢？晚唐诗人韦庄那句"人人尽说江南好，游人只合江南老"的赞美若非专指杭州，也一定少不了杭州。

从苏轼与杭州的"金风玉露一相逢"开始，杭州就喜爱上这位年轻的诗人，喜爱苏轼的斐然才情、绰约风姿和不拘小节的豁达胸襟。苏轼也喜爱杭州的如烟垂柳，似水柔情。他曾遍游杭州灵山圣水，留下了一首首赞美杭州的诗篇，他对杭州的热爱、他的洋溢诗情，使这一方水土与一方乡民深感满足并回报他更多的爱。虽有别离，他知道还会"重归苏莲托"。多年之后夙愿得偿，他又回来任太守之职时，决定将这份挚爱化为造福一方的行动。

在杭州人心目中，苏轼就是杭州人。"自从落花一握手，至今相惜无间时。"西湖与苏轼一见倾心，相爱终生。千年以来，苏轼一天也没离开过杭州。

当年作为一州通判，岂会无案牍之劳？他刚一上任就投入到繁忙的工作中，开始为杭州服务了。熙宁四年（1071）除夕，通判苏轼在都厅里值班。依衙门旧例，在除夕这一天要将狱中获准暂时回家的囚犯提出来，逐一点名核对，苏轼一直忙到天黑还没点完。对于一个敏感的诗人而言，想到这些囚犯尚且能暂时开释去和家人团圆，自己却身为形役，羁留狱中，顿觉莫名惆怅，怎能不每逢佳节思纷纷？于是作《题狱壁》[1]诗一首。

> 除日当早归，官事乃见留。
> 执笔对之泣，哀此系中囚。
> 小人营餱粮，堕网不知羞。
> 我亦恋薄禄，因循失归休。
> 不须论贤愚，均是为食谋。
> 谁能暂纵遣，闵默愧前修。

诗人多酷爱山水，如孟浩然之"江山留胜迹，我辈复登临"，如李白之"五岳寻仙不辞远，一生好入名山游"，苏轼之山水情结似乎是更像孔夫子所说的"智者乐水，仁者乐山"那一类。如今面对秀色可餐的西子湖，不仅平时无暇亲近，甚至连友人新春游湖的邀请也不得不忍痛放弃，其内心的纠结和憋屈在所难免，尤其是看到友人游湖之咏叹，忍不住要借唱和发些牢骚。《和蔡准郎中见邀游西湖三首·其一》(《苏轼诗集》卷七)：

> 湖上四时看不足，惟有人生飘若浮。
> 解颜一笑岂易得，主人有酒君应留。
> 君不见钱塘游宦客，朝推囚，暮决狱，不因人唤何时休。

又曰："君不见壮士憔悴时，饥谋食，渴谋饮，功名有时无罢

---

[1] 全诗名：《熙宁中，轼通守此郡。除夜，直都厅，囚系皆满，日暮不得返舍，因题一诗于壁，今二十年矣。衰病之余，复忝郡寄，再经除夜，庭事萧然，三圄皆空。盖同僚之力，非拙朽所致，因和前篇呈公济、子侔二通守（前诗）》

休。"心为形役而束缚，人为俗物而纠缠，如何能心甘？

好在苏通判天性散淡，又善于纾解。当京中旧友《资治通鉴》副主编之一刘恕从九江寄诗致意，以独鹤比喻苏轼，以君子慎独和君子不孤来宽慰他时，苏轼心头的一抹愁云早已如风吹散。可惜原诗失传，今天只能从苏轼的回信中揣摩其已然豁然，恢复了往日的活泼与豪气。《和刘道原见寄》（《苏轼诗集》卷七）诗曰：

敢向清时怨不容？直嗟吾道与君东。
坐谈足使淮南惧，归去方知冀北空。
独鹤不须惊夜旦，群乌未可辨雌雄。
庐山自古不到处，得与幽人子细穷。

几乎同一时期又作《和刘道原咏史》诗：

仲尼忧世接舆狂，臧谷虽殊竟两亡。
吴客漫陈豪士赋，桓侯初笑越人方。
名高不朽终安用，日饮无何计亦良。
独掩陈编吊兴废，窗前山雨夜浪浪。

这些友人间相互关怀、相互鼓励的诗，不仅是对刘恕的宽慰，也是对他治学严谨、潜心修史致上的一片敬意和向往之情。

苏轼感时伤世的痛苦是真实的，但沉痛未能将他击垮、令他躺平，而是促其觉悟人生的新开始。这大概就是今天人们常说的，一个人的胸襟是委屈和苦难撑大的。

苏轼在《次韵孔文仲推官见赠》（《苏轼诗集》卷八）中写道：

> 我本麋鹿性,谅非伏辕姿。君如汗血马,作驹已权奇。
> 齐驱大道中,并带銮镳驰。闻声自决骤,那复受縶维。
> 谓君朝发燕,秣楚日未敧。云何中道止,连蹇驴骡随。
> 金鞍冒翠锦,玉勒垂青丝。旁观信美矣,自揣良厌之。
> 均为人所劳,何必陋盐辐。君看立仗马,不敢鸣且窥。
> 调习困鞭箠,仅存骨与皮。人生各有志,此论我久持。
> 他人闻定笑,聊与吾子期。……

诗中说他自己生性自由,如一匹优游原野、嘶鸣丛林的麋鹿,但王安石却形容他是一匹劣马。对于王安石的讥刺,苏轼当然不想多驳。但他反躬自省时却有另一种悲哀。

每当夜雨敲窗,苏轼辗转不能成眠时便会自问:"嗟我独何求?"当年的我是为了什么才离开了家乡。难道错了吗?这是人生价值几何的自我拷问,也是爱了杭州不忘眉州的另类乡愁。秋怀难遣,竟至通宵不寐,得田园之思、故乡之思、忧国之思而作《秋怀二首》。

> ……
> 念我平生欢,寂寞守环堵。
> 壶浆慰作劳,裹饭救寒苦。
> 今年秋应熟,过从饱鸡黍。
> 嗟我独何求,万里涉江浦。
> 居贫岂无食,自不安畎亩。
> 念此坐达晨,残灯暗复吐。
>
> (《秋怀二首·其二》,《苏轼诗集》卷八)

苏轼开始更加真切地感受到生活的真谛。家国情怀与人生价值的体现，不仅是"居庙堂之高"的发号施令，更有"处江湖之远"不失忧国之心的洁身自好和量力而行的初衷，他看到了负重前行的拉盐车。眼前有江南名山秀水、烟云供养、煮酒赏花、访伎问僧，同时也有风调雨顺、收成丰稔的农家好消息。他明白了经世文章、报国功业不可辜负，岁月和自然亦不可辜负啊！"春有百花秋有月，夏有凉风冬有雪。若无闲事挂心头，便是人间好时节。"南宋僧人慧开的这首禅诗往往被后人误以为是苏轼的作品，就是因为慧开将这一思想说得通透明白，更易于传播，同时又将佛家"观自在"的智慧融入其中，所以才会被错贴上苏轼的标签。

二、文化与宗教

宗教，按德国思想家费尔巴哈的说法，它是一种人的"自我意识"。而动物没有"自我意识"，故动物没有宗教。宗教是人和动物区别的标志之一。文化，作为物质财富和精神财富的总和，更多的人喜欢将它视为人和动物的界限。那么哪一个才是区别人与动物的重要标志呢？宗教抑或文化？教徒和非教徒言人人殊。其中持宽容态度的会说二者都是。一些较真的人就会追问什么是宗教，什么是文化。在中国，这个问题又自然转变成佛教是宗教还是文化。是宗教，总是又信又迷，先信后迷，只能信仰；是文化，就可以质疑和讨论，这叫迷而不信。在西方，上帝是不能讨论不能质疑的；在东方，因为佛是神一样的存在，佛也是不容置疑的。如果再追问下去，还可将之归为唯心论和唯物论的分歧。

据此得出笼统的判断：西方是精神上的宗教信仰和物质世界的客观存在组成的"二次元"；同时，中国乃至东方是精神上的唯物主义和现实世界的精神虚无主义混成的现实。

中国古典哲学精神里有"人神一体，我即天地"的自由思辨，同时也有"道法自然，敬畏天地"的无名惶恐。所以，自东汉"白马驮经"将佛教从印度传入东土之初，数百年内佛教遭儒、道抵制无大建树。至鸠摩罗什、玄奘等大量译经弘法，和帝王自上而下地采信传播，尤其是南北朝时菩提达摩东来中国创立佛教禅宗，只传心印，不传衣钵，禅宗的不设门槛，使僧俗两界可以自由出入。至此，真正的龙象之变才在中国呈现出勃然生机。禅宗之一花五叶，落地生根。汉传一脉成为佛法"正宗"，不仅反哺印度和东南亚诸国，而且还继续渡海传向东北亚的日本、韩国。大中华自下而上的呼应，使中国文化从儒、道之二水分流衍变成儒、释、道三家合一的新局面。

可以得出一个简单的结论：中国人的文化即中国人的宗教。此一观点不仅可以区分人与动物，还可以培养出君子人格的宏大气象。我相信，苏轼的佛缘殊深也正是基于心中真、善、美追求，以及有意识和无意识地与一切随缘，杂学旁收，博采众长的合而为一。

《苏轼文集》中收录有《六一泉铭·并叙》一文。

> 欧阳文忠公将老，自谓六一居士。予昔通守钱塘，见公于汝阴而南。公曰："西湖僧惠勤甚文，而长于诗，吾昔为《山中乐》三章以赠之。子间于民事，求人于湖山间而不可得，则盍往从勤乎？"予到官三日，访勤于孤山之下，抵掌而论人物。曰："公，天人也。人见其暂寓人间，而不知其乘云驭风，历五岳而跨沧海也。此邦之人，以公不一来为恨。公麾斥八极，何所不至？虽江山之胜，莫适为主，而奇丽秀绝之气，常为能文者用，故吾以谓西湖盖公几案间一物耳。"勤语虽幻怪，而理有实然者。明年，

公薨，予哭于勤舍。又十八年，予为钱塘守，则勤亦化去久矣。访其旧居，则弟子二仲在焉，画公与勤之像，事之如生。舍下旧无泉，予未至数月，泉出讲堂之后，孤山之趾，汪然溢流，甚白而甘。即其地，凿岩架石为室。二仲谓予："师闻公来，出泉以相劳苦，公可无言乎？"乃取勤旧语，推本其意，名之曰"六一泉"，且铭之曰：

泉之出也，去公数千里。后公之没，十有八年，而名之曰"六一"，不几于诞乎？曰：君子之泽，岂独五世而已，盖得其人，则可至于百传。尝试与子登孤山而望吴越，歌山中之乐而饮此水，则公之遗风余烈，亦或见于斯泉也。

这篇序言里说了四个人和一眼泉的故事。

这四个人分别是欧阳修、苏轼、僧人惠勤与二仲。早在赴杭路上顺路访恩师欧阳修时，老师就推荐了妙人惠勤。苏轼上任后的第三天便去寻访孤山脚下、西湖之畔的这位余杭僧人。两人一见倾心，谈吐契趣。惠勤时有不俗之语令苏轼兴味盎然，两人很快成为至交。惠勤能诗，结集时苏轼为之作《钱塘勤上人诗集叙》，文中详记二人相交始末。上次杭州任上苏轼与惠勤不时过从，谈诗参禅，诚一大快事。这种友谊因苏轼迁官而中断。18年后，苏轼二次任职杭州时自然会去寻踪访旧，此时惠勤已坐化多年，由弟子二仲出来接待，往事重提又令佳话递延……二仲告诉苏轼，此处本无泉，只因得知苏公要来，近日才涌出汩汩清泉。二仲索题泉名，苏轼欣然领命，题"六一泉"以纪念欧阳公。此"六一"代指欧阳修自号"六一居士"，而非今"六一国际儿童节"。"六一居士"具体指：一万卷书，一千卷经，一张琴，一枰棋，一壶老酒，一个醉翁。天地无言，草木有情，什么

杭州西湖边的六一泉

样的人生，什么样的因缘际会，什么样汩汩不绝之思念，才能导引出这一泓清泉？惠勤的话当然是知客之礼数，苏轼显然是宁愿信其为真。因为故事中有他对故人的思念，对老师的感恩。这泉水岂不亦佛缘，亦文心，亦如酒浓情……

苏轼一生有很多僧人朋友，其中来往最多的当数佛印和参寥。

父亲苏洵虽然无意间在儿子幼年时就把佛国的菩提子种在了他心里，但苏轼主动接近佛教是在任杭州通判期间。杭州多名刹古寺，灵隐寺、永福寺、香积寺等香火鼎盛，还有数不胜数的佛教道场。这都是苏轼亲近佛缘的"近水楼台"。这些前期功课为他后来黄州时的精研佛法做了铺垫，又解释了苏轼为什么会有这么多的方外朋友。《邵氏闻见录》卷十五有这样一种说法。

> 或问东坡："云龙山人张天骥者，一无知村夫耳。公为作《放鹤亭记》，以比古隐者，又遗以诗，有'脱身声利中，道德自灌溉'，过矣。"东坡笑曰："装铺席耳。"东坡之门，稍上者不敢言，如琴聪、蜜殊之流，皆铺席中物也。

文中所说的"装铺席"是宋人俗语，即指今天说的"装门面"。苏轼需要这些方外之士为他"装铺席"？当然非也，显然是他的文章和声望为这些方外人士"装铺席"。方外之人也是人，人情世故在所难免。苏轼之赞张天骥或有过誉之辞，这与他一贯主张的"赏疑则从予"一致，即凡可做可不做的好事美事善事一律为而不疑。他同样以俗视僧，凡财物和名誉可给可不给不妨都给。

从苏轼早期和僧人的调侃对话，到后来的诗文交流，再到晚岁的笃信佛理、虔诚佛法，我们可以从不同阶段的不同行为中，看到苏轼对佛教的态度确有一个思想变化过程。

元丰二年（1079）的"乌台诗案"后，他被贬黄州，苏轼真正地体验了关乎生死的惊魂时刻，对于生命的脆弱和生活起伏的理解一般会将人导向沉思。中国的读书人，这时候精研佛法、深读经书是最自然不过的选择。在写给章惇的信中，他说道："闲居未免看书，惟佛经以遣日，不复近笔砚矣。"黄州读经，佛法教义于苏轼从原先"社交性、趣味性的赏玩对象"进化为思想转变的研习对象。从他的《黄州安国寺记》（《苏轼文集》卷十二）中也可以读出这一变化的过程。

> ……欲新其一，恐失其二。触类而求之，有不可胜悔者。
> 于是，喟然叹曰："道不足以御气，性不足以胜习。不锄其本，而耘其末，今虽改之，后必复作。盍归诚佛僧，求一洗之？"得城南精舍曰安国寺，有茂林修竹，陂池亭榭。间一二日辄往，焚香默坐，深自省察，则物我相忘，身心皆空，求罪垢所从生而不可得。一念清静，染污自落，表里翛然，无所附丽。私窃乐之。旦往而暮还者，五年于此矣。

苏轼从与僧人调笑打趣转为与和尚焚香默坐，其中渐渐体会到佛法的力量。

在苏轼与僧人的交往中故事最多的是佛印禅师（1032—1098）。佛印法号了元，字觉老，俗姓林，小名丁原，江西浮梁浯溪都（今福港林村）人。

关于这一僧一俗二人，坊间又数"八风吹不动，一屁过江来"的故事流传最广。有一天苏东坡写了一首五言诗偈：

稽首天中天，毫光照大千。

八风吹不动，端坐紫金莲。

他自感得意，遂派书童过江专程送给金山寺佛印禅师欣赏。谁知佛印看后略作沉吟，只批了两个字，便交给书童原封带回。苏东坡以为禅师会赞叹一番，急忙打开回执，只见上写"放屁"两个大字。东坡受不住这一激，随即备船过江，亲自去找佛印禅师兴师问罪。他直奔金山寺，却见寺门紧闭，门上贴一纸佛印留言，写的是"八风吹不动，一屁过江来"。东坡恍然大悟，惭愧不已！

人们多以为佛印是苏东坡最为亲密的方外知交，但实际情况是他和佛印之间的故事大多是后人杜撰的，经不起推敲。不过，佛印确为苏轼的知己。苏轼贬谪惠州时，佛印给他写的一封信中赞他"胸中有万卷书，笔下无一点尘"，真可谓知人之论。

东坡在惠州，佛印居江浙，以地远无人致书为忧。有道人卓契顺者，慨然叹曰："惠州不在天上，行即到矣。"因请书以行。印即致书云："尝读退之《送李愿归盘谷序》，愿不遇知于主上者，犹能坐茂林以终日。子瞻中大科，登金门，上玉堂，远放寂寞之滨。权臣忌子瞻作宰相耳，人生一世间，如白驹过隙，三二十年功名富贵，转盼成空。何不一笔勾断，寻取自家本来面目。万劫常住，永无堕落，纵未得到如来地，亦可以骖鸾驾鹤，翱翔三岛，为不死人，何乃胶柱守株，待入恶趣。昔有问师，佛法在什么处？师云：'在行住坐卧处，着衣吃饭处，痾屎撒尿处，没理没会死活不得处。'"子瞻胸中有万卷书，笔下无一点尘，到这地位，不知性命所在，一生聪明要做甚么？三世诸佛则是一个

有血性的汉子。子瞻若能脚下承当，把一二十年富贵功名，贱如泥土。努力向前，珍重珍重！（《宋人轶事汇编》卷十二）

所有耽溺于功名的人都应该读一读这封信，或许对人生几何能有另外一番认识。佛印劝人出家的布道功力了得，东坡虽未能从其言踏入空门，但思想上受到的震撼也不会小。

众多和尚朋友中，与东坡感情最深的当推参寥，连参寥这个名字也是东坡给取的。参寥子，在苏轼诗文中出现36次，有时称参寥，诗文中出现110次。

按张邦基《墨庄漫录》等文献记载，参寥本姓何，名昙潜，号参寥子，晚年赐号妙总大师，杭州於潜（今杭州市临安区）浮溪村人。他是大觉怀琏的弟子，云门宗下五世。参寥生于庆历二年（1042），比苏轼小五岁。自幼出家，于经藏、文史无所不读，善写文章，尤喜作诗。他的诗清丽可爱，超凡脱俗，为宋代诗僧之翘楚，有《参寥子诗集》传世。参寥最早是秦观的好朋友，后来才进入苏轼的朋友圈。苏对参寥的诗特别欣赏，认为其成就不在"以梅为妻，以鹤为子"的诗人林逋之下。

细究来历，参寥在西菩山明智寺受业，师傅不详。只知他与东坡的另一好友辩才元净（1011—1091）关系也相当密切。辩才法师亦出家于明智寺，后来到杭州从学于慈云遵式，遵式入灭后又从学于明智祖韶，25岁便获紫衣师号，居上天竺寺20年，为天台宗一代宗师，后来年事已高退居到龙井寿圣院。海月惠辩（1013—1073）为祖韶门人，参寥曾请苏辙为之取法名。

《庄子·大宗师》云："玄冥闻之参寥，参寥闻之疑始。"陆德明释文引李颐云："参，高也。高邈寥旷，不可知也。"寓意虚空高远。

苏轼为之取名参寥深意在兹。

参寥与苏轼的第一次相见,在《冷斋夜话》卷六中有记载:参寥曾自姑苏归湖上,经过临平时,写下一首《临平绝句》。苏轼赴官钱塘,过而见之,大为激赏,于是相寻于西湖,二人一见如故。

风蒲猎猎弄轻柔,欲立蜻蜓不自由。
五月临平山下路,藕花无数满汀洲。

关于他俩的相识还有另一种说法。元丰元年(1078)秋天,苏轼移知徐州。参寥专程从余杭赶到徐州拜访。《参寥子诗集》卷三《访彭门太守苏子瞻学士》一诗称:"彭门千里不惮远,秋风匹马吾能征。"大多数研究者称二人在苏轼第一次杭州任上时就认识了。此次参寥是从杭州出发经过南京再赴徐州见苏轼。也有说他们相交,最早即在徐州。因失于考证,且无关宏旨,本书不细辨。

参寥对三苏均推崇备至,尤其夸赞苏轼:"少年著书即稽古,经纬八极何峥嵘。未央宫中初射策,落笔游刃挥新硎。翰林醉翁发奇叹,台阁四座争相惊。逡巡传玩腾众手,一日纸价增都城。同时父子擅芳誉,芝兰玉树罗中庭。风流浩荡播江海,粲若高汉悬明星。"如此倾心,一旦相识,遂成莫逆之交。

苏辙也爱参寥的诗,每称其诗:"无一点蔬笋气,其体制绝似储光羲,非近世诗僧所能比也。"因诗结缘,自然谈诗是友谊的主题。苏轼曾作《书参寥论杜诗》一信:"参寥子言:'老杜诗云:"楚江巫峡半云雨,清簟疏帘看弈棋。"此句可画,但恐画不就尔。'仆言:'公禅人,亦复爱此绮语耶?'寥云:'譬如不事口腹人,见江瑶柱,岂免一朵颐哉!'"苏轼调侃参寥喜欢艳丽的句子,参寥将钟情杜诗比喻如见美食。即使是再不讲究口腹之欲的人,见了像江瑶柱这样的美味,也忍不住要大快朵颐。这里顺便说一句,表面上苏轼对诗圣杜甫"格律工谨,炼句考究"的诗风不以为意,其实朋友间的打趣不必太认真,当年李白就曾打趣杜甫,"借问别来太瘦生,总为从前作诗苦"。

其实,参寥写诗和对待诗的态度大概一直与苏轼暗合。

> 览太虚题名,皆予昔时游行处。闭目想之,了然可数。始予与辩才别五年,乃自徐州迁于湖。至高邮,见太虚、参寥,遂载与俱。辩才闻予至,欲扁舟相过,以结夏未果。太虚、参寥又相与适越,云秋尽当还。而予仓卒去郡,遂不复见。明年予谪居黄州,辩才、参寥遣人致问,且以题名相示。
>
> 时去中秋不十日,秋潦方涨,水面千里,月出房、心间,风露浩然。所居去江无十步,独与儿子迈棹小舟至赤壁,西望武昌山谷,乔木苍然,云涛际天,因录以寄参寥。使以示辩才,有便至高邮,亦可录以寄太虚也。(《秦太虚题名记》,《苏轼文集》卷十二)

元丰三年(1080),苏轼因"乌台诗案"入狱。与王巩、颜复、陈襄等29人一样,参寥也因收有苏轼所谓的"不合时宜"的文字而被调查审问。参寥受到牵连,被责令还俗。

> 某启。去岁仓卒离湖,亦以不一别太虚、参寥为恨。留语与僧官,不识能道否?到黄已半年,朋游稀少,思念二公不去心。懒且无便,故不奉书。远承差人致问,殷勤累幅,所以开谕奖勉

者至矣。仆罪大责轻，谪居以来，杜门念咎而已。平生亲识，亦断往还，理故宜尔。而释、老数公，乃复千里致问，情义之厚，有加于平日，以此知道德高风，果在世外也。见寄数诗及近编诗集，详味，洒然如接清颜听软语也。此已焚笔砚，断作诗，故无缘属和，然时复一开以慰孤疾，幸甚！幸甚！笔力愈老健清熟，过于向之所见，此于至道，殊不相妨，何为废之耶？当更磨揉以追配彭泽。未间，自爱。不宣。(《与参寥子二十一首》其二，《苏轼文集》卷六十一)

这是苏轼到达黄州半年之后给参寥写的信。在苏轼被贬黄州后，他的往日亲旧大多为避嫌疑不敢与之来往。但以往那些与他交好的法师、道士，却都千里通问，甚至趋前探望，无所畏惧，表现出比以往更加深厚的情意，难怪苏轼感慨："道德高风，果在世外也。"

元丰六年（1083）三月，参寥不远千里从杭州到黄州看望苏轼，可见友谊之弥足深厚。老朋友见面，悲欣交集。苏轼将其安排在雪堂与巢谷同住。他们一起吟诗作文，一起观山赏水。参寥在黄州住了整整一年。

三、佛缘深浅

苏轼和参寥，一俗一僧：一个槛内，一个槛外；一个在朝，一个在野。这不同境遇非但不是交往的障碍和交流的隔膜，反而会激发出友谊对谈的机锋与更多无用之用的哲思与话题。

苏轼居黄州时参寥曾自吴中前去探访。黄州分别5年之后，元祐四年（1089），苏轼出知杭州时，参寥已是杭州智果寺主持。西湖岸边的寺院有清冽甘泉，是冲饮绿茶的上上之选。苏轼与参寥常常对坐品茗，闲话古今。一日，苏轼想起二人同游武昌时，参寥有"寒食清明都过了，石泉槐火一时新"句，便调侃和尚："火固新矣，泉何故新？"法师平静答："俗以清明淘井。"本来是想打趣和尚出难题，泉水汩汩不绝、以日继夜，何有新旧一说？原来是民间清明淘井，即清除泉底杂物令泉水更加清澈，故有"一时新"之说。参寥不过如实相告，却令苏轼大为感动，铭记于心，称真正打动人心的永远是老老实实的大白话，而非装神弄鬼故作玄奥的虚言。孩童初学语，一定是童言无忌,说的全是大白话。可惜的是长大以后学会了遣词造句,舞文弄墨,但往往忘记了如何说真话,说白话。所以学问家会感慨:人之思想始境即尽境。设想如果参寥故作高深,以玄奥之语来搪塞,苏轼一定会撑回去!这下轮到参寥疑惑了,苏轼何以如此敏感?原来熙宁九年(1076)暮春,苏轼在《望江南·超然台作》诗中即有"休对故人思故国,且将新火试新茶"句,两人这种于微妙处的心有灵犀是多么温馨的故事。他们谈的不是槐火清泉而是禅思领悟,他们煮的不是新茶而是诗情与哲思。

明人张岱《西湖寻梦·智果寺》还记有一件二人佛缘故事。

> 东坡来访,参寥汲泉煮茗,适符所梦,东坡四顾坛墠,谓参寥曰:"某生平未尝至此,而眼界所视,皆若素所经历者,自此上忏堂当有九十三级。"数之果如其言,即谓参寥子曰:"某前身寺中僧也,今日寺僧皆吾法属耳。吾死后,当舍身为寺中伽蓝。"参寥遂塑东坡像,供之伽蓝之列,留偈壁间,有"金刚开口笑钟楼,楼笑金刚雨打头。直待有邻通一线,两重公案一时修"。

苏轼为智果寺泉水取名"参寥泉",写了《参寥泉铭(并叙)》(《苏诗文集》卷十九),于文尾处大发感慨:

> 在天雨露,在地江湖。皆我四大,滋相所濡。伟哉参寥,弹指八极。退守斯泉,一谦四益。余晚闻道,梦幻是身。真即是梦,梦即是真。石泉槐火,九年而信。夫求何神,实弊汝神。

"真即是梦,梦即是真。石泉槐火,九年而信。"苏轼似有所觉,参寥子岂非破执揭迷、醒愚渡人的菩萨化身。

苏轼元祐六年（1091）由杭州奉诏回京，离杭时写了一首《八声甘州·寄参寥子》（《苏轼词编年校注》附录二）。

> 有情风、万里卷潮来，无情送潮归。问钱塘江上，西兴浦口，几度斜晖。不用思量今古，俯仰昔人非。谁似东坡老，白首忘机。
>
> 记取西湖西畔，正暮山好处，空翠烟霏。算诗人相得，如我与君稀。约他年、东还海道，愿谢公、雅志莫相违。西州路，不应回首，为我沾衣。

尽是依依惜别之情，以风送潮来和风息潮归喻人间分合及仕途进退，他记住了西湖的暮山烟雨，也记住了珍贵的友情……

苏轼去世后，参寥用15首诗组成《东坡先生挽词》，将情真意切的赞美和沉哀几乎写到极致。

> 博学无前古，雄文冠两京。
> 笔头千字落，词力九河倾。
> 雅量同安石，高才类孔明。
> 平生勋业志，郁郁闷佳城。
> （《东坡先生挽词四首·其二》）

当年吴会友名缁[1]，尽是人天大导师。

---

[1] 指大觉禅师、海月惠辩与辩才禅师。

拔俗高标元自悟，妙明真觉本何疑。

篮舆行处依然在，莲社风流固已衰。

他日西湖吊陈迹，断桥堤柳不胜悲。

(《再哭东坡四首》·其四)

每一种跨越生死相知相惜的友谊，在佛看来是前花后果，在道眼中是梦中蝴蝶，在儒笔下是一生珍重，一声叹息。

苏轼生命中的佛缘故事有一个凄美的终结。

宋徽宗建中靖国元年（1101）七月二十六日，径山维琳长老自杭州来常州探视病友，以祛病为由劝他念几句偈语。苏轼早知不治，淡然索笔而书："昔鸠摩罗什病亟，出西域神咒，三番令弟子诵以免难，不及事而终。"此乃苏轼绝笔。鸠摩罗什是后秦高僧，深通佛理，又精通汉、梵两种文字，曾组织译经事业，与弟子翻译经文高达七十四部三百八十四卷。在他弥留之际，有几个由天竺同来的大和尚替他念梵文咒语。纵然这样，鸠摩罗什病况依然转恶，不久死去。苏轼是在问："鸠摩罗什是不是也死了？"言外之意，人生应该包括生与死，死也是人生的一部分。

七月二十八日弥留之际的情况，《纪年录》有详记。

> 将属纩，而闻、观先离，琳叩耳大声曰："端明宜勿忘。""西方不无，但个里着（力）不得。"世雄云："固先生平时履践，至此更须着力。"曰："着力即差。"语绝而逝。

维琳和尚直到最后还在劝说东坡，"你平时践行佛法，此刻更应着力。""着力即差"是东坡留下的最后四个字。东坡显然认为，着力即是勉强，是错。东坡坚持"随缘坐化"，生之来不可却，死不可止。一切听其自然。

林语堂认为"苏轼在述说道家教义，解脱之道在于自然，在于不知善而善，不知终而终。"传铭以为，这难道不也是佛家之戒痴戒执、随缘坐化的一贯思想吗？难道不是孔丘"求仁而得仁，又何怨"吗？永远沉默的苏轼没有留下多余的话，只留下了平静如水的微笑。

如此洒脱超然，不仅为他赢得身后无数拥趸的热爱，更令他生前得以名满天下。天涯行处，无处无故交新知。在杭州时苏轼身边的友人，当然不仅仅是高僧大德，也有诗人和女人。

四、风吹柳花满店香

任何时代，酒与女人都是人们绕不开的话题。直至当下，社交场合一个人酒风酒品酒量酒德的好与坏、雅与俗常常是给人的第一印象。至于男女之事，一直更是道德镜鉴的重要一面。不过古时的标准与当下区别很大，中外概莫能外。婚姻制度的爱情对象，不知何时和性对象画上了绝对等号。是专一还是泛二竟成了左右道德批判的舆论标准。其中的是与非，道德与缺德，一直是个烧脑又烧心的问题。什么是生活的真相？什么是理想的性与爱的关系？婚姻与爱情的最佳范式又是怎样？这些问题不仅成了生活中绕不开的实际问题，同时也是政治学家、社会学家探讨的伦理课题。法国空想社会主义思想家夏尔·傅立叶就提出过，"理想的婚姻制度才是人类理想社会的重要标准"。话虽极端，但也值得深思。这里想提醒读者，在谈论古人"红裙白酒"的私生活时，千万要注意古今中外、公序良俗的差异以及世俗舆论和实际生活虚实明暗之不同。

蓮花冠子道人衣日侍君王宴
紫微花柄不知人已去年闌綠
輿未緋
　蜀後主每於宮中裹小巾命宮妓
　衣道衣冠蓮花冠日尋花柄以
　侍酣宴蜀之謠已溢耳矣而主之
　不挹注之竟至濫觴伴後想搖
　頸之令不無杞臉唐寅

《王蜀宮伎圖》明 唐寅 故宮博物院藏

明四家之一的唐寅画过一张《王蜀宫伎图》，画上有唐寅题跋："蜀后主每于宫中裹小巾，命宫妓衣道衣、冠莲花冠，日寻花柳以侍酣宴，蜀之谣已溢耳矣。而主之不抧注之，竟至滥觞，俾后想摇头之令，不无扼腕。"画中是五代前蜀后主王衍宫中生活的一个场景。作为承前唐开后宋的五代，将"宫伎"一角也传承下来。有宫伎就有官伎、营伎、私伎、民伎。伎与妓不同，前者是侑酒献艺，后者是声色侍人，承欢床席。李白《金陵酒肆留别》的"风吹柳花满店香，吴姬压酒劝客尝"中的"吴姬"应属民伎一类。可见无分江南江北，凡"花柳繁华地，温柔富贵乡"的乡风民俗皆有此流行特色。

宋代官场上宴游之风甚盛，筵席间除醇酒美食之外，还须有歌舞侑酒的女人。政府定下相关制度，规定隶身乐籍的伎女，一律由官府派员监督管理，称为官伎或营伎，她们只服务官府，工作限于歌舞侑酒，也即俗话说的卖艺不卖身。田汝成《西湖游览志余》说："宋时阃帅、郡守等官，虽得以官妓（同"伎"）歌舞佐酒，然不得私侍枕席。"此一制度允许"色而不淫"。按洪巽《旸谷漫录》记载，除官伎外，达官贵人、豪门巨室私设家伎之风也甚盛。

作为一州通判，苏轼亦不能没有家伎。苏家向来俭朴，伎人和仆佣只数人而已，而且将伎人看成侍卫、副官、后勤一类。苏轼在京时即为名公巨卿推重，自来杭州更是入乡随俗，这中间几分勉强应酬，几分乐此不疲，大概很难说清楚。

宋札记称，苏轼乐与朋友欢聚，"性不昵妇人"。夫子有"食色性也"语，后人于是开始分析苏轼这方面的生活态度。俞正燮《癸巳存稿》认为，苏轼之所以如此，"或由勤于人事，或历忧患，亦或由天性"。也有人认为苏轼性情豪爽，口无遮拦，凡事缺少耐心，不善与女人缱绻，只喜欢和友人一起高谈阔论。所以灯红酒绿中，多是默默欣赏女人的风情万种，享受衣袂间散发出来的香气。动情而克制，不令荷尔蒙泛滥。这些皆是隐私，无文字可据，姑妄听之吧。

人世间最难说清楚的就是情欲与情感之间的区别以及它们的罪与罚。男人置身欢场、灯红酒绿，也许是贪巫山云雨、一时之欢，也许有人作壁上观、坐怀不乱，也有人逢场作戏、转瞬辄忘。苏轼皆非此类。然如果说他从未动过"歪心思"恐也属鬼话。"好丈夫"苏轼能够从风月场中全身而退，理由有三：一是自身定力之修为，二是风纪法度之约束，三是家中有一位好夫人王闰之。苏夫人的理想是做好贤妻良母，一直以宽容信任的目光看着丈夫的一切。她自己也没想到，这或许是最成功的"驭夫术"。好丈夫和好太太永远都是互相成全。

《湖上夜归》一诗说，苏轼有一天酒已喝得半酣，坐在轿子里直打瞌睡，梦中"尚记梨花村，依依闻暗香"。在《与述古自有美堂乘月夜归》中，他说："鱼钥未收清夜永，凤箫犹在翠微间。凄风瑟缩经弦柱，香雾凄迷着髻鬟……"这种态度说明他在灵与肉的抉择上有自己的行为标准。

苏轼欣赏女人的审美趣味显然是重气质而轻外表。这可从他的一个"名判"案例看出端倪。

杭州通判任上未久，陈襄知府外出，苏轼代理州事。有一官伎性妖艳媚人，人称"九尾野狐"，陈状请求出籍。苏轼判曰："五日京兆，判断自由。九尾野狐，从良任便。"如此态度实属少见。是他开明还是私心嫌弃，只有天知道。不过无意间为自己赢得了一个"人情味浓，好说话"的名声。

苏轼《常润道中,有怀钱塘,寄述古五首·其二》(《苏轼诗集》卷十一)一诗，还记了当时的一件趣事。

>草长江南莺乱飞，年来事事与心违。
>
>花开后院还空落，燕入华堂怪未归。
>
>世上功名何日是，樽前点检几人非。
>
>去年柳絮飞时节，记得金笼放雪衣。

最后一句，苏轼自注"杭人以放鸽为太守寿"九字，实为掩饰官场内中这段隐情而已。今天男女调笑常云有约不来为"放鸽子"亦是因此而得。

在宋拓的苏轼字帖中有一份名声仅次于《黄州寒食诗帖》的《天际乌云帖》。传铭以为，对于爱苏字、习书法的朋友而言，《天际乌云帖》可能更重要。"寒食"乃无上神品，可读可赏不可学；"乌云"是形意双绝，可学亦可追。此帖又称《嵩阳帖》，行书，共36行，计307个字。

>"天际乌云含雨重，楼前红日照山明。嵩阳居士今何（在），青眼看人万里情。"此蔡君谟《梦中》诗也。仆在钱塘，一日谒陈述（古），邀余饮堂前小阁中。壁上小书一绝，君谟真迹也。"约绰新娇生眼底，侵寻旧事上眉尖。问君别后愁多少，得似春潮夜夜添。"又有人和云："长垂玉筯残妆脸，肯为金钗露指尖。万斛闲愁何日尽，一分真态更难添。"二诗皆可观，后诗不知谁作也。
>
>杭州营籍周韶，多蓄奇茗，常与君谟斗，胜之。韶又知作诗。子容过杭，述古饮之，韶泣求落籍。子容曰："可作一绝？"韶援笔立成，曰："陇上巢空岁月惊，忍看回首自梳翎。开笼若放雪衣女，长念观音般若经。"韶时有服，衣白，一坐嗟叹。遂落籍。同辈皆有诗送之，二人者最善。胡楚云："淡妆轻素鹤翎红，移入朱栏便不同。应笑西园旧桃李，强匀颜色待东风。"龙

潮夜之際又有人和而長
垂玉助殊瓶臉皆墨
金釵露搭尖乃捎開
毬行分畫一字真蹟美
雞湊二詩坊可觀跋尾

不去誰作也

杭州營籍周韶多畜
奇茗常与君謨鬪勝
之韶又知作詩子容過

天際烏雲含雨重橫前
紅日照山明霧陽居士
今何在青眼看人萬里情
此蔡君謨夢中詩也僕
在錢塘一日謁陳述
邀余飲堂前小閣中陞
上少書一絕天謨真跡也

勒繪新婦生眼底俊
手舊事上眉尖問君

《天際烏雲帖》局部 宋 蘇軾

龍覩云桃花流水本
無塵一落人間幾度
春解佩輕酬交甫
意澄鱗還作武陵
人固知桃人写意也

《天际乌云帖》局部

靓云："桃花流水本无尘，一落人间几度春。解佩暂酬交甫意，濯缨还作武陵人。"固知杭人多惠也。

《天际乌云帖》一直是书法界研究关注的对象，但人们多注意书法的艺术形式而忽略对文字内容的探究，致一般人误以为是苏轼自作自书帖。其实是苏轼书蔡襄诗帖。诗中所涉人物正是苏轼杭州通判任上顶头上司知府陈襄所喜之伎周韶。至于北宋名臣蔡襄为什么又与此姝瓜葛牵连，并且还有赠诗，则完全是出于"茶缘"。蔡襄著《茶录》总结了古代制茶、品茶的经验，想必这位学问家的茶艺了得。但他在斗茶中有输给周韶的记录。苏轼后来在杭州一次饮宴处见蔡襄题壁此诗，遂重书加跋才留下了这件墨宝。正是由于这件事情中人物关系复杂，加之苏颂、苏轼、蔡襄、陈襄，四人中有两人同名、两人重姓，稍不留神即常常出错。"林传"中涉及这一内容就有"苏东坡经过杭州，太守陈襄邀宴"的误读，其实经过杭州的是东坡父执、北宋中期著名科学家苏颂，苏轼当时是杭州通判，应该算半个主人。

《天际乌云帖》引出的错误颇具象征意味。苏轼与这一类风流故事，既是身陷其中，却又置身事外。

声色场中、脂粉队里，苏轼大体上能保持清醒与定力，将这些只当作过眼云烟，竭力不让自己留滞。然而欲望这东西虽属本能亦是反智，尤其是热情如火的诗人岂能没有动情一刻。苏轼有《戏赠》（《苏轼诗集》卷八）一诗，就是重复了唐人崔护不见佳人的惆怅缱绻之意，可惜不知道这位佳人是身在陋巷还是系于繁华：

惆怅沙河十里春，一番花老一番新。
小楼依旧斜阳里，不见楼中垂手人。

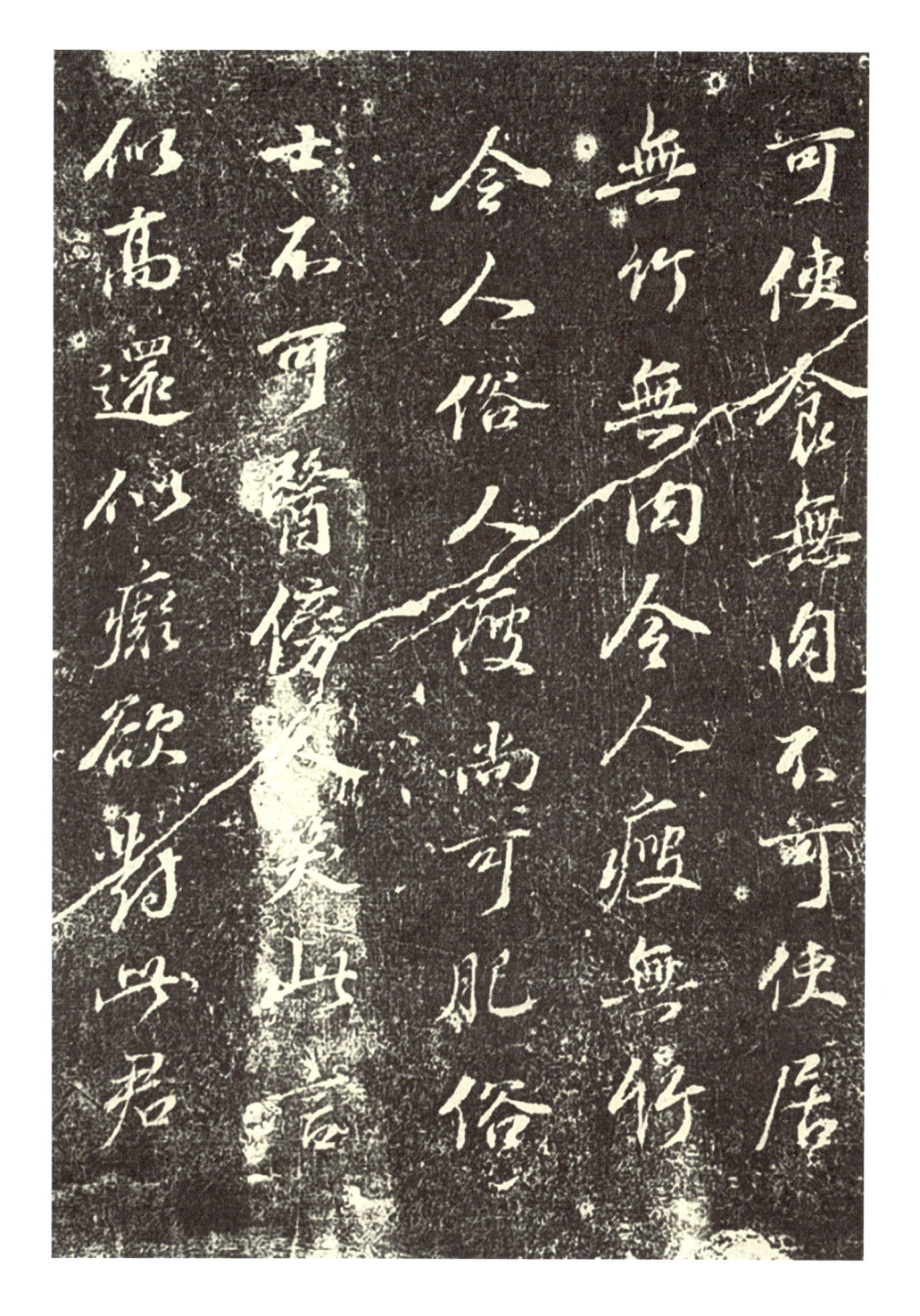

《于潜僧绿筠轩》局部 明代碑刻 上海嘉定秋霞圃藏

此诗苏轼书于杭州通判任上,除了其中有周韶落籍事记录外,更有我们熟悉的"可使食无肉,不可使居无竹。无肉令人瘦,无竹令人俗……"等名句。

真爱的前提是尊重，尊重的收获是红颜知己。岂是那些只图皮肉之欢的俗人所可理喻。把握好这个尺度，也就不难区分风流与下流的一字之别。

苍颜华发，故山归计何时决。旧交新贵音书绝。惟有佳人，犹作殷勤别。

离亭欲去歌声咽，潇潇细雨凉吹颊。泪珠不用罗巾浥，弹在罗衣，图得见时说。(《醉落魄·苏州阊门留别》，《苏轼词编年校注》)

这首词作于宋神宗熙宁七年（1074）十月。当时苏东坡自杭州赴密州新任，途经苏州时有歌伎在阊门为他设宴饯行，苏轼写了这首词酬赠。

那一年，苏东坡不足四十，正是年富力强的时候，但因为与王安石变法新党的斗争被贬官，前途未卜，导致"旧交新贵音书绝"。此时他心底的失落孤独可想而知。正当壮年却已"苍颜华发"，不知是否因此而起？豁达如东坡者有时难免也有重重心事难排却的忧愁。幸而"同是天涯沦落人"的歌伎没有嫌弃苏大才子的落魄，给了他殊为珍贵的安慰。

熙宁七年（1074），12岁的朝云进入苏门为仆，原是准备培养成家伎这类角色。数年相处、日久生情，苏轼终于如《白头吟》所言"愿得一人心，白头不相离"，对朝云动了真心。几年以后，得夫人王闰之从中作伐，两人成其佳话。朝云日后成了他天涯漂泊的终身伴侣。

五、太阳和月亮的战争

在中华诗国天空中，唐诗（包括唐词）和宋词（包括宋诗）仿佛是参商二星，它们在往复循环的白天与黑夜更替中无法相遇。但世人却能仰望星空看它们此升彼落，就像是在欣赏一场永不落幕、明星争胜的音乐盛典，更有人称之为文学史上的"太阳和月亮的战争"。如果我们真的能穿越千年梦回唐宋就不难发现，诗词在那个时代就是生活的一份构成，对于苏轼这样的人就更如空气和水，无时不在无处不在。歌之、哭之、刺之、怨之、颂之、怜之、遇之、别之、求之、助之……无一不可以诗词传之。苏轼朋友圈中那些人，尽管身份各异、尊卑不同，几乎人人都是诗人。"宋四家"之苏、黄、米、蔡，"苏门四学士"之黄庭坚、晁补之、秦太虚（观）、张文潜（耒）皆是名重文坛的大家。如果把"无声诗"中国画领域的李公麟、文同、王诜等大家算上，再加上欧阳修、司马光、王安石等文坛领袖，完全可以说苏轼是生活在诗朋画侣拥抱的温暖中。"朋友圈"对此有较详尽梳理。本书仅选摘黄庭坚、王选二人来说一说苏轼的朋友之道和人际氛围。

《宋辽金元史新编》中对所述时代有这样一个概括："这一时代里中国人并重理想与现实，兼备雅与俗的口味。就政治和军事方面而言，尊王攘夷是理想，士人政治和对辽金妥协则是现实；就思想而言，理学家对儒家思想的阐释是理想，改革家则企图将理想付诸实践（偏被理学家反对）；就文学艺术而言，词的典雅和文人画的意境是理想，而通俗的曲和小说的发达则是适应现实的需要。"

雅俗共赏是追求，但文化根骨里的尚意之风确是认识这个时代的指南。能代表尚意美学最高成就的除苏轼外还有一个黄庭坚。

黄庭坚（1045—1105），字鲁直，号山谷道人，与苏轼并称"苏黄"。黄庭坚开创的"江西诗派"有"一祖三宗"即杜甫（一祖）和黄庭坚、陈师道、陈与义（三宗）。黄庭坚小苏轼8岁，苏于黄亦师亦友。

神宗熙宁元年（1068），黄庭坚舅舅李常是苏轼的好朋友，李常时任右正言、知谏院、秘阁校理。熙宁三年（1070），李常的好友王安石欲命他权知制置三司条例司，但道不同不相为谋，被李常拒绝。李常站边苏轼。

苏轼第一次听说黄庭坚的名字，是从黄庭坚的岳父孙觉处知道的，而不是常常相与唱和的诗友——黄庭坚的舅舅李常，看来岳父比舅舅还要关心黄庭坚。

比苏轼大九岁的江苏高邮人孙觉（1028—1090），字莘老，历任湖、庐、苏、福、亳、扬、徐等多地知州。秦观有诗"转守七州多异政，奉常处处有房祠"称颂自己老师的政绩。于北宋政坛，孙觉以敢言直谏著称，是元祐党人中重要一员，故苏轼评他："文学论议，烛知本原，谏省东台，久从践历。"这样的人自然和苏轼脾胃相投。

作为庐州（今安徽省合肥市）人，我对孙觉的感情自然又与别人不同。合肥在旧城改造中，曾在北宋原址上重建城隍庙，庙中供奉的城隍就是孙觉，一位亲民的地方父母官，一位神一样存在的英灵。

苏轼和孙觉有一个共同爱好，就是都精于鉴藏古书画。孙觉尤喜收藏古代碑版法帖。神宗熙宁五年（1072），孙觉湖州任上还于府宅中建"墨妙亭"，用以收藏自己心爱的宝贝。他向苏轼求诗题咏。苏轼作《孙莘老求墨妙亭诗》(《苏轼诗集》卷八)赠孙觉，其中有论书法句。

> 杜陵评书贵瘦硬，此论未公吾不凭。
> 短长肥瘦各有态，玉环飞燕谁敢憎。
> 吴兴太守真好古，购买断缺挥缣缯。
> ……

这是朋友间的应酬之作，但内中的诗论当引起我们关注。显然苏轼对杜甫一味强调瘦硬用笔不以为然。尽管苏轼的书法敦厚丰腴，但于书法的美学观念是开放性的。燕瘦环肥，各美其美。此诗还导生出"石压蛤蟆""树梢挂蛇"两个意味隽永又颇带幽默感的典故。

苏黄两人互相给取的绰号，一个是"石压蛤蟆"，一个是"树梢挂蛇"。《独醒杂志》卷三中记载了他们之间一段风趣的对话：

> 东坡曰："鲁直近字虽清劲，而笔势有时太瘦，几如树梢挂蛇。"山谷曰："公之字固不敢轻议，然间觉褊浅，亦甚似石压蛤蟆。"二公大笑，以为深中其病。

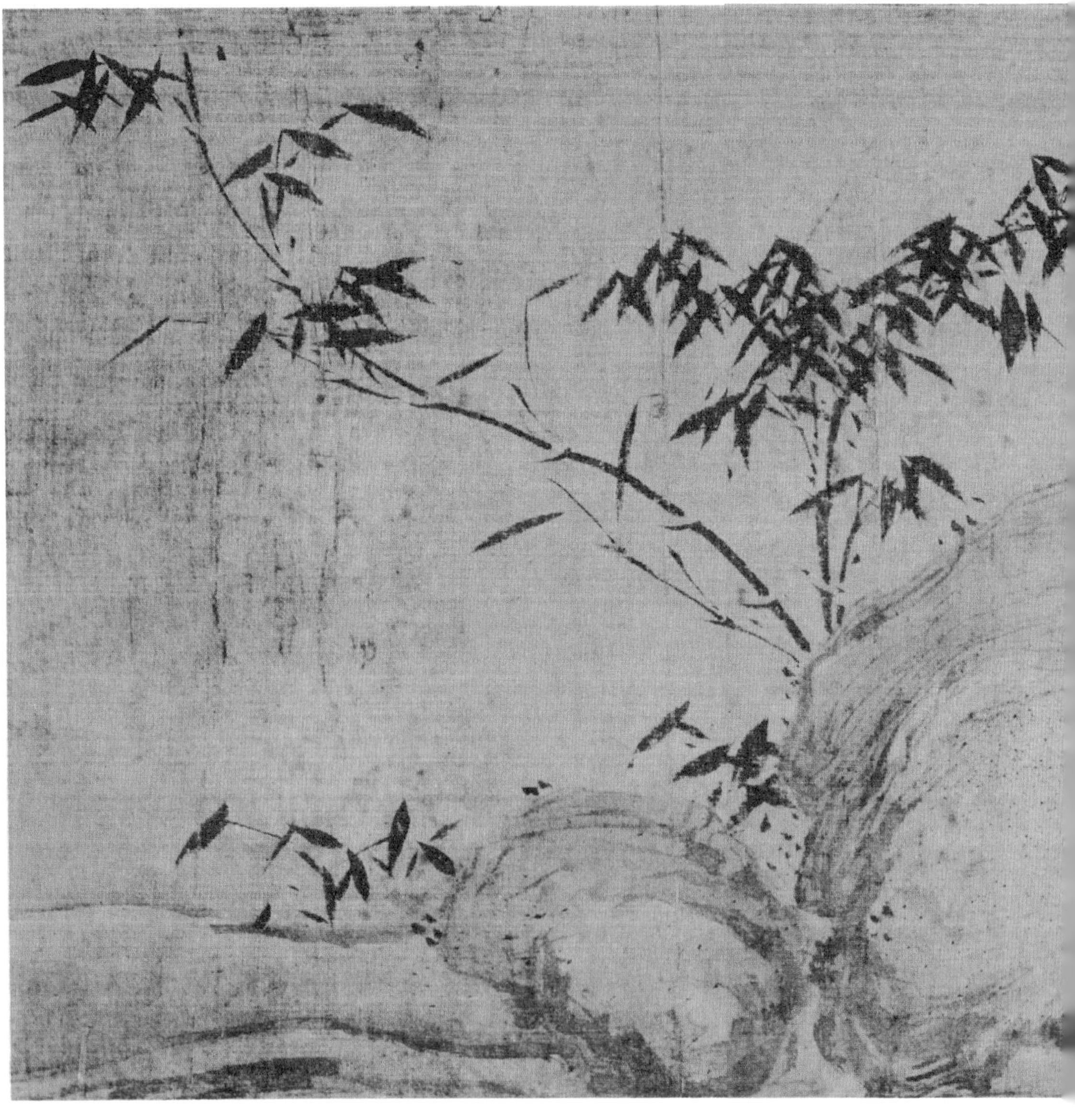

《潇湘竹石图》局部 宋 苏轼 中国美术馆藏

我们不要急着给这两个词下贬义的结论，不妨先想想当年法国的印象主义绘画中的"印象"一词，原本是正统的评论者给予这些新派画家的似乎带有贬义的名称，印象主义画家却正儿八经地拿来作为他们流派的旗帜。你能说他们心目中"印象"一词还有贬义吗？后来的立体派、野兽派也是这种情形，这种"贬义词"，事实上是艺术圈内人的善意说笑，后来都成了无褒无贬的亲切认同。

苏黄两人对于各自书法应当是充满信心的，否则他们两个不会互相"贬低"（正言若反，实为肯定），诚如禅宗之自信：立定脚跟，背后山头飞不去；执持手印，眼前佛面即如来。能够在宋朝书坛立定根基，岂能无此自信。

晋人或者唐人于书法立了许多规矩，这些法度准绳多利于书艺、益于书学，却也约束了后人的步伐。所谓"学我者生，似我者死"，不只是齐白石的首创，而是对传统理解后的一种感悟。唐朝李邕论书时早就有过类似的名言。对石压蛤蟆与树梢挂蛇持批评态度，源自对东晋王羲之《笔势论》"不宜伤长，长则似死蛇挂树，腰肢无力；不宜伤短，短则如压死蛤蟆，言匾阔也"的狭隘理解。

可是若期大成，能不突破吗？苏轼是"明法度，任心性，求突破"，米芾、黄庭坚也是。唐人宗"二王"，但后来有所反动之，有"一洗二王恶札"云云。至于苏黄更是继续革新之反动者，既不把王羲之教导当成不易铁律，又能在精研传统之后返本开新，突破晋之成法，越迈前朝，创开宋人书法新面目的两座奇峰。

"死蛇挂树"与"压死蛤蟆"演变成"树梢挂蛇"与"石压蛤蟆"，表面上是用词的变化，实际上是苏黄两人心中态度由贬入褒的变化，不然两人怎么会在打完机锋后会心大笑？这个会心大笑充满禅意与喜乐，是常人无法理解的。

黄庭坚论书法有言："老夫之书本无法也，但观世间万缘如蚊蚋聚散，未尝一事横于胸中，故不择笔墨，遇纸则书，纸尽则已，亦不计较工拙与人之品藻讥弹。譬如木人，舞中节拍，人叹其工，舞罢则又萧然矣。"（《书家弟幼安作草后》）

苏轼初次听闻黄庭坚后，两人就常有书信往来，诗文相和，可谓神交已久。黄庭坚治平四年（1067）考中进士，随后在汝州叶县做了三年县尉。熙宁五年（1072）后一直任国子监教授。苏黄之谋面是多年以后的事情。

元丰元年（1078）二月，黄庭坚第一次写信给苏轼：

> 庭坚齿少且贱，又不肖，无一可以事君子，故常望见眉宇于众人之中，而终不得备使令于前后。伏惟阁下学问文章度越前辈，大雅岂弟约博后来。立朝以直言见排退，补郡辄上课最，可谓声实相当，内外称职。凡此数者，在人为难兼，而阁下所蕴，海涵地负，特所见于一州一国者耳。惟阁下之渊源如此，而晚学之士，不愿亲炙光烈，以增益其所不能，则非人之情也。使有之，彼非用心于富贵荣辱，顾日暮计功，道不同不相为谋，则浅漏自是，已无好学之志，"诡诡予既已知之"者耳。
>
> ……
>
> 《诗》云："我思古人，实获我心。"心之所期，可为知者道，难为俗人言。不得于今人，故求之古人中耳。与我并时而能获我心，思见之心宜如何哉！《诗》云："既见君子，我心写兮。"今则未见，而写我心矣。气候暄冷失宜，不审何如，伏祈为道自重。（《上苏子瞻书》，《黄庭坚全集》正集卷第十八）

枯石燦復灘濺
山川光暉予我
妍野僧早旦
饌不能餔曉
見寒溪有炊
煙東坡道人
已沈泉張矣何
時到眼前釣
臺驚濤可
晝眠怡亭者
篆蛟龍纏安
得此身脫拘攣
身載諸支長
周旋

松風閣

依山築閣見平川夜闌箕斗插屋椽我來名之意適然老松魁梧數百年斧斤所赦令冬天風鳴媧皇五十弦洗耳不須菩薩泉嘉二三子甚好賢力貧買酒醉此筵夜雨鳴廊到曉懸相看

煙東坡道人已沈泉張毅何時到眼前釣臺驚濤可

《松風閣詩帖》宋 黃庭堅 台北故宮博物院藏

这封长信是研究苏黄关系的重要文献，黄庭坚在推崇苏轼人品、学问、道德、文章的同时，也阐述了苏黄二人的学术立场和"三观"。

苏轼也有一封《答黄鲁直书》(《苏轼文集》卷五十二)，深情回顾了二人交往之始末，赞庭坚为"独今世之君子"。

> 轼顿首再拜鲁直教授长官足下。轼始见足下诗文于孙莘老之坐上，耸然异之，以为非今世之人也。莘老言："此人，人知之者尚少，子可为称扬其名。"轼笑曰："此人如精金美玉，不即人而人即之，将逃名而不可得，何以我称扬为？"然观其文以求其为人，必轻外物而自重者，今之君子莫能用也。其后过李公择于济南，则见足下之诗文愈多，而得其为人益详，意其超逸绝尘，独立万物之表，驭风骑气，以与造物者游，非独今世之君子所不能用，虽如轼之放浪自弃，与世阔疏者，亦莫得而友也……

惺惺相惜，可谓知己。二人以诗代信，信中夹诗，开启了诗人与诗人的那一场长久的心灵对话。后来，苏轼因"乌台诗案"入狱，除了他自己差点儿被杀头，与苏轼有书信诗歌往来的人，也都随之受到牵连，黄庭坚首当其冲。朋九万《东坡乌台诗案》中有详细记录。

元丰二年（1079）乌台诗案爆发，留守司去黄庭坚那里搜查，苏轼写来的诗文书信都成了"罪证"。也许我们很难想象，直到此时苏黄还尚未谋面！

人们形容友谊时，常有同生死、共命运一说。"乌台诗案"将原先就价值观相近、人生观相类的一群（29）人紧紧捆绑在一起，成了一损俱损、一荣俱荣的命运共同体。"乌台诗案"结案时，张方平、司马光、范镇、陈襄、苏辙、王诜、王巩等人皆受株连，其中王诜被削除一切官爵，王巩被发配岭南，处罚最重；司马光、黄庭坚被罚铜20斤，大概是量刑最轻的。

元丰八年（1085）三月五日神宗崩，哲宗赵煦即位。四月十四日，黄庭坚奉诏至京师，任秘书省校书郎，参与《资治通鉴》的校定工作。十二月上旬，苏轼返汴京就任礼部郎中，不到十天又迁为起居舍人。两位神交已久的大诗人终于有了见面的机会。那是一个美妙的春天。

黄庭坚用心选了一块洮河砚作为见面礼送给苏轼。酷爱文房四宝的苏轼当然笑纳友人之赠，并当即写下《鲁直所惠洮河石砚铭》，后镌刻于砚台之侧，铭曰："洗之砺，发金铁。琢而泓，坚密泽。郡洮岷，至中国。弃矛剑，参笔墨。岁丙寅，斗南北。归予者，黄鲁直。"

元丰元年（1078）黄庭坚第一次投书寄信苏轼，至元丰八年（1085）过了八个春秋方得拜晤。对于黄庭坚而言，他无法预料认识苏轼后的命运如何，会带给他什么，更无法预知因与苏轼的关系所蒙受的一切苦难，但他知道一切代价都抵不过他对苏轼的追慕以及苏轼对他的赏识与影响。

苏黄二人之翰墨缘让我们知道，人世间有一种超越同性相斥、文人相轻的心心相印，有一种"不见总相念，见时亦无事"的云淡风轻，有一种"梦中一挥手，衣袖同随风"的同进共退。两人既可以是性命相托的知己，也可以是畏友、诤友，甚至讥刺互损的"损友"。

比如在诗文方面，苏轼对黄庭坚的评价是："黄鲁直诗文，如蝤蛑、江瑶柱，格韵高绝，盘飧尽废，然不可多食，多食则发风动气。"意思是说鲁直诗如美食中的蝤蛑、江瑶柱，美则美矣，不可多食。

黄庭坚也这样说过苏轼："盖有文章妙一世，而诗句不逮古人者。"这明显指的是苏轼的诗比不上古人。对于苏黄二人的调侃我们一方面不必太当真，一方面又必须细加辨读，去深品其中妙不可言的中国式智慧。

元祐二年（1087）三月，杨孟容知广安军，苏轼写了一首诗相送，信中特意写道其诗效黄鲁直体。《送杨孟容》(《苏轼诗集》卷二十八)：

> 我家峨眉阴，与子同一邦。
> 相望六十里，共饮玻璃江。
> 江山不违人，遍满千家窗。
> 但苦窗中人，寸心不自降。
> 子归治小国，洪钟噎微撞。
> 我留侍玉坐，弱步欹丰扛。
> 后生多高才，名与黄童双。
> 不肯入州府，故人余老庞。
> 殷勤与问讯，爱惜霜眉厖。
> 何以待我归，寒醅发春缸。

黄庭坚赋诗解之，即《子瞻诗句妙一世，乃云效庭坚体，盖退之戏效孟郊、樊宗师之比，以文滑稽耳，恐后生不解，故次韵道之》(《黄庭坚全集》正集卷第一)，诗曰：

> 我诗如曹郐，浅陋不成邦。
> 公如大国楚，吞五湖三江。
> 赤壁风月笛，玉堂云雾窗。
> 句法提一律，坚城受我降。
> 枯松倒涧壑，波涛所舂撞。

> 万牛挽不前，公乃独力扛。
> 诸人方嗟点，渠非晁张双。
> 但怀相识察，床下拜老庞。
> 小儿未可知，客或许敦庬。
> 诚堪塼阿巽，买红缠酒缸。

苏轼特别提到《送杨孟容》一诗是模仿黄庭坚风格写成的，这让黄庭坚有些意外，而黄庭坚诗中那句"我诗如曹邻，浅陋不成邦。公如大国楚，吞五湖三江。"字里行间都充溢着喜悦和谦卑。这时得到仰慕之人的首肯，当然不无得意。

元祐二年（1087）的春天，黄庭坚将家乡（江西修水）刚采摘的双井新茶送给苏轼，并写了首《双井茶送子瞻》（《黄庭坚全集》正集卷第四）：

> 人间风日不到处，天上玉堂森宝书。
> 想见东坡旧居士，挥毫百斛泻明珠。
> 我家江南摘云腴，落硙霏霏雪不如。
> 为君唤起黄州梦，独载扁舟向五湖。

苏轼感谢黄庭坚的美意，写了一首《黄鲁直以诗馈双井茶，次韵为谢》（《苏轼诗集》卷二十八）：

> 江夏无双种奇茗，汝阴六一夸新书。
> 磨成不敢付僮仆，自看雪汤生玑珠。
> 列仙之儒瘠不腴，只有病渴同相如。

明年我欲东南去，画舫何妨宿太湖。

中国人有礼尚往来之风。苏黄之交互有馈赠无数，恕不一一录存，但皆富含深情而与有所图的"贿"字无关。黄对苏推崇敬慕，苏对黄拔擢不遗余力。

苏轼曾上《举黄庭坚自代状》，试图让黄庭坚接替自己的翰林学士位置。他在举荐文章里极力赞扬黄庭坚："孝友之行，追配古人；瑰玮之文，妙绝当世。"举贤之诚，爱友之深，令今人读起来依旧怦然心动，如沐春风。

《水浒传》第一回中，流落异乡的小混混高俅，经人辗转介绍，到驸马小王都太尉府上做了随从。不久，小王都太尉过生日，请来小舅端王赵佶，高俅因善蹴鞠而得赵佶赏识，后来端王成了皇上，也就是宋徽宗，高俅大受宠信，位至显贵。这段情节虽有虚构成分，但人物却都是真实的，那个小王都太尉，就是王诜王晋卿。介绍高俅认识王诜的小苏学士就是苏轼。苏轼万万不会想到，多年以后这个"踢足球"的小混混成了误国权臣。高俅得赵佶赏识的实际情况是，驸马王诜派高俅跑腿去端王府送书画，遇端王正蹴鞠玩耍便立于场边观看，后被端王唤下场踢球露了两脚为端王赏识，随即留于身边。

王诜出身世代为官的将门之家，自幼天资聪颖，读书过目不忘，天赋加勤奋，使他不仅诸子百家无所不知，琴棋书画、百工技艺也无所不晓，因此连皇帝也对他刮目相看。宋神宗亲自做主，把妹妹蜀国公主嫁给了他。王诜从此成了皇亲国戚。然而，王诜自恃才高并不看重"驸马"名位，整日与一班文人雅士吟诗作画，甚至娶妾狎妓，夜不归宿。如此浪子，恐一般小民之家也难容忍。然而驸马与公主好像相安无事。蜀国公主贤惠温柔，极其孝顺。王诜的母亲卢氏寡居在家，晋卿为仆所累,仆既谪齐安,晋卿亦贬武当,饥寒穷困,本书生常分,仆处之不戚戚,固宜独怪晋卿以贵公子罗此忧患而不失其正,诗词益工,超然有世外之乐,此孔子所谓可与久处约长处乐者邪。

元祐元年九月八日苏轼书

《题王诜诗帖》宋 苏轼 故宫博物院藏

此帖内容是苏轼为王诜自书诗的题跋。除了赞扬王诜是一位可以"久处约,长处乐"的朋友,更对王诜受自己所累而贬官深表歉疚,寥寥数语,夹叙夹论,感情溢于笔端。

内府所藏王詵四卷中此為第一

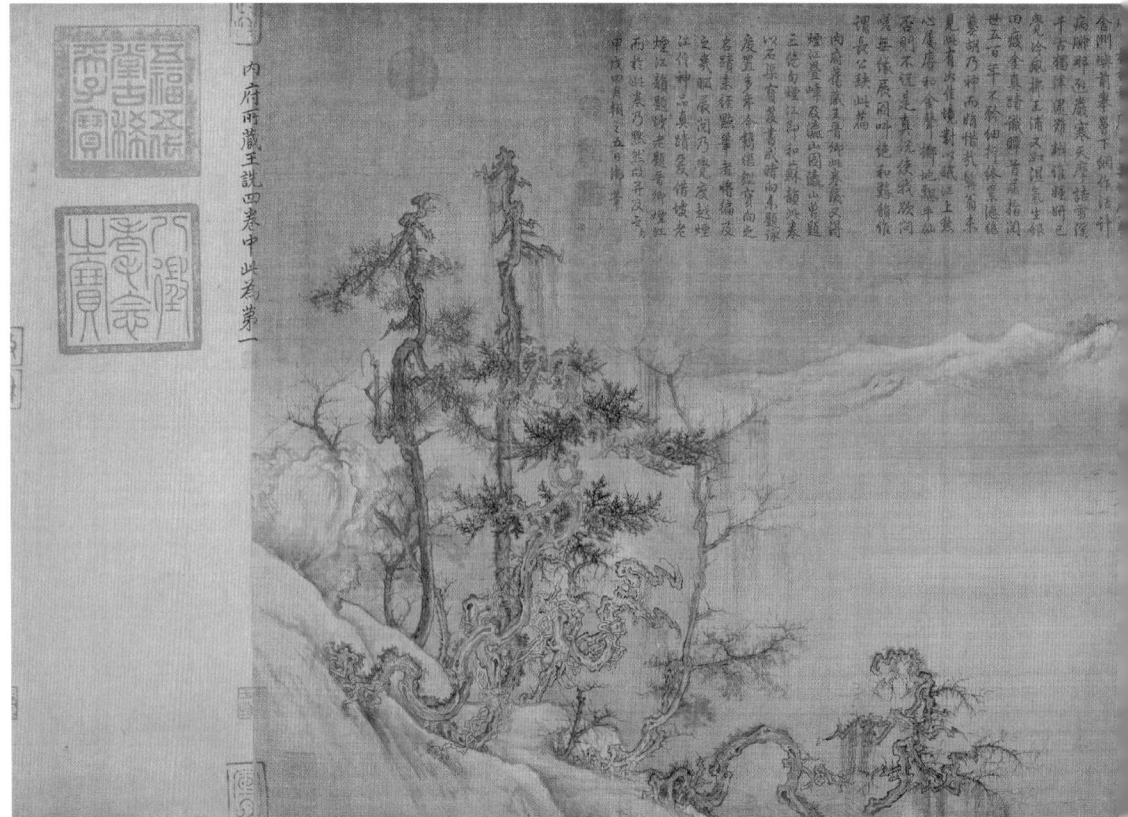

《渔村小雪图》宋 王诜 故宫博物院藏

公主将婆婆照顾得极为周到，卢氏生了病，公主还亲自调药喂服。但公主备受冷落，他们唯一的儿子3岁时夭折了，她也因此郁郁寡欢，伤心成疾。宋神宗为此特下手诏严斥王诜。不久，王诜也因受苏东坡"乌台诗案"的牵连而获罪贬官。第二年，公主病入膏肓，临终前仍希望神宗能让王诜官复原职，不料公主的乳母告发王诜的小妾曾对公主大不敬，神宗盛怒之下，不仅将几个小妾发配给了士卒，王诜也再次贬往均州。五年后神宗去世，垂帘听政的高太后废除了王安石的新法，起用司马光、文彦博等一班旧臣，王诜才回到开封。此时他已孑然一身，尽管在朋友面前还能洒脱一回，但现实的冷酷、家庭的不幸，终究给了他沉重的打击，只能在对艺术的不懈追求中度过余生。

《渔村小雪图》是王诜留存于世的绘画经典。图中描写雪后初晴的渔村景色。雪山奇松，溪岸渔船，峰回路转，步移景易，整个画面意境萧索，笼罩在一片空灵、静寂的氛围之中。画面的左半部分是空无一人的远山，而右半部分却热闹：辛勤劳作的渔夫们，有的在河边撒网，有的单独一人打鱼，也有四人在合力拉网，还有的干活累了，正在小船上歇息。沿河往左看，山中小道上有一读书人带着书童正在赶路，不知是访友还是远行。画家采用全景式深远构图法，把近景、中景、远景巧妙地集合起来，有条不紊。布局奇巧，开合有度，结构严谨而又虚实相生，给人以"咫尺千里"之感。山石以笔墨勾皴和水墨晕染为主，并在山头、树木、芦苇顶端敷粉描金，表现小雪后的山峦尚有阳光在浮动。水天处以水墨加螺青烘染，以表现寒江的清澈和天色的空蒙，有似晴非晴之意。

集"将门后""驸马爷""斗酒浪子""逐放罪臣"于一身的王诜可以说是遍历人世沧桑之变，尝尽生活酸甜苦辣。而这些杂陈的情感呈现于绘画，便是那"不今不古，自成一家"，令苏轼"又爱又恨"

的性情中人。

朋九万《东坡乌台诗案》"与王诜往来诗赋"记录苏轼与王诜最初的交往开始于熙宁二年（1069）："轼在京受差遣，王诜作驸马。后轼去王诜宅，与王诜写作诗赋，并《莲华经》等。"书中还记载有几件有趣的俗事。

给道士或僧人赐紫衣、师号是从唐朝开始的。五代十国之后，赐紫衣和师号，成为一种制度，可以由大臣推荐，也可以由皇亲国戚来请求。大师的级别，则按照赐号的字数而定，两个字最低，八个字最高。对于僧道而言，这既是一种来自皇家的恩赐，也是一种荣誉。

熙宁四年（1071），僧人惟简为了求得师号，找到老朋友苏轼。苏轼则将家中收藏的一幅唐画送给王诜，明确表明这是惟简想求得一个"师号"的"意思意思"，这确有行贿受贿之嫌。王诜答应办理此事，而且办成了。

这一年苏轼还请王诜帮了一个忙，即将自己收藏的36轴各有唐贤题名的画请王诜找人装裱，物料手工自然都是王诜出钱。这大概也是一笔不小的开支。

在精神层面上王诜是真心崇拜苏轼，在现实物质层面苏轼也得到王诜尽心尽力的帮助。这种以精神换物质的"勾兑"，属一种高级的礼尚往来，殊难为今天那些道貌岸然者理解。

今天人们喜欢说人与人"只可共患难，不能同富贵"以及"金钱是友谊的腐蚀剂"，其实不无偏颇。只有在物质、重财的环境才会视钱财如洪水猛兽。那些喜用"视金钱如粪土"的豪言壮语来掩饰内心贪欲的人其心之污不可细数。真正的友谊可以同命运，也可以共财富。至于苏轼与王诜为书画而你争我夺更是坊间津津乐道的话题。

六、井深情更深

自熙宁四年（1071）十一月到杭州任通判，至熙宁七年（1074）九月调移山东密州任知州，苏轼第一次在杭州生活的时间为两年半。奇怪的是，由通判而知密州，明明是升迁非贬谪，诸多文献却将之归为苏轼官场坎坷和王安石对苏轼的打击，内中或许有一些官场奥秘和隐情不为人知。15年后元祐四年（1089），苏轼又以龙图阁学士充两浙西路兵马钤辖知杭州军州事，至元祐六年（1091）春天奉旨进京，他又在杭州生活工作了两年。四年多时间里，作为地方行政长官，苏轼处理过的政务涉及诉讼、文化、司法、教育、经济、税收、民生等诸多事务。史书留下了诸多政绩记录，坊间也流传无数脍炙人口的美丽故事。今天罗列起来看苏轼杭州任上所思所为，有一条以水贯穿心路始终的轴线，就如一副对联：

泉水、井水、湖水、潮水、洪水、运河水；

诗心、民心、军心、国心、佛心、天下心。

杭州平原，濒临东海，地下水浅表层一直有海水回灌，使得泉井咸苦不宜饮用，百姓苦之久矣。直到唐朝的李泌来做杭州刺史，始凿造六口水井，分布城区内外，将地下深层的淡水引到井中，使一城百姓饮用水水质大为改观。

唐长庆年间，刺史白居易又继续治湖浚井，添作石函隔绝自江而来的海水，百姓刻石湖上记其功绩。

约200年后，因年久失修，疏于维护，六井已颓败干涸，致使杭州居民的饮水又成了一大难题。陈襄太守莅事之初就主持了这件利民工程。陈襄命僧人仲文、子珪、如正、思坦等人共同来操持这六口便民之井的清洗修缮工程。宋朝寺院责司社会福利事业，所以才会有这样的安排。

四个和尚带领工匠，发沟易甃，完葺罅漏，施工时又发现了久已埋没的古方井，一起加以浚治。此后淡水涌至，民足于饮。再添建水闸，筑墙置钥，严加管护。看来民间常说的"三个和尚没水喝"也不尽然，四个和尚如能勠力同心，一样可以解决问题。

六井刚刚修复完成，来年春天又遇上了旱灾，江淮、浙右各地都缺少饮水，百姓苦不堪言，唯有杭州有赖六井，无饮水断缺之苦。作为参与此一市政工程的苏轼作《钱塘六井记》（《苏轼文集》卷十一），记述了工程始末缘由。

潮水避钱塘而东击西陵，所从来远矣。沮洳斥卤，化为桑麻之区，而久乃为城邑聚落，凡今州之平陆，皆江之故地。其水苦恶，惟负山凿井，乃得甘泉，而所及不广。唐宰相李公长源始作六井，引西湖水以足民用。其后刺史白公乐天治湖浚井，刻石湖上，至于今赖之。始长源六井，其最大者，在清湖中，为相国井，其西为西井，少西而北为金牛池，又北而西附城为方井，为白龟池，又北而东至钱塘县治之南为小方井。而金牛之废久矣。嘉祐中，太守沈公文通又于六井之南，绝河而东至美俗坊为南井。出涌金门，并湖而北，有水闸三，注以石沟贯城而东者，南井、相国、方井之所从出也。若西井，则相国之派别者也。而白龟池、小方井，皆为匿沟湖底，无所用闸。此六井之大略也。

熙宁五年秋，太守陈公述古始至，问民之所病。皆曰："六井不治，民不给于水。南井沟庳而井高，水行地中，率常不应。"公曰："嘻，甚矣，吾在此，可使民求水而不得乎！"乃命僧仲文、子珪办其事。仲文、子珪又引其徒如正、思坦以自助，凡出力以佐官者二十余人。于是发沟易甓，完缉罅漏，而相国之水大至，坎满溢流，南注于河，千艘更载，瞬息百斛。以方井为近于浊恶而迁之少西，不能五步，而得其故基。父老惊曰："此古方井也。民李甲迁之于此，六十年矣。"疏涌金池为上中下，使浣衣浴马不及于上池。而列二闸于门外，其一赴池而决之河，其一纳之石槛，比竹为五管以出之，并河而东，绝三桥以入于石沟，注于南井。水之所从来高，则南井常厌水矣。凡为水闸四，皆垣墙扃镝以护之。

明年春，六井毕修，而岁适大旱，自江淮至浙右井皆竭，民至以罂缶贮水相饷如酒醴。而钱塘之民肩足所任，舟楫所及，南出龙山，北至长河盐官海上，皆以饮牛马，给沐浴。方是时，汲者皆诵佛以祝公。余以为水者，人之所甚急，而旱至于井竭，非岁之所常有也。以其不常有，而忽其所甚急，此天下之通患也，岂独水哉？故详其语以告后之人，使虽至于久远废坏而犹有考也。

"六井记"溯源述流，对此惠民工程的记录颇为详尽。"遗憾"的是无一字记苏轼参与之功。诚高风亮节，只做实事尽应尽之责，而不计功利，与后世一些醉心于以"政绩"谋进身的官僚天差地别，更不必说那些懒政怠政却虚言饰过，只知以"面子工程"媚上欺下的无耻之徒。

七、分山理水

如果说仅仅是挖泉凿井,那么苏轼和水的关系美则美矣,好则好矣。若以器道认识形容,也还属浅小之工,或只是精致优雅的"似看翡翠兰苕上,未掣鲸鱼碧海中"的小打小闹。苏轼真正动了治理大江大湖的念头要从熙宁五六年间的湖州行谈起。

熙宁四五年间,荆公王安石制定的新法陆续颁行天下,浙西各地,除青苗、免役、市役外,更须兼行水利和盐法。这对江南地区,尤其是环太湖流域的国计民生都是伤筋动骨的大动作。

"有浪仰山高,无风还练静。秋宵谁与期?月华三万顷。"这是范仲淹咏太湖的诗句。太湖,古称震泽,或名五湖、笠泽,号称三万六千顷,周围八百里。[1]太湖水系庞大,入湖出江出海,纵横交

---

[1] 郦道元《水经注》载:"吴为泽国,其薮具区,其浸五湖。又曰震泽,曰笠泽,即今太湖也。"

错，泽润沃野。江浙富饶、文化昌盛都赖此湖。

宋代的太湖流域常年湖水泛滥，使沃野千里的太湖平原常归于荒败。自仁宗朝始，多方寻求对策，研究江南水利，以期疏防结合，还太湖以平静。范仲淹组织治水讨论，不过大多提出的是疏导海口的传统办法，并未能触及湖水泛滥的根本成因。不过，这次的治水讨论促进了新的、不同的水利工程学说的出现。此次讨论，苏轼同年进士苏州人郏亶的"治田利害大概"七条建议为宰相王安石采纳与赏识。

郏亶是水利专家，曾亲身考察过太湖水系及治水历史，撰有《吴门水利书》四卷，其《苏州水利六失六得》《治田利害七事》两篇幸存至今。他主张疏浚与筑堤相结合。"驱低田之水，尽入于松江，而使江流湍急"，既可冲刷河床淤泥，加速排水，还可最大限度地抑制豪族土地兼并，筑堤为田。

宰相王安石赞同此说，即派郏亶担任司农寺丞，提举兴修两浙水利。郏亶一上任即雷厉风行，退田还湖，因而触动了相关利益者的"奶酪"，遭到豪绅的反对。上任一年即去职，郏亶的水利工程无疾而终。

为了稳定江南局势，朝廷即派沈括赴江南善后。"括乃士人，习知其利害，性亦谨密，宜不妄举。"（《续资治通鉴长编》卷二百四十六）沈括实地考察后制订了自己的计划，奏报朝廷许可，并得到当地人民的一致支持。

熙宁五年十一月，苏轼受两浙转运使檄请，前往湖州实地考察。苏轼留意江南水利并萌生出分山理水，以大地为纸、江湖为墨，书写泽被一方大块文章的宏愿，此行是其发端。

湖州太守孙觉设宴招待苏轼。苏轼《赠孙莘老七绝·其一》（《苏轼诗集》卷八）中有记：

> 嗟予与子久离群,耳冷心灰百不闻。
> 若对青山谈世事,当须举白便浮君。

苏轼一改口无遮拦、直言时事之脾性,酒前申明莫谈国事,违者罚酒。不料此事在数年后的"乌台诗案"中竟成了不作为的罪例之一。真是人若走了霉运,连"不说话的自由"也会被褫夺。平心而论,苏轼之所以不说话,可能是他认为改筑石堤也不是解决太湖水患的治本方法,而自己又不擅长水利事务,确有难言之隐。不过他赠诗第二首流露的"不在其位,不谋其政"之无奈,可能就不这么简单了。

> 天目山前绿浸裾,碧澜堂上看衔舻。
> 作堤捍水非吾事,闲送苕溪入太湖。

"非吾事"和"闲送苕溪"分明是一种对水利工程大事作壁上观的散漫态度。这可能是落拓不羁的苏轼和友人间的一句闲话,然政敌后来据此扣罪"不作为"也并非空穴来风。

自古治水就是大事难事,凡涉及水害水利,工程越大越难说清楚。今天完全可以推测,苏轼在湖州没有对沈括等提出太湖石堤方案表态,并非他"没有说话的自由",而是他在思考分山理水的长治久安之策而非当下的权宜之计。他在做功课。这些经历和考量好像都是在为十几年后治理西湖做铺垫。经此一事,苏轼对水利工程态度大变,由消极旁观到积极组织参与,而且成就了造福百姓的功业。

元祐五年(1090)四月,苏轼给高皇太后上了一道表状,简述他疏浚西湖的计划和理由。五月,他又上书给门下、尚书各省,说若不急行设法，二十余年之后湖面将全被葑草遮蔽，杭州居民必将失去淡水来源。苏轼之爱湖之情溢于言表：

> 杭州之有西湖，如人之有眉目，盖不可废也。唐长庆中，白居易为刺史。方是时，西湖溉田千余顷。及钱氏有国，置撩湖兵士千人，日夜开浚。自国初以来，稍废不治，水涸草生，渐成葑田。熙宁中，臣通判本州，则湖之葑合，盖十二三耳。至今才十六七年之间，遂堙塞其半。父老皆言十年以来，水浅葑横，如云翳空，倏忽便满，更二十年，无西湖矣。使杭州而无西湖，如人去其眉目，岂复为人乎？（《杭州乞度牒开西湖状》，《苏轼文集》卷三十）

此项计划一蒙朝廷批准，苏轼马上开始与数千工人和船夫一起行动起来。接下来面对的问题是如何处理堆积如山的水草和淤泥。苏东坡计上心来，决定用这些水草和淤泥建筑湖上的长堤。那时湖滨全是富户的庭院别墅。由南岸步行到北岸的人必须顺着蜿蜒的湖边走大约二里之遥。修筑一条湖上直堤，除去供人步行，也可以为湖面增色，且大为缩短往返距离。此一道堤上一共有六座拱形的桥和九个亭子。费时四个月，工程完毕。

苏堤工程启动后遇到了两个实际问题。一是如何使湖中的恶草不再滋生。苏轼想到的办法就是把沿岸部分开垦出来租给农人种菱角，要求农人必须在自己的地段按期除草。他向中书省上书，请求确保此项收入必须用在湖堤和湖的保养上。第二个问题是淤泥不能筑堤，须从慧因高丽寺附近的山坡取用红土，但这又遭到僧人抵制，认为这会动了佛土的根气。这时苏轼慨然表示，堤非修不可，若神灵降责，那

苏轼护法石像

石像虽已断裂，但面部一线断纹多像巧夺天工的开颜一笑？今成万民仰视伟岸金身。

就由他一人领罪。苏堤终于完工。

苏堤提升了西湖的实用价值，有意无意之间，苏轼的设计丰富了西湖的空间变化，增加了西湖的美。一道苏堤画出了曲院风荷、柳浪闻莺、苏堤春晓……成了杭州人心上一道迷人的风景线，这道苏堤也成了后代感恩苏轼的一座永恒纪念碑。

谁也不会想到，在苏轼疏浚治理西湖906年后（1996），在慧因高丽寺遗址（如今的花家山庄）出土了一尊高约2.3米的圆雕文官石像，形制雄浑，巾袍端丽，峨冠博带，手持笏板，仪态肃穆。经鉴定该石像被确认为苏轼护法像。苏轼的护法石像如今矗立在西湖花溪畔。历经千年沧桑，石像肚子和嘴上有两道裂纹，给人带来了无限遐思。爱民者民爱，护民者神护。

此后苏东坡又准备试验更庞大的计划，要扩展江苏的运河系统——这是苏州城外一项宏大的拖船驳运计划。后来他还把在杭州西湖所做的工程也施之于阜阳的西湖。由于种种原因，这些计划有些没能实现，但相关文献中皆附有施工地图和详密计划，足以证明苏轼在水利工程方面的用心良苦和想象力。

八、告别西湖

　　长太息以掩涕兮，哀民生之多艰。——屈原
　　路有饥妇人，抱子弃草间。——王粲
　　田家秋作苦，邻女夜舂寒。——李白
　　安得广厦千万间，大庇天下寒士俱欢颜。——杜甫
　　自冬及于春，橡实诳饥肠。——皮日休
　　苦恨年年压金线，为他人作嫁衣裳。——秦韬玉
　　天公不见老翁泣，唤取阿香推雷车。——苏轼

　　自屈原启中国哀民诗之滥觞，历代不乏常怀天下忧之诗人步其后尘。然而像苏轼这样不仅以诗言志、心怀悲悯，且能尽职尽责实际为民操劳者不多，尤其是如他这般身体力行奔波于赈灾一线的官员更是寥寥可数。

　　时光过得真快，忽忽已来到熙宁六年（1073）岁末。除夕夜，身

负赈灾之责的苏轼独自在常州郊外船上守岁,四野空寂荒凉,远处似有隐隐哭声。诗人对这种躲在节庆背后的无聊与无奈原本就敏感,在这万家团圆的除夕夜,这种感觉更凄凉,更无奈。

熙宁七年(1074)春过丹阳,公务完毕续赴润州。对苏轼来说,杭州是他人生中最为惬意和温暖的天堂,此次离杭,冬去夏归,已是半年。陈襄来诗催他早点回去:"锦袍公子归何晚,独念沟中菜色民。"苏轼任务未了,思归不得。有感于行役之苦,而又思念在杭的家小,托名"代人寄远"作《少年游》词:

  去年相送,余杭门外,飞雪似杨花。今年春尽,杨花似雪,犹不见还家。
  对酒卷帘邀明月,风露透窗纱。恰似姮娥怜双燕,分明照、画梁斜。

在答钱塘令周邠(开祖)寄诗催归的回赠诗中又说:"羞归应为负花期,已见成阴结子时。与物寡情怜我老,遣春无恨赖君诗。从此年年定相见,欲师老圃问樊迟。""十年且就三都赋,万户终轻千首诗。天静伤鸿犹戢翼,月明惊鹊未安枝。君看六月河无水,万斛龙骧到自迟。"人生仕途,身不由己,如之奈何。

苏轼五月赴常州,游太平寺,观牡丹,再至宜兴,至同年好友单锡家。同游荆溪,览胜景,察民情,一路上民风淳朴、风光无限。

主客相携泛舟春溪,苏轼顿觉头脑清明,心情开朗,情不自禁地赞叹道:"一入荆溪,便觉意思豁然!"春天的欣悦之情溢于言表。

至常州,然后过无锡到苏州,与曾任御史后被王安石排挤出京、现在提举宫观的刘述相会,又同游虎丘、横塘、枫桥等姑苏胜景,盘桓流连数日。苏轼至炎夏六月才回杭州交差。这次常润赈饥一役,道路奔波足足七个多月。这时执政五年多的王安石已经罢相。苏轼总算等到了好消息。

苏轼自常润归杭州,太守陈襄已届瓜代之期,诏与知应天府的杨绘对调。陈襄设宴"有美堂"告别僚佐,苏轼受嘱赋《虞美人》:

> 湖山信是东南美,一望弥千里。使君能得几回来,便使樽前醉倒、且徘徊。
>
> 沙河塘里灯初上,水调谁家唱。夜阑风静欲归时,惟有一江明月、碧琉璃。

熙宁七年(1074)九月,苏轼以太常博士直史馆权知密州军州事。苏轼告别西湖,虽有千般不舍,然欣喜终于可以和时任山东的苏辙见面了。他在《密州谢上表》中,有"携孥上国,预忧桂玉之不充;请郡东方,实欲弟昆之相近。自惟何幸,动获所求"的感激之辞。

苏轼离开杭州时已是三个儿子的父亲了。除了夫人王闰之,还带上了后来与他同度患难的垂髫少女王朝云。

苏轼后来回忆在杭州的快乐生活和所受的委屈及种种辛劳遭际,真是千般滋味,万斛喜忧。寄同事周邠诗说:"西湖三载与君同,马入尘埃鹤入笼。东海独来看出日,石桥先去踏长虹……"心里的主旋律还是一种解脱释然和预感又可以有所作为的兴奋,杂然其间是仿佛听到了一种天高地阔的召唤。得兮失兮,这大概就是人生本来的样子。

苏轼进而从庄子哲学中体会出生命之最高价值在于精神之独立与自由。一个人要达到这种境界,则必先排除无穷的物欲及放纵的激情,这两者都是使人不能超然物外的桎梏。苏轼有「君子不器」儒学价值观,又有自由寄情于辞章的才华。当精神枷锁被挣脱,辞章面目能不为之一新。

柒

超然复超然 黄楼对黄昏

一、天灾人祸战犹酣

在某些简约版的苏轼年表里,1075年和1078年这两年是空白的,其中的原因是乏善可陈,还是另有隐情?神宗自十年前治平四年(1067)接棒英宗时就锐意改革,有重振朝纲的雄心大志,故才有他所支持的"新法"问世。从某种意义上讲,"新法"绝非偶然,"新法"是时事使然,是他和王安石一个台前一个幕后,两人联手出演的一出大剧。变法前期的王安石深得君心,同时也在朝野收获了不少支持。后因操之过急又与民争利,才引起元老派中有识之士的激烈反对与抗争,最后发展到朝廷不惜以严刑峻法来维系"富国而贫民"之政,实已与暴秦无异。故才在一个朝代的转折与危辱之际,刮起经久不息的政坛风暴。如今王安石执政也有六年,诉说新法难新的种种奏章络绎不绝地跑到皇帝的御书案头。政见之争、党同伐异、亲疏不辨、是非难分,如今又遇江南大水、中原虫灾、弃婴泣哭、盗贼蜂起,仿佛已致天怒人怨。加上王安石被迫辞职后的继任者吕惠卿等一味迎合神宗以武振国、用兵西夏的主张而撮持朝廷，致使矛盾更加激化，政见对立的两派视若仇雠。天灾人祸接踵而至，苏轼能不忧心如焚？这可能也是解释苏轼自杭州升迁到密州而并不欣喜的唯一说得过去的原因。

苏轼从杭州通判升任密州知府，成了名副其实的一方父母官，自然对职责也不可稍有怠惰。所以这段时间苏轼一边直接、间接地与张方平、范镇、司马光、刘邠、李常等人探讨时局，一边忙于治水、治虫、治盗匪，救穷、救灾、救婴儿。如果说当年苏轼反对"新法"还只是国家治理理论上的纸上谈兵，那么今天他发出的"与民休息"之呼吁则完全是从国计民生出发的务实条陈。

熙宁七年（1074）初冬，苏轼自杭州启程赴密州（今山东省诸城市）上任。途中行程一停再停，一变再变。他在湖州、海州（今属江苏省连云港市）两地逗留时间最长，原计划打算去济南看望苏辙也因时间仓促而放弃了。

我们现在可以从苏轼留下的诗文中捕捉到此行的相关信息。其中较有名的是那首七言《次韵陈海州书怀》（《苏轼诗集》卷十二）。

郁郁苍梧海上山，蓬莱方丈有无间。
旧闻草木皆仙药，欲弃妻孥守市阛。
雅志未成空自叹，故人相对若为颜。
酒醒却忆儿童事，长恨双凫去莫攀。

陈海州即福建晋江陈汝奭，亦高义人。陈是苏轼前辈，知海州时因急救灾民，未及申报朝廷就开仓放赈，为监司所奏，汝奭遂表态由他一人担责，不必罪及僚属。诚敢作敢为君子也。

自海州冲风冒寒径趋密州的道途情况见诸于文字的，世传还有

"野店鸡号"一阕，见《沁园春·赴密州早行马上寄子由》(《苏轼词编年校注》正编)：

> 孤馆灯青，野店鸡号，旅枕梦残。渐月华收练。晨霜耿耿，云山摛锦，朝露溥溥。世路无穷，劳生有限，似此区区长鲜欢。微吟罢，凭征鞍无语，往事千端。
>
> 当时共客长安，似二陆、初来俱少年。有笔头千字，胸中万卷，致君尧舜，此事何难。用舍由时，行藏在我，袖手何妨闲处看。身长健，但优游卒岁，且斗尊前。

稍晚于苏轼的元遗山认为"就中'野店鸡号'一篇，极害义理，不知谁所作（伪托苏轼），世人误为东坡。……如'当时共客长安，似二陆初来俱少年。有笔头千字，胸中万卷，致君尧舜，此事何难。用舍由时，行藏在我，袖手何妨闲处看'之句，其鄙俚浅近，叫呼炫鬻，殆市驵之雄，醉饱而后发之。虽鲁直家婢仆且羞道，而谓东坡作者，误矣"。按元遗山的意思，此诗粗鄙俚俗，连稍有格调的佣人也说不出口，怎么能是东坡所作？

"新传"作者备采此说，认为苏轼从来没有觉得"致君尧舜"是那么容易的事情，自己也不会是一个"袖手旁观"说风凉大话的人，遗山确有真知灼见。然此词至今仍被各种苏轼诗词集收录，谬种流传，不知何时可得订正。人们常言白纸黑字，焉能不信。殊不知对历史真相的"客观"记录中的捏造、伪托不在少数。故细辨之难全在予弃予取者的主观。

密州即山东诸城，一块经济和文化远落后于江南，被苏轼称为"桑麻之野"的穷乡僻壤。

密州迎接太守的不是官府衙门的敲锣打鼓，也不是百姓临街的携壶箪食，而是漫天蝗虫。累累相望，沿途二百余里，飞蝗扑来，上蔽天日、声如海浪，顷刻间绿野变赤地。惨不忍睹不足以形容蝗灾之害。

当时没有杀虫药，也来不及蓄养鸭子一类蝗虫天敌来拒害。我们不知道苏轼在密州"百日会战"灭蝗中做了些什么，但他对官府原先奏报"蝗不为灾"的睁眼说瞎话极为愤慨，一边斥之："将谁欺乎？"一边马上上奏朝廷报告密州蝗灾的严重情形，恳请朝廷蠲免秋税，或与倚阁青苗钱以资救济。天灾如狼、人祸似虎，二者皆应小心应对。很显然，苏轼不得不抓紧整治这个烂摊子。他同日上书宰相韩绛，除蝗灾外还说到"手实法"的流弊。

为所当为的苏轼对灾民的苦难感同身受，同时将自己在天灾人祸面前的无能为力收于笔端。"秋禾不满眼，宿麦种亦稀。永愧此邦人，芒刺在肤肌。平生五千卷，一字不救饥。……"诗中充满对密州百姓的恻怛之情，唯此民胞物与的人道主义精神，才能成就一棵灵魂超然物象、寄托深植乡土的大树。

人们常说穷山恶水出刁民。撇开社会原因不说，情况大致不错。

密州素来民风强悍，盗贼纵横。苏轼《上文侍中论强盗赏钱书》说："风俗武悍，特好强劫，加以比岁荐饥，椎剽之奸，殆无虚日。"苏轼有《论河北京东盗贼状》（《苏轼文集》卷二十六），略曰：

> 比年以来，蝗旱相仍，盗贼渐炽，今又不雨，自秋至冬，方数千里，麦不入土，窃料明年春夏之际，寇攘为患，甚于今日。……而近年以来，公私匮乏，民不堪命。
>
> 今流离饥馑，议者不过欲散卖常平之粟，劝诱蓄积之家。盗贼纵横，议者不过欲增开告赏之门，申严缉捕之法。皆未见其益

也。……今中民以下,举皆阙食,冒法而为盗则死,畏法而不盗则饥,饥寒之与弃市,均是死亡,而赊死之与忍饥,祸有迟速。相率为盗,正理之常。虽日杀百人,势必不止。

如何收拾这样一个烂摊子是对知府苏轼的严峻考验。《宋史·苏轼传》中特别记录了一件他缉盗捕凶的故事。他先是用悬赏调动民众和官府合力擒拿恶人,效果不错。不过这是一般官员皆会的处理办法。接下来的事,则可见苏轼心思缜密,为一般能吏所不及。有消息称,一帮强盗要劫掠来犯。安抚司派遣三班使率领悍卒来密州追捕逃犯,当地政府必然要与之协作,不料这批外来追捕强盗的悍卒,横暴凶残甚于强盗。百姓遂到太守衙门投诉,苏轼接状后看也不看就投其书于地,说:"必不至于有这样的事情。"那些作乱后散逃的官兵听到这个消息,原先四散匿藏后又逐渐集合聚拢,终被一网打尽。苏轼用"欲擒故纵"的手段,故作不信控告,以麻痹那些白天为兵、晚上为匪的恶人,最后将其除绝。

苏轼初知密州所见,除了蝗虫、盗贼为患之外,令其最心寒的是众多穷苦人家将婴儿丢在城外荒野。苏轼就想办法盘量"劝诱米",凡领养弃婴者,由政府每月给米六斗,劝令收养弃婴。如此一年以后,骨肉之爱已生,孩子与养父母之间自会生出难以割舍的亲情。

密州渐次安定下来后,苏轼差人修理破败的官舍、荒芜的庭园。园北原有一废旧城台,台上视野很好,稍加葺治,就成了一座冬暖夏凉,登高临远的高台。远山逶迤起伏,潍河蜿蜒伸展,风景甚是壮阔。

熙宁八年(1075)十一月台成,苏辙作《超然台赋》,苏轼作《超然台记》(《苏轼文集》卷十一):

……雨雪之朝，风月之夕，余未尝不在，客未尝不从。撷园蔬，取池鱼，酿秫酒，瀹脱粟而食之，曰："乐哉，游乎！"方是时，余弟子由适在济南，闻而赋之，且名其台曰超然。以见余之无所往而不乐者，盖游于物之外也。

熙宁九年（1076）中秋之夜，苏轼与僚友饮于超然台。酒后感慨万千，尤其是想到原指望北调能和弟弟苏辙亲近，不料至今仍难见面……苏轼将一时的惆怅改写成对天下苍生的祝福《水调歌头·丙辰中秋，欢饮达旦，大醉。作此篇，兼怀子由》（《苏轼词编年校注》正编），一首超越时光、千古共情的绝唱。

丙辰中秋，欢饮达旦，大醉，作此篇，兼怀子由。

明月几时有？把酒问青天。不知天上宫阙，今夕是何年。我欲乘风归去，又恐琼楼玉宇，高处不胜寒。起舞弄清影，何似在人间。

转朱阁，低绮户，照无眠。不应有恨，何事长向别时圆！人有悲欢离合，月有阴晴圆缺，此事古难全。但愿人长久，千里共婵娟。

苏轼此刻身登超然台，但并不完全超然地去看待自然界的情景变化，而是努力顺应自然规律，从中寻求"随缘自化"的生活意义。词中所有的设问皆非茫然失措，而是直指人心，以为共情。所以，尽管这首词基本上是情怀寥落的秋天吟咏，读来却并不缺乏"触处生春"、引人向上的韵致。

密州任上两年，苏轼有三首名垂千古之作传世。除《水调歌头·丙辰中秋欢饮达旦大醉作此篇兼怀子由》外,还有《江城子·猎词》(《苏轼词编年校注》正编)和《江城子·乙卯正月二十日夜记梦》(《苏轼词编年校注》正编)(后文中简称"记梦")。

  老夫聊发少年狂,左牵黄,右擎苍,锦帽貂裘,千骑卷平冈。为报倾城随太守,亲射虎,看孙郎。
  酒酣胸胆尚开张。鬓微霜,又何妨!持节云中,何日遣冯唐?会挽雕弓如满月,西北望,射天狼。(《江城子·猎词》)

  十年生死两茫茫。不思量。自难忘。千里孤坟,无处话凄凉。纵使相逢应不识,尘满面,鬓如霜。
  夜来幽梦忽还乡。小轩窗。正梳妆。相顾无言,惟有泪千行。料得年年肠断处,明月夜,短松冈。(《江城子·乙卯正月二十日夜记梦》)

"记梦"情真意深,词隽语秀,被冠以"千古第一悼亡词"。对亡妻王弗的思念沉淀十年,为什么会在密州爆发出来?这个梦境之问可以留待后人解开。比"记梦"更难以解释、更诡异的是《江城子·猎词》,它对我们认知现实苏轼不可或缺。其难解的原因不是用典艰深、辞章古奥,而是这次"出猎"描写的其事、其情、其意、其指与史传大相径庭。四十岁能称老夫吗?"锦帽貂裘,千骑卷平冈"是一个蕞尔小城的太守苏轼吗?"为报倾城随太守"是当时水深火热中的密州可能出现的万民拥簇太守出猎的景象吗?种种谜团,解无可解。唯一能说得过去的,是这位无双国士的"江城子"词中的豪情,一是以梦写真,一是寄真于梦。苏轼在苦难中发现了生死之间还有一个梦里梦外的"第三世界"。哲思的升华提振了文心的深化与敏感，这样就从逻辑上理顺了苏轼为什么能在密州收获文学大丰收。

关于《江城子·猎词》的种种狐疑也只能是猜想。《苏轼年谱》中明明记有"'数日前，猎于郊外，所获颇多。作得一阕，令东州壮士抵掌顿足而歌之，吹笛击鼓以为节，颇壮观也。'所叙乃此时事"是不容怀疑的。看来解惑还待后人。

这一年岁末，苏轼接到移知河中府诏书。

二、我思家国

苏轼用一首《水调歌头》为自己四十年的人生经历画上了一个阶段性句号。无论前程如何阴晴圆缺变化，他已经准备好"我心似月"的空明和决绝。

熙宁十年（1077）正月，苏轼一家离开胶东半岛，冒着大雪朔风一路向西，准备去山西河中府上任。行近济南时，齐州（今山东省济南市）知府李常已经派属下携诗来迎。六年前，谏官李常也因反对王安石新法而被外放鄂州，他曾远赴杭州看望比自己小10岁的苏轼。两人诗酒唱和，纵谈国事，互相鼓励。分别时，苏轼有《蝶恋花·暮春别李公择》（《苏轼词编年校注》正编）寄情：

簌簌无风花自堕。寂寞园林，柳老樱桃过。落日多情还照坐，山青一点横云破。

路尽河回人转舵。系缆渔村，月暗孤灯火。凭仗飞魂招楚些，我思君处君思我。

这次李常派人远迎高接，正是出于两位同道中人的深情厚谊，亦是这类性情中人"诗酒趁年华"欢快人生的放达做派。于是苏轼在揽辔徐行的马上吟出："敝裘羸马古河滨，野阔天低糁玉尘。自笑餐毡典属国，来看换酒谪仙人。"在这首《至济南，李公择以诗相迎，次其韵二首·其一》诗中，苏轼将李常称为诗仙李白，而将自己比作北海牧羊的苏武。

抵齐州时，去年冬天离家的苏辙还没有回归。三个侄儿苏迟、苏适、苏远都在风雪中迎候。亲人团聚，"酒肉淋漓浑舍喜"。在此期间苏轼又少不了与李常剧谈纵饮，仿佛二人都泡进酒坛子里去了。

苏辙去年冬天匆匆赴京，是因为朝局发生了重大变化，有意去做一番观察。王安石二次拜相后，形势早已物是人非。"新传"分析为，神宗皇帝对新法的信心也不如往昔，致使王安石一时无可作为，遂屡次称病求去，是可信的。加上独子王雱又突然病亡，此老身心俱疲，遂坚辞解职。神宗知道留也难留，留亦无用，才命其以使相判江宁府归居金陵，时在熙宁九年（1076）十月。这颗政治上的太白金星，从此隐没于浮云弥散的天空。

新政派的大佬既皆罢黜，神宗只得以吴充、王珪并同中书门下平章事。

吴充与王安石进士同年，私人关系非常密切。经王安石的提拔，吴充被擢为三司使、枢密副使等要职。但在政治上吴充却并不赞同王安石的作为，屡次向皇上陈说新法的种种不利。神宗也因为他一向中立执正，亲归亲、理归理，不会以私害公，所以用以为相。

吴充一上台即请皇帝召还司马光、吕公著等旧臣，在吴充看来，当下是北宋政治反思修正的契机。其时，苏辙适罢齐州掌书记的职务，他也想捕捉这个变局的机会，遂赴京上书皇帝，力言青苗、保甲、免役、市易四事的弊害，请求朝廷即行罢黜前述四大法，不要迟迟不决，以失天下民心云云。

物以类聚，人以群分。苏辙这次赴京顺理成章地借宿在范镇的东园。范镇和苏轼有同乡之好，苏轼出生的第二年范镇就以进士第一名高中，后为翰林学士，与欧阳修等人共修《新唐书》。苏范两家交好的重要原因还是他们在政治上有默契。苏辙此行的性质是一次政治旅行，所以他答应蜀公（范镇）留在东京过年也就不难理解了。

苏轼驻留济南有李常做伴也不寂寞。其间游大明湖还临水设宴，折花为会。李常又郑重推荐了黄庭坚，此前黄庭坚岳父孙觉曾有引荐，其舅舅李常的二次推荐引起了苏轼的注意。

新年一过，二月初苏轼便离齐赴任。

兄弟执手于澶濮之间的道上。自苏轼杭州任后移知密州至此，二人已经分别整整七年。

苏轼兄弟相约同往河中，不料行至陈桥驿，苏轼奉接诏书，又徙知徐州军州事，两人便转道汴京。想不到至京师的陈桥门时却为门官所阻，门吏称当时有旨，外官非奉诏一律不许入京。二人只好同回东园暂住。《栾城集》诗《寄范丈景仁》有云：

> 敝裘瘦马不知路，独向城西寻隐君。
> ……
> 欣然为我解东阁，明窗净几舒华茵。
> ……
> 及门却遣不得入，回顾欲去行无人。
> ……

此事颇为诡异。苏轼兄弟不可能不知道外官不奉诏不得入京的规定，这次似是有人作梗，不想苏轼有面见神宗的机会。其中的政治玄机史料无记载，只能存为疑案。

苏氏兄弟在东园时，一日范镇忽称有嵩洛之游。宾客在家，岂有主人出走之理？又一蹊跷事也。

> 小人真暗事，闲退岂公难。
> 道大吾何病，言深听者寒。
> ……
> 西游为樱笋，东道尽鹓鸾。
> ……

这是苏轼为范镇写的送行诗，内中寄托了对范镇西行的殷殷之望。据此可以推知是商定好的行动。

《次韵景仁留别》中"临行一杯酒，此意重山岳"将他们正在进行的计划说得更加明白了，即为鼓动那位在洛阳闭门修史的司马光出来匡救时弊，抚慰苍生。

范镇到洛阳后与司马光的讨论详情虽不清楚，但司马光曾自洛阳贻书吴充，书曰：

> 自新法之行，中外汹汹。民困于烦苛，迫于诛敛，愁怨流离，转死沟壑，日夜引领，冀朝廷觉悟，一变敝法，几年于兹矣。今日救天下之急，苟不罢青苗、免役、保甲、市易，息征伐之谋，而欲求成效，犹恶汤之沸，而益薪鼓橐也。欲去此五者，必先别利害，以悟人主之心。欲悟人主之心，必先开言路。今病虽已深，

犹未至膏肓。失今不治，遂为痼疾矣。（《宋史·吴充传》）

司马光此函与苏辙上神宗皇帝书里的建议如出一辙，这些蛛丝马迹都不仅仅是一般的心意相通。

熙宁年间，荆公变法原是顺应时势，开风气之先。苏轼虽与王安石分属两派，起初仅是政见部分存异，部分求同。当时的纷争，更多的不是要不要变法，而是怎么变，如何变。然于此有不同认识者亦不少，后世尤以受"二程"影响的朱熹之见最为荒诞。他对王安石与苏轼的矛盾斗争作出了"以小人之心度君子之腹"的错误判断。

熙宁更法，亦是势当如此，凡荆公所变更者，初时东坡亦欲为之。及见荆公做得纷扰狼狈，遂不复言，却去攻他。（《朱子语类》卷一百三十）

事实是朱熹论苏轼不仅属门户之见不公允，更像是"以小人之心度君子之腹"。仅从时间上讲，苏轼批评新法在变法之初，岂是看王安石失势狼狈才落井下石。如果换一个人把时间弄错也许是无心之过，可朱熹怎么会错？个中隐情不得而知。

苏轼的思想版图，有三个极具象征意义的构成，那便是他在诗文图画中常常表现出的鸿、鹤、马。鸿飞九天，不留印痕；鹤舞囚笼，孤影入梦；立马短辕，归田负重。它们伴随在苏轼的逆旅人生中，一起在顺逆之境中因变而变，又从不违背初衷。一个成熟的政治家所作的困兽之斗和一个孟浪少年的一往无前是不可同日而语的。且以苏轼咏马、论马来观察此反映出的内心微妙变化。

一日，驸马王诜送来韩幹画马十二匹，共六轴，求苏轼题跋。苏轼论马（画）之作甚多，他坚持一个信念：美好的生命，只存在于自由驰骋之中。苏轼见韩幹《牧马图》上十二匹马，在平沙细草上争先驰驱，有人马相得之趣。《书韩幹〈牧马图〉》（《苏诗补注》卷十五）诗赞：

> 往来蹙踏生飞湍，众工舐笔和朱铅。
> 先生曹霸弟子韩，厩马多肉尻脽圆。
> 肉中画骨夸尤难，金羁玉勒绣罗鞍。
> 鞭箠刻烙伤天全，不如此图近自然。
> 平沙细草荒芊绵，惊鸿脱兔争后先。
> 王良挟策飞上天，何必俯首服短辕。

诗中"何必俯首服短辕"，虽是苏轼哀马亦自哀之叹，更是为士人多被权贵驱使奴役却又无可奈何的叹息。

范镇去洛阳费时一月余就打了一个来回，可谓来去匆匆。然而他们三人的希望都因司马光并未答应而落了空。

五月初，司马光将所作《独乐园记》寄往徐州。司马温公洛阳所筑独乐园规模不大，难与汉唐时洛阳所建的其他名园相比。宋人李格非《洛阳名园记》里说："独乐园极卑小，不可与他园班。其曰读书堂者，数椽屋，浇花亭，弄水种竹轩尤小……公自撰《独乐园记》，略云：……中有堂曰读书堂，堂北为沼，沼有庐曰钓鱼庵。沼北曰种竹斋，沼东曰采药圃，圃南为六栏，栏北曰浇花亭。又于园中筑台作屋，曰见山台，合而命之，曰独乐园。"

苏轼作诗，题为《司马君实独乐园》（《苏轼诗集》卷十五），此诗意不在园，而以霖雨苍生寄望温公，他仍在努力劝说，希望司马光能出山理政。诗曰：

……………
　　先生独何事，四海望陶冶。
　　儿童诵君实，走卒知司马。
　　持此欲安归，造物不我舍。
　　名声逐吾辈，此病天所赭。
　　抚掌笑先生，年来效暗哑。

天真的苏轼心思终究还是落了空。此刻司马温公退居洛阳，所谓"绝口不言事"，只因此刻出山时机尚不成熟。司马光所说主要是指皇帝的"脸色"。群臣畏惧神宗专制，规劝无用，不如沉默。但不甘沉默的苏氏兄弟过应天府（今河南省商丘市）拜谒张方平时，唯张方平慨然道："总得有人肯说逆耳之言，我已七十一岁，老且将死，祸福在所不计。"于是由张方平出面，苏轼主稿撰《代张方平谏用兵书》（《苏轼文集》卷三十七）。今天读来，这封奏书颇像一篇"和平主义者"的反战宣言，略曰：

　　臣闻好兵犹好色也。伤生之事非一，而好色者必死。贼民之事非一，而好兵者必亡，此理之必然者也。……
　　兴师十万，日费千金，……内则府库空虚，外则百姓穷匮。饥寒逼迫，其后必有盗贼之忧，死伤愁怨，其终必致水旱之报。上则将帅拥众，有跋扈之心；下则士众久役，有溃叛之志。变故百出，皆由用兵。……是以圣人畏之重之，非不得已，不敢用也。

文中细数历代用兵乃非不得已之下下策，并于结尾说：

　　凡有血气之伦，皆有好胜之意。……今陛下盛气于用武，势

題宋人伴桐圖
延春閣中散
永日畫堂深
名筆宋元代
詩情晉宋心
坐來人伴桐
靜聽洞中琴
乙卯夏日御題

《洛阳耆英会图》明 佚名 台北故宫博物院藏

此立轴佚名、无款印，该图现注签为宋画。画中山峦四围，古木长松，厅堂敞开，厅外溪桥野梅，鹿鸣呦呦，洛下耆英十三人错落其间。画中人物安排井然有序，聚散呼应构思巧妙，诚为佳构。但从气象、技法、材料等方面看，疑为明人仿其之作。无论如何说，由于工细摹写、画面生动，对今天直观认识北宋风尚是一件难得的资料。

该图记录的是富弼、文彦博、司马光等北宋重臣的洛阳雅集。昔日宰相文彦博还请司马光为此作序。

昔白乐天在洛，与高年者八人游，时人慕之，为《九老图》传于世。

宋兴，洛中诸公继而为之者凡再矣，皆图形普明僧舍。普明，乐天之故第也。元丰中，文潞公留守西都，韩国富公纳政在里第，自余士大夫以老自逸于洛者，于时为多。潞公谓韩公曰："凡所以慕于乐天者，以其志趣高逸也，奚必数与地之袭焉？"一旦，悉集士大夫老而贤者于韩公之第，置酒相乐，宾主凡十有一人（一说十三人）。既而图形妙觉僧舍，时人谓之"洛阳耆英会"。

……

会约：

序齿不序官；

为具务简素；

朝夕食各不过五味；

菜果脯醢之类共不过二十器；

酒巡无算，深浅自斟，饮之必尽，主人不劝，客亦不辞；

逐巡无下酒时，作菜羹不禁；

召客共用一简，客注可否于字下，不别作简；

会日早赴，不待速；

右有违约者，每事罚一巨觥。

司马光文章最难得的是为"耆英会"立了详细的规矩。其中只论年序、不计官位和一切尚简的要求，今天看来依然有趣，可为殷鉴。

不可回。臣非不知，而献言不已者，……且意陛下他日亲见用兵之害，必将哀痛悔恨，而追咎左右大臣未尝一言。臣亦将老且死，见先帝于地下，亦有以借口矣。惟陛下哀而察之。

这篇犯颜直谏的文章，虽理正言直，文辞恳切，但当时战争形势已如张弓搭箭不得不发，并不因此就可改变。这场"永乐城之战"除宋军主将徐禧战死外，同时作为鄜延路经略安抚使的沈括也因先前主战成为替罪羊却多不为人知。朝廷以"措置乖方"的罪名将他贬谪。从此沈括在仕途上一路下滑，直至元祐四年（1089）获准在外州居住，沈括就举家迁至早年在润州购置的梦溪园，自此开始写作并完成了共计30卷本，被英国学者、中国科技史研究专家李约瑟评价为"中国科学史上的坐标"的《梦溪笔谈》。

真乃造化弄人。我们不得不感叹，作为政坛一员，沈括是糟糕失败的；作为科学家，沈括是成功杰出的。

三、黄楼的黄昏

"问汝平生功业，黄州、惠州、儋州。"

《自题金山画像》诗中的这句是人们非常熟悉的。可是我们千万不可以就认为苏轼的功业仅此三个流放之地，那不过是一种诗意的表达，是苏轼对自己在逆旅人生的低谷中精神不倒的欣然回顾，是对世俗功业淡然视之的谦卑，甚至在金山寺梵呗声声、香火缭绕的弥留中，兴许他认为自己的一切成就不过是佛陀《金刚经》中如是我闻的"无相布施"，而自己在黄州、惠州、儋州的苦难与觉醒才是值得感恩的生活。诗是诗，不是人生总结。梳理苏轼的漫漫仕途，其所到之处除北宋京师汴京外，还有岐州（今凤翔南）、杭州、密州、徐州、黄州、登州、颍州、扬州、惠州、儋州等，至少十州之数。

林语堂较早注意到这一点，一个人的平平淡淡值得感怀，不一定是那些波峰浪底、大起大落时的精彩才值得珍视。他认为苏轼真正的生活是从40岁开始的，也就是从徐州任上"黄楼时期"开始的。苏轼现在开始露出了"庐山真面目"。因为这是他人生"功业"中除诗词文章外，首次独当一面施政造福一方，为世所知。徐州任上的苏轼日理政务、夜继研读，外忙公务、内理家私，他的生活便是如此一个风车轮连轴转的节律。苏轼让我们看到了"有所为，有所不为"君子人格的同时，又让我们见证了"君子为当所为，无所不能"卓越才华的另一面。

过去在杭州，他始终充任陈襄太守辅佐官员，不能主动谋划那些建设性的重要工作。而在密州期间，他虽然身为太守，但因地方贫穷而偏远，也无大展才能的经济条件。作为徐州太守，一个充实、完满、练达、活跃、忠贞的苏轼出现了，这才是百姓爱戴的苏轼，一位温和诙谐，百姓"望之俨然，即之也温"的伟岸人物。因"乌台诗案"被捕遭受流放之前，他在徐州太守任上所表现的政绩已经证明了苏轼不仅是一个锦心绣口、下笔神飞的知识分子，而且是一个不折不扣的行动派，一个执行力惊人的行政官员中的一流干练之才。

徐州自古即是九州之一。公元前楚汉相争，项羽建都时叫彭城。但它真正出名，是由于东汉末年的那场著名战争"官渡之战""前哨战"的"徐州之战"。此后，这个扼苏、鲁、皖三省要冲的一方土地就成了政治军事家必争的要地。相反，生于斯长于斯的徐州人则苦之久矣。直至近现代，战祸依然。1948年，解放全国的征战中，就数淮海战役规模最大、时间最长。

地方长官的要务首先是保一方平安。徐州民风彪悍，平日盗贼纵横是一害。距州府七十里的利国监有众多大户人家，往往仓廪充足，金帛山积，然防范单薄，殊难抗击悍匪。又由于当地生产兵器的三十六个冶场驻军微薄，一旦发生盗警和骚乱，吏兵不战而惧，往往弃守溃逃。则强盗既得财帛，更得精良兵器，日后祸害更甚。苏轼上任之初便对此危情洞若观火。他首先状奏朝廷，请求解除利国监铁团冶户组团自卫的禁令，组织民团自保。又请朝廷命令南京新招骑射指挥，兼领沂州兵甲巡检公事，借以充实地方军力……使周围盗贼不敢轻起觊觎之心。权力有限的知州，为所当为也。

宋时徐州出产花岗石和铁矿，冶金技术又发达，徐州打造的刀剑闻名遐迩。冶铁需要强大的火力，而"彭城旧无石炭（即煤炭）"，烧木炭、炼钢铁常苦于火力不足。苏轼上任后闻徐州地下蕴藏石炭，为解决生产之根本问题，就开始遣人各处勘寻，于元丰元年（1078）十二月探获煤矿后又组织生产。从此徐州有铁有煤，打造出来的兵器犀利更胜往常，苏轼作《石炭》诗曰：

> 岂料山中有遗宝，磊落如磬万车炭。
> 流膏迸液无人知，阵阵腥风自吹散。
> 根苗一发浩无际，万人鼓舞千人看。
> 投泥泼水愈光明，烁玉流金见精悍。
> ……

一方平安虽重要，但最终目的还是保障经济发展，安民生。

苏轼到任不久，黄河决口于澶州曹村。洪水奔腾而至，倏忽间有吞没整个城市的危险。当地吏民惶恐，不知如何是好。应言僧人建议凿开清冷口，用分流疏导的办法使洪水由东北入海。

万分危急之时，官吏不相信和尚建议，依旧无休无止地讨论如何应对。在堵无可堵时唯有分流才能解燃眉之急，苏轼选择相信僧人进言，决定凿开清冷口分洪。

不久后河灌东平，洪水滔滔进而直逼徐州城下。"水穿城下作雷

作者在黄楼镇河牛前 摄影 杨佳黎

鸣，泥满城头飞雨滑"，情势变得更加可怕。一时水漫彭城，满眼一片汪洋。此刻若有一处倾塌，整个徐州城就会淹进水底。惶恐不安的城中富民争相外出避难，除道途壅塞外，更令情势陷入混乱。

徐州不同东平。苏轼审时度势，这次弃疏为堵。一边下令劝阻逃离的富户，一边冒雨入武卫营劝说禁军也出一份力量。武卫营将军慨然道："太守不畏水，我等何惧……"于是和苏轼一起派出奉化、牢城兵卒抗洪，众人短衣赤脚各持畚锸等工具，会合民夫一同加入抢险大军。

经勘察，苏轼认为抢建防水堤是眼前唯一可行的办法。遂紧急征召五千余民夫，会同武卫军的兵丁日夜不停赶筑，很快筑起从戏马台起至城而止的水坝，一道全长九百八十四丈的长堤。同时下令集中几百艘公私船只系缆城下，以缓解水力对城壁的冲击。至九月二十一日洪峰冲来时，水被挡在城外，民心始定。

抗洪中，苏轼日夜在城上巡视，随时派遣官吏分头堵守，夜晚他就宿在城上……大水经历七十余日，至十月初五渐见消退。十三日澶州大风，风停后，终于获报黄河一支流已复入故道，水患就此得止。苏轼写下《河复》一诗，叙曰："乃作《河复》诗，歌之道路，以致民愿而迎神庥，盖守土者之志也。"喜悦之情，溢于言表。

灾后有人建议在荆山下筑沟容水，苏轼多方勘考防洪对策，认为在城外加造外小城是长治久安之法。议定即上奏朝廷，请准兴建。久等不见批复，苏轼揣度或许是预算过大，故紧缩经费，改筑"木岸"。同时致函时任国史院编修官的刘攽，托他帮助通过这项计划，书曰：

> 曾擘画作石岸，用钱二万九千五百余贯，夫一万五百余人，粮七千八百余硕，于十月内申诏使，仍乞于十二月已前画

旨。……今别相度，裁减作木岸，工费仅减一半，用夫六千七百余人，粮四千三百余硕，钱一万四千余贯，虽非经久必安之策，然亦足以支持岁月，待河流之复道也。若此策又不行，则吾州之忧，亦未可量矣。今寄奏检一本，奉呈告贡父与令侄仲冯力言之，……此事决不可缓。若更下所属相度，往反取旨，则无及矣。……某岂晓土功水利者乎？职事所迫，……念此一城生聚，必不忍弃为鱼鳖也。……

元丰元年（1078）二月初四，神宗皇帝降敕奖谕批准，敕曰：

敕苏轼：

省京东东路安抚使司转运司奏：昨黄河水至徐州城下，汝亲率官吏，驱督兵夫，救护城壁，一城生齿并仓库庐舍，得免漂没之害，遂得完固事。

河之为中国患久矣，乃者堤溃东注，衍及徐方，而民人保居，城郭增固，徒得汝以安也。使者屡以言，朕甚嘉之。

同时"有旨赐钱二千四百一十万，起夫四千二十三人，又发常平钱六百三十四万，米一千八百余斛"，准予募夫三千二十人，改筑外小城，创建木岸四条，大坑十五处，尽加堵塞。工程中发现子城的东门当水之冲而府库即在是处，地甚狭窄，不能作城。苏轼就将城门扩大，护以砖石，城门上建一大楼，取黄土克水之意，名曰"黄楼"。当建楼木材尚缺时，苏轼的目光盯上了廨内一座旧厅堂，民间传是项羽所造"霸王厅"。项羽自立为西楚霸王时定都彭城，深受一城百姓敬重，有戏马台、霸王厅古迹记其功业，故传说谁敢冒犯使用必有祸

《黄楼赋图》元 夏永 美国大都会艺术博物馆

元代夏永所绘《黄楼赋图》是依据苏辙《黄楼赋》(见图中小楷)而创作。图绘楼阁巍峨、重檐高举、凌空眺远,颇为壮观。显然是画家的再创造,未必和实景吻合。

害，所以久成废置。苏轼偏偏不信邪，又恶其淫名非实，下令将霸王厅一举拆毁，而拆下来的材料用在东门建造实用而又壮观的大楼。能融通，能变通，能实干，能坚持，怎能不成功？

苏轼将这次抢救水灾的经过记其大略为《奖谕敕记》，连同皇上诏书，刻石志于黄楼（《熙宁防河录》有详记黄楼营造始末）。

常言新官上任三把火，苏轼也不例外。不过这"三把火"不是他立威、立德、立言的施政三板斧，而是迎面而来的平贼乱、谋石炭、治洪水。

对于徐州任上的这些事，苏轼无不亲力亲为、身先士卒，他既能疏堵变通，因时、因地、因情地处置突发事件，又能协调军民、沟通中央政府和地方百姓。林林总总的务实措施和合理机变的大局观，岂是一介书生能胜任的？徐州知府苏轼之作为，不仅刷新了人们对儒生唯能空发议论、百无一用的认知，也让人们看到了中国古代造福一方的能官干吏是什么样的。他们应该是当地最智慧、最辛苦、最亲民、最仁慈、最道德、最勇敢的人，否则何来"父母官"一说？

总的来说，自熙宁七年（1074）诏移密州，到调任河中府、知徐州、知湖州以来，这四年多的仕途生涯并非苏轼的政治生涯空窗期。至于苏轼在某些诗文中流露出的抑郁，只能算是"公无渡河苦渡之"的精神低落期，是"浊酒洗清肠"的苦闷期，是即将到来的杀身之祸潜伏期。

四、山抹微云自飘零

元丰元年（1078）寒食节，李常齐州任满，移淮南西路提点刑狱，他趁此机会从济南到访徐州。李常虽是严肃学者，但却好酒又好色。这次苏轼一洗书生酸气，设豪华寒食宴，召伶伎侑酒，又亲撰《宴提刑学士致语》来欢迎李常。苏轼座上作诗："清明初过酒阑珊，折得奇葩晚更妍。春色岂关吾辈事，老狂聊作坐中先。醉吟不耐欹纱帽，起舞从教落酒船。结习渐消留不住，却须还与散花天。"（《坐上赋戴花得天字》）

人们常说"主雅客来勤"。人们也常视诗书为雅，酒肉为俗。如此看孔子"有朋自远方来，不亦乐乎"句，则好朋友相见即是又雅又乐，和酒肉没什么关系。苏轼如此待客岂非有违圣人之教？其实孔子所言朋友相将并非只有诗书，没有酒肉。我猜想苏轼未能免俗，他的待客之道一定是"没有酒肉，何来朋友？光有酒肉，不是朋友"。读者朋友千万不要以为我只是在说笑，这一点对理解古风、理解苏轼的生活态度很重要，也是苏轼能够雅俗共赏，能够在率性而为的生活中又俗又雅、玲珑剔透，让所有心怀真善的人想不爱这个人都难的重要原因。

李常去后不久，又有两位与他有关的杰出后辈到苏轼门下投贽请益，一是秦观，一是黄庭坚。

苏轼当时文名满天下，学界公认苏轼接续了大宗师欧阳文忠的衣钵。

秦观，初字太虚，后改少游，扬州高邮人。生于仁宗皇祐元年（1049），时年三十。

是时他将赴京应举，得李常推荐，赴京前投诗为贽往见苏轼。

> 人生异趣各有求，系风捕影只怀忧。
> 我独不愿万户侯，惟愿一识苏徐州。
> ……
> 故人（李常）持节过乡县，教以东来偿所愿。
> 天上麒麟昔漫闻，河东鸳鸯今才见。
> 不将俗物碍天真，北斗以南能几人。（《别子瞻》）

苏轼先前已经看过秦观的文字，赞其文有珠圆玉润之美。如今得见这位方正不苟、风神倜傥、语言婉转的学士，印象更好。

那个时代读书人想博一个好前程只有参加科举考试一条出路，无论才华多么优秀，也必须先通过这段狭窄的瓶颈，否则一辈子就只能陷于泥沼。因秦观有过一次落第的挫折，苏轼当时对秦观最大的关切是他的科举考试，于是赠诗鞭策鼓励他。《次韵秦观秀才见赠，秦与孙莘老、李公择甚熟，将入京应举》（《苏轼诗集》卷十六）：

……

故人坐上见君文，谓是古人吁莫测。

新诗说尽万物情，硬黄小字临黄庭。

故人已去君未到，空吟河畔草青青。

谁谓他乡各异县，天遣君来破吾愿。

一闻君语识君心，短李髯孙眼中见。

江湖放浪久全真，忽然一鸣惊倒人。

纵横所值无不可，知君不怕新书新。

千金敝帚那堪换，我亦淹留岂长算。

山中既未决同归，我聊尔耳君其漫。

秦观因考期迫近不能久留，苏轼约他考后再来徐州。是年重九，黄楼落成，秦观写了一篇《黄楼赋》寄来，苏轼作诗为谢，称其清新婉丽，有"屈宋之才"。"屈宋之才"这一评价被写进了《宋史·秦观传》中，成为秦观文学成就的千古定评。可不料，命途多舛的秦观又再次落第，他一时精神颓丧，径回高邮去了。苏轼对秦观落第大为不平，愤然道："回看世上无伯乐，却道盐车胜月题。"秦观出身贫寒，"敝庐数间""薄田百亩""家贫素无书，而亲戚时肯见借，亦足讽诵"。心情抑郁中的秦观多次寄信给苏轼，倾诉他落第之后所遭受的来自亲友的白眼："亲戚游旧，无不悯其愚而笑之。"这一切遭际，致使他"深居简出，几不与世人相通"，将自我与社会隔离开来。对于低谷中的秦观，最大的慰藉莫过于捧读苏轼的来信，"把玩弥日，如晤玉音，释然不知穷困憔悴之去也"。秦观初见苏轼就有"我独不愿万户侯，惟愿一识苏徐州"之叹。苏秦二人这时已成终身莫逆。秦观的学术成就，不仅为王安石赏识，《四库全书总目提要》甚至称秦词"情韵兼胜，在

債君知立蘊此是賊人生一病今先差
但恐此心終未了不見不聞還是礙今君
疑我特伴新坡作嘲詩窮險怪須防
額瘴生三尺羨放筆端風雨快
次韻秦太虛見戲耳辞

君不見詩人借車無可載每得一錢
何乏賴晚年更似杜陵翁右臂雖存
耳先聵人將蟻動作牛鬭我覺風
雷真一噫閉塵掃盡根性空不須更枕
清流派大朴初散失混沌六鑿相攘更
朦壞眼花亂墜酒生風口業不停詩有

《次韻秦太虛見戲耳聾》宋 蘇軾 台北故宮博物院藏

苏、黄之上",这当然是一家言。

元丰二年(1079),秦观听到许多对苏轼不利的消息,但苏轼似乎像聋了一样,一点儿也听不到别人对他的议论。秦观替他着急,就寄诗"嘲笑"苏轼为什么年纪轻轻就患上了耳聋的毛病。苏轼以《次韵秦太虚见戏耳聋》(《苏轼诗集》卷十八)答之:

> 君不见诗人借车无可载,留得一钱何足赖。
> 晚年更似杜陵翁,右臂虽存耳先聩。
> 人将蚁动作牛斗,我觉风雷真一噫。
> 闻尘扫尽根性空,不须更枕清流派。
> 大朴初散失浑沌,六凿相攘更胜败。
> 眼花乱坠酒生风,口业不停诗有债。
> 君知五蕴皆是贼,人生一病今先差。
> 但恐此心终未了,不见不闻还是碍。
> 今君疑我特佯聋,故作嘲诗穷险怪。
> 须防额痒出三耳,莫放笔端风雨快。

这首诗的墨迹流传了下来,现藏台北故宫博物院,书风神采峭逸,沉稳雄浑,是学苏轼书法必临之帖。而如果细读王文诰对此诗的笺注,破解诗中运用的典故,又可以进一步了解苏轼诗的鲜明特点——豪放为君,笔力纵横;婉约为臣,穷极变幻。

在苏轼的学生中,秦观是个感情极其丰富而敏感的人,故而他的文字专写婉约之情、清丽之景。有人讥其纤弱,秦观自己也觉得这是他在少年时用心作赋养成的习惯,因而填词虽开"婉约"一派,然写诗也无法摆脱"词人之诗"的风貌。

比如他最有名的《满庭芳》：

> 山抹微云，天连衰草，画角声断谯门。暂停征棹，聊共引离樽。多少蓬莱旧事，空回首、烟霭纷纷。斜阳外，寒鸦万点，流水绕孤村。
>
> 销魂，当此际，香囊暗解，罗带轻分。谩赢得、青楼薄幸名存。此去何时见也，襟袖上、空惹啼痕。伤情处，高城望断，灯火已黄昏。

先不管诗人自己是否满意，诗家的评价已然极高，以为这是婉约一派的代表作。清人周济在《宋四家词选》对此词评价中肯："将身世之感，打并入艳情，又是一法。"

读秦观词，如只见"浓艳""精致"这些表象终属肤浅，在秦词婉约、凄美的包裹中，是一颗敏感、多情的"身世之感"。正是这一点触发了一代又一代下层文士的命运之叹。"空回首"时所见的"烟霭纷纷"，毋宁是世间的辛苦挣扎；"襟袖上、空惹啼痕"，无非是落得空伤心一场。"伤情处，高城望断，灯火已黄昏"……

苏轼极其欣赏这首词的开篇，送了他一个"山抹微云秦学士"的头衔。凭此一句，秦观得与"晓风残云柳屯田"之前辈柳永（人称柳七、柳屯田）齐名。

"山抹微云"一词流传开去的故事，还有一个极具戏剧性的版本，见于吴曾《能改斋漫录》卷十六"杭妓琴操"：

> 杭之西湖，有一倅闲唱少游《满庭芳》，偶然误举一韵云："画角声断斜阳。"妓琴操在侧云："画角声断谯门，非斜阳也。"倅因戏之曰："尔可改韵否？"琴即改作阳字韵云："山抹微云，天连

衰草，画角声断斜阳。暂停征辔，聊共饮离觞。多少蓬莱旧侣，频回首、烟霭茫茫。孤村里，寒鸦万点，流水绕低墙。魂伤当此际，轻分罗带，暗解香囊。漫赢得青楼薄幸名狂。此去何时见也，襟袖上空有余香。伤心处，长城望断，灯火已昏黄。"东坡闻而称赏之。

琴操是西湖名妓，琴操的改编能得到苏轼的称赏，可见其是一个冰雪聪明的妙人儿。琴操有一次在与苏轼饮酒对诗的过程中，于调笑间竟忽然开悟，看破红尘，于是在玲珑山出了家，死后葬在山上。实乃可叹可惜。

元祐初年，秦观进京谒见苏轼。一见面苏轼便说："不意别后，公却学柳七作词。"其所说"柳七"，即是柳永。苏轼又加重语气强调："某虽无学，亦不如是。"少游诚惶诚恐，又不知苏轼为什么如此说他，因为在他看来，柳永乃是格调卑下的词人，秦观又如何会学柳永的词风？苏轼说："'销魂当此际'，非柳七词句法乎？"秦观惭愧。然已流传开来，不能再改。有时候就是当局者迷，艺术家不仅需要掌声和鲜花来肯定，更需要独具慧眼的批评家来收名定价。

哲宗元祐元年（1086），苏轼迎来人生高光时刻，秦观也在这一年考取进士，受苏轼举荐任太学博士、校正秘书省书籍，还得到了皇帝的赏赐，终于摆脱了晦暗的人生。苏轼和秦观不仅是师生，更是同进共退的同道中人，两人的友谊也是文学史上豪放与婉约交相辉映，旷达与悲观纠缠不清的优美篇章之象征。若进一步细分二人高下，则应该是"苏有秦之婉约，秦少苏之豪放"更贴切。

元符三年（1100）哲宗崩，新皇帝徽宗登基后即大赦天下。苏轼从遥远的海南岛北归，秦观也复为宣德郎。所以，秦观原本有希望重新回到京城，以期东山再起。而苏轼怎么也想不到，秦观会突然离世。秦观虚岁五十一便殁于南方流亡道途。史载秦观去世前的情况大致如下。

秦瀛《淮海先生年谱》记载，六月二十五日，苏轼与秦观相会于海康。当苏轼看到秦观出示《自作挽词》时，苏轼抚其肩曰："某尝忧逝，未尽此理，今复何言！某亦尝自为志墓文，封付从者，不使过子知也。"苏轼与秦观相逢时，还见他"意色自若，与平日不少异"，认为他自写挽词，不过是与自己一样"齐死生，了物我"的戏语而已。苏轼《书秦少游挽词后》（《苏轼文集》卷六十八）记：

> 庚辰岁六月二十五日，予与少游相别于海康，意色自若，与平日不少异。但《自作挽词》一篇，人或怪之。予以谓少游齐死生，了物我，戏出此语，无足怪者。已而北归，至藤州，以八月十二日，卒于光化亭上。呜呼！岂亦自知当然者耶？

秦观从雷州放还，不顾天气酷热行至广西容县逗留了好几天，等他再赶路时中了暑，病困于藤州，至八月十二日就死在了江亭。《宋史·文苑六》记："至藤州，出游华光亭，为客道梦中长短句。索水欲饮，水至，笑视之而卒。"得年51岁。这是说秦观在旅行中，刚刚还在与同行人谈诗论词，忽觉口渴要水，等水取来时，秦观只能笑着看水而不能饮，溘然故去。估计是心血管一类疾病突然发作。世人有一很接地气的关于生死的说法，即"活得久、死得快"是人生一福。秦观这种情况也可算是标准的悲喜人生。

苏轼听闻秦观死讯大恸，写信给欧阳晦夫："闻少游噩耗，两日为之食不下咽。"他对秦观之死的伤心程度，一点儿也不亚于孔子于颜回之死的伤痛。"哀哉！世岂复有斯人乎！"

五、师生情

无所不能的苏轼鲜有狂傲嚣张之言，甚至揶揄自己处世无方，往往会碰壁或掉到沟里，然而在发现人才的能力方面他却颇为自负。他曾在写给《乐静集》作者李昭玘的信中不无得意地说："独于文人胜士，多获所欲，如黄庭坚鲁直、晁补之无咎、秦观太虚、张耒文潜之流，皆世未之知，而轼独先知之。"

宋承唐制，设昭文馆、史馆和集贤院，合称"三馆"，既有集研究所、智库和秘书处于一体，将其三合一之味道，又有文、史、哲分科构建的样貌。

元祐元年（1086）十一月，苏轼主持馆职考试。依据宋制，馆职必须是进士及第以及历任成资，既要符合一定的年资，也必须经大臣保荐，比如李常或孙觉荐黄庭坚，李清臣荐晁补之，通过学士院考试合格之后才能授职。馆职考试以后，张耒、晁补之等五人升擢馆职。黄庭坚迁著作郎、加集贤院校理，张耒、晁补之并迁秘书省正字。这几个人都是苏轼主试时所拔擢的职官,因而一日之间就与苏轼正式建立了门生与座师的关系,加上实际已有师生关系的秦观,"苏门四学士"的名称由此而来。后来再加上陈师道、李廌,又有"苏门六君子"一说。他们之间的师生关系,于生活日常如父如子、如兄如弟,于学问之道如切如磋、如琢如磨。

杨万里的《诚斋诗话》记有一件趣闻:

> 神宗徽猷阁成,告庙祝文,东坡当笔。时黄鲁直、张文潜、晁无咎、陈无己毕集,观坡落笔云:"惟我神考,如日在天。"外忽有白事者,坡放笔而出。诸人拟续下句,皆莫测其意所向。顷之,坡入,再落笔云:"虽光辉无所不充,而躔次必有所舍。"诸人大服。

文学艺术、音乐绘画,这类现场教学式的机会可遇而不可求,能令学生受益匪浅,其中乐趣非亲炙者难能体会。

苏轼有时也会主动到学生家中去,这在今天看来是一件极平常的事,可在"礼闻来学,不闻往教"的尊师重道时代却是颇为新鲜之举。元祐三年(1088),苏轼为司马光撰写神道碑,写完之后就拿着文稿进入内城,到昭德坊来找晁补之。一进门,苏轼兴冲冲地说:"吾今日了此文,副本人未见也。"饮过茶,苏轼朗声将自己的文章念了一遍,晁补之遂成为此文的第一个欣赏者。记录此条轶事的朱弁《曲洧旧闻》随后所记更为有趣:"东坡琅然举其文一遍,其间有蜀音不分明者,无咎略审其字,时之道从照壁后,已听得矣。东坡去,无咎方欲举示族人,而之道已高声朗诵,无一字遗者。无咎初似不乐,久之曰:'十二郎吾家千里驹也。'"晁之道,即晁咏之,是晁补之的从弟。

李廌在《师友谈记》中记东坡之语说：

> 顷年于稠人中骤得张、秦、黄、晁（张耒、秦观、黄庭坚、晁补之）及方叔、履常，意谓天不爱宝，其获盖未艾也。比来经涉世故，间关四方，更欲求其似，邈不可得。以此知人决不徒出，不有益于今，必有觉于后……

无限儒雅风流皆因东坡而出，无数先进后学皆因东坡而聚。这就是我们今天所说的人格魅力吧。

良好的师生关系是"一日为师，终身为父"，是可以和"六亲"并列的人际关系，师生是命运共同体。在以后岁月里，苏轼也并未放弃继续发掘人才，直到被驱逐蛮荒自身不保，仍有青年才俊因他拔擢而成功，莘莘学子因他教诲而脱困。师道传承，他的几个门下也经历了与他几乎相同的厄运。张邦基《墨庄漫录》卷一记："崇宁初，既立党籍，臣僚论元祐史官云：初大臣挟其私忿，济以邪说；力引儇浮，与其厚善，布列史职，毁诋先烈。或凿空造语以厚诬，若范祖禹、黄庭坚、张耒、秦观是也。或隐没盛德而不录，若曾肇是也。或含糊取容而不敢言，若陆佃是也。皆再谪降，时旧史已尽改矣。"道出了受苏轼影响的那些弟子们的不幸遭遇。

随着苏轼和其弟子的相继离世，中国文化史上最为辉煌的天花板崩塌了。但苏轼的荐才育人功业，我们难以忘记。

六、爱恨人世间

人之处世,有亲就有仇,有友就有敌。尤其权重学高、名显艺绝之人,一面有人仰慕、呵护、追随,一面有人妒忌、仇恨、加害。这种爱恨交织的人际关系诚如一张社会编织的大网,网中人"火炙胸前暖,风吹背上寒",其中的甜酸苦乐唯自知尔。一般恩仇纠结之人,若记其恨,则一生纠结,如石压心;忘其怨,则襟怀释然,受益敌我。在苏轼跌宕起伏的一生中,敌之多、友之众更是难以数计。然苏轼临之无不"执其事而忘其人",也就是我们说的对事不对人。他尤能记人善而忘人恶,不论"死党""死敌",终归一笑泯恩仇。神宗朝变法时,王安石、司马光、欧阳修、章惇、苏轼等人当时曾斗成一锅粥,彼此必欲除之而后快。可一旦时过境迁,苏轼无不记恩忘仇,释然于怀。这一切在善之善者的苏轼看来可以不计较,然在后世我们不能不梳理其中的是非善恶。

在苏轼的社会关系中,朋友文与可、李公麟和敌人沈存中、吕吉甫四人有单独列论的必要。

《题竹图》绘宋代苏东坡题诗于竹的故事

文同（1018—1079），字与可，号笑笑先生。宋仁宗朝进士，迁太常博士、集贤校理，历任多处地方官。元丰二年（1079）正月，文同殁于陈州。文同能青史留名是因他为中国水墨画墨竹一科的宗师。文同还是苏轼的表兄。成语"胸有成竹"便是出自苏轼对文同的赞语。

熙宁八年（1075）秋冬间，文同自京徙知洋州，即今陕西汉中市洋县。文同将洋州园林池湖之胜一一歌咏，得诗三十首，寄予密州任上的苏轼，苏轼乃次韵唱和，恍若同游。文同是画竹名家，这三十个胜迹中与竹相关的最多，如竹坞、霜筠亭、筼筜谷、此君庵等皆是。文同爱竹画竹，其性格也有竹之宁折不弯的气节。画论中有"喜画兰草怒画竹"一说，这主要是说画竹重气节，而非是坊间流传的爱竹者容易生气。

话虽如此，重气节者易怒，亦属常理。文同在洋州就因与一众同僚意见不合，被迫罢任，次于陈州待命时非常困窘。苏轼写信劝慰他：

> 与可抱才不试，遁道弥久，尚未闻大用。公议不厌，计当在即。然廊庙间谁为恤公议者乎？老兄既不计较，但乍失为郡之乐，而有桂玉（米珠薪桂）之困，又却不见使者嘴面，得失相乘除，亦略相当也。

苏轼论文同四绝：诗一、（楚）辞二、（草）书三、画四。与可引为知己，尝曰："世无知我者。惟子瞻一见，识吾妙处。"

今人言中国画不重写生。古代画家不少人除临摹粉本外，亦重写生，写神，甚至画马养马、画松卧松、画虎养虎也大有人在。文同在洋州筼筜谷上筑一亭，朝夕于亭中观赏漫谷的翠竹，得其样貌风神方可抒写性灵。可见但凡大宗师都认真地下过功夫，文同于潜观默悟中得竹之形神兼备旨趣，临摹挥写自然能"胸有成竹"。

苏轼亦好画竹，先从凤翔开元寺王维的壁画之竹得到启示，后从文同教导得到技法，《文与可画筼筜谷偃竹记》（《苏轼文集》卷十一）中说：

> 竹之始生，一寸之萌耳，而节叶具焉。自蜩蝮蛇蚹以至于剑拔十寻者，生而有之也。今画者乃节节而为之，叶叶而累之，岂复有竹乎！故画竹必先得成竹于胸中，执笔熟视，乃见其所欲画者，急起从之，振笔直遂，以追其所见，如兔起鹘落，少纵则逝矣。与可之教予如此。

庭院深深，山石一角，曲槛回护，秀墩点缀，翠竹数杆。长髯飘然，头戴高帽的苏东坡正执笔向竹上题写。一老友（疑为画竹大家文同）携童凝神观望，一僮捧砚侍立。

文同画竹技法高超，不但苏轼、米芾都尊其为典范，而且到了元代，有很多画竹名家也都纷纷效法，称文湖州派。文同又说："吾墨竹一派在徐州。"这里的徐州指的是当时徐州任上的苏轼，言下之意是已心许苏轼得其真意，而苏轼也坦然道："吾为墨竹，尽得与可之法。"后代的画评家于苏画竹甚至有过誉之词，说："笔酣墨饱，飞舞跌宕，如其书，如其文。虽派出湖州（文同）而神韵魄力过之矣。"（孙承泽《庚子销夏记》）平心而论，论二人画竹之不同处，如"东坡墨竹，写叶皆肥厚，用墨最精。兴酣之作，如风雨骤至，笔歌墨舞，窃恐文与可不能及也"。苏文两人天生性情不同，所表现于画面的精神，遂各有不同的境界，亦即后世所说的"文如其人，画如其人"。中国有"文无第一，武无第二"一说，我们大不必过于评价古人之轩轾。

宋以前绘画，没有画上题诗的风尚。文同不但自己题诗，还常常留下空白叮嘱求画者："勿使他人书字，待苏子瞻来，令作诗其侧。"

这是对苏轼的推重，也是自珍羽毛，一般人不可在其画上乱题，否则就如佛头着粪。

他们两人相互激赏，情谊深厚，不仅是文学绘画艺术上的知音，更在人格魅力和为人风度上互相吸引，如苏轼《祭文与可文》(《苏轼文集》卷六十三)所说：

> ……呜呼哀哉。余尚忍言之。气噎悒而填胸，泪疾下而淋衣。忽收泪以自问，非夫人之为恸而谁为乎？……呜呼哀哉。孰能惇德秉义如与可之和而正乎？孰能养民厚俗如与可之宽而明乎？孰能为诗与楚词如与可之婉而清乎？孰能齐宠辱忘得丧如与可之安而轻乎？呜呼哀哉。

一个人对于死亡的痛切感受总是从他的父母、配偶以及身边最亲密的朋友离世得到的。苏轼想到当年自己为文同写的第一个题跋《石室先生画竹赞·并叙》(《苏轼文集》卷二十一)：

> 与可，文翁之后也。蜀人犹以石室名其家，而与可自谓笑笑先生。盖可谓与道皆逝，不留于物者也。顾尝好画竹，客有赞之者曰：先生闲居，独笑不已。问安所笑，笑我非尔。物之相物，我尔一也。先生又笑，笑所笑者。笑笑之余，以竹发妙。竹亦得风，夭然而笑。

这位笑笑先生是那样阳光开朗，甚至常常会莞尔独笑。如今天人永隔，那迎风摇曳的竹子，也不如昔日夭夭然，能不更加凄怆："自闻与可亡，胸臆生堆阜。悬知临绝意，要我一执手。相望五百里，安得自其牖。遗文付来哲，后事待诸友。……"哀人亦自哀，这是不自觉流露出的悲戚。

七、五马出尘

李公麟（1049—1106），字伯时，庐州舒城（今属安徽省）人。元符三年（1100）告老，居龙眠山，因此又号龙眠居士。熙宁三年（1070），李公麟参加进士科考试中第，时年22岁，从此踏入仕途。他的第一个职位是南康府（宋时南康府辖江西庐山等市县地）建昌县（今江西省永修县）县尉。后世对李公麟的了解大概只囿于他为丹青国手，尤其那幅传世的《五马图》，为李公麟赚足了流量。关于苏轼和李公麟二人交往的起始时间，有研究者认为大概是在元丰末年。作为依据的重要线索，即是苏轼《跋李伯时〈孝经图〉》一文。孔凡礼《苏轼年谱》将此文系于元丰八年（1085），因为这一年的二月李公麟创作了《孝经图》（《苏轼文集》卷七十），卷后有苏轼跋：

> 观此图者，易直子谅之心，油然生矣。笔迹之妙，不减顾、

《五马图》局部 宋 李公麟

陆。至第十八章，人子之所不忍者，独寄其仿佛。非有道君子不能为，殆非顾、陆之所及。

李公麟自题："凤阁舍人杨公雅言《孝经》乃六艺根本，百行世训所重，谓龙眠山人李公麟曰：'能图其事以示人，为有补。元丰八年二月，因摭其一二随笔之。'"陆完也有一个跋语："龙眠居士图《孝经》，虽曰'随章摭其一二'，然自天子以至于庶人，威仪动作之节，与夫郊庙之规模，闾里之风俗，器物之制度，畜产之性情，亦略备矣。东坡谓'其神与万物交，其智与百工通'者，览之可想。"其中所引东坡的话，是另外《书李伯时山庄图后》中的句子。

苏轼评李"笔迹之妙……殆非顾、陆之所及"，认为李画之妙已超越了人物画祖师顾恺之、陆探微，评价虽高，却是中肯之论。李公麟作画线条的丰富变化，诚中国画典范。

苏轼在《跋李伯时〈孝绘图〉》中，如此高评价不仅是对李公麟人品画艺的双重褒扬，也是自己艺术观之宣叙。东坡不仅只提倡"逸笔草草，不求形似"的渲淡写意，同时也认同绘画中"成教化、助人伦"之精谨写实审美法则。具体而言也就是对"高古"之风的认同与肯定。后世舞文弄墨者多对此深以为然，甚至对苏轼的主张全盘接受。

这一发轫于南朝王微，提倡于中唐王维，成熟于北宋苏轼的"诗中有画、画中有诗"的艺术观绘画观即中国画之灵魂。原来的丹青与水墨并重、工写双修的格局被打破了，导致天平越来越倾向以水墨代丹青，甚至被一些人狭隘地理解为"水墨为雅、丹青为俗"。从这个角度来看，我所说的苏轼是一位"扳道工"，则更为形象生动。明代董其昌之"南北宗说"是对这一绘画思想的承接。他曾收藏过李公麟的《孝经图》，该图的拖尾中就有董文敏的一跋再跋、一赞再赞。

周家煙雲遍眼綠戴
李伯時畫孝經書
以此卷也伯時畫孝
經名穎此卷獨名
麟名穎者号逸佛
作乙旦辛亥欸

《孝經圖卷》局部 宋 李公麟 美國大都會艺术博物館藏
卷尾明代辛长召题跋

苏李之交起始可能远早于元丰八年（1085），因无关宏旨便不细察。元祐元年（1086）开年，苏轼与苏辙、李公麟、柳仲远、黄庭坚等人搞了一次雅集。此时，黄庭坚刚刚与苏轼见面。可以说，这次雅集乃北宋后期艺术水平最高的一次"神仙打架"。这是继东晋王羲之等人兰亭雅集之后中国历史上的又一次风流蕴藉的艺术盛会。

这次雅集以李公麟的画为主题，唱和贯穿全程，苏轼与见面不久的黄庭坚就因将李公麟称为"画师"是否合适而起争论。苏轼在题诗中说"前世画师今姓李，不妨题作辋川诗"，用的是王维的典故。王维自己曾说："宿世谬词客，前身应画师。"不过，王维的这个说法在当时就已经为他人所不解，认为他说自己是"画师"无异于自贬身份，即将自己的"士"降为了"匠"。于是有人认为，苏轼把李公麟称为"画师"，对于本来是士大夫身份的李公麟来说，并不是一个什么颂扬的称谓。这回轮到黄庭坚质疑苏轼的说法了：你怎么可以说李公麟是画师呢？

苏轼没有对驳黄庭坚之问，而反诘鲁直："那么你的意见呢？"反复思量后，黄庭坚不得不承认苏轼思虑高明，是真知之言。

> 元祐元年正月十二日，苏子瞻、李伯时为柳仲远作《松石图》……此一卷公案，不可不令鲁直下一句。

就是说"鲁直，你帮我解释一下吧"。接着黄庭坚说：

> 或言，子瞻不当目伯时为前身画师，流俗人不领，便是诗病。伯时一丘一壑，不减古人，谁当作此痴计。子瞻此语是真相知。（《题憩寂图诗·并鲁直跋》）

这个关于李公麟是"士"还是"匠"的身份认证是个有趣的中国式"社会学"话题，可以写出大文章。此公案即是对"士"一定高于"匠"的世俗之见的反证。至于"士"与"匠"的雅俗高下和背后的道器之辨又是一个更"烧脑"的问题。

道与器、雅与俗、士与匠，是中国传统文化中一组组对立概念。一般皆谓："道为本、器为末，士为雅、匠为俗。"我们都知道中国文人画理论奠基人——苏轼主张"逸笔草草，不求形似"，更是将之提升到艺术哲学的形神论高度。殊不知，苏轼从未有道器、雅俗、士匠只能存其一的对立观。苏轼与黄庭坚关于李公麟工谨写实一路的讨论由分歧而归为统一的认识正是中国艺术精神注重形神兼备之标准的生动个案。作为中国文化史上"扳道岔"的关键性人物，苏轼秉持道器并重、雅俗共赏的开放式美学，同时他又强调学问和艺术之间的辩证关系。这是一种顺势推移、继承创新的中国智慧，非固执一己之见，认为以一种颠覆性的革命方式便能继承绝学、光大传统者可梦见。

当今天人们说"文人墨客"一词时，原先仅是指形容古代文化人，后又以古喻今扩容为今天的文化人。然而早在明朝古籍中该词出现时的意思要比现今丰富许多。所谓文人者，指文章之士读书人；墨客者，指能书善画可游于艺之人。其内涵却是一面强调读书人要有笔墨功夫的修养，一面强调书法和绘画乃文之余事。有书卷气的作品才能存活于"神逸妙能"的中国书画审美体系。

憾哉！这一优秀传统已多不被今人认识，更谈不上被继承。近百年来的通病：文人不知书艺画技，艺家不喜读书吟诗。如此必然造成修养上的贫血和审美上的浅薄。此病如果得治，则必对中华文化继承光大助力多多。

对于东坡，如果我们仅仅将他视作文人墨客固然不会错。首先是他用自己的修养和技艺完美地诠释了"文人墨客"这个词内中的奥义。至于苏轼之所以被认为是中华优秀传统文化一个不可或缺的符号，则因他早已突破了一般人认知层面的"文人墨客"，他那些无与伦比的诗情、思想、才华，以及本色、亲民、率性的人格魅力，使他能在辞世千载之后依旧热力满满，成了人们"望之俨然，即之也温"的巍巍大观，磁吸着人们的目光和脚步。

八、爱铭心 恨刻骨

苏轼常被误读成是一位"能吃能睡、没心没肺"的人，一旦与之相对则如沐春风。这正是他人格魅力的重要一面。对于生活中、政坛上与己有过恩怨尔汝、纠缠过节的人，苏轼确实也是记恩忘仇、记爱忘恨，像一个有选择性记忆障碍的"患者"。这就自然而然地让人将他视为以菩萨心肠观世，认为世上无不可救赎之人和不可原谅之错，是一个以德报怨的滥好人。各类文献中也以他和王安石的故事来论证这一点。然而苏轼是人不是菩萨，他也有绝不肯原谅的人。在这一类为数不多的政敌中，吕惠卿和沈括是两个代表。

不可否认王安石有大智慧，但他缺少识人之明。这不仅令他敌友不辨，也是他变法难成的重要因素。王安石把吕惠卿当成共同作战的战友和可以信任、托付的朋友，这让他吃了大苦头。

必须强调，不是王安石在驱使吕惠卿进行变法，而是吕惠卿在利用王安石达成自己目的。切不可以此判断谁更智慧谁更聪明，其中的逻辑还是用"君子无所不能而有所不为，小人有所不能而无所不为"来解释更恰当。

被吕惠卿陷害的王安石，晚年居住在钟山书院，他常常下意识写下"福建子"三字以示悔恨。邵伯温《邵氏闻见前录》卷十二说："盖悔恨于吕惠卿者，恨为惠卿所陷，悔为惠卿所误也。"王安石每于半山园山径步行，几多恍惚，独言若狂者，可知其受伤之深。当然，任何人生的后悔药皆已过期无效，于事无补。

元丰七年（1084），苏轼过金陵拜访王安石，二人对谈中提到过吕惠卿。北宋邵伯温《邵氏闻见前录》有记录：

子瞻曰："某所言者，天下事也。"介甫色定，曰："姑言之。"子瞻曰："大兵大狱，汉、唐灭亡之兆。祖宗以仁厚治天下，正欲革此。今西方用兵，连年不解，东南数起大狱，公独无一言以救之乎？"介甫举手两指示子瞻曰："二事皆惠卿启之，某在外安敢言！"子瞻曰："固也，然在朝则言，在外则不言，事君之常礼耳。上所以待公者非常礼，公所以事上者岂可以常礼乎？"介甫厉声曰："某须说。"又曰："出在安石口，入在子瞻耳。"盖介甫尝为惠卿发其"无使上知"私书，尚畏惠卿，恐子瞻泄其言也。

这段谈话虽是针对吕惠卿一人而言，但对于"小人有所不能而无所不为"的阴毒，不可不察，这也当是珍贵的人生经验。

熙宁七年（1074），吕惠卿创立"手实法"，即朝廷下令让百姓自报财产，按比率缴纳免役之钱，如有隐匿少报者，允许他人告发，并把所隐财产的三分之一作为奖励赏给告发者。苏轼刚到密州任上，就接到司农寺下达的"手实法",并强调说不及时施行者,以"违制"论罪。苏轼当着使者的面表示坚决反对,他批评这是"司农寺擅造律"。随后苏轼上书丞相韩绛,论述"手实法"的害处。一年以后,吕惠卿被免职,"手实法"随之作罢。

所以,王安石虽一手拔擢了吕惠卿,但对这类"告密党人"也实胆战心惊。对于已经放下了个人恩怨的王安石与苏轼二人来说,吕惠卿最终成了他们共同的政敌。

元祐元年(1086)五月至六月,因苏辙三次上书弹劾前参知政事吕惠卿,已经被降职的吕惠卿也终于由光禄卿、分司南京、苏州居住,被贬为建宁军节度副使、建州安置。这是苏轼对大恶也有绝不宽容、痛打落水狗的另一面。

苏轼亲自操刀,撰写敕文,历数吕惠卿之罪行,极尽口诛笔伐之能事。《吕惠卿责授建宁军节度副使本州安置不得签书公事》(《苏轼文集》卷三十九):

> 敕。元凶在位,民不奠居;司寇失刑,士有异论。稍正滔天之罪,永为垂世之规。具官吕惠卿,以斗筲之才,挟穿窬之智。谄事宰辅,同升庙堂,乐祸而贪功,好兵而喜杀。以聚敛为仁义,以法律为诗书。首建青苗,次行助役。均输之政,自同商贾;手实之祸,下及鸡豚。苟可蠹国以害民。率皆攘臂而称首。先皇帝求贤若不及,从善如转圜。始以帝尧之心,姑试伯鲧;终然孔子之圣,不信宰予。发其宿奸,谪之辅郡;尚疑改过,稍畀重权。复陈冈上之言,继有砀山之贬。反覆教戒,恶心不悛;躁轻矫诬,德音犹在犹在。始与知己,共为欺君。喜则摩足以相欢,怒则反目以相噬。连起大狱,发其私书。党与交攻,几半天下。奸赃狼

藉。横被江东。至其复用之年，始倡西戎之隙。妄出新意，变乱旧章。力引狂生之谋，驯至永乐之祸。兴言及此，流涕何追。迨予践阼之初，首发安边之诏。假我号令，成汝诈谋。不图涣汗之文，止为款贼之具。迷国不道，从古罕闻。尚宽两观之诛，薄示三危之窜。国有常典，朕不敢私。

苏吕之间除政治态度迥异的公仇外，似乎还有着"不共戴天"之私仇。这篇文章里诞生了"滔天之罪"这个成语。

吕惠卿读完苏轼执笔的敕文后，回了一封谢表。谢表里有这样两句：

龙鳞凤翼，固绝望于攀援；虫臂鼠肝，一冥心于造化。

吕惠卿表明，苏轼兄弟与他所争不过是"虫臂鼠肝"而已。这是说他和苏轼所争的都是微不足道之物，言下之意是大盗大奸所争远甚于此。苏轼读到这两句时，笑着说："福建子难容，终会作文字。"一方面鄙夷他的人品，另一方面，也不得不在一丝冷笑里承认吕的文字才华。至于苏轼心中是否也有所动，则不得而知。

朱弁《曲洧旧闻》有记：

吕惠卿之谪也……东坡一挥而就，不日传都下，纸为之贵。暨绍圣初，牵复知江宁府，惠卿所作到任谢表，句句论辨，惟至"发其私书"，则云"自省于己，莫知其端"，当时读者无不失笑。又自叙云："顾惟妄论，何裨当日之朝廷；徒使烦言，有黩在天之君父。"或曰："观此一联，其用心憸险如此，使其得志，必杀二苏无疑矣。"盖当时台谏论列，多子由章疏，而谪辞东坡当笔故也。

这篇痛快淋漓的文字，很快传遍京城。然而正如朱弁所说，吕惠卿也对苏轼兄弟恨之入骨，如果有机会，吕惠卿非杀他二人不可！这样的互为仇雠又是一种人与人关系中的另类"知音"。常理中总是"知与爱"同行，然例外就有"知与恨"结伴。有时敌人才是真正的"知己"。

沈括生于天圣九年（1031），比苏轼大六岁，晚苏轼五年中进士。英宗治平元年（1064）沈括入昭文馆，治平二年（1065）苏轼入直史馆，沈括与苏轼相识甚早。

《宋史·沈括传》称他"博学善文，于天文、方志、律历、音乐、医药、卜算，无所不通，皆有所论著"，堪称北宋百科全书式人物。

然而，你肯定无法想象这样一位伟大的科学家，却是一个官场小人、一个告密者，一个有着严重人格缺陷的怪胎。人的高贵与卑下其实与地位尊卑、职业分类、权位高低、财富多寡、名声大小并不捆绑在一起。认识人性的复杂性，沈括是一个很好的个案。

当年在王安石的栽培下，沈括先后担任主管国家财政的三司使等重要官职，还是负责巡察各地推行新法情况的钦差大臣。然而当熙宁九年（1076）十月，王安石罢相之后，沈括怕受牵连赶紧转变风向，向新任宰相吴充递了份洋洋万言的秘密报告，从各个方面论证王安石新法的种种恶处。王安石知道后极为愤怒，斥之为不可亲近的小人。《宋史·沈括传》也记录了蔡确对沈括的评价："首鼠乖刺，阴害司农法。"

吴充把报告呈给了神宗，沈括不仅未能如愿，还被神宗贬去宣州（今安徽省宣城市），害人者自害，这也算是报应。

据南宋王铚《元祐补录》记载，苏轼在熙宁五年（1072）任杭州通判，第二年，沈括作为朝廷的特派员来浙江省考察"农田水利法"的执行情况。临行前，神宗皇帝特意嘱咐沈括说："苏轼通判杭州，卿其善遇之。"不知道沈括是否误解了神宗的意思，或者从神宗的话中自以为听到了什么话外之音。他到了杭州后，苏轼热情地接待了这位政见不同的老友，酒席间二人不谈政治，只叙交情。临回京前，沈括请苏轼手录近年诗作一册留为纪念。坦荡而又马虎的苏轼根本没往别处想就欣然答应，整理了一批出任杭州通判之后的诗作交给了沈括，其中就有日后引祸的《咏桧》《吴中田妇叹》《山村五绝》等诗。沈括回京后，除了极口称赞青苗法、助役法之外，他还将苏轼近年的诗作逐字逐句地仔细研读，并把他认为是苏轼反对新政的出格词句用红笔圈起来"上纲上线"，附在察访报告里签贴进呈，给苏轼安上了一个"词皆讪怼"的罪名。

神宗没理他，沈括讨了个没趣，但此事已在士大夫中间传开。苏轼并未上心，只是在给刘恕的信中自嘲"不忧进了也"，即不愁没人把自己的文章呈给皇帝看了。

这桩旧案到元丰二年（1079）再次发酵。"乌台诗案"虽然是苏轼政敌们群起而攻之对其进行围剿，然而这起案件发端肇起于沈括也属铁案。苏轼的加害者中，沈括是唯一一个出卖朋友的人。

九、别亦匆匆 逢亦匆匆

元丰二年（1079）三月，苏轼任祠部员外郎、直史馆知湖州军州事。徐州任上不足二年，苏轼奉诏南调，徐州的父老乡亲以"攀辕"挡马来为贤太守送别。徐州百姓越是称颂他的政绩和治水之功，苏轼自己就越觉得他为徐州百姓做的事太少了，故而有"和泪折残红"的感伤。苏轼写《江城子·恨别》（《苏轼词编年校注》正编）一词寄托离愁别绪：

> 天涯流落思无穷。既相逢，却匆匆。携手佳人，和泪折残红。为问东风余几许？春纵在，与谁同！
>
> 隋堤三月水溶溶。背归鸿，去吴中。回首彭城，清泗与淮通。寄我相思千点泪，流不到，楚江东。

别去徐州，苏轼便绕道南都商丘往访苏辙。兄弟旧梦重温，老戏码当然是畅叙别后诸情，以及日渐发酵的乡愁和对故乡亲友的牵挂。

这当然是作者的猜想，因为兄弟间的日常闲话往往一无主旨二无记录。但有一点不会忽略，那就是多多少少一定会聊到故乡和童年。早在两年前初来徐州时，苏轼的思乡苦酒已经不知不觉酝酿起来了。他有一首写于此际的《临江仙·送王缄》（《苏轼文集编年笺注》附录二）。

> 忘却成都来十载，因君未免思量。凭将清泪洒江阳。故山知好在，孤客自悲凉。
>
> 坐上别愁君未见，归来欲断无肠。殷勤且更尽离觞。此身如传舍，何处是吾乡。

这些乡愁的话，当然最适合在兄弟间倾诉。

盘桓半个月，其间去乐全堂拜谒了张方平。见到老领导、老同乡、老朋友，自然又是一番怀乡叙旧。

三月二十四日，苏轼舟行至灵璧（今安徽省宿州市灵璧县）。此地有显宦张氏，先人曾任平章政事（宰相），今留有一园。园在凤凰山南，汴水之北。东有"修竹森然"，西望"乔木蓊然"，仰可听百鸟齐鸣，俯得闻泉水叮咚。苏轼流连园中时有蒋淑颖居士、礼安中宿儒做伴，可谓称心快意。传说他曾于酒后书"醒酒石"三字，后被主人勒石立于园中。此石又被神宗欣赏，不久即被移往汴京宫室。凡此种种，一可见张氏园在当时闻名遐迩，二可见赏石在北宋已成风尚。赏石原是一件风雅之事，肇自赏玉而又源远流长，秦汉以降，代代出新。只是谁也不曾料到，此风至北宋一发不可收拾，政和年间竟然演变为"花石纲"国之大事,牵动江南数省的经济命脉,乃至演变成"一块石头颠覆一个王朝"的历史悲剧。传铭曾有《上石堂记》一文谈赏石,备录于后。

上石非石,乃赏石尚石之旨趣尔;上石堂亦非堂,乃乡人范阳君之居尔。非石非堂,何以名之,始存疑。

赏石之乐,肇自太古;藏石之风,起于秦汉。凡昆仑、秦岭、长白、岱宗诸山,一石之微,已能得坚寿静色形纹质;盖桃江、燕子、太湖、龙尾数坑,片块之末,可尽收诗乐和孕意理神。是故昆仑巍峨、泰山担当、燕子泣血、龙尾金声,如道存老庄、禅照明镜、花分冬夏、月映诗书,石不能言,人可对悟耳。

余性散淡,尝不以物为贵重,于石亦然。故不读石,不懂石,不爱石,不藏石。虽知无石不雅,复笑米颠矫情。况时下石头疯狂,世风浅薄。玩石如玩股,藏石似藏金。无分良莠,多多益善。宁知石多压人,帛厚害命?虽有能津津乐道于象形俏色者,已悖石性石德,已损天道自然矣。

庚寅初冬返庐阳,友人荐范阳曰,此君藏石颇丰,爱石成疾,可交。余口虽诺诺,私心不以为意。一夕共谋茶酒,座中范阳伉俪殷殷再邀,遂有上石堂踏月之行。甫入室,见厅前窗下案头桌边,百数灵璧石或立或卧或蹲或伏林林总总,中有人形兽形山形树形依稀可辨。然仔细捕捉复又隐而不出,遁而不察。继后,主人引为登楼再观,前后一一指认时,心固得意口却缄默,复轻叩鹰形石之翅膀,顿时天籁之音袭袭不绝……至此吾心释然,知范阳非常人矣。

石非不可玩在如何玩,石非不能赏在如何赏,石非不重形色在如何辨形之上下色之沉浮，石非不可贵在贵心贵眼之别。范君以石证实，以上为尚，虚虚得实，非非得是，生石之真意，上石堂之名不诬也。是为记。

庚寅冬记于黄山合园三君堂

附：

庚寅初冬返庐阳，道仁兄请为藏石家范阳撰堂记。次日赴沪旋由海上飞黄山。于空中得"上石非石"句，下榻当夜成五百一十二字《上石堂记》。晨六时起即长话为海上友人读诵，获赞"文近韩柳"，私心颇得意。四日后返京时又过庐阳复邀道仁、施平、范阳、恒祥诸友共饮于城郊源泉古民居博物馆。席间把盏传文，一时快意。别后仍觉意未竟，援笔成句，调寄《浪淘沙》。

浪淘沙

选胜踏空庭，花里携樽，放谈石上友如云，刺破浮尘思正远，白发狂生。

落日起稠星，怀古情深，灵石今记新典经。庐西堂前一片月，照水常清。

《灵壁张氏园亭记》（《苏轼文集》卷十一）虽是记一园之胜，但对园艺一科包含的"士心匠作"主旨的品评也为后世所重。

道京师而东，水浮浊流，陆走黄尘，陂田苍莽，行者倦厌。凡八百里，始得灵壁张氏之园于汴之阳。其外修竹森然以高，乔木蓊然以深,其中因汴之余浸,以为陂池;取山之怪石,以为岩阜。蒲苇莲芡,有江湖之思;椅桐桧柏,有山林之气;奇花美草,有京洛之态;华堂厦屋,有吴蜀之巧。其深可以隐,其富可以养。果蔬可以饱邻里,鱼鳖笋茹可以馈四方之宾客。余自彭城移守吴兴,由宋登舟,三宿而至其下。肩舆叩门,见张氏之子硕。硕求余文以记之。

维张氏世有显人,自其伯父殿中君,与其先人通判府君,始家灵壁,而为此园,作兰皋之亭以养其亲。其后出仕于朝,名闻一时,推其余力,日增治之,于今五十余年矣。其木皆十围,岸谷隐然。凡园之百物,无一不可人意者,信其用力之多且久也。

古之君子,不必仕,不必不仕。必仕则忘其身,必不仕则忘其君。譬之饮食,适于饥饱而已。然士罕能蹈其义、赴其节。处者安于故而难出,出者狃于利而忘返。于是有违亲绝俗之讥,怀禄苟安之弊。今张氏之先君,所以为子孙之计虑者远且周,是故筑室艺园于汴、泗之间,舟车冠盖之冲。凡朝夕之奉,燕游之乐,不求而足。使其子孙开门而出仕,则跬步市朝之上;闭门而归隐,则俯仰山林之下。于以养生治性,行义求志,无适而不可。故其子孙仕者皆有循吏良能之称,处者皆有节士廉退之行。盖其先君子之泽也。

余为彭城二年,乐其土风。将去不忍,而彭城之父老亦莫余厌也,将买田于泗水之上而老焉。南望灵壁,鸡犬之声相闻,幅巾杖屦,岁时往来于张氏之园,以与其子孙游,将必有日矣。元丰二年三月二十七日记。

欧阳修知扬州时建的平山堂,建于庆历八年(1048)大明寺内,因筑于蜀冈高地,登临者有一目千里、山与堂平的感觉。这次南行过扬州，鲜于侁知州就于此处设宴招待苏轼。欧阳修七年前虽已辞世，苏轼每次登斯楼矣，难免不感怀师恩，以诗抒怀。这次有《西江月·平山堂》（《苏轼文集编年笺注》附录二）：

三过平山堂下，半生弹指声中。

十年不见老仙翁，壁上龙蛇飞动。

欲吊文章太守，仍歌杨柳春风。

休言万事转头空，未转头时皆梦。

诚乃："江山依旧人思旧，楼台已空情不空。"

四月抵达高邮，和秦观、参寥会合后，苏轼继续南下，至金山访宝觉禅师。十年前于金山寺初识时，苏轼曾写下轻松惬意的回文诗[1]《题金山寺回文体》（《苏轼诗集》卷四十八）：

潮随暗浪雪山倾，远浦渔舟钓月明。

桥对寺门松径小，槛当泉眼石波清。

迢迢绿树江天晓，霭霭红霞晚日晴。

遥望四边云接水，碧峰千点数鸥轻。

轻鸥数点千峰碧，水接云边四望遥。

晴日晚霞红霭霭，晓天江树绿迢迢。

清波石眼泉当槛，小径松门寺对桥。

明月钓舟渔浦远，倾山雪浪暗随潮。

---

[1] 所谓"回文诗"正读、反读皆可。

后三人又经游无锡惠山。惠山泉有"天下第二泉"之誉，于是他们汲泉生火，煎茶品茗，苏轼有咏："敲火发山泉，烹茶避林樾。明窗倾紫盏，色味两奇绝。吾生眠食耳，一饱万想灭。……"

至秀州（治嘉兴，今属浙江省），往白牛村哭祭陈舜俞之殡。仁宗一朝四十一年，中制科者仅十五人，陈舜俞比苏轼兄弟早，且是那次科考第一名。苏轼在《祭陈令举文》中叹道："呜呼哀哉！天之生令举，初若有意厚其学术，而多其才能，盖已兼百人之器。既发之以科举，又辅之以令名，使取重于天下者，若将畀之以位。而令举亦能因天之所予而日新之，慨然将以身任天下之事。夫岂独其自任，将世之士大夫，识与不识，莫不望其如是。是何一奋而不顾，以至于斥，一斥而不复，以至于死。呜呼哀哉！天之所付，为偶然而无意耶？将亦有意，而人之所以周旋委曲辅成其天者不至耶？将天既生之以畀斯人，而人不用，故天复夺之而自使耶？不然，令举之贤，何为而不立，何立而不遂！使少见其毫末，而出其余弃，必有惊世而绝类者矣。予与令举别二年而令举没，既没三年，而予乃始一哭其殡而吊其子也。呜呼哀哉！"故苏轼这次凭吊绝非仅仅是怀旧念故，而是道义之驱使，政治之宣叙，物伤其类也。

苏轼惶然道："以令举之贤，何为不立？何又立而不得其用？"苏轼的惶惑，实是知识分子的穷途之恸，哭令举也是苏轼仰首问天的自我感伤。苏轼一生有祭文数十篇，唯此篇最为伤情，冥冥之中似有预感将有不幸叩门。这也是人伤其类的预感。所以陆放翁题跋说：

> 东坡前、后集祭文凡四十首，惟祭贤良陈公辞指最哀，读之，使人感叹流涕。其言天人予夺之际，虽若出愤激，然士抱奇

材绝识,沉压摈废,不得少出一二,则其肝心凝为金石,精气去为神明,亦乌足怪?彼愦愦者固不知也。

绍熙甲寅十二月二十九日,笠泽陆某谨书。

元丰二年(1079)四月二十日,苏轼抵湖州。在任不足百日,堂堂一州太守因"乌台诗案"被押入御史台大牢。

自三月初离开徐州,一路上走走停停,问亲访旧。如今不过4小时的车程,当年苏轼走了40多天。今人总觉得古人慢,亦属实情。然如果想到任何生命无不是奔向死亡的同一终点,你还会急如飞蛾扑火般慌慌张张地一路狂奔吗?

当他在一座滨江小城郊外一小块向阳的坡地上停下来，躬耕自救的劳作不仅是生活自救，同时也是精神自我救赎之沉思。他坚持追问灵魂，生命的本质是什么，生命的价值何在。无数个日日夜夜倚杖思考后，他在有了结论的时候，给自己取了新的名号：东坡。

捌

庐山烟雨

一、冰火两重天

自元丰三年（1080）贬黄州，次年（1081）苏轼46岁始垦荒躬耕于黄州东门外一块向阳山坡，禾稼果木，添补家用，后又在上面筑起居室，名"雪堂"。自贬黄州至建中靖国元年（1101）66岁辞世间的21年，苏轼人生可以说进入了倒计时。在这跌宕起伏的21年中，一边是黄州、惠州、儋州，一贬再贬的穷途末路；一边是知登州，升中书舍人、翰林学士，登龙图阁，风光霁华之"元祐更化"。在这种冰火两重天的淬炼中，苏轼依旧还是那个苏轼，生命悄然在苦难中跋山涉水。当他在一座滨江小城郊外的一小块向阳的坡地上停下来，躬耕自救地劳作，不仅是为满足生活所需，同时也是给予精神自我救赎之沉思。他坚持追问灵魂，生命的本质是什么，生命的价值何在。无数个日日夜夜倚杖思考后，他在有了结论的时候，给自己取了新的名号：东坡。

东坡最终从一位杰出的诗人政治家，嬗变为中华文明史上"深幸有一，不望有二"的人文符号。一个人在修复千疮百孔的身体之时，还能依然保有淳淳天性已经难能可贵；如果一个人明明知道邪恶和谎言是换取权势与财富的筹码，可他就是要坚持善良与说真话，更是世所罕见。思想的涅槃不是身体的寂灭而是重生。思想一旦涅槃，那时候他想不被追思、被效仿、被追捧、被颂扬、被神化都难。

为了维系这一叙述思绪和气场格局的完整性，进一步探索传主精神的内在层次，本书选择暂时搁置"乌台诗案"后黄州四年的流亡生涯，先跳到元丰七年（1084）苏轼诏移汝州团练副使后的东山再起。

然而，关于乌台诗案的始末，一直是后世关注的焦点之一。"新传"根据《宋史》梳理出来的情况大致如下。苏轼一生历仁宗、英宗、神宗、哲宗、徽宗五朝，其中关乎苏轼荣辱升沉最重要的当数神宗皇帝在位的这一十八年。因"乌台诗案"而先囚禁、后放逐，这并不是神宗皇帝的本意。神宗早就知道苏轼并没有弹劾状上所说的"讥讪君上"，其罪名不过是政敌们给扣的一顶莫须有的帽子而已。然而政治理性最终还是战胜了情感选择。宋朝政治的台谏制度，皇帝有接纳谏言的义务，何况变法新政是朕之所愿和国家既定政策，不容反对议论肆行流布。基于这两点情势，神宗选择了暂时牺牲苏轼。

至于被赐死罪的苏轼得于百日狱后就能从御史台大牢被释放，能够死里逃生，除了有张方平、范镇、章惇等积极营救外，最主要依赖的还是神宗的宸断。为什么惩处的鞭子高高举起，轻轻放下，责降处分将他放在黄州，距离中原并不甚远。神宗之良苦用心是历史留下的一个秘密。

北宋何薳《春渚纪闻》卷六《东坡事实·裕陵眷贤士》一文中有东坡自己的关于此事的叙述。

……久之，复谓景文曰："如某今日余生，亦皆裕陵之赐也。"景文请其说。云："某初逮系御史狱，狱具奏上，是夕昏鼓既毕，某方就寝，忽见一人排闼而入，投箧于地，即枕卧之。至四鼓，某睡中觉有撼体而连语云'学士贺喜'者，某徐转仄问之，即曰'安心熟寝'，乃挈箧而出。盖初奏上，舒亶之徒力诋上前，必欲置之死地，而裕陵初无深罪之意，密遣小黄门至狱中视某起居状。适某昼寝，鼻息如雷，即驰以闻。裕陵顾谓左右曰：'朕知苏轼胸中无事者。'于是即有黄州之命。则裕陵之恕，念臣子之心，何以补报万一！"后先君尝以前事语张嘉父，嘉父云："公自黄移汝州，谢表既上，裕陵览之，顾谓侍臣曰：'苏轼真奇才！'时有憾公者，复前奏曰：'观轼表中，犹有怨望之语。'裕陵愕然，曰：'何谓也？'对曰：'其言"兄弟并列于贤科"与"惊魂未定，梦游缧绁之中"之语，盖言轼、辙皆前应直言极谏之诏，今乃以诗词被谴，诚非其罪也。'裕陵徐谓之曰：'朕已灼知苏轼衷心，实无他肠也。'于是语塞云。"

"林传"采用此说，不过翻译得有点神乎其神。

"审问完毕之后，一天晚上，暮鼓已然敲过，我正要睡觉，忽然看一个人走进我的屋子。一句话也没说，他往地上扔下一个小箱子做枕头，躺在地上就睡了。我以为他是个囚犯，不去管他，我自己躺下也睡了。大概四更时分，我觉得有人推我的头。那个人向我说：'恭喜！恭喜！'我翻过身子问他什么意思。他说，'安心睡，别发愁'。说完带着小箱子又神秘地走了。"

"事情是这样的，我刚受弹劾时，舒亶和另外几个人，想尽方法劝皇帝杀我，可是皇帝根本无杀我之意，所以暗中派宫中一个太监到监狱里去观察我。那个人到了我的屋子之后，我就睡着了，而且鼻息如雷。他回去立即回奏皇帝说我睡得很沉，很安静。皇帝就对侍臣说：'我知道苏东坡于心无愧！'这就是后来我被宽恕贬谪到黄州的缘故。"

从整个事件的发展看"乌台诗案"后的贬谪，苏轼应该不久就会东山再起。然而却一拖四年有余，这中间必然有许多周折。

神宗一直非常欣赏苏轼文采，甚至当有人将苏轼和李白比较时，他说："李白有轼之才，无轼之学。"神宗记得祖父仁宗皇帝得此英才时的喜悦，祖母慈圣光献曹太后于病榻上所说要善待苏轼的遗言更常常在其耳边回荡。神宗从未忘记远在黄州的苏轼。后来，宣仁高太后于元祐间起复苏轼时特意面谕：将他从谪籍中重新起用并擢升的不是她，而是遵先帝（神宗）的遗意。

实际情况也是如此，自元丰三年（1080）起朝廷就有起复苏轼的动议。神宗自王安石去位后，深感继起无人，事事不成，非常烦恼。踌躇再三，决意起用司马光、苏轼等人。圣裁虽定，但世事复杂，落实起来难免一波三折。苏辙《龙川别志》和南宋朱弁《曲洧旧闻》等文献对此事都有详细记录。

元丰八年（1085）春天的某一日，神宗在讨论新官制的御前会议上，取出一幅"图子"（即官职位置图）交给时在相位的蔡确和王珪。职位牌上，御史中丞执政位贴"司马光"名，中书舍人翰林学士位贴"苏轼"名。

皇帝对御前诸臣说："他们二人此前虽与朝廷意见不同，然他们各行其学，都是忠于朝廷的良臣，怎能就这样废弃不用呢？"新官制实施后应新旧人才兼用。又道："御史大夫，非司马光不可。"皇帝乾纲独断，不容讨论。

新党中王珪、蔡确闻言相顾失色，一时无词可辩，只得高声应道："领德音！"但他们当然不会甘心。为了不坐以待毙，蔡确想出了以外患解内忧的诡计，对王珪说："陛下久欲收灵武，公能任责，则相位可保也。"他们摸透了皇帝的脉搏，知道他一直想收复灵武，如果想办法使西边的军事冲突扩大，皇上自然会将注意力转向西边战事，而无暇顾及再召君实等人。

这是一个非常阴毒的计谋，不惜以制造地缘军事冲突的"外患"来解政坛争斗之"内忧"。弄权者使出这招误国诡计，是因为他们深知若非如此，则个人厄运将至矣。

二、上庐山

苏轼自元丰七年（1084）四月诏移汝州离开黄州，到元丰八年（1085）五月知登州，做了"五日太守"即被诏还京都。在后世人眼中，这应是一段"漫卷诗书喜欲狂"，既轻松又脱困的时间。然而实际情况是，苏轼度过了模糊而又茫然的一年，其中原因有二。一是朝政晦暗不明，神宗虽从长计议，复启苏轼还朝，可这次诏书也仅仅是黄州、汝州"同级平调"。这让苏轼难猜圣意，甚至还有些许惶恐。从初闻移诏的三月，苏轼即修书邀武昌好友王齐愈（文甫）、王齐万（子辩）兄弟等过江一叙，信中已表露了此刻的不安。

……前蒙恩量移汝州，比欲乞依旧黄州住，细思罪大责轻，君恩至厚，不可不奔赴。数日念之，行计决矣。见已射得一舟，不出此月下旬起发，沿流入淮，溯汴至雍丘、陈留间，出陆，至汝。劳费百端，势不得已。本意终老江湖，与公扁舟往来，而事与心违,何胜慨叹。计公闻之,亦凄然也。甚有事欲面话,治行殊未集,冗迫之甚,公能两三日间特一见访乎?至望!至望!(《与王文甫二首·其一》,《苏轼文集》卷五十三)

二是苏轼此刻精神面貌已呈现出"苏轼""东坡"合二为一又一分为二的双重性,进退取舍时也决不似天命之年以前那般干脆利落,而是心存疑虑。正是时与势,内因和外情的叠合,才令东坡在一个与政坛风云涌动平行的空间里流连江淮,上庐山、下京口,晤安石、谒方平,求田问舍,南都来去……足足耗时一整年。真是曲曲折折的人生,坑坑洼洼的道路。所幸的是,他即使在弯路上绕来绕去也从不辜负时光,而是登山渡水,问僧访道,多看了不少风景。

苏轼东行的第一站是庐山,此行约了参寥一同往游。匡庐(即庐山)乃神州"三山五岳"之首,位于浔阳(今江西省九江市)南,东偎鄱阳湖,南眺滕王阁,北枕扬子江,西挽黄鹤楼。正是襟江带湖,居三流要会之处,形势绝胜。庐山有七重大岭,山脉内层峰插天,天上的云雾在峰岩之下涌动,峦影山光,集雄、奇、险、秀于一体。庐山又是一座人文圣山,前有陶渊明、李白、白居易登临吟咏。人未到时,东坡便已心驰神往。

苏轼一行从山南正面一条比较幽僻的路上山,甫一进山,已为山之磅礴气势所包裹,为大自然的神奇所慑服,面对造物主之杰作,觉得无复多言,便和参寥说:"此行决不作诗。"

不料,当一行人拾级而上时,山道上的僧俗早已纷纷传说:"苏子瞻来了!苏子瞻来了!"看来不仅朝廷没有忘记他,民间也没忘记他。此情此景令在黄州寂寞多年的苏轼不免心热,不知不觉就忘情于山水,得意于世情,将不作诗的诺言抛在脑后,一开笔就是《初入庐山三首》(《苏轼诗集》卷二十三)。

其一

青山若无素,偃蹇不相亲。
要识庐山面,他年是故人。

其二

自昔怀清赏,神游杳霭间。
如今不是梦,真个在庐山。

其三

芒鞋青竹杖,自挂百钱游。
可怪深山里,人人识故侯。

一连数日,苏轼遨游山南山北,自言得奇胜之处十五六,奇中之奇,胜中之胜,写不胜写。

自孔夫子有言"智者乐水,仁者乐山",登山便是中国人亲近自然的至乐之事。山路弯弯,一步一升,移步换景,至险绝处驻足临风,更觉松涛起伏,山花照眼,极目远方,天高地广,胸襟豁然开朗……可惜今人多已失如此登山之趣,只知选择盘山公路,索道笼车,虽然便捷,但已悖登临主旨,无异于空行。

四月二十四日晚,苏轼一行到了甘泉口石耳峰下的圆通寺。前些年父亲苏洵和老师欧阳修登庐山访禅院时,住持是居讷方丈。醉翁有《赠庐山僧居讷》(《欧阳修全集》卷五十六)诗:

方瞳如水衲披肩,邂逅相逢为洒然。
五百僧中得一士,始知林下有遗贤。

加之苏洵也曾与居讷坐而论道、烹茗参禅，想必对于圆通寺，东坡向往久矣。

翌日，适逢苏洵辞世十八年忌辰，苏轼斋戒恭书宝积菩萨献盖颂佛一偈，捐彩幡一对，赠与现住持可仙长老，为父亲祈求冥福。可仙拊掌笑说："昨夜梦见宝盖飞下，着处出火，岂非今日之兆。"苏轼作一诗再谢。

> 石耳峰头路接天，梵音堂下月临泉。
> 此生初饮庐山水，他日徒参雪窦禅。
> 袖里宝书犹未出，梦中飞盖已先传。
> 何人更识嵇中散，野鹤昂藏未是仙。
>
> （《圆通禅院，先君旧游也。四月二十四日晚，至，宿焉。明日，先君忌日也。乃手写宝积献盖颂佛一偈，以赠长老仙公。仙公抚掌笑曰："昨夜梦宝盖飞下，着处辄出火，岂此祥乎！"乃作是诗。院有蜀僧宣，逮事讷长老，识先君云》，《苏轼诗集》卷二十三）

朱砂峰下的白石庵是好友李常（公择）少时读书的地方。公择出仕后，将他的藏书九千卷藏于庵中，称"李氏山房"。苏轼曾为李常写过一篇《李氏山房藏书记》，路经自己曾为作过记文之处，自然要移步进去参观。感慨公择有这么好的地方读书，何苦到外面去做官？这些感慨也记之于诗。

> 偶寻流水上崔嵬，五老苍颜一笑开。
> 若见谪仙烦寄语，匡山头白早归来。
>
> （《书李公择白石山房》，《苏轼诗集》卷二十三）

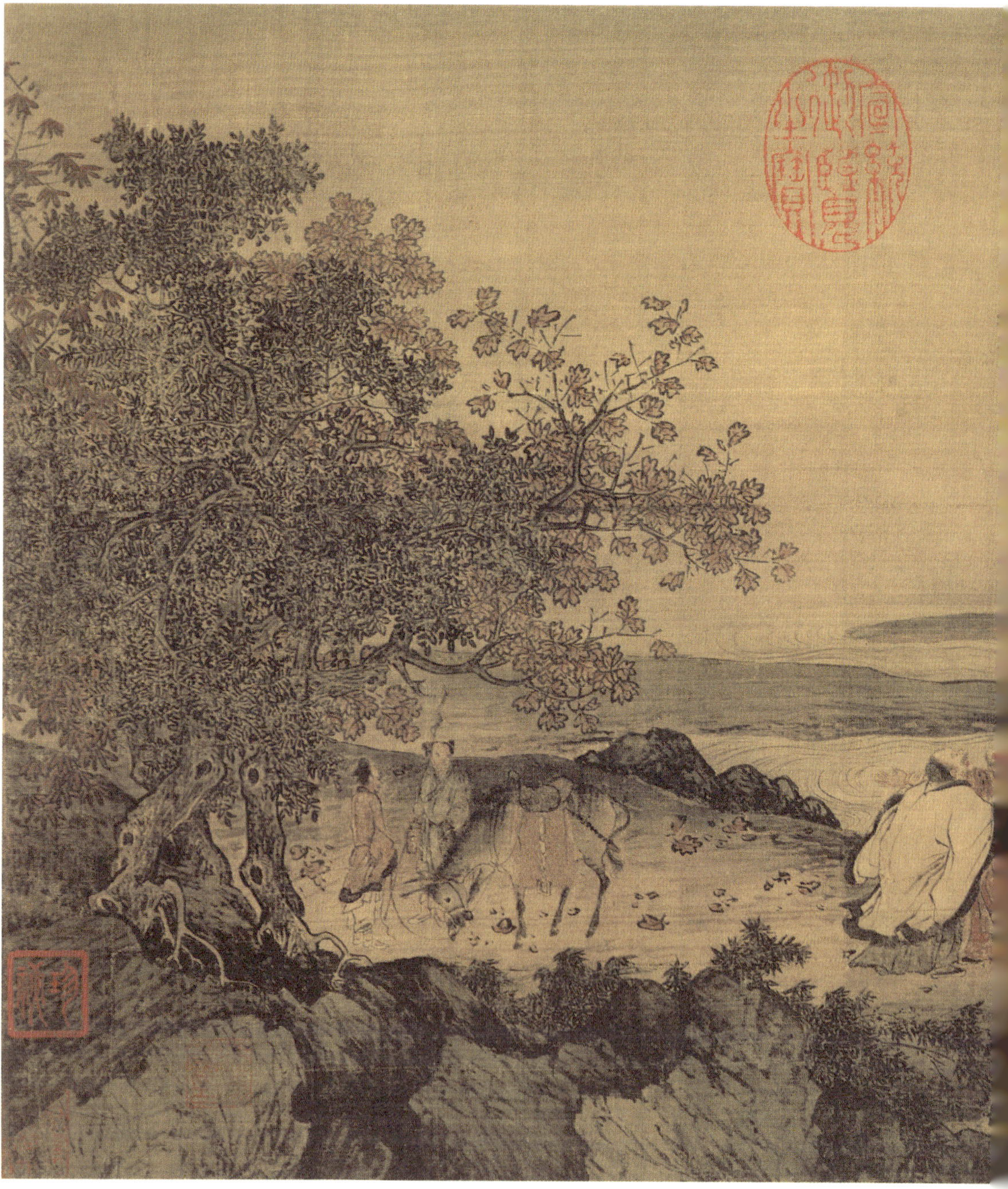

《虎溪三笑图卷》宋 佚名

苏轼独自徜徉，一天漫步于五老峰下白鹤观。观中长松荫庭，风日清美，悄然无声，仿佛观里空无一人，偶有一声子敲棋枰的拍响出于户内。当亲身体验到"静如太古"的境界时，才体会到了司空表圣诗："棋声花院静，幡影石坛高。"这不仅是诗人的敏感，是一种只有诗人才能感受到的时光凝固与空寂，还因为这种感觉非当其事、当其时、当其人、当其境难能体味。十余年后，身已被谪儋州，看儿子苏过与人下棋，他还回忆彼日彼时的情味，作了那首著名的《观棋》诗。

趋访东晋禅宗慧远法师的弘法道场——东林寺是苏轼庐山行的重头戏。远公在此组织过佛教史上有名的白莲社。此地有香炉、经台，天池诸峰，环列寺南，翠岚照槛，风景如画。寺外有条虎溪，相传当年在溪边林薮中蓄养了只老虎护卫寺院。慧远法师深居简出，偶出山门送客，也从不越过虎溪，唯有陶渊明（儒家）、陆修静（道家）两人远道来访那一回，三人机锋禅语，锦心绣口，畅谈半月。告别时仍兴犹未尽，不觉过了溪桥，这时林间伏虎忽然大声呼啸起来，三人这才惊觉，相向大笑。这是《高贤传》里一段"山林佳话"。后有学者指出与史实不符。然而寺有三笑堂，苏轼也题过《三笑图赞》，世人也就多不计较时的对错、事的真伪。"虎溪三笑"的掌故成了后世画家着意表现的人物画题材，更是儒、释、道三家融合的象征。苏轼此行也暗含着"三教汇一国，一人跨三界"的另一层深意。

东林寺于元丰三年（1080）诏改"律居"为"禅席"。南昌太守王公韶原要延请宝觉禅师来做住持，宝觉又举常总（广惠）法师自代。苏轼来时，常总长老扩充院宇的建设已告一段落，当即在修葺一新的禅房招待这两位贵宾留宿。

一只羊、两只羊、三只羊……失眠的人大概有过类似躺在床上数羊的痛苦经历。可是从不失眠的东坡投宿山寺的第一晚却彻夜未眠，让人颇觉意外。当然他不是在数羊，而是在听着山鸣谷应，哗哗流淌的虎溪。恍惚间，又有夜课僧人的诵经声夹杂进来。这山色、水声，天上的月华、窗外的树影，远峰的庄严，岂不皆是菩萨的化身？东坡若有所悟。似见僧之体，若闻佛之声。原先虎溪淙淙听起来是那样让人心绪难安，像一个喋喋不休的妇人一直在唠叨，可现在溪声仿佛一下子变成了佛菩萨永无休止的觉世偈语，是那样让人感动又安详。想到自己前世今生和东林寺的种种因缘，以及白天与常总法师的一见如故、问答法华，东坡索性披衣起来，吟出《赠东林总长老》(《苏轼诗集》卷二十三)，心里充盈着觉悟的幸福。

    溪声便是广长舌，山色岂非清净身。
    夜来八万四千偈，他日如何举似人。

  我们常常用天籁之音来形容美妙的乐音，也就是说当无法用语言来形容声音（人的乐音和歌唱）时就乞助于天。但这常常是指乐音美、优雅，情感饱满细腻和富于变化。难道这就是正确答案吗？就语言的本义而讲，天籁是指大自然的声音，即风声雨节、水流泉唱……且不说它表面上远没有人声那样轻重缓急、抑扬顿挫、情真意切，甚至还是单调枯燥的。为什么人们还会认同它为极致的美呢？唯一的解释是这天籁中含有天道，它是宗教和哲思中一直追求的思想之美。

  凡数十年间，我一直如是读东坡的《赠东林总长老》诗。然有一天偶然看到意大利音乐家来中国举办"紫禁城音乐会"，为中国人演唱《夜莺》并解释："夜莺是最能体现中华民族的苦难隐忍和光明向往的神韵。"这时，关于东坡庐山之夜的思考又有了延伸。有谁听过夜莺的歌唱吗？相信东坡也不曾听过。可是我们，不分古今中外，心存美善、怀抱理想的人都相信这个以虚为实的"谎言"。因为我们都听过风声、水声、鸟鸣、马啸，也正是这种人与自然之共情，才让我们觉得东坡的诗文故事中一直有一种难以割弃的亲切和启迪人生的智慧。

庐山游的最后节目是东林长老陪游西林寺。一路远峰近岭，重重叠叠，俯仰向背，气息聚散，高低起伏，姿态万千，移步换景，变化无穷。苏轼自初入山时"看山是山"到如今的"看山似佛"；从"听泉是泉"到现在的"听泉若诵"。这不仅是美感上的享受，更重要的是得到了一重解悟，一重隽妙的见知，一种以出世之目看出的世事真相。联想起自己的浮浮沉沉和前路渺渺，苏轼此刻已入看山不是山的虚实互见之境。

于是便有了《题西林壁》（《苏轼补注》卷二十三）：

> 横看成岭侧成峰，远近高低各不同。
> 不识庐山真面目，只缘身在此山中。

最先读到此诗的黄山谷也是最懂此诗的，说："此老于般若横说竖说，了无剩语，非其笔端有口，亦安能吐此不传之妙？"近千年来，这首小诗成为家喻户晓的名诗，并不因为它于文字上有何特别精彩之处，也算不得是十分深奥的佛家偈语，苏轼只是写出了自己登庐山时的思想变化来印证一种人间哲思，一种于唯物、唯心之间游走的意向。即此认识，便是无上智慧。

"志林"一书中有《记游庐山》篇，其中收录《题西林壁》诗，第二句"到处看山了不同"与今本有异。结尾处有"仆庐山诗尽于此矣"句，尽于此的又何止于庐山诗呢？世间万象，世事错综，情缘纠结，进退得失，多少烦恼、多少牵挂，皆因置身其中而无法参悟，而跳出尘寰便可换一思维，豁然开朗。

三、江心煮月

自庐山下来的东坡本应该顺理成章地北上赴任，然而他却折向武昌附近的兴国，去看望"同是天涯沦落人"的杨绘。杨绘是仁宗皇祐五年（1053）进士，比东坡大5岁，原任御史中丞一职，也因反对王安石变法而被外放。杨绘曾两次知杭州府。第一次是神宗熙宁七年（1074）接替东坡的老上级陈襄，与通判东坡共事2个月后，东坡升任密州太守。

《宋史》称杨绘忠贞有节，直言敢谏，和东坡属同一类型。二人"三观"既合，自然一见如故。那一年秋天不到三个月的时间内，东坡送走陈襄迎来杨绘，可谓：悲莫悲兮生别离，乐莫乐兮新相知。杭州这块多情的土地于东坡，实在难舍难分，但调密州是升迁，苏杨二人只能诗酒唱和，互道珍重。东坡有《南乡子·和杨元素，时移守密州》（《苏轼词编年校注》正编）一词：

东武望余杭，云海天涯两杳茫。何日功成名遂了，还乡，醉笑陪公三万场。

不用诉离觞，痛饮从来别有肠。今夜送归灯火冷，河塘，堕泪羊公却姓杨。

这首哀而不伤的小令将杨绘比为西晋名臣羊祜，足见对其敬重。如此渊源令东坡回棹相访也就不奇怪了。东坡离兴国后又经陆路去筠州盐酒税务官苏辙家盘桓数日。也就是在这里，释惠洪《冷斋夜话》中记录了云庵和尚、有聪禅师和苏辙三人同梦同迎五戒和尚以及苏轼乃五戒和尚转世的故事。书中第一章第一节的故事即是发生在此时。

与苏轼虽然清苦但却闲适的黄州生活相比，苏辙在高安盐酒税任上已是忙得天昏地暗。苏辙自作诗说："朝来卖酒江南市，日莫归为江北人。"来回奔波已经够苦了，何况每日还必须坐在市场中，鬻盐、沽酒、称量猪肉和鱼鲜，与那些市侩贩夫争论斤两，计较锱铢，要等到天黑才能关门渡江回家。回家后已精疲力尽，昏然就睡。等一觉醒来又得再赶过江去做这重复的事。

这就是典型的心为形役。看到弟弟如此狼狈，苏轼一是可怜苏辙，二是庆幸自己。想到人生忙也不是，闲也不是，甚至对黄州冷清寒碜的雪堂也生出几分不舍。

东坡从筠州折回九江与家人、参寥会合后沿江而下，在湖口携子苏迈夜游石钟山，随即送其赴德州县尉任。儿子要出仕地方官了，父亲特地拣赠一方砚台，并亲撰铭文：

以此进道常若渴，以此求进常若惊。
以此治财常思予，以此书狱常思生。

东坡教训儿子，求学思道当如饥鹰渴骥；仕途进取自当谨慎小心；求财图富，应当留有余地，常思付出；诉讼判决关乎生死，当细心权衡。这样的"苏子家训"可谓玉质金声警示后人，既温情脉脉又体现父子情深。

苏轼顺江而下，至当涂时访诗友郭祥正（功甫）。当涂的采石矶相传为太白醉后跳江捉月而死的葬魂之地。被誉为"太白后身"的郭功甫选此江城退休终老也是得其所哉。苏郭意气相投，相逢怎可无酒。苏轼酒后兴发，索笔濡墨，就在郭家髹漆屏风上画了一幅醉墨淋漓的竹石。功甫大喜过望，作诗相赠，又送了两支家藏的古铜剑给苏轼。苏轼赋诗为谢，将何以"往往醉后""挥洒云烟""向壁涂鸦"之冲动一一解释出来。《郭祥正家，醉画竹石壁上，郭作诗为谢，且遗二古铜剑》（《苏轼诗集》卷二十三）：

> 空肠得酒芒角出，肝肺槎牙生竹石。
> 森然欲作不可回，吐向君家雪色壁。
> 平生好诗仍好画，书墙涴壁长遭骂。
> 不嗔不骂喜有余，世间谁复如君者。
> 一双铜剑秋水光，两首新诗争剑铓。
> 剑在床头诗在手，不知谁作蛟龙吼。

苏轼喜欢醉后写字作画，借着痛快的笔墨来抒写感情。所以，此诗是苏轼画论的"文眼"和"气口"，此画则是苏轼盘郁胸中之块垒，一经杜康浇灌，立马璀璨绽放。近代傅抱石以疾风快雨之笔墨著称画坛，更以无酒不画的潇洒为世人乐道，他就有一方"往往醉后"的印章，看来颇有东坡遗风。

东坡一家就这样在江上漂漂泊泊、走走停停了两个月。时值盛暑，天空骄阳铄石流金，江上热浪笼蒸锅煮。一家人先后病倒在行旅之中。东坡自己疱毒不解，夫人王闰之痢疾病卧，殆不堪怀……最糟糕的是朝云所生婴儿苏遁尚不足十个月，经不起湿热夹攻，于七月下旬痛殇舟中。东坡已痛不自禁，加上朝云哀哭抽泣，声声似利刀切割，任是铁石心肝也难免大哭一场。

四、金陵神仙会

在各类苏东坡的传记中,哪怕是极简的年表注释,也会给元丰七年(1084)夏天苏轼与王安石的"金陵会"记上一笔。此事件标志着两位政坛死敌冰释前嫌的第一次握手。这是件千年一遇、人心所向的大好事,此事发生不久即传为美谈。苏轼自己的"志林"和同时代的《五总志》《冷斋夜话》《侯鲭录》《潘子真诗话》等典籍于此事皆有涉猎。现代人的苏轼传记中又据史料钩沉,将此敷衍成章,使之传布更广。在叙述"金陵会"之前,先转录一段李一冰的"神奇发现"。

  王安石与苏轼,二人间另有一件微妙的关合,为两人的生、死、出身,都在同一年岁上。安石生于天禧五年(1021),苏轼生于景祐三年(1036),年龄相差十五岁。安石成进士于庆历二年(1042),苏轼为嘉祐二年(1057),同为二十二岁登第,前后相距也是十五年。最后一点,则在当时两人都不自知的,安石薨于元祐元年（1086），苏轼卒于建中靖国元年（1101），享年均为六十六岁，辞世先后也差十五年，可谓巧极。

这当然只是巧合，完全可以置之一笑。但这却使我异想天开：王安石与苏东坡的"金陵会"不仅是神仙打架，还包括了"魔鬼与天使"的停战对话；是对政治时局不谈而谈的理性对话；是对文史诗词格调趣味地把玩与欣赏的对话；是精神救赎和清理包袱的重新对话；是原谅对手和原谅自己，既秉持以德报德又增扩为以直报怨的朋友对话；是一个人的一分为二和两个人的合二为一之自言自语的心灵对话。

东坡一到金陵还来不及去晋谒荆公，荆公却已野服骑驴，到江边来看东坡了。

苏轼慌忙下船迎揖，喜悦而又抱歉道："轼今日敢以野服见大丞相。""礼岂为我辈设哉！"安石洒然笑答。

坊间常说，了解你的人未必都是朋友，有时候真正了解你的却是你的敌人。王安石和苏轼相生相克之外，又正是相知相亲的双子星座。多少是非多少摩擦，多少怨恨多少叹息，而今事过境迁，置身于那个混乱而又充满喧嚣的政治舞台之外，皆为林下闲人。也许正是这份生活的清闲，彼时彼刻才看清了世相和敌友。"得识庐山真面目，只缘身在庐山外。"回首前尘，恍如噩梦。现在，王安石得以一代奇才来看苏轼，苏轼则以前辈敬视荆公。接下来便是数日无拘无束地晤言一室之内，漫步金陵道上，快慰平生的喜悦不足外传耳。

苏轼约期登门拜谒的前一晚，王安石和几个门客闲谈。他问"动""静"二字应该怎样解释？门客回答的话啰啰唆唆，数百言还没解说明白，安石不能满意，便说："等苏轼明天来时问他。"

第二天见面后安石拿这题目问苏，苏轼应声答道："精出于动，神守为静。动、静，即精神也。"安石为之击节称叹。

苏轼作咏雪诗云："冻合玉楼寒起粟，光摇银海眩生花。"别人都不知典故出处。后来与安石谈到此诗时，安石说："道家以两肩为玉楼，以目为银海，阁下使的是这个典故吗？"苏轼大笑称诺，退后一步对安石门客叶致远说："学荆公者，哪有像他这样博学的啊！"东坡与荆公，他们已经从当年简单的是非观之看法"世界是世界，人是人"的境界，升华为"看世界即是看人，一人即世界，世界即一人"。所以才有"两肩为玉楼，眼目为银海"，人与山作同一气象观。

朝夕相见，饮食游玩，以逸闲语，论天下事。两人已经从视若仇雠到一笑泯恩仇，再到相看两不厌。

中国文化有文史哲不分之说，人们往往在年轻时喜欢诗文，历经世故之后大抵才会喜欢上史学。王安石和苏轼于论文赋诗之余，不知不觉就把话题转到治史上了。王安石认为苏轼是重写三国史的理想人选。苏轼却坚辞不敢当。王安石进一步推心置腹，作诗劝苏轼。王安石劝苏轼治史学，是出于学术考量，但也何尝不是寄望他最好能在金陵求田问舍，和自己做个邻居。苏轼以三国刘备对许汜说的话"人该忧国忘家，不应求田问舍"来表示不同意。荆公之所以依然执拗如旧，也是由苏轼去金陵之前信中所说"轼始欲买田金陵，庶几得陪杖履，老于钟山之下"而引起的。苏轼深感老人的深情厚谊，作《次荆公韵四绝》(《苏轼诗集》卷二十四)，其中一首是：

骑驴渺渺入荒陂，想见先生未病时。
劝我试求三亩宅，从公已觉十年迟。

兵戈猶如割水亦如吹光性亡無搖動六者音聞洞精明不能
界則諸咪出塵性亡能全能令眾生棄文羅剎鳩槃茶鬼及毗
塵信彈那乎雖近其旁目不能視七者音性圓消觀聽返入
離諸塵妄能令眾生禁繫枷鎖所不能著八者滅音圓聞遍
生慈力能令眾生遠離貪瞋九者純音無塵根境圓融
劫能令一切多婬眾生遠離貪欲十者純音無塵根境圓
明流注無身心猶如琉璃朗徹無礙能令一切昏鈍性障諸阿顛
迦永離癡暗十三者融形復聞不動道場涉入世間不壞
世界能遍十方供養微塵諸佛各各旁傍為法王子能令
法界無子眾生欲求男者誕生福德智慧之男十三者六根圓通
明照無二含十方界立大圓鏡空如來藏承順十方微塵如來秘密法
門受領無失能令法界無子眾生欲求女者誕生端正福德柔
順眾人愛敬有相之女十四者此三千大千世界百億日月現住世間諸
法王子有六十二恆河沙數修法垂範教化眾生隨順眾生方便智
慧各各不同由我所得圓通本根發妙耳門然後身心微妙含
容周徧法界能令眾生持我名號與彼眾多名號無異世尊我一
名號與彼眾多名號無異由我修習得真圓通是名十四施無畏力福備眾生

時元豐八年二月十七日信州王安石䭾菴居士書

《行书楞严经旨要卷》宋 王安石

"字如其人"是书法鉴赏所信奉的法条之一。这件珍藏于上海博物馆墨宝是公认的王安石真迹。相信法眼通神者能从中读出"拗公"的心性与修养。

苏轼面对这位曾经叱咤风云而今孤寂的老人,追忆逝水年华时深感自己有诸多后悔的地方,所以说"从公已觉十年迟",这是苏轼真诚的自省之辞,是他经过御史台狱火的煅烧,经过黄州四年沉痛反思之后,才说得出来的真心话。荆公得此诗后也惘然道:"十年前后,我便不厮争。"

苏轼别去后,王安石更是长叹道:"不知更几百年,方有如此人物!"

总而言之,后世多是以王、苏二人笑忘仇怨、互相激赏来概括这次长达数日的高峰会。然而以拗公之果敢和东坡之豁然,难道二人之间就没有一次正面谈及"变法"这类敏感话题吗?难道王安石真的因为有吕惠卿告密在先的前车之鉴,就三缄其口,保持沉默吗?因为后世没有见到相关记录,我们心中纵有千般不甘心,终不可捕风捉影,更不可用杜撰代言。我们至多可以想象王、苏之间有过"法不传四耳"的密谈。从"金陵会"的结果来看,这两人只有"公仇"没有"私恨"的多年争斗终于落下了大团圆帷幕。

要不要"变法"是一个关乎国家命运前途的历史话题,当局者大概正意识到历史没有如果,故将这道难题留给了后人。

梁任公的《王安石传》开篇即说:

> 自有史以来,中国之不竞,未有甚于宋之时者也。宋之不竞,其故安在?始焉起于太祖之猜忌,中焉成于真仁之泄沓,终焉断送于朋党之挤排。而荆公则不幸而丁夫其间,致命遂志以与时势抗,而卒未能胜之者也。知此则可与语荆公矣。

这是强调非变不可的时也势也,也指出时势非一人可独揽。可是在经历了"欲速则不达"的失败之后,拗公还会固执初衷?至少不该对自己的举措策略进行反思吗？至于苏轼之所以反对那种颠覆式、革命式的"变法"，似乎是因他一以贯之的政治态度、形势判断和历史经验。如是观东坡，他的"志林"中《司马迁二大罪》一文也不应只作"史论"看，而是他"政治纲领"的理论基础。

商鞅用于秦，变法定令，行之十年，秦民大悦，道不拾遗，山无盗贼，家给人足，民勇于公战，怯于私斗。秦人富强，天子致胙于孝公，诸侯毕贺。

苏子曰：此皆战国之游士邪说诡论，而司马迁暗于大道，取以为史。吾尝以为迁有大罪二，其先黄老，后六经，退处士，进奸雄，盖其小小者耳。所谓大罪二，则论商鞅、桑弘羊之功也。自汉以来，学者耻言商鞅、桑弘羊，而世主独甘心焉，皆阳讳其名而阴用其实，甚者则名实皆宗之，庶几其成功，此则司马迁之罪也。秦固天下之强国，而孝公亦有志之君也，修其政刑十年，不为声色畋游之所败，虽微商鞅，有不富强乎？秦之所以富强者，孝公务本力穑之效，非鞅流血刻骨之功也。而秦之所以见疾于民，如豺虎毒药，一夫作难而子孙无遗种，则鞅实使之。至于桑弘羊，斗筲之才，穿窬之智，无足言者，而迁称之，曰："不加赋而上用足。"善乎，司马光之言也！曰："天下安有此理？天地所生财货百物，止有此数，不在民则在官，譬如雨泽，夏涝则秋旱。不加赋而上用足，不过设法侵夺民利，其害甚于加赋也。"二子之名在天下者，如蛆蝇粪秽也，言之则污口舌，书之则污简牍。二子之术用于世者，灭国残民覆族亡躯者相踵也，而世主独甘心焉，何哉？乐其言之便己也。夫尧、舜、禹，世主之父师也；谏臣拂士，世主之药石也；恭敬慈俭、勤劳忧畏，世主之绳约也。今使世主日临父师而亲药石、履绳约，非其所乐也。故为商鞅、桑弘羊之术者，必先鄙尧笑舜而陋禹也，曰："所谓贤主，专以天下适己而已。"此世主之所以人人甘心而不悟也。世有食钟乳、乌喙而纵酒色，所以求长年者，盖始于何晏。晏少而富贵，故服寒食散以济其欲，无足怪者。彼其所为，足以杀身灭族者日相继也，得死于寒食散，岂不幸哉！而吾独何为效之？世之服寒食散，疽背呕血者相踵也，用商鞅、桑弘羊之术，破国亡宗者皆是也。然而终不悟者，乐其言之美便，而忘其祸之惨烈也。

至于他当年挑战王安石时有没有意气用事的鲁莽，一句"从公已觉十年迟"已经明明白白地表达了反省。至于二人对话时王安石那句"十年前后，我便不厮争"往往被忽略了。王安石的反省比苏轼更早。如此再反过来品味"从公始觉十年迟"则更加意味深长，即对于政治原则的认同才是和解的前提。

从理论上讲，要不要变法，如何变法，大概永无终极答案。如果降维到实践层面来讨论，本书给出的答案是兼顾理性与激情的"顺势推移"才是上上之选，然后方能返本开新。

五、求田问舍

从东坡离开金陵后的行程来看,那些漫无计划的随性行程好像都在围着一件事情打转——求田问舍,寻找一个安顿余生的终老之地。"五十而知天命"嘛。这种"天命观"也会包括一个生活在平均寿龄不足50岁时代的人对生死和余生安顿的考虑,这种感慨中更重要的是包含了对仕途的淡漠和绝望。这与今人"生命从60岁开始",一不小心就活到七老八十真是天差地别。

前几天在金陵时,王安石就劝东坡买田"半山园"附近,以便过从,诗酒有伴。甫离金陵,马上又接到已奉恩诏的湖州新太守滕元发来函相邀。滕元发是老朋友,还曾去黄州看望过东坡。正好借机去还这份"人情债",苏轼便约滕元发在仪真或扬州一晤。

滕元发是范文正公(范仲淹)父亲的外甥。身材魁伟,气质雄爽,是那种人见人爱的美男子。其性情豪迈,气度不凡,不拘小节。他还是一位将才,曾镇守边关,威行西北。他的周身仿佛有一种提振人心的精光。东坡也属这类自带光芒的人。他和滕之间的友谊是一种精神上的、高贵的、纯粹的惺惺相惜。据说每次殿前奏对之时,皇帝也会对这两个人青眼相看。

苏轼乘船去金山(属今江苏省镇江市)会滕元发,没料行至中途,便看见对面元发乘小舟破浪来迎。别后重逢的情景,后来出现在苏轼写给滕元发的信中。

> 一别四年,流离契阔,不谓复得见公,执手恍然,不觉涕下。风俗日恶,忠义寂寥,见公使人差增气也。

两人见面后,元发一边竭力称颂神宗皇帝的仁慈和念旧,一边劝苏轼先把从前所作文字的刊印书版一律烧毁以示悔改,然后上表请求改定一个谪郡,就极有可能获得恩准。这也正是东坡所望。苏轼决定于十月间赶赴扬州会过吕公著后,照计拜表乞请。

江心一峰,水面千里,金山是京口长江中的一个江心岛。当风涛四起,白浪拍岸时如溅玉散珠,所以又称浮玉山。金山旧称瓜洲,在山水形胜之京口的知名度应该和王安石那首《泊船瓜洲》有很大关系。

> 京口瓜洲一水间,钟山只隔数重山。
> 春风又绿江南岸,明月何时照我还?

王安石诗中自问:现在春风明月都有了,能不回江南?这应该也是前几天金陵相会时,他对苏轼说过的话。

金山寺始建于东晋明帝时,梁天监四年(505),梁武帝曾在该寺设水陆道场。坊间《白蛇传》故事中的金山寺即指此处。"水漫金山"虽传说是法海和尚所为，但每逢江湖大涨，水势确有吞山之势。说书人于金山地形应该十分清楚。宋真宗曾经梦游金山。庆历八年（1048）金山寺遭火灾，后由瑞新禅师发愿重建，曾巩为作碑记。元丰中宝觉禅师住持该寺又造"至游堂"，苏轼作堂记。

当时的金山住持是从前在庐山归宗的"怪石供"了元禅师，也即后来赐名"佛印"的佛印和尚。了元也要代苏轼买田京口，并且要买与金山寺庙产邻近的田亩，即可便代照管。到处求田问舍的背后，似乎是东坡已绝意仕途。是他那勇猛精进的心衰退了吗？还是富贵难求的失望和对官场险恶心有余悸？抑或兼而有之。

宋朝没有房地产开发商，更无拎包入住之便捷，所以求田问舍都要自己买地盖房，从长计议。

苏轼在仪真时遇到了进士同年蒋之奇（颖叔）。他听说苏轼求田常润，便忆起当年在琼林宴座上两人戏约将来卜居阳羡的旧话，于是立即派人到家乡宜兴去代苏轼寻田。苏轼以《次韵蒋颖叔》(《苏轼诗集》卷二十四）诗相谢：

> 月明惊鹊未安枝，一棹飘然影自随。
> 江上秋风无限浪，枕中春梦不多时。
> 琼林花草闻前语，罨画溪山指后期。
> 岂敢便为鸡黍约，玉堂金殿要论思。

不久消息传来，苏轼即刻从金山到宜兴去看田。田地距城五十五里，在深山中的黄土村。这块田地大约一年可有八百石谷子的收成，足够全家生活了。这应是东坡买田宜兴的又一重要原因。

何处黄土不埋人？对于地名"黄土"东坡也毫不避讳，能确定此处是终老之地，活得如此通透实在令人不服不行。笔者也曾有"求田问舍"的经历，对于读书人之戚戚于心地寻找终老之地也略有体会。曾撰一联记之，看来呈颂东坡更合适：

忙者自促鄙者自隘攘者自冗，盘铭不计日深浅；
儒家无君释家无佛道家无仙，传薪只念月盈亏。

东坡终于买定了宜兴这片田地，还计划将来买一小园，自种柑橘。这个"乐农"计划实现了吗？不得而知，但却勾画了一个美好的蓝图。十月二日在宜兴舟中作《楚颂帖》（《苏轼文集》佚文汇编）。

吾来阳羡，船入荆溪，意思豁然，如惬平生之欲。逝将归老，殆是前缘。王逸少云："我卒当以乐死。"殆非虚言。吾性好种植，能手自接果木，尤好栽橘。阳羡在洞庭上，柑橘栽至易得。暇当买一小园，种柑橘三百本。屈原作《橘颂》，吾园若成，当作一亭，名之曰楚颂。元丰七年十月二日书。

东坡十月十九日至扬州，谒见知扬州军州事的吕公著后，呈表奏请《乞常州居住表》（《苏轼文集》佚文汇编），略曰：

自离黄州，风涛惊恐，举家重病，幼子丧亡。今虽已至扬州，而费用竭罄，无以出陆。又汝州别无田业，可以为生，犬马之忧，饥寒为急。窃谓朝廷至仁，既已全其性命，必亦怜其失所。臣先有薄田，在常州宜兴县，粗给𪊧，欲望圣慈特许于常州居住。……

中止了汝州的行程，苏轼便在扬州等待朝廷批复。其间与杜介访竹西寺，作《归宜兴，留题竹西寺》（《苏轼诗集》卷二十五）：

十年归梦寄西风，此去真为田舍翁。
剩觅蜀冈新井水，要携乡味过江东。

继续北上，东坡渡淮河时已经岁聿云暮、一年将尽，便同家人留在泗州度岁。元丰八年（1085）的正月初四，苏轼离开泗州北行，往南都谒见衰病不堪的乐全老人张方平。

六、峰回路转又一新

苏轼元丰八年（1085）二月至南都，这是苏轼在张方平退休后第三次来访。

在北宋中后期的政坛上，乐全老人张方平是位一等一的人物。除前文所说他在知益州时洞悉时局、精于判断的治世之能，他的过目成诵、书不读二遍更是让天下士子佩服得五体投地。他曾第一个识拔"三苏"。数十年间，知恩图报的苏氏一门对方平老人一直礼敬不衰。

元丰二年（1079）七月，张方平以太子少师致仕后一直居住南都（今河南省商丘市），其间苏轼行走于鲁、豫、苏、皖时，遇有机会一定要抽出时间去看望这位息隐林下的长者。每次二人盘桓把晤，相得甚欢。尤其是苏轼诗狱初发时，方平老人不顾一切以三朝元老的地位竭力营救，更是恩谊深重。

苏轼脱祸出来晋谒乐全老人出于至诚，亦属情理之中。如此恩人，怎能不让东坡心心念念牵挂？这次至南都后，苏轼即寄居乐全堂中，与老人做伴，一住就是两个月。

张方平此时已经年近八旬，两目昏暗几近失明。苏轼陪他谈疾病、医药、饮食、养生，以及做梦之类老年人通常喜欢的话题。因为杂学旁收、处处留心，苏轼于各类话题都能显示出颇为内行的学问，两人相谈甚欢。

遥想当年自益州初识，张苏两家便成了通家之好。方平与苏氏兄弟汴京论政，海阔天高，南都话旧，经史子集，几乎是无话不谈，一个沉稳持重，一个青春无敌。现今张方平真的老了，这最后一次相处时谈话的主题也变调了，这位曾经的北宋政坛风云人物也和庸常而平凡的老人一样，在琐碎的生活中打发时光。我曾经说过，当人们的谈话围绕着健康医药来展开时，谈话者无疑已是衰老。我注意到当下许多人年纪轻轻，便不时将养生、休闲、药石一类话题挂在嘴上，是成熟是衰老？至少不复是青春无敌，照样年轻应该有的样子。"新传"中根据苏辙之孙苏籀记录的《栾城先生遗言》，苏轼这次在张家还见识了私家眼医王彦若为张方平治眼的神乎其技。

苏轼久患角膜炎未曾完全治愈，趁这个机会也请王医师诊治。千年之前，器械割治眼睛里面翳膜（估计是白内障）这种外科手术，简直是骇人听闻，要使人人"缩颈走避"的奇事。然而苏轼听了王医师一番解说后，又亲见医师为方平老医疗效果，佩服得五体投地。苏轼写下《赠眼医王生彦若》（《苏轼文集编年笺注》附录一）一诗，对这冷僻怪异的题目居然能引经据典，说得头头是道，读来有庄子"庖丁解牛"的风味。

针头如麦芒，气出如车轴。
间关脉络中，性命寄毛粟。

而况清净眼，内景含天烛。
琉璃贮沆瀣，轻脆不任触。
而子于其间，来往施锋镞。
笑谈纷自若，观者颈为缩。
运针如运斤，去翳如拆屋。
常疑子善幻，他技杂符祝。
……

这于东坡也可谓久病成医的另类收获，于世人又是"处处留心皆学问"的又一典例。

李廌（方叔）闻知苏轼已抵南都，即自颍州阳翟专程前来相见。他向恩师诉说了自己家贫亲丧的种种伤心："祖母边氏、前母张氏、生母马氏和先君的柩木，都还未葬。即便再怎么饥寒也不敢悲戚，四丧未举，真是死不瞑目。"说到伤心处，涕泪滂沱。

苏轼感同身受，不仅自己捐财物，还呼吁认识李宪仲父子的人能施以援手，帮助方叔完成这件葬亲大事。

苏轼认为李方叔的文章"笔墨翻澜，有飞沙走石之势"，并称赞说："子之才，万人敌也。抗之以高节，莫之能御矣。"就是这样一位深得苏轼器重的青年才俊，却在后来苏轼主持考试时未能中举。个中曲折，一言难尽。然坊间生出种种流言，讽刺苏轼私心未遂，实乃以小人之心度君子之腹。这类小人长的是一根怨妇的长舌，李廌未考中他们有此一说，如果考中他们又一定会说是苏轼偏私。且看苏轼《答李方叔书》（《苏轼文集》卷四十九）。

……君子之知人，务相勉于道，不务相引于利也。足下之文，过人处不少，如《李氏墓表》及《子骏行状》之类，笔势翩翩，有可以追古作者之道。至若前所示《兵鉴》，则读之终篇，莫知所谓。意者足下未甚有得于中而张其外者；不然，则老病昏惑，不识其趣也。以此，私意犹冀足下积学不倦，落其华而成其实。深愿足下为礼义君子，不愿足下丰于才而廉于德也。若进退之际，不甚慎静，则于定命不能有毫发增益，而于道德有丘山之损矣。

古之君子，贵贱相因，先后相援，固多矣。轼非敢废此道，平生相知，心所谓贤者则于稠人中誉之，或因其言以考其实，实至则名随之，名不可掩，其自为世用，理势固然，非力致也。……

轼于足下非爱之深期之远，定不及此，犹能察其意否？近秦少游有书来，亦论足下近文益奇。明主求人如不及，岂有终汨没之理！足下但信道自守，当不求自至。若不深自重，恐丧失所有。言切而尽，临纸悚息。

金石之言，可为后世考场纪律之殷鉴。

元丰八年（1085）二月，朝廷批准了东坡阳羡居留的申请。

> 仍以检校尚书水部员外郎、汝州团练副使、不得签书公事，常州居住。

多年愿望常州住家一旦实现，苏轼欣喜欲狂。离开黄州时曾作《满庭芳》(《苏轼词编年校注》正篇) 一阕为别，如今"蒙恩放归阳羡"能不赋诗抒怀：

> 归去来兮，清溪无底，上有千仞嵯峨。画楼东畔，天远夕阳

多。老去君恩未报，空回首，弹铗悲歌。船头转，长风万里，归马驻平坡。

无何。何处有，银潢尽处，天女停梭。问何事人间，久戏风波。顾谓同来稚子，应烂汝，腰下长柯。青衫破，群仙笑我，千缕挂烟蓑。

此刻，苏轼心里充满了宁静和幸福的喜悦，有《春日》（《苏轼诗集》卷二十五）一诗，极可体味到他此时了无牵挂的轻松心情：

鸣鸠乳燕寂无声，日射西窗泼眼明。
午醉醒来无一事，只将春睡赏春晴。

此诗可与无门慧开禅师那首诗呼应：

春有百花秋有月，夏有凉风冬有雪。
若无闲事挂心头，便是人间好时节。

短暂的隐士一样的生活中，苏轼岂能真的了无牵挂？"君恩未报"的遗憾就令其心神难安。万万料不到，这回"放归阳羡"是神宗皇帝对他最后一次的恩泽。就在一个月后的三月初五戊戌，正值三十八岁盛年的皇帝，忽然龙驭上宾，于福宁殿驾崩。

苏轼听闻噩耗，悲痛万分，囿于当时的身份，虽不敢写《神宗皇帝挽词》，结果还是写了三首吊亡诗。《挽词》第三首的结尾："病马空嘶枥，枯葵已泫霜。余生卧江海，归梦泣嵩邙。"

辞别乐全老人，回羡阳途中苏轼再游扬州竹西寺，竹西寺是杜牧诗中所谓"谁知竹西路，歌吹是扬州"的名刹。时值五月一日仲夏，东坡在寺中竹荫下午休后一时兴起，随即吟出：

> 道人劝饮鸡苏水，童子能煎莺粟汤。
> 暂借藤床与瓦枕，莫教辜负竹风凉。

情随境迁，苏轼此时已走出了诸多伤心事的阴影。加之这一年淮浙间的年成丰熟，使东坡压抑不住心里满溢出来的欢喜，意犹未尽又续吟一首，抒父老颂美哲宗之情：

> 此身已觉都无事，今岁仍逢大有年。
> 山寺归来闻好语，野花啼鸟亦欣然。

苏轼把这两首连同最先作的"十年归梦寄西风，此去真为田舍翁"的那一首，冠上《归宜兴，留题竹西寺三首》的诗题，一起写在僧舍壁上。谁能料到，原本是因丰收而赞美哲宗的诗歌，竟被编派为不尊先帝、无人臣礼。后来元祐年间，御史赵君锡、贾易摭以这几首诗为罪证，用来指责苏轼见先帝驾崩幸灾乐祸，为大逆不道之罪，应严加纠弹。其实，那已是神宗驾崩两个月以后的即兴诗语。宋朝谏官的"风闻言事"，仿佛就有权胡说八道，也是当时的弊政之一。

苏轼回到常州时，正是江南春老、姹紫嫣红、园蔬正绿、江鱼鲜美的大好时节。苏轼既称老饕，岂可辜负美食。一次题建阳僧惠崇所绘《春江晚景图》时，竟将春花春水江南美景，都拿来做了河豚鱼的作料。

竹外桃花三两枝，春江水暖鸭先知。

蒌蒿满地芦芽短，正是河豚欲上时。

传说当地有一士绅，特地设家宴烧了河豚，招待东坡。吃饭时家厨和女眷都躲在屏风后窥视，想听听这位大名士将如何品评。结果，此老坐上桌后一言不发，只顾下箸大嚼，正当偷觑者甚为失望，苏轼夹起一大块塞进口中，狠狠说道："也值一死。"主人全家大悦。（《示儿编》）这大概就是民谚"冒死吃河豚"的出处。

神宗皇帝晏驾以后，太子赵煦嗣位，是为哲宗。小皇帝还只有十岁，不能亲政，由祖母太皇太后高滔滔垂帘摄政，是为宣仁太后。这一表面上的王权平安交接，却立刻引起政风剧变。

宣仁太后四月临朝，急召吕公著授尚书左丞，继留司马光为门下侍郎。皇太后记得神宗皇帝眷念苏轼的遗意，五月就正式颁发朝命，复官苏轼为朝奉郎。

"林传"中有"太后恩宠"一节专述苏轼生命中的几位皇后贵人。

苏东坡先后得到几朝皇后的荫庇。在他"乌台诗案"受审时是仁宗的皇后救了他的命，现在又是英宗的皇后拔擢他东山再起。甚至在他一生中较晚的岁月里，若不是神宗的皇后代摄政事，也许早就客死蛮荒了。

宋朝特别幸运，能接连有贤德的皇后出现。汉唐两代，几个皇帝的后妃不是僭取帝位，就是借有权势的太监或内戚擅权。苏东坡时代，四个皇后当政都极贤德，有的还十分出色。这当然不仅因为她们是有才干的女人，能在宫中明辨是非，在朝中能判别善恶。或许是因为她们长期生活在内廷，并不能常听到儒臣们论辩国家政策，以至于到了得失难分、莫知所从的烦乱地步，也就是民间常说的"龙多作

宣仁皇太后高滔滔坐像

旱"，屏蔽了杂音，自然凭借纯良天性做出的判断大多会是正确的。林语堂的分析有些道理。往往是消息繁杂而无真正有价值的信息的情况会影响人们做出正确判断。

神宗皇帝最后那些年已经开始简化政令、改革政风，但仍达不到他母亲老太后今日这般干净利落的地步。神宗皇帝一去世，太后即召司马光当政，立刻改弦更张，将王安石的一切"新法"全予中止或径直废除。"元祐更化"的政局开始了。

六月又有新委命，苏轼复朝奉郎、知登州。自常州启程赴任，足足走了三个月，直至十月十五日方才抵达登州。不料到任只有五天，同月二十日忽又奉到朝命："以礼部郎中召还。"

苏轼之于登州，真是名副其实的"五日京兆"，但苏轼还是看出了当地有关军政与财税的两大弊端，所以上《登州召还议水军状》，强调必须对王安石的改革再改革。

苏轼又接着上了第二状《乞罢登莱榷盐》，在奏状中详述所见登、莱两州现行榷盐制度的弊害，请求恢复食盐的自由贸易，以刺激生产便利民食。他盼望的还远不止此。"并请详讲其余州军榷盐利弊情形"，希望能全面施行，改善盐制。两状都是于十二月间一到京师立即呈奏的。这只是苏轼再度履职的牛刀小试。

走过一段坑坑洼洼、曲曲弯弯的人生之路，现在峰回路转，抟风得势。在苏东坡到达京都的八个月之内，朝廷将他擢升三次。最后登翰林院，为皇帝草拟诏书，那时他正五十，不枉"知天命"之年。朝令夕改，一路攀升。都说从善如登，从恶如崩，其实也不尽然，有时升迁如坐火箭。还是坊间老百姓那句话"运气来了，门板都挡不住"，说得靠谱儿些。

苏东坡升任翰林之前为官居四品的中书舍人。因有参与朝廷各部官员的挑选与任用的实权，官位虽不高，却可作为官场晋升的重要台阶，因而古时有"不入中书不为官"一说。

担任翰林时，他草拟了几次圣旨，颇为机趣，内容多是旧账新算，诚君子"报仇"，十年不晚。第一道圣旨是褫夺李定的官职；第二道圣旨是贬谪吕惠卿。虽然最终的决定者是皇家，但圣旨的措辞结构则是东坡的手笔。不过最有深意的事是四月王安石死后，苏东坡受命草拟一道圣旨追赠荣衔。这道圣旨的措辞十分玄妙，寓贬于褒。依照旧例，以皇帝名义发布的追赠诏书，当多溢美之词。这份给王安石颁赠"太傅"荣衔的诏书可能是个"另类"。现附上《王安石赠太傅》圣旨全文。

敕。朕式观古初，灼见天意。将有非常之大事，必生希世之异人。使其名高一时，学贯千载。智足以达其道，辩足以行其言。瑰玮之文，足以藻饰万物；卓绝之行，足以风动四方。用能于期岁之间，靡然变天下之俗。具官王安石，少学孔、孟，晚师瞿、聃。网罗六艺之遗文，断以己意；糠秕百家之陈迹，作新斯人。属熙宁之有为，冠群贤而首用。信任之笃，古今所无。方需功业之成，遽起山林之兴。浮云何有，脱屣如遗。屡争席于渔樵，不乱群于麋鹿。进退之美，雍容可观。朕方临御之初，哀疚罔极。乃眷三朝之老，邈在大江之南。究观规模，想见风采。岂谓告终之问，在予谅暗之中。胡不百年？为之一涕。于戏！死生用舍之际，孰能违天；赠赙哀荣之文，岂不在我？宠以师臣之位，蔚为儒者之光。庶几有知，服我休命。

可。

【译文】

皇帝敕令：朕详察太古之时，上天之意可以明昭于世。天下发生异乎寻常的大变革前，必会降生旷古绝世的奇才。使他的名声为一时之首，使他的学术流传千年。智慧足以载其治国之道，机辩足以贯彻其言论。璀璨夺目的文辞，足以润泽天下万物；高迈绝世的行为，足以风行于四方异国。任用他便能在一年间，迅速地改变天下旧的习俗。命官王安石，年轻时读孔、孟之书，成年后又学习瞿昙、老聃的议论。广泛搜寻礼、乐六艺的遗篇，得出自己的见解；批评诸子百家的论说，成为全新的一人。正当熙宁年中天子立志变更法令，超越百官贤士而被任命为宰相。天子信任之深，古今未见。当他的功业即将成功之时，突然萌发寄居乡野之意。视富贵如浮云，视辞位如脱鞋。多次与渔人樵夫交相往还，与麋鹿为友而不扰乱鹿群。进身退出的雍容大度和佳美品德，很值得人赞叹。朕刚刚君临天下时，哀痛愧怍萦绕于心。眷恋那三朝老臣，远远埋葬在大江之南。追寻他的业绩，回想他的风采。难道没有祭奠他的哀悼？只是朕那时也正在服丧期间。为什么良臣离世，不能为他洒泪一别？啊！人的死生、用于世和不用于世，谁能违拗了天命呢？而追赠高官，隆宠荣耀之事，难道不是掌握在我的手中吗！今加赠给他以师臣的显位，使儒者增大光辉。老臣九泉之下若有所知，请接受我这番美意。

皇帝批阅：照此执行。（《苏东坡全集》）

后世有人认为，苏东坡所拟圣旨只是赞美王安石"富有巧思"。"巧思"有当巧不当巧的区别，要和上下文的语义联系起来才能分出是褒是贬。"新传"就指出："这使人极容易联想到是指王安石曾妄自尊大、欺人欺己。"这是不是空穴来风呢？明明是拟旨称颂故人的盛德和高才，怎么就变味了？关键是出在这句："罔罗六艺之遗文，断以己意，糠秕百家之陈迹，作新斯人。""己意"和"斯人"都用上了，能不让人心生疑窦？拟旨者只是点到为止，最后还是回到"胡不百年？为之一涕"。如此迂回曲折的用笔，苏东坡的内心还是十分清晰的：私人恩怨可以一笑而过，国策对错理当是非分明。如果聚焦苏轼和王安石于国策上的对错，苏轼在"志林"书中，借《唐允从论青苗》（《苏轼文集》卷七十二）黎子云之口作了回答。

  儋耳进士黎子云（黎子云是秀才，东坡可能有误）言：城北十五里许，有唐村。唐氏之老曰允从者，年七十余，问子云言："宰相何苦以青苗钱困我，于官有益乎？"子云答曰："官患民贫富不均，富者逐什一，日益富，贫者取倍称，至鬻田质口不能偿，故为是法以均之。"允从笑曰："贫富之不齐，自古已然，虽天公不能齐也。子欲齐之乎？民之有贫富，犹器用之有厚薄也。子欲磨其厚，等其薄，厚者未动，而薄者先穴矣。"元符三年二月二十日，子云过余言此。负薪能谈王道，政谓允从辈耶？

  这是说王安石变法的主要措施是均贫富，然世之贫富如器物之厚薄，古已存矣。"新法"急于求功，则势必事与愿违。苏轼称黎子云与庄民之问答是"负薪能谈王道"，不仅对黎子云的观点认同，也是他自己对新法的结论，更是政治上"王道"和"霸道"如何取舍存用、如何择时而行的大话题。苏轼显然认为王安石所虑乃"有国有学者"之虑（也许还要加上"有权有钱者"），而非小民之所虑。话题殊复杂，非三言两语可以讲清楚，暂且打住，以待日后细辨。

这里不妨大胆猜测，东坡不久前于庐山写的"不识庐山真面目，只缘身在此山中"不仅是自谦自省，还蕴含了对拗相公的批评和理解，也是对王安石名句"不畏浮云遮望眼，自缘身在最高层"的答疑。地位再高，权力再大，学问再深，见闻再广有时也难免"人在山中，不识山面；纹枰对坐，当局者迷"，终是犯了不该犯的大错。

"翰林学士知制诰"这个职位永远是由位高权重的学者担任，往往是担任宰相的前一步。苏东坡这时已经接近顶点。"翰林学士知制诰"是三品，宰相是二品，宋朝几乎没有颁赠过一品。再者，为皇帝草拟圣旨就使苏东坡得以亲密接近儿童皇帝和太后。苏轼获此任命书是由宫廷遣专人送到苏东坡家中的，同时颁赠官衣一件、金带一条、白马一匹，附有一套镀金的缰绳鞍鞯上的零配件。

苏东坡任翰林学士知制诰期间拟了约八百道圣旨。或繁或简，或奖或罚，无不铿锵有声，妥帖工巧，语意明确。圣旨的文字往往引经据典且不失华美。这类远超一般呆板样式的文字在东坡写来驾轻就熟。东坡离任后曾有一洪姓官员继任此职，此公对自己的文才颇为自得。一日，他问当年侍候过苏东坡的老仆，自比东坡如何？老仆回答："苏学士写得并不见得比大人美，不过他永远不用查书。"

东坡有那种进也为朝堂，退也为国民的思虑。

我常常猜想，如果苏轼复活，他会不会改弦更张，换一种活法呢？还是依着「性格即命运」的曲线，一如既往，我行我素呢？

玖

京华梦醉

一、如梦一样真实

元丰八年（1085）二月神宗病危，宰相王珪等人奏请立延安郡王赵煦为皇太子，政务由高皇太后暂为处理，权同听政。获神宗皇帝恩准后，新班子一干人于三月一日临朝，四天后神宗驾崩。实际上新朝元祐从这年就开始了。

有"女中尧舜"之称的宣仁皇太后高滔滔，廉洁自奉，处事干练，且稳健持重。不仅深得史家好评，用今天的话来说，她甚至是中国历史上唯一一位无差评的摄政太皇太后。历经丈夫英宗、儿子神宗两朝政事，她非常向往公公仁宗嘉祐时代太平安乐和宽厚雍睦的政风，这从她为孙子哲宗定的国号"元祐"即可看出端倪。于政治大局，她认为神宗皇帝任用王安石、吕惠卿变成法、行新政，显然已经失败了。对于边臣无端挑起征西夏的军事纷争，招来战败损伤，致使神宗惊悸悔咎，英年早逝，更是令她痛苦难忘。所以一旦临朝摄政，这位老太太早已成竹在胸，她立即召用熙宁、元丰时代的旧臣，恢复

"熙丰"以前的旧政。她的目标是要重拾大宋帝国的雄风，创造出如嘉祐时代一样的和平与安乐。

一场虽未改朝，却已换代的政治大戏就这样拉开了大幕。这一折大戏的主角由原先的王安石、章惇、吕惠卿，换成了司马光、吕公著、苏轼。

这次迭代更新中第一位受命"乘传赴阙"的是吕公著。吕公著，字晦叔，寿州人（今安徽省寿县），初以进士出知颍州通判，与时任郡守的欧阳修为讲学之友。他与司马光、王安石、韩维合称"嘉祐四友"。英宗朝时加龙图阁直学士，出知蔡州（今河南省汝南县）。神宗朝，召为翰林学士、知通进银台司，开封府尹、御史中丞。因为反对王安石新法，不赞成吕惠卿为御史，所谓道不同不相为谋，吕公著被排挤出知颍州。

高太皇太后起用的第二个旧臣是退居洛阳，在独乐园中潜心著述的司马光。朝廷依照起复程序，第一步诏知陈州，这只是一个开始。不久，下诏除授门下侍郎（即副宰相），但司马光因年事已高，上疏辞谢。

司马光于熙宁三年（1070）因与王安石政见不和，坚辞枢密副使的诏命，以端明殿学士知永兴军，后出为西京留台。他在洛阳私宅中网罗了一大批史学大家，专心编撰巨著《资治通鉴》，元丰七年（1084）全部修完，进呈神宗。神宗降诏奖谕司马光，说他"博学多闻，贯穿今古，上自晚周，下迄五代，发挥缀缉，成一家之书，褒贬去取，有所据依"。元丰八年（1085）三月七日，神宗薨，司马光自洛入京专程吊唁大行皇帝之丧。他所到之处，百姓聚众围观，使马不得前行，说："相公不要回洛阳了，留下来给天子当宰相，百姓才有活路啊。"可见当时王安石变法早已为祸日久，不得人心。司马光为避嫌，即吊即归，不敢在京逗留。哲宗年幼，太皇太后临政后，特意遣使询问当下最紧要的"为政"之策："目前为政，应先做什么？"

司马光直言上奏："请广开言路！"他建议："不论有官无官，只要了解朝政缺失和民间疾苦的人，都一律允许密封上奏，畅所欲言。"太后接受了这项建议，诏求来京。

第三位即是太后追念神宗皇帝的遗意，先复官为朝奉郎随又诏知登州的苏轼，不久，即以礼部郎中诏还京师。

入夏以后，绝大部分仁宗、英宗两朝老臣中，因反对新法遭到排斥或消极避世、于"熙丰"年间陆续退出中枢政治的大臣们相继复出。这些人中，"大多数都有极好的家世背景，而个人立身处世，品德谨严，学问渊博，都是以尊重传统为重要立场，视疏减民生疾苦为自己本分的君子。所以历史家笼统地称誉他们为'元祐贤者'，称元祐为'贤人政治'"。

贤人不是完人，更不是没有缺点。守成有余、进取不足的通病，使他们不足以开风气之先和快速提振国运。此刻的大宋朝诸病丛生：军备不足、士气低落、国库空虚、民生穷困，剩下的只是对外软弱、内实困顿的烂摊子。所以消极保守既不足以振兴宋室，也不足以匡救天下之凋敝。这些令新朝左右为难的局面，只能从长计议，慢慢重整。

然而事有必然，也有偶然。司马光认为要下猛药以治王安石之病。一旦着手施政，就要将新法尽废，而且越快越好。他忘了自己理智时的思考："摘其（新法）便民益国者存之，病民伤国者悉去之。"

任何一个专权时代的舆论导向总是被自上而下制造出来的。一个被鼓励的"不满现实，批评朝政，清算新法，人心求变"的国策，自然一时间就成为朝野呼应的政治讯号。

政治变革当以人事调整为先，所谓一朝天子一朝臣，古今概莫能

九敦辛未〔……〕牧殷〔……〕讓不受敦以太子〔……〕沮敦參
軍呂猗〔……〕毀公不〔……〕丙子敦收顗淵殺之帝遣
侍中謝鯤〔……〕駐卓軍卓曰且〔……〕稷當還〔……〕
卓奔敦〔……〕至尚書令〔……〕王虞〔……〕鯤勸敦入見
天子〔……〕敦不從竟不〔……〕昌。魏文攻長沙曰逼城〔……〕沙
乾謙王永等又一將殺虞〔……〕武昌王虞於道中殺之表
陶侃〔……〕每拜近人四月〔……〕水小〔……〕復還廣州。
甘卓〔……〕夫不惟家〔……〕怒五月乙亥襄陽太守周
慮襲〔……〕卓於〔……〕撲〔……〕殺之院〔……〕肥瘠拜〔……〕已丑王廙卒
敦以〔……〕為水〔……〕淮〔……〕熊左起強苛錄自原液鹽
〔……〕然矣。帝憂〔……〕位。十二月〔……〕還

吳位

右伏蒙
尊慈特有
頒賜感佩之至但積下情謹奉狀陳
謝伏惟
昭察謹狀
月 日具位
狀

《资治通鉴残稿》宋 司马光 中国国家图书馆藏

《资治通鉴残稿》虽说是残本,然也有29行,460多字。司马光的小楷方正古拙,又不见骨伤肉,颇得用笔之趣。世间独此一份,故格外珍贵。

外。然此刻朝臣是新旧交替，难能完全为一种色彩。高太皇太后处事沉稳，一边按照程序，起复旧臣；一边趁王珪病逝，相机将现任大臣互作调动，稳住朝局。五月间，以尚书右仆射兼中书侍郎蔡确，调为尚书左仆射兼门下侍郎；以知枢密院事韩缜，调为尚书右仆射兼中书侍郎；以门下侍郎章惇知枢密院。

司马光任门下侍郎，"新政"留下的章惇知枢密院，在此新旧交替之时，两人政见如何能和谐？而司马光的脾气，虽然不如王安石"拗"，但也十分固执。章惇则秉性跋扈，从不让人，二人共事未久，便已水火不相容，摩擦愈深。章惇常常为难司马光，司马光因此非常苦恼。这时，时任起居舍人的苏轼作为司马光和章惇的多年老友，于公于私，都应该挺身出来做协调人。

苏轼往见章惇时晓之以大义，古之明君皆尊贤重学，今之司马君实时望甚隆，理应受到尊重。章惇认为苏轼的话有道理，以后对司马光的态度缓和了不少。

司马光和所有革故鼎新的改革派一样，从无权时的守成变为掌权后的激进。他此际的执政思路是"如欲补锅，先必砸缸"。这次砸的不是大水缸，而是王安石留下的政治体系和政策。司马光一方面大刀阔斧地调整人事，一方面陆续废止"熙丰"年间实施的新法。元丰八年（1085）七月罢保甲法，十一月罢方田法，十二月罢市易法、保马法。元祐元年（1086）闰二月，被世人反对最激烈的青苗法也告罢废。

当司马光、吕公著二人积极整治朝纲，彻底清除新政所生的积弊时，原先的政敌并没有躺平。韩缜、蔡确和章惇仍居高位。他们中有的人冷眼窥伺得失；有的人为公论所不容，只得暂时失声；有的人跋扈如故。当司马光上言除免役法恢复差役法时，章惇再次起而反击，数千言章奏尽述司马温公之错，更在太后帘前与司马光撕破脸面争论……御史中丞刘挚看不下去了，遂奏言："章惇佻薄险悍，先谄事王安石，以边事欺妄朝廷。再附吕惠卿，又为蔡确所引，横议害政，请除恶务尽。"皇太后深以为然。章惇失势，时事尽皆反转。

朝廷即以司马光接替蔡确所遗的相位，仍兼门下侍郎原职。满朝怨毒的章惇也在群起而攻之下遭到罢官，以正议大夫知汝州。

谁也很难想到，原先主张广开言路的司马光，随着大权在握，不知不觉发展成独断专横、听不得反对意见的专制家长。事情往往就是如此奇怪。权力对一个人的加持和腐蚀是柄双刃剑，它会令剧情反转，角色变脸。

免役法和差役法之争是一个非常复杂的问题，即使冷静拷问，也未必能说清楚。因而持反对司马光意见者不仅是章惇一人。朝臣中不太意气用事的人也多以为，改行免役法以来已经十几年，确比差役法进步。法无新旧，以良为是，何必一定要恢复旧法。甚至与司马光非常亲密的范纯仁也持同样看法，便婉转劝他道："为治之道，去其太甚者即可。差役一事，尤须仔细考虑，不然，徒为民病。"

司马光为人有强烈的自尊心和执拗的责任感，面对如此苦口婆心仍顽固坚持已定的主张，不肯接受任何人的建议。

司马光不会想到，当年王安石变差役为免役，苏氏兄弟是激烈的反对者。苏轼、苏辙曾坚持差役法决不可变。但是经过近些年官场历练和在地方任职实际体会，苏轼能反躬自省，检讨了自己原来的观点，以实事求是的态度，承认王安石新法中，免役法确是比差役法进步的一个良法。

范纯仁诤劝无效，苏轼此刻知难而上，晋见温公述说自己的见解："差役、免役，各有利害。免役之害，在于掊敛民财，十室九空。

启好日二哥以春暖昔書問往還甚安也子由不住得書甚健會合何時惟祝倍万保畜不宜 軾再拜
德鴻運使全部老弟各
七月廿七日

轼启春中人
达久不闻
渴仰增积比日
履兹馀寒
尊候何似

《春中帖》宋 苏轼 故宫博物院藏

《春中帖》为苏轼写给北宋政治家范纯粹（范仲淹四子的书信）。既是信史，也因笔法点划流畅优雅，虽有残缺亦未可减分，极具欣赏价值。

在上的人聚敛，在下的老百姓便有钱荒之患。差役之害，在于民常在官，不得专力于农，而贪吏猾胥从中作奸。两害相权，轻重略等。"

司马光知道苏轼话中有话，便问道："你有什么好办法？"

"法相因则事易成，事有渐则民不惊。"苏轼先举原则，后溯源兵农合一和兵农分治之历史以及秦汉以来的经验教训。最后指出，现在施行的免役法虽有不足，但皆是王安石、吕惠卿执行时犯的错，如今只需纠其错留其法，则百姓一定拥护。这就是我们今天常说的，不能将脏水和婴儿一起都泼出去。

遗憾的是司马光成见很深，以沉默表示不为所动。苏轼见状又调换话题，谈了一些其他政见。司马光心中不允一直默对。这一次谈话无果而终。

苏轼岂肯轻言放弃，第二天直接找到政事堂，再向司马温公陈述自己的反对意见。当司马光面露愠色，表现出不耐烦时，苏轼立马反诘他："从前韩魏公（琦）创议于陕西路刺义勇，家有三丁者刺一丁，民情惊惧，军纪也受影响。当时公为谏官，极言不便，魏公怒形于色，公亦不顾，略无一言假借，这是苏轼以前听公亲口告知的。莫非公今做相，就不容苏轼尽言了吗？""新传"所记的这场庭对，是苏轼以其人之道还治其人之身。这下司马相公只好强笑表示歉意，只是心里不免存下芥蒂。

看来，固执己见与反躬自省才是一个人愚与智区别的关键。反躬自省才能吐故纳新、不断完善。对于政治家而言，任何时候都应以理性为判断准绳，不可偏激固执。

从政多年使苏轼完成了由书生到干吏的角色转换。他明白从前所奉行的差役法，积弊很深。自己原先认为"无可取代"的差役，如今事实上已成便利胥吏为害百姓的恶法。

相反的是自己原先反对的免役法简便易行，是按照老百姓的户产高下分等出钱雇役，颇合"有钱出钱，有力出力"的原则，还可以防止胥吏趁机勒索百姓。现在只需把该收的实费之外的许多滥加名目的苛杂严格禁革即可，对已经实行了十六年的免役法，没有改回差役的必要。

我们今天殊难为他们谁错谁对做一个裁判。然而这种政见不合可以当面讨论的政风真乃难能可贵。这也是促成北宋最后一个兴盛期，即打开哲宗中兴局面的政治保证。这段历史着实应该引起后世深思：一方面要广开言路，一方面要乾纲独断；民主是一回事，是理想；专政又是一回事，是现实。如何平衡这中间的是非得失，确实是一道大难题。苏轼以仁政为宗，以兼顾家国为本，他奉行的是"民为本、君为体，民为重、君亦重"的政治策略和个人抱负兼容的态度。这是不是作为政治家的苏轼的高明之处呢？

二、新翻老戏码

免试的苏轼被封中书舍人，晋为翰林学士、知制诰，从此真正地进入了北宋政坛核心圈。这令多少人羡慕嫉妒恨，又有多少人为此拍手叫好。而对勇于"自用"的苏轼来说，高兴自不待言，只是内中得意的成分中恐比一般人多了更为"国用"的机会。苏轼秉持一如既往的坦诚、果敢，处世行事便自然流露出积蓄于胸的"一点浩然气，千里快哉风"，这是再自然不过的事情了。经过了黄州磨炼，东坡比先前更理性、更坚决也更锐利。这浩然气在他与权相司马光冲怼激辩时、在和章惇等风闻言事的政见不同者争斗中不无助力，以及使他在中书舍人位子上承受皇家诰命撰写圣旨词头时、对奸吏贪官痛加鞭挞时如利剑破空。

例如多年以来国家在治水河工上糜费巨万，而大多属豆腐渣工程，洪水一至，护堤崩塌，溺死无数，水患依然如虎。苏轼一直反对这类祸国殃民的治水政策，更痛恨那些奸吏。于是借吕陶弹劾司农少卿范子渊的圣裁旨意，挥笔痛斥这种漠视百姓生命财产的官僚。《范子渊知峡州》（《苏轼文集》卷三十八）敕曰：

> 汝以有限之财，兴必不可成之役。驱无辜之民，置之必死之地。横费之财，犹可以力补；而既死之民，不可以复生。

其言痛快淋漓，成为传诵一时的名言。如此作风有人爱必有人憎，苏轼树敌也在所难免。

此时苏辙任右司谏，他认为自王安石变法以来，台谏官过分嚣张，朝士们"一言被及"，马上就被逐出中枢，政风因此大败。苏辙比苏轼更激进，指出司法不能只治被告而忘了原告。何况不少问题虽错在地方官和僚属，根源却在中枢。苏辙倡言朝廷对约束者加以约束，使台谏官们亦知自律。苏辙这是要刨根治本，先拿自己这个"司谏"开刀。

苏辙开始自拟"清理"。二月二十七日上《乞选用执政状》（《苏辙集》卷三十六）同时弹劾左右二相，指左仆射蔡确，出身狱吏，"憸佞刻深"；论右仆射韩缜，"识暗性暴，才疏行污"；论枢密使章惇，"虽有应务之才，而其为人难以独任"；再论门下侍郎司马光、尚书左丞吕公著，"虽有忧国之志，而才不逮心"；再论张璪、李清臣、安焘，皆斗筲之人，"持禄固位，安能为有，安能为无"。苏辙连上数状攻击右相韩缜。

五月十九日《乞诛窜吕惠卿状》，指责吕惠卿怀张汤之辨诈，兼卢杞之奸凶，诡变多端，敢行非度，见利忘义，渎货无厌。致吕惠卿降官光禄卿，分司南京，苏州居住。苏辙和大多数朝臣认为这样处分太轻，又与王岩叟、朱光庭、王觌、刘挚等交替痛劾，把吕惠卿举发王安石私书的丑事也揭发出来，对这种"此犬彘之不为"的卑鄙行径施以无情的挞伐。于是，吕惠卿再行责降为建宁军节度副使，建州安置。词头始下中书，据说原是按照轮值次序，此章该由刘攽（贡父）草制。苏轼毫不避嫌地大嚷道："贡父平生做刽子手，今日才得斩人。"表达了他对吕惠卿必诛之而后快的决绝之心。

苏轼、苏辙兄弟二人此时如出山之虎勇猛向前，欲一鼓作气扫荡群奸。但凡出世英雄，如果没有在某个时期中有敢于与天下人为敌的气概，也终难成就宏大气象，那么"英雄"也就必然成了打折的"狗熊"。

树大招风，贤能招嫉。因才华卓绝光彩照人，本来已经就"帅得没朋友"之苏轼，又不惮为自己四面树敌，故而在春风得意时也没有一刻安生。自元祐元年至元祐四年，用"风雨京华"四字概括苏轼在元祐更化中的生活应该是恰当的。同样是呼风唤雨，然而对于君子和小人而言，却是不一样的风光。因为权谋和才华未必可以画等号。

苏轼之为中书舍人，也很难适应严格的官僚制度。按照庸俗政治学的观点，常说文人不适于从政，只管发挥自己的理想，不屑规例。苏轼如此极强的个性，一般总被认为更不适合从政，尤其操持中书省更需要心思缜密、不惮繁难，并具备最高幕僚的实际政务经验才能胜任。而做官的人要用典常来约束一切，首重利害权衡。此论也有一定道理。这种以一般对个案的否定虽不能伤及要害，但也足以使苏轼心绪烦乱。但苏轼还是苏轼，他硬生生把这个中书舍人做成了一个成功的另类。莫谓书生轻狂，志大才疏。如此是非纠缠、错综复杂之情状，反倒可以使苏轼保持清醒，得意而不忘形，完全胜任"皇家秘书长"这一工作。

还朝不到一年，苏轼如今已身入玉堂、跻位禁林。太皇太后的帘眷之隆使他自感两肩沉重，深为踌躇不安。只是内中并未对于自己未来拜相前景有多少关心。依照宋朝常例，翰林学士常为宰辅的后备人选。搞政治的人对这方面尤为敏感。捕捉到"苏轼迟早会拜相"的信息后，各方面的人马上行动起来，对面棒杀，现在又多了一份捧杀，后有详述。侍御史孙升首先发难，上皇帝书奏曰：

> 辅佐经纶之业，不在乎文章学问也。今苏轼之学，中外所服，然德业器识有所不足，为翰林学士，可谓极其任矣，若或辅佐经纶，则愿陛下以王安石为戒。

这封奏章以王安石为例，想说明文章国手未必是政治高手。苏轼可以为翰林不可以为丞相。反对就是反对。若你学问平平，他们会说你无才无能；若你年轻职低，他们又会说你人微言轻。总之，将予毁其人其事，理由可以随便捏造。孙升这一以"国是为重，大局为重"之名将对手扼杀于摇篮的谋略，虽是古今中外惯用的阴招，但这一招确实有用。

好在苏轼自知生性甚不适于做官，更未期望过辅弼经纶的宰相高台，因为他明白自己缺乏做宰相必需的政治手腕。这政治手腕用通俗的话讲，除了要有杀伐决断的狠劲，甚至有时还要"心狠手辣脸皮厚，见风使舵骨头轻"。凡从政，没有理想主义的热情不行，光有理想主义也不行。这或许是以报国许身的苏轼已经看透了朝局之后的觉悟。他的意识深处，寄望较为实际的苏辙能够发扬光大眉山苏氏的政治抱负。所以眼见苏辙同月除起居郎入侍迩英，十一月又擢升中书舍人，这才是他最大的愉悦。苏氏兄弟如此异军突起，搅动政坛大热大火，以苏轼之敏感应该也预知到凉风起于秋末的日子不远了。

司马光山西夏县坐姿石刻像

果然，升迁同时是又一个新麻烦的开头。苏轼就职后主办第一次"试馆职"即遭抵制指责。首由"洛学"[1]弟子借机发难，随后司马门下的官僚集团也参加进来联合攻击。苏轼的预虑没有错。

自元祐元年（1086）春天王安石薨于金陵，抱病出山的司马温公不堪繁剧的相位政务，很快也将油干灯枯。九月初一，宋尚书左仆射司马光薨于位，享年68岁。还朝主政为时不过一年，距王荆公之薨于金陵，亦只差四个多月。

对于以国事为重的政治家来说，政治无疑是一口消耗生命的坩埚。

---

[1] 洛学，以程颢、程颐为首的学派，因"二程"长期讲学洛阳得名。"洛学"是两宋学统传递主流，更奠定宋明理学基础。

三、敌人是一剂良药

只是没想到情势的发展仍有大出东坡所料者。首先向苏轼发难的竟是老朋友,现任左司谏的朱光庭。朱光庭与苏轼进士同年,是理学大家程颐的得意弟子。以司马光之荐,于元丰八年(1085)为左正言。昔日新旧两派之争时,朱光庭与苏轼同声同气,保持了政治上的一致,如乞罢青苗法,论蔡确、章惇、韩缜等皆直言铮铮响于朝堂。故苏轼曾作《次韵朱光庭初夏》(《苏轼诗集》卷二十七)赞诗:

朝罢人人识郑崇,直声如在履声中。
卧闻疏响梧桐雨,独咏微凉殿阁风。
……

不料现在突然恶意抨击自己的也正是这位"战友"。
元祐元年(1086)十一月二十九日,朱光庭揪出主考官苏轼所拟策对试题"师仁祖之忠厚，法神考之励精"，行割裂化解之术，成断章取义之文，笺注成弹劾苏轼的奏章。苏轼所拟题目的语意非常明确，弘扬汉以来敬宗法祖的传统，光大本朝"仁宗忠厚，神宗励精"的时代风尚。难为朱光庭真能"鸡蛋里挑骨头"，将"欲加之罪，何患无辞？"发挥到了淋漓尽致。他的奏章里指斥苏轼"为臣不忠，讥议先朝"，控斥他有诽谤仁宗、神宗两代先帝的大罪。朱光庭的结语大意是：臣以为仁宗之深仁厚德，如天之为大，汉文不足以过也；神考之雄才大略，如神之不测，宣帝不足以过也。今来学士院考试官不识大体，反以"媮""刻"为议论，乞正考试官之罪。

所幸太皇太后对这一笔墨官司背后的阴暗洞若观火，不相信苏轼会有讥议先帝的意思，明白谏官们寻瑕摘疵，只是嫉妒而已，所以下诏："苏轼特放罪。"放罪即免罪之意。苏轼自认无罪，更不甘被人平白诬谤，于十二月十八日上章自辩道：

> 臣之所谓"媮"与"刻"者，专指今之百官有司及监司守令不能奉行，恐致此病，于二帝何与焉。至于前论周公、太公，后论文帝、宣帝，皆是为文引证之常，亦无比拟二帝之意。

他最后挑明："这道策题是经御笔点定的，若有讽讥之意，岂能逃过圣鉴？"

除苏轼自辩外，有一干人也为苏轼不平，殿中侍御史吕陶仗义执言，上疏纠弹朱光庭说："苏轼所撰策题，盖设此问以观其答，非谓仁宗不如汉文，神考不如汉宣也。台谏当徇至公，不可假借事权以报私隙。"这已不是试题有没有问题的事了，而是直指发难者包藏祸心。

吕陶揭发此案的真实背景："议者谓轼尝戏薄程颐，光庭乃其门人，故为报怨。夫欲加轼罪，何所不可！必指其策问以为讪谤，恐朋党之弊，自此起矣。"

本来这件案子尚属简单，充其量也只是洛学弟子为报他们的老师程颐当年曾被苏轼讪笑的一箭之仇，泄泄气而已。但随后朝野忽然传出一个谣言说，朝廷要严惩朱光庭论罪不当之罪，这下动静闹大了，连司马门下那些与此并无多少瓜葛的官僚，对苏轼也心生恐惧，担心自己说不定哪一天也会因言获罪，还不如现在就乘机群起而加入争斗。十二月底，御史中丞傅尧俞、侍御史王岩叟等人相继上奏，帮朱光庭说话，疏论苏轼"以文帝有蔽，则仁宗不为无蔽；以宣帝有失，则神宗不为无失。虽不明言，其意在此"，乞皇帝治苏轼应得之罪。陷入混战的苏轼认为洛学弟子以国家赋予的谏权作为报复私怨的工具，实在可耻，而对司马门下的傅尧俞、王岩叟趁火打劫，更觉不能理解。政治诡变已非理性可喻。苏轼非常沮丧才一再上书请去。

太皇太后愤怒面诘傅尧俞、王岩叟："这是朱光庭的私意，卿等与朱光庭一党吗？"弄得傅、王有口难辩，只好自掼纱帽。苏轼这次胜了，但朝纲乱象令人心寒。

当朱、傅、王三人联合围攻他的时候，苏轼逐渐明白这已不是讲不讲理的事情了，也不是与他们见解有差异的问题。策题的文理粲若黑白，何尝有丝毫可以疑似议论先朝的地方，一切皆是官僚们排除异己的阵仗。他不愿再和这些人做毫无意义的争论，一切不过为了抢一顶官帽而已。他心想不做官就没有是非，从此不再辩白，因为辩白一举会令人觉得苏某人有恋栈的意思。他又接连四上章奏，竭力求去。这多少有意气用事之嫌。

这件事情最终以太皇太后对双方略做调整留用，各打五十大板告一段落。太皇太后最后依右司谏王觌、枢密院范纯仁建议一再下诏各予安抚。一场风波,才告平息。

因策问惹起的这场风波,横遭冤诬的苏轼很憋屈,然而这次拔擢馆职的九位进士中,有毕仲游、黄庭坚、张耒、晁补之、张舜民诸人在内,却是一大快慰,也是一大胜利。

平心而论,在这桩公案中苏轼是被动的"被告",朱光庭是主动的挑事者。至于朱光庭为什么要这么做,吕陶揭发其背景可谓一语中的,即作为学生的朱光庭何必要为老师强出头。这就有更进一步梳理这场公案根脉的必要。

伊川程子(程颐)是个道貌岸然的人。苏轼却不时笑谑他拘泥古礼、不近人情。这不但伤害了程颐的尊严,而且开罪了视程颐为圣人的一班洛学弟子,遗下后来无穷的后患。众人皆知东坡口无遮拦,也许有时玩笑话过了头,但这一次不是。

彭百川《太平治迹统类》记载了这样一件事。司马光去世那天,皇帝正领着众臣举行明堂祀典,活动结束后,参与祀典的众官亟欲赶往温公相邸吊唁,不料崇政殿说书程颐跳出来拦住众官道,孔子有丧日不歌之礼说,你们如何刚刚在明堂欢天喜地行完大礼,就赶吊丧?这时候有人反驳:"孔子说:'哭则不歌。'没有说歌则不哭。"苏轼更是嘲笑程颐:"你说的这个礼,乃枉死叔孙通所制的礼。"众官大笑。苏轼这是说程颐所说的礼不过是汉儒的私货歪理,而非孔子之礼。

叔孙通是汉儒代表人物,但个人履历却不干净。先事秦,又事楚,后事汉,汉代仪制虽由叔孙通制订,但汉儒在注经中夹带了不少私货。故苏轼才有此一说。由学统之歧见到道统之龃龉,苏程两人的矛盾日积愈深。

同为儒生本色的苏轼和程颐为什么会道相同而谋不合呢?问题的

《水月观音》四川博物院藏

此画绘水月观音，作男相，坐于莲台上，表情肃穆，神态庄严慈祥，画中题有"南无大慈大悲水月观世音菩萨"。此画作于北宋建隆二年（961），至今已有一千余年，据浙江人民美术出版社·文物出版社出版的《中国绘画全集》载。如此完整精美的宋初敦煌绢本画，国内罕见，弥足珍贵。此图可见北宋时代气象，儒释道三家都正在从五代十国的阴影中走出来。

复杂性可能因难以理解而被忽略。

北宋儒学以"五子"为代表人物，即邵雍、周敦颐、张载、程颢、程颐。就学统而言，以程氏兄弟和朱熹所创"程朱理学"影响深广。一般人甚至将首倡"横渠四句"的张载和写过《爱莲说》、创立《太极图说》的濂溪先生周敦颐也视为同一脉。其实"二程"虽是周敦颐的学生，但他们对老师的《太极图说》不以为意，终生从未提及过这一249字的哲学宇宙观。《太极图说》对后世影响很大，版本很多，朱熹《近思录》、黄宗羲等所编《宋元学案》等尽皆收入。此处当然无法细辨这些古代哲学问题。

周敦颐比苏轼大20岁，他强调以"天道"修身，称"君子修之吉，小人悖之凶"的观点颇符合苏轼的价值观。加上周敦颐的次子周焘曾与杭州任上的苏轼为同事，二人又为好友。我们完全有理由推知，在周敦颐和二程的矛盾是非中，苏轼是挺周派。这一点虽不足以令苏轼对程颐心有间隙，但程颐对苏轼是否没有成见就很难说了。了解这些背景对看清北宋朝堂乱局颇有裨益，一切皆由因而果，所谓，世上没有无缘无故的爱，也没有无缘无故的恨。当然，这里也并非就简单地认为苏对程错。因为先秦的诸子哲学思想，原本就有赖后世的释读、注解、论辩来丰富、传播、发展，是照着讲、接着讲还是重新讲，言人人殊，故而才能与时俱进，返本开新，接续这一中国智慧之源头活水。但汉儒于注经中望文生义、断章取义，以应对汉宗室之政治需求，形成独尊儒术的道统思想也是学术史上不争的事实。因而在儒学与社会政治进一步挂钩的过程中，经学的政治化倾向越来越浓。至清末"戊戌变法"时才有康有为著述的《新学伪经考》和《孔子改制考》，作为推进思想狂飙突进的武器。这一切因非本书主旨，故从略。

"北宋五子"中张载因久居于凤翔郿县横渠镇得名"横渠先生"。他的"横渠四句"——"为天地立心,为生民立命,为往圣继绝学,为万世开太平",因言简意赅,历代传颂不衰。张载与苏轼为进士同年。苏轼曾为凤翔地方官,从地理上讲应该亲近些。只是张载大苏轼17岁,50岁不到时又因病从崇文院校书职位上退居养病。故二人在政治和学术上皆属擦肩而过。但张载"关学"的以《易》为宗,以《中庸》为体的学术思想,尤其是"理在气中""德性之知"的方法论,苏轼亦当深有体会。

一方水土,一方风物;一方学问,一方风流。

这就是人们常说的,存在(环境)决定论吧。

四、十年风光路

我们先来看一下自元丰八年（1085）至绍圣元年（1094）十年间苏轼的春风得意，一路风光。

元丰八年　1085　50岁

五月，起知登州太守。十月，以礼部郎中召还，往京都。半月后任起居舍人。

元祐元年　1086　51岁

三月，升为中书舍人。九月，为翰林学士、知制诰。

元祐二年　1087　52岁

蒙诏兼官侍读。参加"经筵"讲席。

元祐四年　1089　54岁

三月，以龙图阁学士充两浙西路兵马钤辖知杭州军州事。七月，到杭州。

元祐六年　1091　56岁

三月入京，任翰林学士承旨、知制诰、兼侍读。八月，以龙图阁学士知颍州。

元祐七年　1092　57岁

八月，以兵部尚书、龙图阁学士除兼侍读。十月，以龙图阁学士充淮南东路兵马钤辖知扬州军州事。十一月，迁端明殿学士、翰林侍读学士、礼部尚书。

元祐八年　1093　58岁

八月，妻丧。九月，以本官出知定州太守。

绍圣元年　1094　59岁

四月，以讥刺先朝罪名贬知英州。八月，再贬惠州。

头上的高帽子一顶接一顶：中书舍人、起居舍人、翰林学士、兵部尚书、龙图阁学士、礼部尚书等。即使中间有外放杭州、扬州、定州的经历，也多属于一个地方军政一把手离朝不离政的历练。这十年有八年在元祐纪年中，于国家有"元祐更化"一说，于苏轼个人则是仕途通达、位高权重、报效圣恩、踌躇满志的十年。

元祐二年（1087）夏天，苏轼蒙诏兼官侍读，获得了参加"经筵"的任命。所谓"经筵"，就是由博学鸿儒为小皇帝哲宗开的经学课，讲经者也就是"帝王师"。试问中国儒生哪一个不以此为无上光荣？苏轼概莫例外。同时担任这一职位的还有程颐、范祖禹，真是冤家路窄，苏、程在如何教育小皇帝的问题上自然又是一番龙争虎斗。

古时面圣是件大事。多少高官近臣亦无由当面论政。苏轼现在得此侍读经筵的机会，就比他人多了进言的机会。这是多少读书人梦寐以求的恩荣啊！可苏轼却没有感激涕零，喊出"谢主隆恩"的老套路，反而呈上了一封《辞免侍读状》："入侍迩英，其选至重。非独分摘章句，实以仰备顾问。""辞免状"一般讲只是一个形式。一如我们现在社交场合说的那句"愧不敢当"。苏轼的"辞免状"当然不是虚与委蛇，其中应该有多重意思。他知道要将自己的思想、史识和政见传输给少年皇帝，培养他知人论世的能力，将来亲政时，能作为智仁双修的明君行使权力。若此可使国泰民安的理想变成现实。苏轼对"经筵"的理解还包括不能以为这份工作就是讲解先秦诸子的经典。辞免状中"非独分摘章句，实以仰备顾问"才是"经筵"正解。而"非独分摘章句"六字似也含有对程颐经学派的嘲笑。

然而苏轼既然认为讲席如此重要，又是心之所期，为什么还要上书"辞免"呢？是惺惺作态的表演吗？很显然，他是在"讨价还价"，是在为将来讲经中直言正谏的真学问争话语权。苏轼明白，以自己深受皇家恩礼之重，此刻若不能赤诚以事君，还在装聋作哑、敷衍塞责，自己也就耳目尽废，形同那些精神残废的小人，所以现在不妨丑话先说。所以才有"辞免状"。

苏轼诗中有一首《九月十五日，迩英讲〈论语〉，终篇，赐执政讲读史官燕于东宫》(《苏轼诗集》卷二十九)，详细记录了"经筵"讲学成绩。

> 绣裳画衮云垂地，不作成王剪桐戏。
> 日高黄伞下西清，风动槐龙舞交翠。
> 壁中蠹简今千年，漆书科斗光射天。
> 诸儒不复忧吻燥，东宫赐酒如流泉。
> 酒酣复拜千金赐，一纸惊鸾回凤字。

苍颜白发便生光，袖有骊珠三十四。
归来车马已喧阗，争看银钩墨色鲜。
人间一日传万口，喜见云章第一篇。
玉堂昼掩文书静，铃索不摇钟漏永。
莫言弄笔数行书，须信时平由主圣。
犬羊散尽沙漠空，捷烽夜到甘泉宫。
似闻指挥筑上郡，已觉谈笑无西戎。
文思天子师文母，终闭玉关辞马武。
小臣愿对紫薇花，试草尺书招赞普。

皇帝在《论语》一书讲完时，召相关史官和讲师设宴资善堂，并亲书唐人诗分赐这些近臣。这是一场特殊的表彰会。皇帝用心良苦，翰林老师倍感恩荣，作前诗以附谢表。苏轼所得是一首咏紫薇花的绝句：

丝纶阁下文书静，钟鼓楼中刻漏长。
独坐黄昏谁是伴？紫薇花对紫微郎。

连诗题及上下款共三十四字。按唐制，翰林学士带知制诰，许缀中书舍人班，唐天宝元年改中书为紫微省，舍人曰紫微郎，故所赐白居易前诗恰恰符合苏轼身份。

诗中有"玉堂昼掩文书静，铃索不摇钟漏永"句，这是描写皇帝在御书房读书时庭空树静，仿佛连时间也停止了，一幅专注于学的画面。苏轼很得意小皇帝将自己与前朝白乐天比照。苏轼一口气作绝句四章，其中就有这样的句子：

> 瞳瞳日脚晓犹清，细细槐花暖欲零。
>
> 坐阅诸公半廊庙，时看黄色起天庭。
>
> …………
>
> 定似香山老居士，世缘终浅道根深。

此类晨昏之际已阅尽"半壁江山"（世间江山有合庙堂和江湖而一的说法，国师故能一览其半）的经历，其见地和所获的满满幸福感，非一般官吏和小百姓可以体味，但苏轼的得意还是可以想象到。再加上他一贯刚正率真和报效朝廷的激情，一旦纵论国事，率性直言，不仅会开罪小人，甚至开罪同僚也当为数不少，这当然又为自己埋下祸根。

北宋太祖立国首创文人政治是一大特色，随之而来的朋党之争又成了这一大政治传统的副产品。如庆历朝范仲淹等发动的改革遭遇反改革的党争，如熙宁元老派与以王安石为领袖变法派互相排斥，直到眼下这次由太皇太后独信司马光更新时局引起的朝堂内战，哪一次不是"夫风生于地，起于青𬞟之末，侵淫溪谷，盛怒于土囊之口，缘太山之阿，舞于松柏之下，飘忽溯㳽，激飓熛怒，耿耿雷声，回穴错迕，蹶石伐木，梢杀林莽"，无疑都是国家政坛你死我活的"内卷"，令人实为痛心。

苏轼作为政治家现在身居要津，如果目光仅仅关注于宫苑朝堂或文人案牍，格局终究还是小了一点。"国之大事，在祀与戎"，我们再来看看苏轼在大事方面的表现。

还是元祐二年（1087）八月，与苏轼同年的武臣游师雄率种谊军入洮州，生擒吐蕃首领青宜结鬼章，俘虏敌全军。此前，游师雄被诏入京任宗正寺主簿。当时的大臣们有抛弃边疆四要塞的动议，因游详知边情，便据理力争反对此议。还编著《分疆录》，上万字平戎策。后因太皇太后的支持，游调任军器监丞，负责西北军务。元祐二年边关大捷，游师雄功不可没，也可见太皇太后有识人之明。这是北宋立朝以来戍边战事唯一一次擒获敌元凶的大胜。消息传到汴京，自然人心振奋，朝臣纷纷计划拜表称贺。

唯苏轼在满朝官僚狂欢在即、一片阿谀声中保持清醒。他的看法是虽然青宜结鬼章被擒，而西蕃的主力阿里骨战况不明，敌人巢穴未破，只是"偏师独克"，未免狂欢太早。然而大宋这时候太需要一场胜利来提振士气了。这样给众人热烘烘的兴头上泼冷水，苏轼能不一人向隅，一士谔谔？

此后，朝中不少人又有意立即接受西夏接应鬼章的军队遣使请和。苏轼再次反对并分析：猖狂之后不能任其有求必获，"夫为国不可以生事，亦不可以畏事。畏事之弊，与生事均。……夫生事者，无病而服药也。畏事者，有病而不服药也。……今又欲遽纳夏人之使，则是病未除而药先止"。穷寇莫追还是"宜将剩勇追穷寇"是军事上的选择题，具体到这一次战斗难言简单对错。当时苏轼意见显然和主流冲突，事关国之大事，他则"我言我见"，不顾一切。

被擒的青宜结鬼章于同年十一月在狱中表示，招其部属归附大宋以自赎。至此，执政当局接受了西夏的求和，此亦苏轼所愿。诚哉，君子无所不能！如此见识大概已站在战争与和平的大局观最高层了。

五、理想不会老

论到苏轼的宦海沉浮、进退得失，林语堂版《苏东坡传》有"有登龙之术，也有谦退之道，而苏东坡不愧为谦退大师"的评论。林公的本意当然是称赞东坡人品学问、道德文章之外的仕途谋略。也许是林著译者的疏忽，只因用了"术"和"道"二字，不仅不妥稳，经不得推敲，甚至已改易其初衷。

其一，以东坡为代表的读书人，仕进之心表面上一如平常人，而不平常的他是以服务家国为人生理想，而非觊觎禄爵官位，更不是以帝位为目标，何来登龙一说？充其量也只是如屈原那样"致君尧舜上，再使风俗淳"。

其二，东坡在顺逆升沉的不同境地中，进退考量当然也有所虑。不过其精神面貌主流是勇猛精进，纵使是求退也多为迫不得已，而非谦退自保。他是那种进也为朝堂，退也为国民的思虑之赤子。再说，中国知识分子之由仕而士的转化，也是由于发现了除从政一途外，还有徜徉山水、著书立说，实现人生价值的一个新天地，才选择了化被动为主动的另一类进取之道，而非"谦退"。这些可以从他经历了"乌台诗案"，黄州流寓后的风雨十年得到证明。君子非不计得失，而是不患得患失，甚至忘得忘失，故而才能在"君子固穷"之境安之若素，活出别样精彩。

元祐三年（1088）春天，苏轼就有《乞罢学士除闲慢差遣札子》上奏。具体原因是"叶祖洽改宦案""馆试廖正案"以及"王觌的宜兴一郡案"，一波未平一波又起，苏轼不堪其扰，就以身体不适为由，乞外放任。高太皇太后召见，问其真实想法。苏轼仍以身体不适为说辞。太皇太后直接点破他的借口，说："岂以台谏有言故耶？你兄弟孤立，自来进用，皆是皇帝与老身主张，不因他人。今来但安心，勿恤人言，不用更入文字求去。"太皇太后指出，你分明是忧谗畏讥，我和皇帝从未怀疑过你的忠诚，以后不要再上这类请退的折子了。苏轼深感太皇太后恩德高厚，外放之请，再难启口。后又改乞一闲差也未获准。

赵宋皇室对苏轼的倚重与厚爱远不止于此。司马光辞世后，朝野间的派系纷争没有一天停息，现在的"太平宰相"吕公著既老且病，无力应对时局，终日耽于谈禅，连士大夫也不见，自己落个清静，朝政却几近废弛。元祐三年（1088）八月朝廷批准其自请交出相权，由一直主张君子不党的吕大防和范纯仁为"左右二相"。宰相的更易是何等国家机密大事，所以要将大学士召入翰林院，在与世隔绝的皇家禁苑里，由皇帝面授词头（即诏告天下圣旨的背书，相当于任命状），这项任务叫"撰麻"锁院，完成后才行公布。因这些文件皆书于麻纸上，故撰写称"撰麻"，宣读称"宣麻"。

苏轼四月四日被传召入宫，承旨完成了对吕公著、吕大防、范纯仁三人的词头撰写及"麻制"。其间太皇太后和哲宗突然召苏轼觐见，三人有了一次意味深长的对话。宋王巩《随手杂录》的记载是：

太皇太后忽然说道："官家在此。"

"适已起居过了。"苏轼恪恭谨对。

"有一事要问内翰，前年任何官职？"太后询问。

"汝州团练副使。"苏轼答。

"今为何官？"太后再问。

"备员翰林，充学士。"

"何以至此？"

"遭遇陛下。"

"不关老身事。"

"那必是出自官家。"

"亦不关官家事。"

"莫非是大臣荐论？"苏轼恭问。

"亦不关大臣事。"

苏轼大惊，郑重回道："臣虽无状，必不别有干请。"

"久待要学士知道，"太后说，"此是神宗皇帝的遗意。神宗皇帝饮膳中常看文字，看得停箸不举时，内监们都知道定是苏轼写的文字。神宗又时常称道：奇才，奇才！不幸未及起用学士，就上仙了。"

苏轼听到此处，禁不住感情激动，失声痛哭。太后和皇帝也都流下泪来。随命赐座，吃茶。

"内翰，内翰，直须尽心奉事官家，即是报答先帝的知遇。"太后郑重叮咛。

苏轼拜辞，太后命撤御前金莲烛，送学士归院。

皇家的隆恩有多重，宵小的眼睛就有多红，台谏的弹劾就一日不绝。如此反反复复，直到苏轼告病不朝，并明言"朝廷若再留他，是非永远不解"。太皇太后终于明白她可以将劾奏留中不发，但无法更改祖制，控制言官，最后只得批准苏轼请求。诰下："苏轼罢翰林学士兼侍读，除龙图阁学士充两浙西路兵马钤辖、知杭州军州事。"苏轼如愿以偿地离开是非之地，也即离开了权力中心的庙堂，去往天堂般美丽的杭州。内中是进是退，是喜是忧，千般头绪，万斛滋味，实在非人言可道。

总结苏轼元祐还朝，可以用"山北白雪皑皑，风刀霜剑；山南阳光灿烂，百花齐放"来形容。前半句是说他政坛横遭攻讦，身心疲惫；后半句是指他皇室恩顾且生活顺遂，阖家欢乐。

作为高官，苏轼全家已住在皇城根下右掖门内官府。这是一大片雕甍画栋、朱漆金钉、峻桷层榱、璧瓦粉墙的高级住宅区。黄庭坚《雨过至城西苏家》中描写苏家室外环境的不凡气象：

> 飘然一雨洒青春，九陌净无车马尘。
> 渐散紫烟笼帝阙，稍回晴日丽天津。
> 花飞衣袖红香湿，柳拂鞍鞯绿色匀。
> 管领风光唯痛饮，都城谁是得闲人。

更难得的是，苏轼在《次韵和王巩》诗中不无欣然地写出"子还可责同元亮，妻却差贤胜敬通"的得意与幸福。一家二十余口，妻贤妾慧，笑语喧阗，和乐满满。加上苏辙也住在不远处的上朝路旁，苏轼每下朝还可以常常去弟弟家小坐。

宋费衮《梁溪漫志》卷四记，一日，苏轼饭后按照自创的养生法，在室内扪腹徐行，就是一边散步一边按摩肚了。大学士的幸福生活，其乐融融。他忽然指着自己的大肚皮问旁边侍儿："此中藏有何物？"一婢说："都是文章。"一婢说："都是识见。"主人摇头不以为意。朝云说："学士一肚皮不合时宜。"苏轼捧腹大笑，果然是个红粉知己。

现在这位"不合时宜"的人要走了。要去往那个梦萦魂牵的西子湖畔，所以对京城这个家的不舍，也很快被忘得烟消云散。

六、京华烟云

少年天真，老年沉稳，这是一般人生自然规律和社会经验结合认同的样子。大才则不然，他们往往是少时沉稳持重，老来率性猖狂。何况苏轼这样千年一遇之才，更是如此。但凡一事，无不利害相成。少年天真易平庸，老年沉稳增暮气；反之则少年沉稳失童趣，老来率性忘教训。这一类天才的才华、秉性，才让苏轼摘得星星、月亮，成为大宋王朝"元祐更化"舞台上一颗闪闪发光的政治明星，同时，也令他犯了不该犯的错，吃了不该吃的苦。这当然是我等事后诸葛亮的认知和总结。我常常猜想，如果苏轼复活，他会不会改弦更张，换一种活法呢？还是依着"性格即命运"的曲线，一如既往，我行我素呢？天知道。

就个人生命体验而言，在苏轼政治上还没有完全丧失主动权之时，他选择了惹不起就躲开的处置办法好像是智慧的。他54岁任杭州知府是第二次与杭州结缘。56岁任颍州知府是感怀欧阳修的拔擢。

57岁知扬州仅短短几个月,也是重走当年恩师仕途阶梯,除整顿平山堂寺庙风气外,其他均乏善可陈。57岁又重回朝堂,政治上回光返照八个月后出任定州太守。59岁春天,以讥刺先朝罪名贬英州,途中再贬惠州。以往很多传记对于这段生活记录和描述,一直认为是政坛险恶奸佞、弄权迫害的单方面原因所致。但从孰人无过的角度来反省,苏轼自己至少有两大可检讨处:一是轻信,二是忘过。这些若发生在一个人而立之前尚有情可原,可都一而再、再而三地发生在已知天命将届耳顺之年的苏轼身上,实在是匪夷所思。用老百姓的话来讲,冰雪聪明的大才子有时也真是"蠢得死"!

元祐四年(1089)苏轼获准外放杭州离京时,朝廷给予的礼遇光宠异常,太皇太后特准用前执政恩例的规格,诏赐衣一对,金腰带一条,金镀银鞍辔马一匹。这都是加殿阁衔的封疆大臣才能得到的赏赐。热衷爵禄的给事中赵君锡在一旁看得眼红心热,见得太皇太后以执政之礼待苏轼,猜想不久召还一定就是拜相了,政治投机不妨现在就开始。为要预先攀上关系,他立即上状盛称苏轼道德文章,以为朝廷不能没有此人,"伏望收还苏轼所除新命,复留禁林,仍侍经幄,以成就太平之基"。至于苏轼能不能留在中枢都不重要,也不是小人所关心的。其实这是给苏轼、苏辙兄弟递上的"投名状"。真是"千穿万穿,马屁不穿",这样一个投机小动作,二苏不察反视为朋友,后来果然吃了赵君锡的大亏。算是无识人之明的一个教训。

真正关心他的朋友当然也不少。那次离京前,苏轼往谒文潞公辞行,文彦博就再三嘱咐:"愿君至杭州少作诗,恐为不喜者诬谤。"临别上马,潞公又再三叮嘱:"若还兴也,便有笺云。"

文潞公除警以"乌台诗案"的教训,还引用近事吴处厚笺注蔡确"车盖亭诗"罹祸的事,敲打苏轼务须警惕。然而"木鱼脑袋"是敲

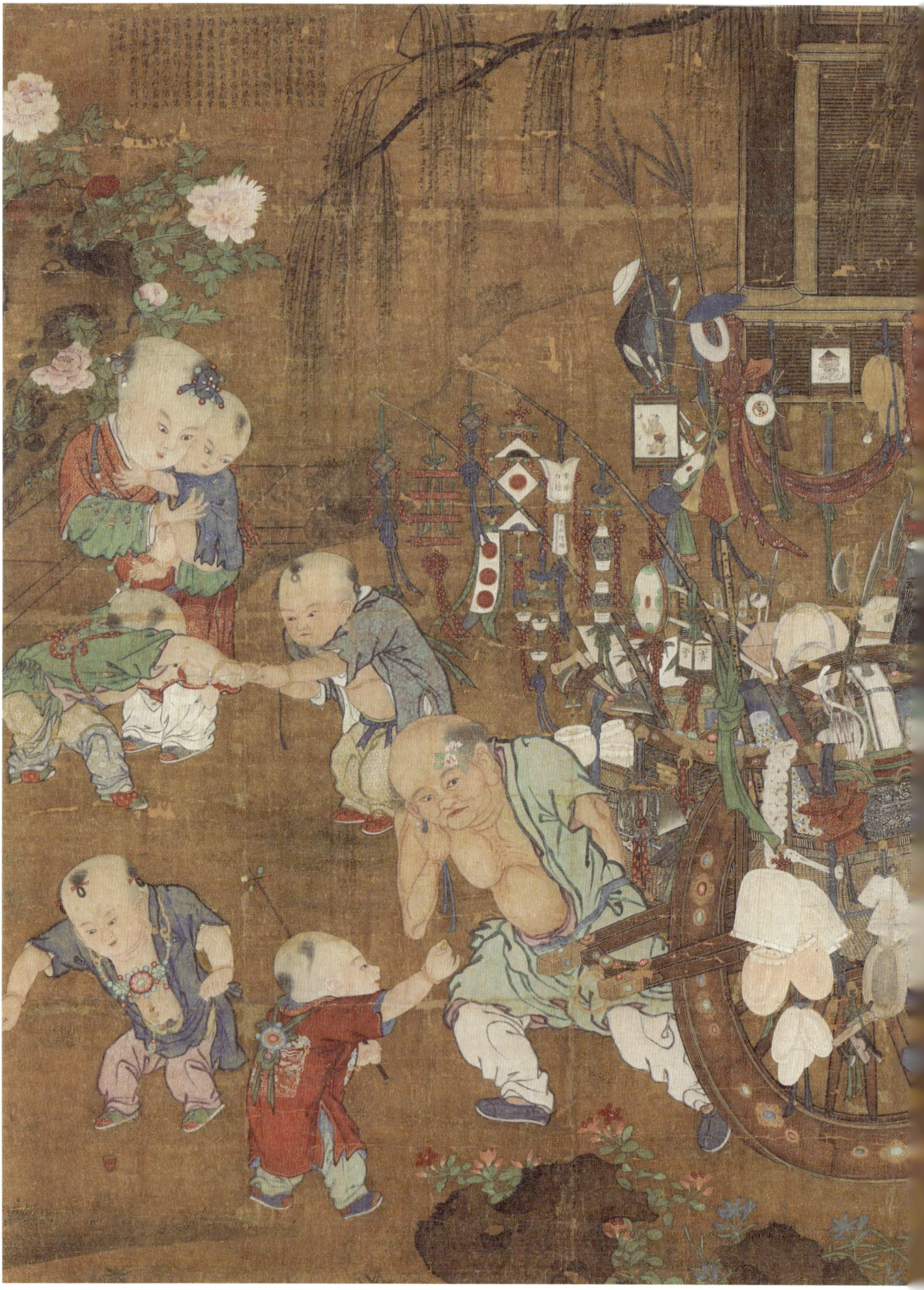

《货郎图》宋 苏汉臣 绘民间生机勃勃、喜乐太平不醒的。这也是他离开京华之后一路下坡、风雨人生、霜剑飘摇的原因之一吧。

时光荏苒，忽而进入了元祐的第八个新年。

苏轼自弱冠离乡初履汴京，恍惚之间，则已年近花甲。近四十年间，他在这十丈红尘的京城里，度过多次繁华而又热闹的新年，但今年是他生命中最快乐的一次京华新岁，惜乎也是最后一次。

"新传"指出这一短暂历史时期太平盛世的成因。

宣仁太皇太后自垂帘听政以来，天时地利人和。边疆平静无事，国内安定祥和，朝堂与民生得到休养复苏，使原已凋敝的气象和疮痍满目的边境，都逐渐恢复了生气。尤其元祐七年江南各地丰收，更是近十几年没有见过了。苏轼《召还至都门先寄子由》诗即曰："远来无物可相赠，一味丰年说淮颍。"宋朝财用的根本在江淮，故才有"江南熟，天下足"之说。江淮丰熟，人人都要额手称庆。

唐宋之际，京城新年最热闹的高潮是上元观灯。从正月十四至十六开放日夜坊禁三天。

《东京梦华录》详记："正月十五日元宵，大内前自岁前冬至后，开封府绞。缚山棚立木正对宣德楼。游人已集御街，两廊下奇术异能，歌舞百戏，鳞鳞相切，乐声嘈杂十余里。"自天子以至庶人，及时行乐，共庆升平。

…………

"诸幕次中家妓，竞奏新声，与山棚露台上下，乐声鼎沸。西朵楼下，开封尹弹压，幕次罗列，罪人满前，时复决遣，以警愚民。楼上时传口敕，特令放罪。于是华灯宝炬，月色花光，霍雾融融，动烛远近。"又曰："宣德楼上皆垂黄缘帘，中一位乃御座。用黄罗设一彩棚，御龙直执黄盖掌扇，列于帘外。两朵楼各挂灯球一枚，约方圆丈余,内燃椽烛。"

山棚(皇家专设庆祝区)里面的景色是这样的:

> 汴京大内前缚山棚,对宣德楼,悉以彩结,山沓上皆画群仙故事,左右以彩结文殊、普贤,跨狮子、白象,各手指内五道出水。其水用辘轳绞上灯棚高尖处,以木柜盛贮,逐时放下,如瀑布状。又以草缚成龙,用青幕遮草上,密置灯烛万盏,望之蜿蜒如双龙飞走之状。上御宣德楼观灯。有牌曰"宣和与民同乐"。(《梦粱录》)

这年灯夕,苏轼以近臣身份陪侍皇上在宣德楼上观灯,作《上元侍饮楼上三首呈同列》,今选其一记述他参与安和康乐时代的欢欣:

> 澹月疏星绕建章,仙风吹下御炉香。
> 侍臣鹄立通明殿,一朵红云捧玉皇。

关于宋朝的新年盛景,还是后来辛弃疾那首《青玉案·元夕》写得最为精彩:

> 东风夜放花千树。更吹落、星如雨。
> 宝马雕车香满路。
> 凤箫声动,玉壶光转,一夜鱼龙舞。
> ……

世事如棋亦如戏。在这举国欢庆的热浪下,朝中另一股暗流正秘

《瑞鹤图》宋 赵佶（宋徽宗）辽宁省博物馆藏

密酝酿成熟，于同年三月间爆发出来。御史董敦逸连奏四状攻击苏轼。御史黄庆基也连上三状弹劾苏轼。罪名是"洛党稍衰，川党复盛"，直指苏轼拉帮结党援引四川人和亲戚入朝为官，培养个人权势。子虚乌有的诬陷大体上沿袭熙宁、元丰间李定、舒亶这辈人的谗言和元祐以来朱光庭、赵挺之、贾易之流的诽谤而已。

这次加上的新内容是苏轼宜兴买田，乃"强买姓曹人抵当田产"，称其"秽污之迹，未敢上渎圣聪"。实际情况是曹姓业主耍赖，长期拒不履约交地。但这些破事让人辩无可辩。烦心！

好在有左相吕大防站出来为苏讲话，指出元祐以来的言事官，往往无中生有，中伤士人，实欲动摇朝政，意极不善。

苏辙跟着面奏，指出神宗末年，亦自深悔已行之事，只是来不及改变。元祐更化以及苏轼之言行，不过追述先帝美意而已。

这段话触及元祐政治的一个敏感问题，即从前有过的捕风捉影诽谤太后"以母改子"的议论。因此，太皇太后凛然言道："先帝追悔往事，至于泣下。"吕大防接口对曰："先帝一时过举，非其本意者，固多如此。"太皇太后回顾一旁侍坐的哲宗皇帝说："此事官家宜深知！"（宋王称《东都事略》）

事情最终由太皇太后乾纲独断得到解决，谗佞小人也得到了惩罚。但不祥之兆也越来越明显，北宋的太平盛世过去了。后来接位哲宗的徽宗有一幅亲画的《瑞鹤图》，似将这一发端于外表祥瑞、内存颓衰之征兆图画在案。

《瑞鹤图》描绘了"政和壬辰（1112）上元次夕"清晨，群鹤云聚汴京宣德门的景象。五色祥云掩映着重檐屋顶，立于城门鸱吻上的两只鹤正顾盼对望。在淡石青渲染的晴朗天空，群鹤徘徊飞翔,清扬激越的鹤鸣穿破了冬日薄雾笼罩的晨光……如此静谧,又如此喧闹;如此真实,又如此诡异。难怪九五之尊的皇帝和往来都民无不稽首瞻望,叹异久之。尤其那些张翅伸腿平铺于蓝天的群鹤,布局奇幻,似与民间童稚天籁如出一辙。画家以精谨工细的笔触描画了这一匪夷所思的景象之后,又"感之祥瑞,故作诗以记其实:'清晓觚棱拂彩霓,仙禽告瑞忽来仪。飘飘元是三山侣,两两还呈千岁姿。似拟碧鸾栖宝阁,岂同赤雁集天池。徘徊嘹唳当丹阙,故使憧憧庶俗知。'"

赵佶强调要庶俗知道这是"天降祥瑞"的吉兆,却欺骗了千百年来的读者。题诗中的"似拟"和"故使"两个虚词最终还是道出了历史的真相。这些有声有色的"写实",有凭有据的"真实瞬间"只不过是艺术家的虚构,是这位处于内忧外患困扰中的君王的内心祈祷和幻影。创作此图的十五年后,风雨飘摇的北宋帝国大厦还是倾覆了。太上皇徽宗和皇帝钦宗一齐被金国掳去北国上京的冰窖……在这些无可争辩的史实面前,难道我们还会将图上的"瑞鹤之舞"解读成宋徽宗一厢情愿的"千岁姿"吉兆吗?(《中国经典三百丛书·绘画卷》)

七、江山依旧，人心不再

命悬一线，阴阳相隔。文化和宗教就这样将人之生与死分成了两个世界。因为从来没有一个人能活着离开眼前这个现实世界，所以人无法完整认识自己和自己生活的这个世界，更无法认识彼岸。难怪生之欢乐、死之恐惧就成了人们情感认知的最主要内容。乃至不谈生死无以言宗教。难怪哲学的终极之问也是关于生死，关于生命终极价值的拷问。离开生死也无以言对现实世界认识的思想深刻。于是人们在生死之间找到了一块中间地带，那就是梦境。好事叫梦想成真，坏事叫噩梦未醒。明白这一点，我们便不难理解苏轼之炼丹求道、瑜伽续命，并且时有记梦之文。

元祐八年（1093）对于苏轼来说极具象征意义。如果说13年前流放黄州是苏轼人生由夏而秋、由热变凉的一个转折点，那么元祐八年就是他从有时骄阳似火、有时风雨晦暗的秋天转向寒风凛冽、万物萧索的寒冬，这一年更是这位"大神"由白天转向黑夜的黄昏。

銅環鎳公帝鶴之鮮灑
幸公子之破慳我洗盞而
起當歃晉芝之庫頑畫
三江柱一吸吞奧龍之神
姦醉夢綺鈴姞如琵鼉
鼓色山之桂楫扣林屋之
瓊闕卧松風之琴縈揭
春溜之深灑追范蠡於
渺茫弔夫差之憔鶩屬
此觴於西子洗上國之愁
顧驚羅襪之塵飛失
舞袖之芳夢覺而賦之
以授冷子曰与乎嘻嘻吾
言考奧公子其為我
刪之

洞庭春色賦

……聞橘中之樂不減商
山豈霜餘之不食而四老
人者淮戲於其間悟此世
之泡幻藏千里於一班舉
棗葉之有餘納芳于其
何獨宜賢王之達觀寧
逸想於人寰嫋嫋兮春風
泛天宇兮清閑吹洞庭
之白浪漲北渚之蒼灣攜
佳人而往遊勤霧鬢與風
鬟命黃頭之千奴卷震
澤而與俱還糅以二米之禾
藉以三脊之菅忽雲烝而
冰解旋珠零而漸潼翠

《洞庭春色賦》宋 蘇軾 吉林省博物院藏

趙峰之春麗攜挂壁之
岳猿道後此而入海洲
觀天之雲濤使夫秘阮
鶱麟掞而鷖鳳爭挂擎
而瓢搖顛倒白綸巾淋
滴宮錦袍追東坡而不
可及歸舖毀其礁糖漱
松風柁害乎猶足以賦適
游而續斂騭也

姑安宮郡王以黃柑釀
酒名之曰洞庭春色其
猶子德麟得之以餉予
戲為作賦後予為中
山守以松節釀酒復
為賦之以其事同而文
頗故錄為一卷縱筆
元年閏四月廿一日將
適嶺表遇大雨留襄
邑書此東坡居士記

中山松醪赋

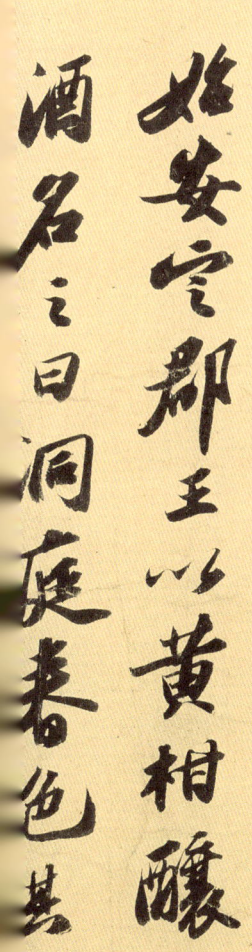

始予宵济于衡漳军
涉而夜号燧松明以记
浅散星宿于亭皋
槁风中之香霭兮诉于
以石遗宣千岁之妙质而
死斤斧于鸿毛黢匦之
寸明曾伙与苕葛烂
文章之纠缠惊节解
而流膏嗜槽厉其之遠
尚药石之可雪收浴用
於藜榆製中山之松膠
敵余灰燼之中兔余瑩燈
之勞敢通明扫盤錯出
防澤在蕢麹与蓍麦而
甘熟沸春醪之嚕、味
甘餘之小苦歌幽姿之鴉
高如甘破之易壞笑漾
州之蒲萄似玉池之堂肥
之紋樽薦以石蟹之霙
鏊昔曰飲之幾行覺天
刑之可逃投拄杖而杉

始安定郡王以黃柑釀
酒名之曰洞庭春色其

《中山松醪赋》宋 苏轼 吉林省博物院藏

《洞庭春色赋》《中山松醪赋》二赋合称《洞庭中山二赋》，乃苏轼南贬途中，因雨留置襄邑（治今河南省睢县）时所作并书。因结体紧致、奇正得宜，为乾隆赞评："精气盎郁豪楮间，首尾丽富，信东坡书中所不多觏。"此二赋帖书皆东坡书法代表作。

自元祐七年（1092）年底应诏自扬州还京之后，苏轼先后做了兵部尚书、礼部尚书，弟弟子由也官至门下侍郎高位，虽无实权但也属副宰相级别。三个儿子苏迈、苏迨、苏过皆已长大成人，承欢膝下。苏迨还娶了欧阳修的孙女为妻，夫人王闰之曾陪同太皇太后祭拜皇陵，享受着众人羡慕的荣耀……

幸福和欢乐总是那么短暂。生活这部电视剧，有时就是场景切换得太快！殊难预料，苏轼生命中两位守护神般的女人，夫人王闰之和太皇太后高滔滔几乎是在一个月内相继离世。王闰之自1068年嫁入苏门，一直敬苏轼为偶像，侍丈夫如婢妾，待前妻所生之子如己出，随子瞻宦海沉浮若坦途。25年相濡以沫，25年举案齐眉，这份深情足够苏轼在余生慢慢咀嚼。可太皇太后离世给苏轼带来的生活打击与精神折磨一刹那间就从天而降。

太皇太后自临朝听政以来所表现出的睿智与坚强已为世所知，为史所载。然而随着欧阳修、张方平、司马光等一大批德才兼备的忠臣良相谢世和淡出朝堂，同时也因为孙子哲宗的一天天长大，一天天叛逆，一天天为各种政治势力关注，一天天成为不可或缺的存在，太皇太后对哲宗的担心也一天天沉重。她担心这位轻率鲁莽的孙儿皇帝听信挑拨离间之语，为小人所惑，她担心大宋江山雄风难振，她还担心自己所倚重信任的苏轼等大臣的命运安危。

太皇太后去世前十天，六位大臣进宫探病，其中有范纯仁、苏子由。

老太后说："我病已不治，与诸卿见面之日已经不多。汝等要尽忠心扶保幼主。"看来已有托孤之意。言罢留下哲宗、范纯仁和吕大防。

此刻太皇太后剖白心胸，才说出平日不谈的话题，即针对说她阴谋想使自己亲生的皇子取代哲宗的谣言。太皇太后希望这些当事老臣能证其清廉。

吕大防说，太皇太后从无私心，所言所行皆以国家利益为重。

太皇太后垂泪又说："我自信如此，因此在当下临终之时也见不到我亲生的儿女。……我死之后，你们要提防那些大臣中愚弄皇帝的小人。我死之后你们二人最好辞官归隐，因为幼主必然另用一批新人。"吕、范心中五味杂陈，不知如何应对。太皇太后此言虽是对吕、范而讲，但所指应包括苏轼兄弟在内的元祐大臣。

太后说话后命近侍邀请来探病诸大臣留宫用膳，她最后向吕、范二大臣说："现在去用饭，明年今日，莫忘老身。"一句"莫忘老身"已是自知大限将届的最后遗言。

太皇太后刚一去世，亲政的哲宗立即改弦易辙。外交上变和议为与西夏重开战事。内政上砸了司马光墓碑，全面打击元祐诸臣。苏东坡立刻如他所请获准外放。他的新任所是问题多多、难于治理的定州。苏轼还奉命统领河北西部，并指挥该地区的步兵骑兵，官衙设在定州城内。按照宋朝制度，文官往往担任军职主官，而以武将为副手。苏轼担任官职的这段时期内，让我们可以看到一位诗人、画家如何在军旅中发号施令。这情景想想就好笑。然而苏轼无论如何也笑不起来，他知道这是太皇太后生前的安排，也是她对苏轼的最后恩典。表面风光依旧，其实苏轼内心之凄怆不为人知，他几乎每一天都是在等待命运之恶魔的敲门中度过的。杜甫《新婚别》中那句"妇人在军中，兵气恐不扬"，如今改成"文人在军中，内心终惶惶"倒可形容苏轼此刻的心境。

绍圣元年（1094）哲宗亲政，很快就起用章惇为相。为了使皇帝相信所有元祐诸臣都是皇帝的敌人，章惇以这些人都犯有破坏先王新政之罪予以控告。而精明能干的政客"章惇们"还嫌不够，他们深知必须使皇帝彻底痛恨所有元祐诸臣，而足以伤害到皇帝个人情感的，莫如说这些人当年都曾与太皇太后密谋过欲夺取哲宗的皇位。由于死无对证，又对宫廷中所涉官吏采用刑逼，阴谋之辈自然能捏造出莫须有的造反谣言，使皇帝相信元祐诸臣罪大恶极。一切皆被太皇太后言中。

同年四月，章惇首先拿苏轼开刀，将苏轼贬谪到广东大庾岭以南。早在往定州就职前正式辞行，皇帝未允谒见，他就预感危险即将到来了。他曾先后教过这个年轻皇帝八年之久，对这位学生很了解。因为一直有太后听政，小皇帝隐忍不发，如今太后离世，"三贤"（司马光、范纯仁、韩维）已换"三奸"（蔡确、章惇、韩缜），情况反转已是必然。一年以前，他曾在一道表章里向小皇帝说得很直白，倘若皇帝不纳臣子的忠言，苏轼宁愿做"医卜执技之流，簿书奔走之吏"，也不愿在朝中担任侍读之职。抱怨没有丝毫用处，如今连医卜、簿书恐怕也做不成了。现在要踏着前朝韩昌黎的脚步离开朝堂，叹一声"云横秦岭家何在？雪拥蓝关马不前"，流放到瘴疠荒蛮的岭南去了。

平平常常的江边小城黄州却见证了奇迹的发生,神奇的东坡放下了羁绊,放下了家国之忧、苍生之苦。他以一种放大的自我也是更加真实的自我,一种比接地气更加深刻的植根泥土的谦卑,完成了一个更加高贵更加干净更加骄傲的灵魂塑造。

拾

泥土的救赎

一、珍贵的泥土

时光倒流十四年。

自元丰三年（1080）正月初一，刚走出御史台监狱大门的苏轼不得不踏上奔赴贬谪地黄州的流亡之路（一说苏轼是当日抵达黄州）。不过表面上还是"外放"。官衔是"检校尚书水部员外郎、充黄州团练副使"，本州安置，不得签书公事。这煞有介事的头衔都是虚的，比较实在的倒是"本州安置"四个字，规定苏轼必须要住在这个地方。这是一个令人啼笑皆非的结果。这对当时的苏轼而言，意识到自己的政治生命基本上就此结束，这样的打击，对于一个人的仕途而言可以用"毁灭性"来形容。然而毕竟是大难不死、重获生天，庆幸余温尚在。是喜是忧，掺杂其间，一时不及细辨滋味。尽管身份上还是个官，仍会跟当地或路过的官员交往应酬，但尴尬的是俸禄却基本断绝。现实冷酷而严峻，现在年过不惑的他必须重新打算自己接下来的日子怎么过，当务之急是如何安身立命。

南行路上有官方监视和苏迈陪同，途经陈州时看望了文同家人，凭吊一年前离世的老友。文同去世已经一年，因家贫一直无法送灵柩回四川，一家人仍滞留陈州，正在为回川资费发愁。苏轼和赶来相会的苏辙赞助了钱财。所谓慈善，拔一毛而利天下并非不是，而大慈悲一定是脱寒衣盖尸，分一饭共食。想想此际苏轼自身泥菩萨过江、朝不虑夕，但道义不可废。在给李常的信中，苏轼说："所幸其子贤而文，久远却不复忧，唯目下不可不助他尔。"

苏轼有《陈州与文郎逸民饮别，携手河堤上，作此诗》诗一首（《苏轼诗集》卷二十）：

> 白酒无声滑泻油，醉行堤上散吾愁。
> 春风料峭羊角转，河水渺绵瓜蔓流。
> 君已思归梦巴峡，我能未到说黄州。
> 此身聚散何穷已，未忍悲歌学楚囚。

三日后苏轼继续赶路，苏辙回南都请假，准备护送在家暂住的嫂嫂等人至黄州。

尚未抵黄州，一个大惊喜已等在黄州北百二十里岐亭。好友陈慥（季常）白马青盖立于龙丘路旁。岐亭梅花怒放，陈慥笑得比梅花还灿烂。其中的深意好像是在说，我早知道你会有今天，官场岂是你这种人能混下去的？据清人王文诰《苏诗总案》对《临江仙》一词的注文，陈季常接到苏轼后，二人"相从至其家……为留五日"。这表明苏轼此际还是自由的。

陈慥绝对是个人物，少时倾慕游侠，嗜酒好剑，当年在凤翔与苏东坡"马上论用兵及古今成败，自谓一世豪士"。年轻时纵情声色挥金如土，结婚后却成了远近闻名的"耙耳朵"。

这个"一世豪士"被老婆管得一愣一愣的，连做梦听到老婆的声音也会吓醒，苏轼曾拿此打趣：

> 龙丘居士亦可怜，谈空说有夜不眠。
> 忽闻河东狮子吼，拄杖落手心茫然。
> （《寄吴德仁兼简陈季常》，《苏轼诗集》卷二十五）

这便是"河东狮吼"成语的出处。

初到黄州的苏轼寄居于定惠院僧舍。《卜算子·黄州定惠院寓居作》（《东坡词编年笺证》卷二）一词记其情状和心情。黄庭坚对这首词评价极高，在跋文中写道："东坡道人在黄州时作。语意高妙，似非吃烟火食人语。非胸中有万卷书，笔下无一点尘俗气，孰能至是。"

> 缺月挂疏桐，漏断人初静。谁见幽人独往来，缥缈孤鸿影。
> 惊起却回头，有恨无人省。拣尽寒枝不肯栖，寂寞沙洲冷。

人生疏、地不熟，孤寂是这一段生活的主调。黄州是一个穷苦的小镇，位于长江边上。定惠院坐落在林木茂密的山坡上，离江边还有一段路。苏轼暂住期间，与僧人一同吃饭，饭后总是一个人在一棵山楂树下散步……"林传"和"新传"的描述大概如下，自带磁场的苏轼不久身边便吸引了不少的朋友。除陈慥、马正卿外，徐太守热诚相待，常以酒宴相邀，这个徐太守即徐君猷。依惯例，徐太守是负有监视苏轼之责的，但这并不影响二人成为好朋友。他们经常来往，有时由太守做东邀东坡宴饮，有时东坡反客为主，写诗调笑太守在内的黄州一干官员。见《太守徐君猷、通守孟亨之,皆不饮酒,以诗戏之》一诗。友谊之杯酒大概最能温暖天涯沦落人的愁肠,同时亦可见黄州的乡风民俗官纪是何等淳朴而轻松。当然亦可证东坡之人格魅力。下雨天,东坡睡得很迟才起床,快近黄昏时散步更久,在起伏不平的东山麓漫游,在庙宇、私人庭园、树荫掩蔽的溪流等处探胜寻幽,这些浪漫的意象让不少人觉得苏轼在黄州的日子从一开始就过得有滋有味。其实都未抓住主调。

以苏轼的秉性,他对黄州的感情当非"一方水土一方人",而是"一方人一方水土"。大多传记在讲到他黄州生活时,常常有徐太守邀饮一句轻轻带过,让人们以为这只是一般的官场应酬。对黄州的主人来说是好客、不失礼数,对流放的苏轼而言,只是打了牙祭驱赶了寂寥,内中的深情往往被忽略了。徐太守君猷等一帮友人不因苏轼左迁而怠慢,常常邀约酒叙。席间无分宾主,更不谈贵贱,契趣谈吐无间言皆出于至诚,使苏轼倍感温暖,这才是他黄州情浓的重要原因之一。

王文诰《苏诗总案》记有此事,苏轼有一首写于元丰四年(1081)秋天并不算有名的《定风波·两两轻红半晕腮》(《苏轼文集编年笺注》附录二),记录的正是这种美好的因人怀地,因情萌思之情愫。

> 十月九日,孟亨之置酒秋香亭,有拒霜独向君猷而开。坐客喜笑,以为非使君莫可当此花,故作是词。
>
> 两两轻红半晕腮,依依独为使君回。若道使君无此意,何为?双花不向别人开。
>
> 但看低昂烟雨里,不已。劝君休诉十分杯。更问尊前狂副使,来岁,花开时节与谁来。

郏县三苏纪念馆

徐太守、孟通守（通判）皆不饮酒，却常为自号"副狂使"和"雪堂坡下老农夫"的苏轼设宴，这就难怪苏轼在送别徐太守时要问一句，"来岁，花开时节与谁来。"黄州后话中当不忘这些日常。

至五月，苏轼家眷来后，全家迁居到江边临皋亭任所。对于断了薪俸又拖家带口的苏轼，经济窘迫自不待言。然而一个人性命观的转变往往正是在重压下迸出火星。作于此时的《迁居临皋亭》中有："我生天地间，一蚁寄大磨。区区欲右行，不救风轮左。"命运让我向左转，我偏偏向右行。这是抗争也是觉悟的开始。依靠痛自节俭和苏辙等亲友的接济，苏轼熬过了黄州第一年。第二年，苏轼有了一块地，在州城旧营地东面的缓坡上，靠着耕种这土地的收获，聊补衣食，生活略有改观。故此才在名苏轼、字子瞻后，有了"东坡居士"的新号。据其自述：

> 余至黄州二年，日以困匮。故人马正卿哀余乏食，为于郡中请故营地数十亩，使得躬耕其中。地既久荒，为茨棘瓦砾之场，而岁又大旱，垦辟之劳，筋力殆尽。释耒而叹，乃作是诗，自愍其勤，庶几来岁之入以忘其劳焉。（《东坡八首·并叙》，《苏轼诗集》卷二十一）

东坡的这块土地拯救了苏轼，拾瓦砾、亲刈麦的劳作使他有了重新鼓舞起来的生之希望与快乐。东坡这个名号不仅仅是人们理解的文人风雅，从一开始它就散发着泥土的芬芳。在苏轼嬗变为东坡的过程中，这个叫马正卿的人起了很大作用。

关于马正卿，在《东坡八首·其八》（《苏诗补注》卷二十一）中，苏轼这样描述自己的这位老朋友：

> 马生本穷士，从我二十年。
>
> 日夜望我贵，求分买山钱。
>
> 我今反累君，借耕辍兹田。
>
> 刮毛龟背上，何时得成毡。
>
> 可怜马生痴，至今夸我贤。
>
> 众笑终不悔，施一当获千。

后人从"马生本穷士，从我二十年"句中演绎出很多苏、马二人交往故事，甚至说他是苏轼幕僚，是苏轼超级粉丝，自当年凤翔任上就追随苏轼左右。这与中国人喜欢编织患难与共美好故事那类"忠主义仆"教化演绎是一致的。

实际上苏轼贬黄州时，老朋友马正卿正好在黄州担任通判，这就不难理解他为什么能帮助苏轼向朝廷借地，又能帮他在东坡地上造了几间房屋。因为落成于冬天，苏轼便在墙上画一些雪景，称之为"雪堂"。"雪堂"是写作和接待客人的地方，家属还住在临皋亭。从此以后，黄州就有了一个有时素服挂杖，有时葛巾皂衣的花白胡子老人，时常往来于临皋亭与雪堂之间。这一幕使我想起了十八世纪哥尼斯堡的康德，当他完成《纯粹理性批判》等著作，被诬告轻蔑基督教教义遭遇麻烦时，康德依然仰望星空，沉思宇宙，依然每天精准得像钟表一样出现在清净的街道上散步。这两位东西方诗人与哲人本无什么可比性，可我却顽固地认为只有这样相同的人生才真正有资格说"诗与远方"。

马正卿帮助苏轼完成了"青史存苏轼，黄州出东坡"的转换。至于他究竟做了些什么已经不重要了。总之，马正卿没有在苏轼落难时投井下石，反而伸出援手，如此高情厚谊，珍贵而又美丽。

二、生命从六十岁开始

  人生的苦与乐本来就没有一个统一标准。有人喜欢前呼后拥，有人喜欢拄杖独行；有人喜欢锦衣玉食，有人"快炙背而美芹子"；有人喜欢华贵的宫殿，有人喜欢"开轩面场圃"；有人喜欢宝马雕鞍、红毯铺路，有人喜欢曲曲弯弯、林荫小路……物质环境林林总总，喜爱和选择因人而异。不过精神上的选择一定要清楚，那就是自己喜欢才是最好的选择。对于知足的人，睡在硬板床上也如置身天堂；不知足的人，即使脚踏彩云也像身陷地狱。但衣食经济的客观标准还是不能完全不考量。至于东坡黄州的日子是苦是乐亦非难有定论。他自己在回复副宰相章惇的信时就一边对神宗皇帝的宽宥感恩戴德，一边认错，一边诉苦，对黄州境况有较详细的描述。

  平时惟子厚与子由极口见戒，反复甚苦，而轼强狠自用，不以为然。及在囹圄中，追悔无路，谓必死矣。不意圣主宽大，复遗视息人间，若不改者，轼真非人也……轼昔年粗亦受知于圣主，使少循理安分，岂有今日。追思所犯，真无义理，与病狂之人蹈河入海者无异。方其病作，不自觉知，亦穷命所迫，似有物使。及至狂定之日，但有惭耳。而公乃疑其再犯，岂有此理哉？……

黄州僻陋多雨，气象昏昏也。鱼稻薪炭颇贱，甚与穷者相宜。然轼平生未尝作活计，子厚所知之，俸入所得，随手辄尽。而子由有七女，债负山积，贱累皆在渠处，未知何日到此。见寓僧舍，布衣蔬食，随僧一餐，差为简便，以此畏其到也。穷达得丧，粗了其理，但禄廪相绝，恐年载间，遂有饥寒之忧，不能不少念。然俗所谓水到渠成，至时亦必自有处置，安能预为之愁煎乎？

初到，一见太守，自余杜门不出。闲居未免看书，惟佛经以遣日，不复近笔砚矣。（《与章子厚参政书二首》，《苏轼文集》卷四十九）

"饥寒之忧""为之愁煎"，一纸辛酸，满怀惶恐，与"林传"所述大相径庭。一时无法判断是林语堂出了错，更无法想象是东坡在说假话。但这一次我选择相信林语堂是对的。至少可以说，东坡在黄州缺衣少食，空虚苦闷是短暂的表象，平实清净，愉悦安适，是内心平静的胜利。诚如愁是浮云，喜是青山。

绝大多数中国士人的自我救赎之途，无外一是参禅，二是悟道。佛缘颇深的东坡从一开始借住定惠寺，到日后常常挂杖访僧，庙舍高卧，在天宁寺、安国寺等处留下的履痕点点，都是这一心境的轨迹。他在《黄州安国寺记》（《苏轼文集》卷十二）一文中说出了经历死里逃生的幸运和仕途绝望的失魂落魄后，由树影梵钟里深自忏悔而获得心灵觉悟。

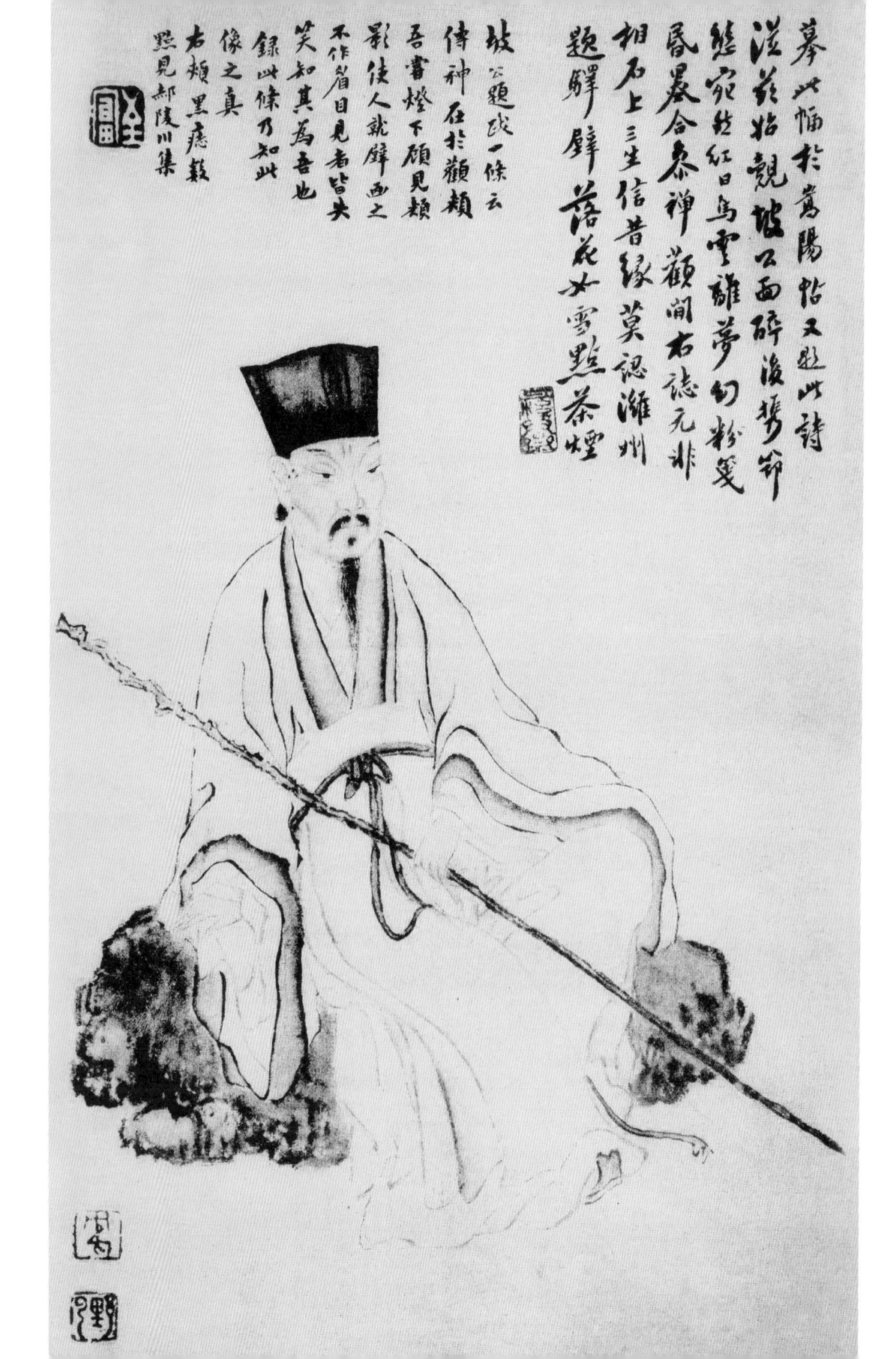

坡公題跋一條云
傳神在於顴頰
吾嘗燈下顧見頰
影使人就壁畫之
不作眉目見者皆
笑知真為吾也
錄此條乃知此
像之真
右頰畫歎
點見郊陵川集

暮此幅於鳶陽帖又跋此詩
瀟灑始覷坡公面醉後揮節
經窗烂紅日烏雲離夢幻粉笺
昏暮合泰禪觀聞右誌元非
相公上三生信普緣莫認濰州
題驛壁落花如雪點茶煙

《东坡按藤图》李公麟

这幅传为北宋李公麟绘的《苏轼像》古画似在学术界仍有争议。争论的焦点多集中在是不是李公麟所画（其中一代表性的说法为：此图非宋李公麟绘，而是清朱野云摹绘本，上有清翁方纲题款）。但这并不影响此图广为传播，并成为后世摹写东坡的依据。元代赵孟頫所绘东坡立像就明显可见其中多有借鉴。

中国画之人物画的品评标准为形神兼备。

关于形，东坡好友、丹青国手的李公麟当然最有发言权。黄庭坚在《跋东坡书帖后》中就有过定评："庐州李伯时近作子瞻按藤杖，坐盘石，极似其醉时意态。此纸妙天下，可乞伯时作一子瞻像，吾辈会聚时，开置席上，如见其人，亦一佳事。"

关于神，则更是妙不可言。眼睛中的庄谐，体态上的松紧，衣纹上的动静，无不恰如其分。尤其是左手所按斜靠于身的藤杖，不仅态相如真，更将画面切割成动中有静、静中有动的经营位置。令观者如对东坡。

古之论画有"神鬼易，犬马难"一说。这是说神鬼无人得见，故画家可以随意造画，而犬马人皆习见，稍有不妥则难免为世所诟病。故尔推想画人，若得神形兼备，岂非难上加难。李伯时有此一图，足可传世。

传铭以为，依东坡"赏疑则予"的原则，我们大可不必再为此图是否是李公麟所画的"真伪"争论了。为区别于后世众多所画苏轼像，今建议此图名为《东坡按藤图》。

> 明年（即元丰三年，1080）二月，至黄。舍馆粗定，衣食稍给，闭门却扫，收召魂魄，退伏思念，求所以自新之方。反观从来举意动作，皆不中道，非独今之所以得罪者也。欲新其一，恐失其二。触类而求之，有不可胜悔者。于是，喟然叹曰："道不足以御气，性不足以胜习，不锄其本，而耘其末，今虽改之，后必复作。盍归诚佛僧，求一洗之？"得城南精舍曰安国寺，有茂林修竹，陂池亭榭。间一二日辄往，焚香默坐，深自省察，则物我相忘，身心皆空，求罪垢所从生而不可得。一念清净，染污自落，表里翛然，无所附丽。私窃乐之。旦往而暮还者，五年于此矣。

佛门清净地，正宜沉思默想。

使东坡精神解脱的另一源头活水就是他的道根新芽。他从黄州给因"乌台诗案"受牵害最重、现已流放到偏远西南边陲的王巩写信，信中表示了内心不安和难过，后来接到王巩复信，才知道王巩正于道家学说中自求解脱，马上回信呼应。

> 知公真可人。而不肖他日犹得以衰颜白发，厕宾客之末也……轼近颇知养生，亦自觉薄有所得。见者皆言道貌与往日殊别。更相阔数年，索我闻风之上矣。兼画得寒林墨竹已入神品。行草尤工，只是诗笔殊退也，不知何故。昨所寄临江军书，久已收得。二书反复议论及处忧患者甚详，既以解忧，又以洗我昏蒙，所得不少也。然所谓"非苟知之亦允蹈之"者，愿公常诵此语也。杜子美困厄中，一饮一食，未尝忘君。诗人以来，一人而已。

释道的超脱和淡然当然可以让人忘忧得乐。然真正的心性之变还有赖于人生观、价值观的彻底洗涤与更新。这对一般人而言也是极难做到的,更何况东坡这样"人生不满百,常怀千岁忧"的儒生。他可以将自己的悲喜得失放到一边,理想幻灭也可以很快忘却,但家国之忧、苍生之苦是无论如何也放不下的。平平常常的江边小城黄州却见证了奇迹的发生,神奇的东坡放下了羁绊。他以一种放大的自我也是更加真实的自我,一种比"接地气"更加深刻的植根泥土的谦卑,完成了一个更高贵、更干净、更骄傲的灵魂塑造。

当至交李常写信寄诗来安慰落魄穷困的东坡,他虽然不以为然,但没有用"虎死不倒威"一类豪言壮语来为自己壮胆,也没有人怜更自怜地唉声叹气,而是复信反问:

> 示及新诗,皆有远别惘然之意。虽兄之爱我厚,然仆本以铁心石肠待公,何乃尔耶?吾侪虽老且穷,而道理贯心肝,忠义填骨髓,直须谈笑于死生之际,若见仆困穷便相于邑,则与不学道者大不相远矣。兄造道深,中必不尔,出于相好之笃而已。然朋友之义,专务规谏,辄以狂言广兄之意尔。兄虽怀坎廪于时,遇事有可尊主泽民者,便忘躯为之,祸福得丧,付与造物。非兄,仆岂发此!看讫,便火之,不知者以为诟病也。(《与李公择十七首·十一》,《苏轼文集》卷五十一)

如果以上还不是黄州东坡精神的正面描写,那么就来看看他的黄州诗,诗中那些心里话无疑是一幅幅精彩的自画像。

夜饮东坡醒复醉,归来仿佛三更。家童鼻息已雷鸣。敲门都不应，倚杖听江声。

长恨此身非我有，何时忘却营营。夜阑风静縠纹平。小舟从此逝，江海寄余生。（《临江仙·夜饮东坡醒复醉》，《苏轼文集编年笺注》附录二）

这是醉了醒、醒了醉反反复复之后，倚杖听江声的沉思、淡定、超然。

公旧序云：三月七日，沙湖道中遇雨。雨具先去，同行皆狼狈，余独不觉。已而遂晴，故作此词。

莫听穿林打叶声，何妨吟啸且徐行。竹杖芒鞋轻胜马，谁怕？一蓑烟雨任平生。

料峭春风吹酒醒，微冷。山头斜照却相迎。回首向来萧瑟处。归去，也无风雨也无晴。（《定风波·莫听竹林打叶声》，《苏轼文集编年笺注》附录二）

"同行皆狼狈，余独不觉"，这种情怀不能简单解读为安步风雨的风雅、处变不惊的坦然，而是东坡对自己由峨冠博带而竹杖芒鞋角色转换的清醒认识，是一蓑烟雨面对风刀霜剑的自信与得意。"也无风雨也无晴"是大自然留下的大块空白，他要在这空白里写出惊天动地的锦绣文章。

去年东坡拾瓦砾，自种黄桑三百尺。

今年刈草盖雪堂，日炙风吹面如墨。

平生懒惰今始悔，老大劝农天所直。

沛然例赐三尺雨，造物无心恍难测。
四方上下同一云，甘霪不为龙所隔。
蓬蒿下湿迎晓末，灯火新凉催夜织。
老夫作罢得甘寝，卧听墙东人响屐。
奔流未已坑谷平，折苇枯荷泫漂溺。
腐儒粗粝支百年，力耕不受众目怜。
破陂漏水不耐旱，人力未至求天全。
会当作塘径千步，横断西北遮山泉。
四邻相率助举杵，人人知我囊无钱。
明年共看决渠雨，饥饱在我宁关天。
谁能伴我田间饮，醉倒惟有支头砖。

（《次韵孔毅父久旱已而甚雨三首·其二》，《苏轼诗集》卷二十一）

这是农夫的快乐，一种朴实而又简单的快乐，是从珍贵的泥土经汗水浇灌而生长出来的鲜花，一种大自然的天赐之福，一种自人类童年记忆复活的笑声。如果我们不能对这一平凡而又卓绝的知觉感同身受，欢欣鼓舞，那只能证明自己正在背叛祖先与对自己之所以为人的漠然。这才是千年之前，东坡在黄州的那次蜕变与觉悟的特别意义。这也是催生东坡创作出不朽的二赋一词，书写出《黄州寒食诗帖》的台阶和准备。这更是一位"死透了的大活人"的当下意义和对人之为人的永恒注释：劳动不仅是创造价值的唯一源泉，还是灵魂淬炼的炉火。今天如果只把东坡在艰难困苦面前表现出的超然与洒脱当成一块香腻爽口的红烧肉吃下去，用来治愈自己平庸的"躺平"，那就真的是"井蛙不可语海"，"夏虫不可语冰"，无药可救了！

一个人真的爱上一个地方的标志，是他希望"吾人只合此地老"。东坡的沙湖买田，说明他对黄州深有感情，是由陌生而孤独而艰辛而习惯而喜欢而热爱的最终选择。

东坡去离黄州三十里的沙湖买田时得病（疑是中暑或疲劳过度），遂往附近麻桥求访名医庞安常。庞大夫是个聋人，但不妨碍他医术神奇。病人以手为口，医生以眼代耳。这样的问诊过程诚不多见。病愈后，两人同游清泉寺。一路水村山郭兰溪碧绕，心情大好的东坡以歌为吟：

> 山下兰芽短浸溪，松间沙路净无泥，萧萧暮雨子规啼。
> 谁道人生无再少？门前流水尚能西。休将白发唱黄鸡。
> （《浣溪沙·游蕲水清泉寺，寺临兰溪，溪水西流》，《苏轼文集编年笺注》附录二）

白居易曾有"黄鸡催晓丑时鸣，白日催年酉前没"感叹年华飞逝，岁月匆匆。东坡反其意而用之，生命如环流之水，未必都是一江春水向东流，向西的时候就是又一个轮回。

传铭信以为然，故云：生命从60岁开始。

三、逸笔写悲怆

东晋王羲之的《兰亭集序》、唐代颜真卿的《祭侄文稿》、北宋苏轼的《黄州寒食诗帖》是中国书法艺术中无法超越的三座高峰，也是中国文化精神心路痕迹的诗性刻画，故被尊为中国三大行书书法帖。千百年来一直是后世摹写追捧的无上至宝。任何人得此一成，亦足以彪炳青史。而在东坡构建的艺术殿堂里，也仅仅是一件而已。

《黄州寒食诗帖》是黄州时期苏轼两首寒食诗墨宝，第一首：

> 自我来黄州，已过三寒食。
> 年年欲惜春，春去不容惜。

苏轼写自己到黄州，已过了三个寒食节，每年这时节都惋惜春天，但是春天不容惋惜，还是会一样逝去。

右黃州寒食二首

東坡此詩似李太白
猶恐太白有未到
處此書兼顏魯
公楊少師李西臺
筆意試使東坡
復為之未必及此它日
東坡或見此書應
笑我於無佛處
稱尊也

東坡書豪宕秀逸為顏楊以後一人此卷奇崛黃山谷跋傾倒已極可謂無忝其佳矣坡論書詩云苟能通其意常謂不學可又云讀書萬卷始通神若區區於點畫波磔間則失之遠矣乾隆戊辰清和月上澣八日御識

《黄州寒食诗帖》宋 苏轼 台北故宫博物院

自我来黄州，已过三寒食。年年欲惜春，春去不容惜。今年又苦雨，两月秋萧瑟。
卧闻海棠花，泥污燕支雪。暗中偷负去，夜半真有力。何殊病少年，病起头已白。
春江欲入户，雨势来不已。小屋如渔舟，濛濛水云里。空庖煮寒菜，破灶烧湿苇。
那知是寒食，但见乌衔纸。君门深九重，坟墓在万里。也拟哭途穷，死灰吹不起。

水雲裏空庖煮寒菜
破竈燒溼葦那
知是寒食但見烏
銜紙君門深
九重墳墓在万里也擬
哭途窮死灰吹不
起

自我来黄州已過三寒食年欲惜春春去不容惜今年又苦雨两月秋萧瑟卧闻海棠花泥污燕支雪闇中偷負去夜半真有力何殊病少年病起鬚已白春江欲入户雨势來

《黄州寒食诗帖》局部

今年又苦雨，两月秋萧瑟。

卧闻海棠花，泥污燕支（脂）雪。

暗中偷负去，夜半真有力。

何殊病少年，病起头已白。

阴雨连绵的春季却像秋季一样萧瑟荒凉。卧病的诗人在异乡所见的海棠红如胭脂、白如雪的花瓣，一一坠落污泥。

不少人据此对苏轼黄州流放生涯定下的基调是：惋惜、凋谢、悲情、苦难，是满目疮痍、狼狈惊慌，甚至是肮脏堕落，充满了荒谬之感，是苏轼生命低潮的谷底。台湾作家蒋勋对《黄州寒食诗帖》的解读便依此展开：

> 苏轼笔触颓丧荒苦，"萧瑟"二字是心境的沉重沮丧；到了"卧闻"二字，线条里有多少流放者的自我放弃、自我嘲弄，生命到了这样境遇，似乎只有苍凉的苦笑了。"卧""闻"两个字像松掉的琴弦，是喑哑荒腔走板的声音。苏轼书风以真实之"丑"，逼走了矫情故作姿态的俗媚之"美"。经过大难的诗人，生死一念；经过最难堪的侮辱陷害，还会固执于华丽矫情之"美"吗？苏轼是善于调侃嘲弄自己的，人人都在炫耀自己书法俊美的时候，苏轼忽然说自己的书法是"石压蛤蟆体"，是被石头压死的癞蛤蟆的风格。反正"卧""闻"二字正是"石压蛤蟆"，扁平、难堪、破烂，然而那难堪、破烂，或许正是诗人亲身经验到的人生，正是诗人要讲述的人生。就像眼前的海棠花，红如胭脂，白如雪，是苏轼的少年得意，如今却与泥污在一起，不正是"美"坠落在难堪肮脏中的荒谬之感吗？

……………

诗稿第一首,是在荒苦的苍凉孤独里品尝自己的流放岁月。

"春江欲入户,雨势来不已。小屋如渔舟,濛濛水云里。"

到了第二首,文体仍然平铺直叙,纯粹纪实,但是书法开始奔放,笔墨酣厚,如倾盆大雨,如汹涌波涛,水就要涌进屋里来了。苏轼的笔势倾侧跌宕,颠覆正规法度。"欲""入"两字都如散仙醉僧,步履踉跄,似斜而正,欲倒又起。

……………

"空庖煮寒菜,破灶烧湿苇。那知是寒食,但见乌衔纸。"

流放岁月,没想到是寒食节,却看到清明过后,乌鸦衔着坟间烧剩的纸灰飞过。这是寒食"诗"最动人的句子,也是寒食"帖"书法惊人的高潮。对比"破灶"与"衔纸",笔锋变化极大。"破灶"用到毛笔笔根,字型压扁变形,拙朴厚重,如交响乐中的低音大鼓,沉重、喑哑、顿涩,有一种破败的荒凉;而"衔纸"二字,全用笔锋,尖锐犀利,如锥画沙,如刀刃切割,有苏书中不常见的愤怒凄厉,透露了流放诗人豁达下隐忍的委屈。"纸"的写法特别,"氏"下加"巾","巾"的最后一笔拉长,如长剑划破虚空,尖锐笔锋直指下面一个小小的、萎缩的"君"字。

……………

"君门深九重,坟墓在万里。也拟哭途穷,死灰吹不起。"

最后结尾,想到不能接近君王,尽忠无门;祖坟远在四川,尽孝也不可能。流放江边的诗人,仿佛在生命中途,茫然四顾,不知何去何从。也想学古代阮籍,走到路的穷绝之处,大哭几声,却发现自己心如死灰,连哭笑爱恨也都多余了。

毋庸置疑蒋文的欣赏性，也不是要争论如何解读东坡的黄州岁月。只想说明的是，一幅书法作品的欣赏，大概不能以一段长达数年的生活基调来定它的底色。书法毕竟是瞬间真性情的流露和宣泄。何况，林语堂关于苏东坡性格特征强调的是，一个悲天悯人的道德家和一个秉性难改的乐天派。如果把书法中每个字的笔画长短、粗细、浓淡、缓急、疏密，都要解读为书家精心的设计和安排，说得终归过了头。尤其是关于"纸"字的那句，"如长剑划破虚空，尖锐笔锋直指下面一个小小的、萎缩的'君'字"，让人浮想联翩，并将苏诗导向"政治檄文"，似乎更有一种荒谬感，或许这正是蒋文略显浅薄的"现代性"。必须承认，流放的日子终归是黯然失色的。然而对于超脱如东坡者，黄州的日子既非蒋文所说的那样悲怆，也非林氏描述的那样轻松。五味杂陈，苦中作乐，才是苏轼黄州生活的面貌与精神的真相。

《黄州寒食诗帖》中有一个"诗眼"，即诗人反复咏叹的海棠花。弄清楚苏子之"海棠情结"，对理解《黄州寒食诗帖》颇为重要。海棠花本是诗人故乡四川特有的花卉，诗人有一天在定慧禅院东坡上突然发现一株海棠，正如同他乡遇故人！它如何来到了数千里之外的黄州？它幽独盛开，就像自己一样，空有神仙之姿，奈何人多不惜。

很多时候，能够瞬间打动铁汉柔情的就是家乡那一小朵不起眼的小花，或者乡间那久违了的一声鸟鸣。苏东坡这样心思敏锐的诗人更不用说了。读诗吧：

江城地瘴蕃草木，只有名花苦幽独。
嫣然一笑竹篱间，桃李漫山总粗俗。
也知造物有深意，故遣佳人在空谷。
自然富贵出天姿，不待金盘荐华屋。

朱唇得酒晕生脸，翠袖卷纱红映肉。
林深雾暗晓光迟，日暖风轻春睡足。
雨中有泪亦凄怆，月下无人更清淑。
……

（《寓居定惠院之东，杂花满山，有海棠一株，土人不知贵也》，《苏轼诗集》卷二十）

苏轼对素有"花中神仙"美称的海棠钟情已久，早在故乡时，每逢花开时节，他会日赏夜赏，喜不自禁。其《海棠》曰：

东风袅袅泛崇光，香雾空蒙月转廊。
只恐夜深花睡去，故烧高烛照红妆。

轻雾空蒙，烛影摇红，诗人那寂寞而模糊的背影随花枝颤动、摇摆……现在，我们总算明白，《黄州寒食诗帖》中诗人那文心纠结、情感震颤的溅花之泪了。喜耶？悲耶？进耶？退耶？逝者如斯，生命如斯。对于"进亦忧，退亦忧"的范仲淹来说，他的理想只能寄望于"后天下之乐而乐"的天下同乐。而苏轼的智慧与审美，超然与洒脱，却有一种化腐朽为神奇的魔力，他笃信奉行的是"若无闲事挂心头，便是人间好时节"。

人心可以超然于祸福，时间则有一双无我之眼，注视着世事的浮沉。现珍藏于台北故宫博物院的《黄州寒食诗帖》，其命运一波三折，历经无数浩劫而完好无损，只能用奇迹才能解释其中的玄机。

东坡这件墨宝曾长期庋藏于皇家禁苑，至1860年英法联军攻入北京，火烧圆明园时，《黄州寒食诗帖》就在园中。洋人的眼睛大概

《黄州寒食诗帖》卷首火烧痕迹,"雪堂余韵"四字为乾隆书。

只识珠宝珍玩而不识真宝，使得该帖流落民间，后为广东人冯展云所藏。冯展云任陕西巡抚期间，《黄州寒食诗帖》存于京师质库，有一次质库突发大火，很多书画都付之一炬，此诗帖又一次神奇地被救出，免于焚毁。后来便一再辗转民间递藏，虽几经易主，但完好无损。1922年民间收藏家颜韵伯将之卖于日本人菊池惺堂。如果说以前诗帖只是在国门内流浪，而这一次是背井离乡、归途渺茫。1923年关东大地震引发火灾，菊池家族也难逃厄运，幸得菊池冒死从大火中抢出诗帖，才使《黄州寒食诗帖》又历惊魂一场而幸免于难。1949年王世杰多方打探，听闻《黄州寒食诗帖》下落后便不惜重金从日本购回。如此遭际，真乃运气无敌。如此"东坡后传"故事令人不胜唏嘘！

苏轼说过："故诗至于杜子美，文至于韩退之，书至于颜鲁公，画至于吴道子，而古今之变，天下之能事毕矣。"苏轼没有提到自己。他当然不能说自己，是有什么顾忌，抑或仅仅是自谦，没有标准答案。在东坡先生莞尔一笑留下的空白里，我们至少可洞见他那发自心底、尚古尊贤的敬畏之心。这才是人品学问、道德文章之根基，这才是一泓生机勃勃的精神清泉。

四、问客问水问月

"文武昆乱不挡"原来是梨园中一句行话,用来形容在舞台上什么活都能拿下来的那些跨行当大演员。可如果将舞台延展到生活全领域,政、经、史、科、医、文、兵、儒、释、道、诗、词、书、画等的全才通才,则古今中外,杰出人才中能配得起这六个字的可能寥寥无几。连西方无所不能的达·芬奇也要打个问号,因为达·芬奇有重艺轻道的倾向。但苏轼一定可以算一个。苏轼也曾自诩:"吾上可陪玉皇大帝,下可陪卑田院乞儿。"像这样广度的涉猎领域、深度的学术修养和大跨度的生活阅历,大概无人能及。可是在一般人的认知中,苏轼的身份标签首先还是一位文学家、一位文章顶尖高手和一位开豪放一派词风的词人。那么他的文学成就到底有多高呢?是不是可以睥睨千古,傲视百代呢?

近代王国维《人间词话》中就将苏轼和诗仙李白放在一起做过比较。"以宋词比唐诗,则东坡似太白,欧(阳修)、秦(观)似摩诘

（王维），耆卿（柳永）似乐天，方回（张方回）、叔原（晏几道），则大历十子之流。"王国维的"词话"显然是受了宋代《庚溪诗话》中记录过的这么一次文坛佳话的影响。

一天神宗皇帝临朝闲话时问诸大臣，古今何人才华可以和苏轼匹敌？有人奏答，唐之李白应有一比。神宗马上摇头反对："李白有轼之才，无轼之学。"皇帝显然认为李白无法和苏轼比肩。

中国人喜欢说"文无第一、武无第二"，再说李白、苏轼分属唐宋没有可比性，如何能一决高下，演绎出"关公战秦琼"的荒诞剧呢？看来这个问题永远不会有答案。可是世上偏偏有些不信邪的人，非要将这二人分出个胜负。明朝人的诗话札记中就有人打破时空，将李白、苏轼二人比文的擂台设在了庐山，就是要看看谁的庐山诗更胜一筹。李白先吟："日照香炉生紫烟，遥看瀑布挂前川。飞流直下三千尺，疑似银河落九天。"据说李白是从北山登顶，看见瀑布奇观，脱口而出"飞流直下三千尺"，应该是一个俯视的观照，令人拍案叫绝。而苏轼是竹杖芒鞋从南坡拾级而上，一步一高，移步换景。周遭峰峦叠嶂、雾霭迷蒙，不见人在何方，峰在哪里，于是老老实实把自己的体味写在西林寺壁上："横看成岭侧成峰，远近高低各不同。不识庐山真面目，只缘身在此山中。"单从这两首七言绝句看，哪一首更精彩大概只有诗人自己可以掂出分量。李白、苏轼虽非一时瑜亮，但也可称难分高下的隔代对手。诗史诗论的书中评论家们于是和稀泥，得出一个似是而非的结论：同为文学样式的唐诗宋词，唐人重意，宋人重理。

我也是个不信邪的人。我不仅同意神宗皇帝对李、苏二人全方位比较的结论，仅就他们的庐山诗而言，李白写出的是面前那个浪漫又夸张的、可图画的眼中之山，苏轼写出的是平实而又朦胧，却难以辨识和言说的心目叠映之山。苏轼营造的神秘诗境不仅让人赞叹，更加令人深思，谁更精彩还要说吗？相信伟大狂傲而又谦虚的李白如果晚生三百余年看见东坡的《题西林壁》，一定会重生"黄鹤楼之叹"（李白曾登黄鹤楼见崔颢题诗："昔人已乘黄鹤去，此地空余黄鹤楼。黄鹤一去不复返，白云千载空悠悠。……"叹曰："眼前有景道不得，崔颢题诗在上头。"）

《念奴娇·赤壁怀古》为宋代"豪放词"的第一代表作。《赤壁赋》（包括《后赤壁赋》）则是宋代"文赋"的第一代表作。它们如双星在天，照耀着苏轼在黄州不朽的文学岁月。

相比于《念奴娇·赤壁怀古》一词的系年难以确定，《赤壁赋》和《后赤壁赋》的写作时间都有明确的表述，《赤壁赋》是"壬戌之秋，七月既望"，即宋神宗元丰五年（1082）的七月十六日，《后赤壁赋》是"是岁十月之望"，即同年十月十五日。这时的苏轼已经在黄州过了两年多的贬居生活，经历了痛苦挣扎和从痛苦中解脱的心理过程。那是一颗在泥土拯救下和汗水洗濯中复活的新生的种子，一个伤痕累累但更加坚定的灵魂，和一种探秘人生终极价值的热情与齐生死、齐万物的坦然并行不悖的智慧。这些都在这两篇著名的赋，尤其是《赤壁赋》（《苏轼文集》卷一）里得到完美的表述。

> 壬戌之秋，七月既望，苏子与客泛舟，游于赤壁之下。清风徐来，水波不兴。举酒属客，诵明月之诗，歌窈窕之章。少焉，月出于东山之上，徘徊于斗牛之间。白露横江，水光接天。纵一苇之所如，凌万顷之茫然。浩浩乎如凭虚御风，而不知其所止，飘飘乎如遗世独立，羽化而登仙。
>
> 于是饮酒乐甚，扣舷而歌之。歌曰："桂棹兮兰桨，击空明

兮溯流光。渺渺兮予怀，望美人兮天一方。"客有吹洞箫者，倚歌而和之，其声呜呜然，如怨如慕，如泣如诉。余音袅袅，不绝如缕。舞幽壑之潜蛟，泣孤舟之嫠妇。

苏子愀然，正襟危坐，而问客曰："何为其然也？"

客曰："'月明星稀，乌鹊南飞。'此非曹孟德之诗乎？西望夏口，东望武昌，山川相缪，郁乎苍苍。此非孟德之困于周郎者乎？方其破荆州，下江陵，顺流而东也，舳舻千里，旌旗蔽空，酾酒临江，横槊赋诗，固一世之雄也，而今安在哉？况吾与子渔樵于江渚之上，侣鱼虾而友麋鹿。驾一叶之扁舟，举匏尊以相属。寄蜉蝣于天地，渺沧海之一粟。哀吾生之须臾，羡长江之无穷。挟飞仙以遨游，抱明月而长终。知不可乎骤得，托遗响于悲风。"

苏子曰："客亦知夫水与月乎？逝者如斯，而未尝往也。盈虚者如彼，而卒莫消长也。盖将自其变者而观之，则天地曾不能以一瞬。自其不变者而观之，则物与我皆无尽也，而又何羡乎？且夫天地之间，物各有主。苟非吾之所有，虽一毫而莫取。惟江上之清风，与山间之明月，耳得之而为声，目遇之而成色。取之无禁，用之不竭，是造物者之无尽藏也，而吾与子之所共食。"客喜而笑，洗盏更酌。肴核既尽，杯盘狼藉。相与枕藉乎舟中，不知东方之既白。

与汉赋以来的传统相一致，这篇《赤壁赋》也以主客对话的方式展开。客人善于吹箫者据考证为四川道士杨世昌，他特地去黄州陪伴贬居中的苏轼长达一年。苏轼与杨道士一起夜游赤壁。泛舟、对酒、唱歌、吹箫，然后因为箫声的悲戚引出了对话，对话的结果是转悲为

余懷望美人兮天一方客有
吹洞簫者倚歌而和之其
聲嗚嗚然如怨如慕如
泣如訴餘音嫋嫋不絕如
縷舞幽壑之潛蛟泣孤
舟之嫠婦蘇子愀然正
襟危坐而問客曰何為其
然也客曰月明星稀烏鵲
南飛此非曹孟德之詩乎
西望夏口東望武昌山川
相繆鬱乎蒼蒼此非孟德
之困於周郎者乎方其破
荊州下江陵順流而東也
舳艫千里旌旗蔽空釃
酒臨江橫槊賦詩固一世
之雄也而今安在哉況吾與
子漁樵於江渚之上侶魚

不知是造物者之無盡藏
也而吾與子之所共食客喜
而笑洗盞更酌肴核
既盡杯盤狼籍相與枕
藉乎舟中不知東方之既
白

軾去歲作此賦未嘗
輕出以示人見者蓋一
二人而已
欽之有使至求近文
遂親書以寄焉雖
多難畏事
欽之愛我必深藏之
不出也又有後赤壁
賦筆倦未能寫當
俟後信軾白

赤壁賦

壬戌之秋七月既望蘇子與
客泛舟游於赤壁之下清風
徐来水波不興
誦明月之詩
歌窈窕之章
少焉月出於東山之上徘徊
於斗牛之間白露橫江水
光接天縱一葦之所如凌
萬頃之茫然浩浩乎如馮虛
御風而不知其所止飄飄乎
如遺世獨立羽化而登仙
於是飲酒樂甚扣舷而

歌之歌曰桂棹兮蘭槳擊空明兮泝流光渺渺兮予懷望美人兮天一方客有吹洞簫者倚歌而和之其聲嗚嗚然如怨如慕如泣如訴餘音嫋嫋不絕如縷舞幽壑之潛蛟泣孤舟之嫠婦蘇子愀然正襟危坐而問客曰何為其然也客曰月明星稀烏鵲南飛此非曹孟德之詩乎西望夏口東望武昌山川相繆鬱乎蒼蒼此非孟德之困於周郎者乎方其破荊州下江陵順流而東也舳艫千里旌旗蔽空釃酒臨江橫槊賦詩固一世之雄也而今安在哉況吾與子漁樵於江渚之上侶魚蝦而友麋鹿駕一葉之扁舟舉匏樽以相屬寄蜉蝣於天地渺滄海之一粟哀吾生之須臾羨長江之無窮挾飛仙以遨遊抱明月而長終知不可乎驟得託遺響於悲風蘇子曰客亦知夫水與月乎逝者如斯而未嘗往也盈虛者如彼而卒莫消長也蓋將自其變者而觀之則天地曾不能以一瞬自其不變者而觀之則物與我皆無盡也而又何羨乎且夫天地之間物各有主苟非吾之所有雖一毫而莫取惟江上之清風與山間之明月

喜。所以，除了轻松的风景描写之外，全篇的主题是并不轻松的哲学问答，即如何转悲为喜，解脱痛苦。

人生为什么会有痛苦？我们不必像哲学家那样引经据典来审视自己。简单地说，人生的大多烦恼皆来自患得患失之心。所谓得之喜、但恐其失，又会生出得之也忧。更何况人之欲望越多越大，忧失之心也随之递增，何时才是尽头？所以智者多会思考更为根本的东西：世界的本质、人生的命运。用今天的话说，这叫"终极关怀和拷问"。以"终极关怀和拷问"作为赋的内容，可以说是这篇《赤壁赋》的独到之处，也是它成为第一"文赋"的关键。《赤壁赋》也因此成就了文本意义上的千古绝唱。"十讲"对此有分析，现略做梳理、再延伸探讨，以成解码东坡精神之钥匙。

赋是一种极尽铺陈的文体，因勃兴于汉代，亦称"汉赋"。魏、晋、隋一直沿用。中唐韩愈、柳宗元以来的"古文运动"首先强调"文以载道"的精神。此后这一主张又从古文扩散到其他文体，包括原先文字"腐败奢靡"的赋体受此影响而渐趋"古文"化，故后人称之为"文赋"，这个"文"指的就是古文。至北宋"赋也载道"便因此而来，现在一经东坡手术刀般删割臃肿，原先形式呆板、辞章浮泛、铺陈过度的"文赋"，谈笑间就变成了直指人心的"终极拷问"。

这一思辨的过程体现在客人和苏轼的对话里。先看客人的话，"月明星稀，乌鹊南飞"，说明他首先把眼前的这个赤壁看作三国时曹操和周瑜对垒的古战场，然后想起了大战之前，曹操降服了荆州刘琮，攻占江陵，沿着长江向东直下，进军赤壁的盛大气势，谓之"一世之雄"。但是，像那样不可一世的"一世之雄"都已烟消云散，更何况我们这些普通的游人呢？蜉蝣是一种昆虫，夏秋之交生于水边，据说早生晚死，古人诗文中经常用来比喻人生短暂。人类当然比蜉蝣要活得长些，但相对于天地之永恒，则跟蜉蝣并无多少差别，至多也是如五十步笑百步，犹如一粟之微小相对于沧海之巨大。接下来客人说：与人生的短暂相比，这长江却无穷无尽，一直可以让飞仙在其上空游玩，怀抱着明月而长存；我们什么时候才能修炼到长生呢？不能长生就未免悲哀——这样的说法似乎正合乎道家的口吻，不过整体上意思是感叹历史上的盛举转眼即成陈迹，想到人生不能永恒，所以悲从中来。

真正阐述超越之见的是苏轼的回答。他从哲理上去讨论人生和世界存在的时间短长，将存在的时间形式概括为一个"变"，从这个"变"的概念出发进行讨论。由于人生短暂被视为"变"的体现之一，故我们若能改变对于"变"的看法，就能重塑人生观。诗人不是哲人，苏轼并未一开口就说得抽象，而是先以对方已经提到的江水、明月为喻，从两个比喻说起。

关于"月"的比喻，"盈虚者如彼，而卒莫消长也"，这是东坡的认知，当然没包括现代天文学的观察概念，但也不妨碍现代人对古人月之意象的理解。因为"人们看到的月亮总有或满或缺的变化，而月球本身不曾变"，这似乎是个常识。不过这个常识里包含了一个解读此句时不该有的现代人的"月球"概念，去掉月球这个客观实体的念头才是正确理解此句的关键。人们每天看到的"月"都不相同，时而圆、时而缺，仿佛有很多的"月"，但是这么多不同的"月"都被我们称之为"月"。我们应把"盈虚者"解读为每天看到的具体之"月"，而把"卒莫消长"者解读为概括的总名之"月"，在时间的长河里，前者只存在一瞬，后者千古长存。

哲学问题讲起来总是很复杂。简而言之，就是怎么看待人与自然

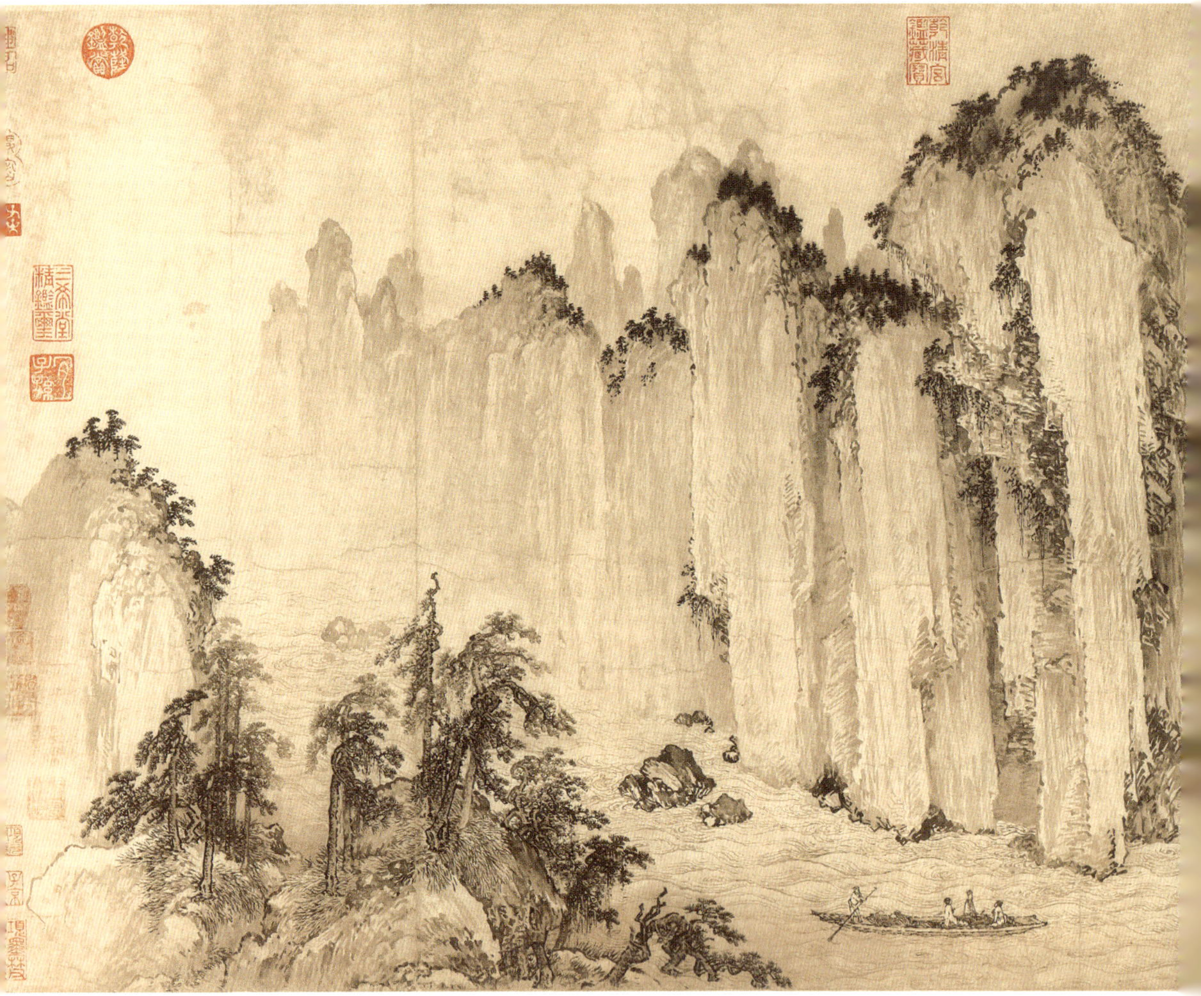

《赤壁图》金 武元直

的变与不变、瞬间与永恒。苏轼的答案是，变与不变是方法论者视角的不同，而瞬间与永恒是主体者的结论，"则物与我皆无尽也"。儒生本色的东坡进一步阐释了对孔子那句"逝者如斯夫"的观照理解。

针对客人的"羡长江之无穷"，苏轼答以"而又何羡乎"。难道这是指出羡慕本身是一种占有欲的表现，并指出一个人是不该占有不属于自己的东西的吗？表面上讲，这和某些流行说法，"生命只是一个偶然"大同小异。所谓，"生不带来、死不带去"的财富观，"来不可却、去不可止"的悲剧观。然而苏轼更强调对生命真谛的追索，从放弃贪恋、热爱生活开始。"山间明月，江上清风""取之无禁，用之不竭"，是无限的，但也是平凡的，人人得而见之，人人得而享之。故追求永恒莫忘追求幸福和快乐，一种不以物欲占有为前提的生活，一种平凡而自由而高贵的生活。拥有和欣赏无限的自然美是一种理想。只是迈向理想的第一步要明白，拥有是有限的，欣赏是无限的。

黄州赤壁原名赤鼻矶，因有赭石色石崖伸向江边，形如悬鼻而得名。因"鼻"谐音"壁"，又因"赤壁之战"如此有名，人们就把"赤鼻"叫成了"赤壁"。当然长江上游蒲圻赤壁才是当年"三国周郎赤壁"的那个古战场。后世有好事者因此嘲笑苏东坡不分东西南北，犯了地理常识上的错误。其实他们哪能参透苏学士心目中的玄机："赤壁何须问出处，东坡本是借山川。"清代诗人朱日浚倒是一语道破天机。再后来，因为人们热爱苏东坡，也就宁愿相信他的"杜撰"也是对的，相信了元丰五年（1082）七月十六日，夕阳西下，东坡和友人泛舟赤壁，饮酒乐甚之地便是当年的古战场。文字的力量太伟大，有时可以胜于武功中的"乾坤大挪移"，苏轼硬生生将赤壁沿江下移三百里。岂非神人乎？

五、幸福就是守住底线

黄州这么一个不大起眼的江边小城，甚至是湫隘的小镇，但那些千年不变的村花野树、山月江风、田塍归牧、古寺梵钟，这一次何尝不是在岁月如流的被动等待中迎来了一位亲人和知音。对于苏轼，表面上是他被流放、被驱赶，于人的宿命而言，何尝不是他跨越契阔生死、万水千山，在主动寻找一个能够释放全部能量的试验场呢？

苏轼与黄州的相遇，如果仅仅从人与自然的关系角度来解读还远远不够，因为苏轼与黄州相遇的文化意义无论怎么强调也不为过分。这里修复了一个人的惊魂破碎，让他找到了温暖和幸福。这里有无限的闲暇，成熟的庄稼，美好的风景，这些被华贵的、高高在上的庙堂所忽略的珍珠，如今都聚拢在流亡者身边，让一颗敏感的诗心更敏感、更欣悦。只是这幸福是属于苏轼一个人的秘密。

人们看到的是他"竹杖芒鞋轻胜马"的悠然漫步，是月夜泛舟的扣舷吹唱，是山寺松阴的与僧闲坐，是丰稔村头的闲话桑麻，是沉溺瑜伽和炼丹术的长生之求，是与远方友人的诗歌唱和，是重注《论语》再解《易》的沉思如舞，是火山爆发式的文学创作……

我们看不到的或者说被忽略的，正是苏轼在对生命意义终极拷问后的新收获，这便是完成了"深幸有一，不望有二"的自我塑造。用林语堂的概括来说：

> 苏东坡是个秉性难改的乐天派，是悲天悯人的道德家，是黎民百姓的好朋友，是散文作家，是新派的画家，是伟大的书法家，是酿酒的实验者，是工程师，是假道学的反对派，是瑜伽术的修炼者，是佛教徒，是士大夫，是皇帝的秘书，是饮酒成癖者，是心肠慈悲的法官，是政治上的坚持己见者，是月下的漫步者，是诗人，是生性诙谐爱开玩笑的人。可是这些也许还不足以勾绘出苏东坡的全貌。我若说一提到苏东坡，在中国总会引起人亲切敬佩的微笑，也许这话最能概括苏东坡的一切了。苏东坡的人品，具有一个多才多艺的天才的深厚、广博、诙谐，有高度的智力，有天真烂漫的赤子之心——正如耶稣所说，具有蛇的智慧，兼有鸽子的温柔敦厚，在苏东坡这些方面，其他诗人是不能望其项背的。这些品质之荟萃于一身，是天地间的凤毛麟角，不可多见的。而苏东坡正是此等人！他保持天真淳朴，终身不渝。政治上的钩心斗角与利害谋算，与他的人品是格格不入的；他的诗词文章，或一时即兴之作，或是有所不满时有感而发，都是自然流露，顺乎天性，刚猛激烈，正如他所说的"春鸟秋虫之声"；也未尝不可比作他的诗句："猿吟鹤唳本无意，不知下有行人行。"他一直卷在政治旋涡之中，但是他却光风霁月，高高超越于狗苟蝇营的政治勾当之上。他不忮不求，随时随地吟诗作

赋，批评臧否，纯然表达心之所感，至于会招致何等后果，与自己有何利害，则一概置之度外了。因是之故，一直到今天，读者仍以阅读他的作品为乐，因为像他这一等人，总是关心世事，始终允言直论，不稍隐讳的。他的作品之中，流露出他的本性，亦庄亦谐，生动而有力，虽需视情况之所宜而异其趣，然而莫不真笃而诚恳，完全发乎内心。他之写作，除去自得其乐外，别无理由，而今日吾人读其诗文，别无理由，只因为他写得那么美，那么遒健朴茂，那么字字自真纯的心肺间流出。

由平凡而优秀，由优秀而杰出，由杰出而伟大，由伟大而唯一地一步步转化，这不是神迹，而是在出世与入世的"叩两端而执中"的精准定位，是在烟云供养中的虚幻和实实在在的烟火气熏沐的真实之间的平衡，是由"仕"而"士"蜕变中忘我而不失我的人之终极使命的发现与担当。"仕"是一个人政治身份之标识，而"士"才是中国知识分子的底色。这底色可以浸润读书人的灵魂，不论古今中外，贵族精神和平民思想的合二为一，便是现代语境对它的最佳解读。

早在密州任上的时候，苏轼就曾亲见穷困使得有一些人家忍痛弃婴，作为地方父母官，他当即倾力营救。如今他已是一个无权无钱，自身尚有衣食之忧，比庶民还惨的贬官。当他听闻黄州一带有溺婴惨剧，依然慈悲不改，马上上书鄂州的太守朱康叔求救：

……佛言杀生之罪，以杀胎卵为最重。六畜犹尔，而况于人。俗谓小儿病为无辜，此真可谓无辜矣。悼耄杀人犹不死，况无罪而杀之乎？公能生之于万死中，其阴德十倍于雪活壮夫也……

轼向在密州，遇饥年，民多弃子，因盘量劝诱米，得出剩数百石别储之,专以收养弃儿,月给六斗。比期年,养者与儿,皆有父母之爱,遂不失所,所活亦数千人。此等事,在公如反手耳。恃深契,故不自外。不罪！不罪！此外,惟为民自重。不宣。轼再顿首。

后因朱太守调任,政府救助落空,他便发动民间成立救儿会,请心肠慈悲的乡贤担任会长。一边向富人募捐,一边自己捐助,每年十缗。还组织人为贫困孕妇捐赠财物,以解燃眉之急。这已经不是一般意义上的"丫鬟仍操公主心"的为他人着想,而是最上乘最本真的佛教教义——慈悲为怀,不忍心。做到这一切是需要大道德、大智慧的。

无数人热爱东坡,仰慕东坡,以东坡为人生路标,然没有人会奢望自己成为东坡。因为东坡不可遇、不可求、不可学。他是一个神话般的存在,但他终究是人不是神。是人,就不会飘在天空而会脚踩大地,就会有底线。这份精神遗产就是我们在任何时候、任何情景下都应该守住的底线,如我心怀感恩写下的《底线百字诀》：

《底线百字诀》

仰不愧天，俯不怍地；
事不避难，义不逃责；
学不废思，传不未习；
安不择乡，险不乱心；
求不失尊，舍不存相；
成不居功，败不畏罪；
乐不忘形，悲不错仪；
食不厌精，饮不嫌浊；
歌不违心，舞不折节；
进不贪快，退不忘矩；
衣不求新，友不羡富；
耕不违时，藏不悖雅；
人不非仁。

壬寅腊月初一传铭拟

六、承天寺的足音

人间风雅,琴棋书画;世上俗事,吃喝拉撒。

对于大雅大俗的东坡来讲,事情当然远不止这几项。当他从冗繁的朝堂,从公务缠身、诗酒流连、书画娱情等有事忙、无事更忙的习惯的节奏中,一下子被贬居黄州,犹如江中之鱼被一个猛浪拍上滩涂,除了扑腾就是等死,再也无事可干。人们常常感慨,心为形役,精神不自由,于是便有了"偷得浮生半日闲"的欣然愉悦。如果真的让你自由、清闲,让你无事能做又无事可做时,你会变得心慌、变得烦躁,你会明白原先的那一点点不适与劳累都不过是一种幸福的烦恼。初到黄州的苏轼更是无友可谈、无书可读、无事可做,连别人请他为燕子楼写记文这样称心快意的拿手事也拒绝了,因为他害怕但凡一言一文又会被"笺注"成致祸之"罪证"。

百无聊赖的日子如何打发?睡觉、洗澡、烫脚、闲逛、钓鱼、采药、烧菜,当然还有喝酒,哪怕是买一碗淡而无味的陈酿来润润喉。

然而，孤立的生活，如果一直沉浸在反省自责中，也只能增加自疚的痛苦。他想用参禅、打坐、瑜伽来"收召魂魄"，那也只是"迷而不信"的权宜之计。

鲁迅就说过，"无聊才读书"，那是因为生于乱世而无话可说；东坡是"无聊就写诗"，却是因为千疮百孔而诗心不死。这时候写的诗也许少了叙述世事和对话自然的热闹，因是自己与自己心灵对话，从而多了几分安静与超然。

据《苏诗总案》考订，元丰三年（1080）中秋之夜，东坡对月独酌。节序标刻出岁月流逝的生命压力使他格外感伤，作《西江月》（《苏诗〈海外集〉笺注》）：

> 世事一场大梦，人生几度秋凉。
> 夜来风叶已鸣廊，看取眉头鬓上。
> 酒贱常愁客少，月明多被云妨。
> 中秋谁与共孤光，把酒凄凉北望。

这首词前半阕叙时光飞逝，世事如梦。后半阕哀身世飘零，如云遮月。有注家认为这是怀子由之作，可很快又有注家质疑，苏辙此时已贬江西，何来结尾时的"凄凉北望"呢？于是便推论出此际苏轼政治理想仍未幻灭，寄希望于北方的汴京朝堂。诗无达诂，这当然不能说不对，因儒生早已身许家国，九死难忘。就这首《西江月》而言，怀子由的理由更充分、更真切，只是在品读时要绕一点弯路。

五年前中秋，密州任上的苏轼就因想念七年未见的弟弟苏辙，围绕着月亮，托物抒怀，把人世间的悲欢离合之情纳入旷达超脱的人生追寻与美好祝福。

丙辰中秋，欢饮达旦，大醉。作此篇，兼怀子由。

明月几时有？把酒问青天。不知天上宫阙，今夕是何年。我欲乘风归去，又恐琼楼玉宇，高处不胜寒。起舞弄清影，何似在人间。

转朱阁，低绮户，照无眠。不应有恨，何事长向别时圆？人有悲欢离合，月有阴晴圆缺，此事古难全。但愿人长久，千里共婵娟。

从《水调歌头》到《西江月》对月的反复咀嚼，也值得后世一读再读，体味到东坡在如水月光中读出的人生百味。

时间是治愈一切苦痛的良药，对于能够将毒药当补药吃下去的东坡而言，在空虚无助孤独的折磨之后，他不仅仅只收获遗忘与平静，而是将"若无闲事挂心头"的时光转换成精神深耕的大好契机。

从一开始的无书可读、无文可写，慢慢到"专读佛书"，再到读史注经，东坡在变与不变的生活中安步当车，踽踽前行。

苏轼一时"专读佛书"，这不是为了出世遁入空门，更多的是为了纾解心理上的压力。佛书不能满足一个淑世精神未死的人，所以他后来则以读史为多。读史不免会自然印证眼前的现实，就不免"有感"。他又悄悄写下了篇短俊的史论。

王安石有《商鞅》诗：

自古驱民在信诚，一言为重百金轻。
今人未可非商鞅，商鞅能令政必行。

而苏轼却持绝对相反的看法，遂有《商君功罪》(《苏轼文集》卷六十五）之作：

  商君之法，使民务本力农，勇于公战，怯于私斗，食足兵强，以成帝业。然其民见刑而不见德，知利而不知义，卒以此亡。故帝秦者商君也，亡秦者亦商君也。其生有南面之福，既足以报其帝秦之功矣；而死有车裂之祸，盖仅足以偿其亡秦之罚。理势自然，无足怪者。后之君子，有商君之罪，而无商君之功，享商君之福，而未受其祸者，吾为之惧矣。

这篇犀利的短文，是儒学者的苏轼对"法家"治术所投出的利刃。只将《商君功罪》看成是先秦儒法争锋的理论延续是不够的，将之视为对王安石等新法的抨击也难免有局限，将之视为政治上的苏轼一味守旧反对改革更是大错特错。苏轼的匕首是投向那些"有商君之罪，而无商君之功，享商君之福，而未受其祸者"的伪君子，以及那些假"法制"之名而枉法弄权专制暴君。这篇史论，让我们看到了那个"猛志固常在"的苏轼依然生猛。

宋人有解说《论语》的风气，见于《文献通考》的书目，即有三十余种之多。王安石也作过《论语解》，苏轼似乎读过，但一向不大服王安石的释义。此时取来苏辙少时疏解《论语》的一些摘记稿，加以取舍发挥，写成《论语说》。自述为五卷（《上文潞公书》），但《宋志》作四卷，《文献通考》作十卷，书已失传，不知孰是。《文献通考》将它与苏辙所著《颍滨论语拾遗》并列。颍滨书自序，记述他后作《拾遗》的始末缘由，有言：

  予少为《论语解》，子瞻谪居黄州，为《论语说》，尽取以往，今见于书十二三也。大观丁亥（大观元年，1107），闲居颍川，为孙籀、简、筠讲《论语》，子瞻之说，意有所未安，时为籀等言，凡二十七章，谓之《论语拾遗》，恨不得质之子瞻也。

《论语说》的散佚当然不仅仅是苏轼、苏辙兄弟的遗憾，也是后世东坡粉丝的遗憾，只能寄希望有人能拾遗补阙有新的发现，让我们读到全本原汁原味的《论语说》。

东坡一生著述丰硕，《苏东坡全集》（北京燕山出版社）就收录有诗集四十六卷、词三百余首以及赋、论、志林、书义、策、序、记、传、墓志铭、行状、碑铭、颂、赞、表状、奏议、制敕、口宣、启、书、尺牍、青词、祝文、祭文、杂著、题跋、杂记等近五百万字。

然而那篇不足百字的《记承天寺夜游》（《苏轼文集》卷七十一）短文却一直是人们关注的亮点，颇受人们喜爱。

> 元丰六年十月十二日夜，解衣欲睡，月色入户，欣然起行。念无与为乐者，遂至承天寺，寻张怀民。怀民亦未寝，相与步于中庭。庭下如积水空明，水中藻荇交横，盖竹柏影也。何夜无月，何处无竹柏，但少闲人如吾两人者耳。

"这篇小品极短，却是瞬息间快乐动人的描述。我们若认识到苏东坡主张在写作上内容决定外在形式的道理，也就是说一个人作品的风格只是他精神的自然流露，我们便可以看出，若打算写出宁静欣悦，必须先有此宁静欣悦的心境。"林语堂显然注意到了"小记"文本写作上内容和形式统一之美，对平常地点、平常时间、平常景物的宁静隽永也深有感悟。但这还不够，承天寺的所有夜游之美，是文中并没提到，是由两个闲人的空庭足音唤醒的美。这才是真正的不着一字，尽得风流！月光洒在坑坑洼洼的庭院里如一汪积水，竹柏落影似藻荇交错；说白了，就是一座破庙，竹枝柏干的影子映在地上。何美之有，何事可记？也许可以用法国人罗丹那句"世上不缺少美，只是缺少发现美的眼睛"（这里要加上还有听懂美的耳朵）来解释这篇文章的魅力。然结尾那句"但少闲人如吾两人者耳"才是关键。李白有《春夜宴从弟桃花园序》：

> 夫天地者，万物之逆旅也；光阴者，百代之过客也。而浮生若梦，为欢几何？古人秉烛夜游，良有以也。况阳春召我以烟景，大块假我以文章。会桃花之芳园，序天伦之乐事。群季俊秀，皆为惠连；吾人咏歌，独惭康乐。幽赏未已，高谈转清。开琼筵以坐花，飞羽觞而醉月。不有佳咏，何伸雅怀。如诗不成，罚依金谷酒数。

李白写的是畅叙天伦，飞觞醉月，诗咏托兴，高歌秉烛，那样轰轰烈烈、可以寓之于耳目的热热闹闹的美景美事；而苏轼所记的承天寺之空明静谧、娴雅荒疏的美，需要用心感应，需要有一种更细腻、更高级的审美经验和丰富的人生阅历才能体味。更重要的是《记承天寺夜游》引申到对静闹、闲忙、冷热、进退、成败的人生价值判断和对自然观照时，了无痕迹地将幸福美感的体验和自信、散道德于教化，将陶渊明之"采菊东篱下，悠然见南山"的文人飘逸之雅，孟浩然之"开轩面场圃，把酒话桑麻"的农家之美的文学传统继承拓展为无处不在、无须依傍的美之发现，并使之成为人们热爱自然、拥抱幸福的生命真谛。

建中靖国元年（1101）七月二十八日常州，东坡在绕床和尚们诵经祈祷声中合上了双眼，但东坡的微笑没有消失。当后世人们在走向

人生帆上蒻光瀲灩妍盡春風
處檞頭日与儘進只知兩露貪不
問寒萱近我著飛昴肘憐見
當塗墳青舯露祖寂漻的
山下村晚發月眈無復破
璨處念此一聀漂氓常終
茞萘碎著夸皇衣荻星斗
俯亨撊

元祐八年七月十日
丹元復傳此二帖

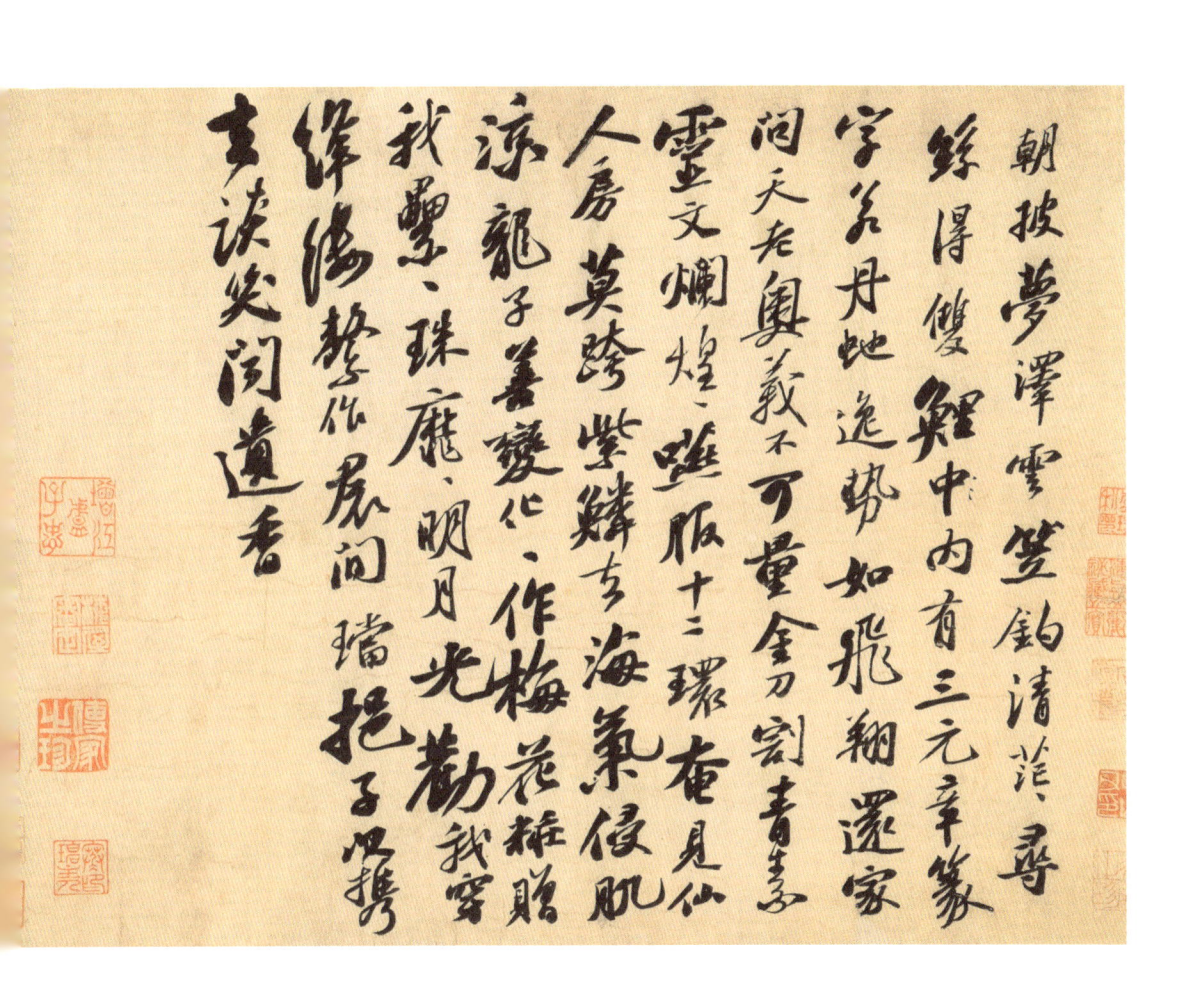

《李白仙诗卷》宋 苏轼 日本大阪市立美术馆

《李白仙诗卷》曾被清朝高士奇收录于他的《江村销夏录》一书。
该书法作品写于元祐八年七月十日,这是中国的农历纪年。若按公历推算应是1093年8月。此时正是爱妻王闰之病逝之际。这便不难理解苏轼为什么会选择书写李白的这两首五言诗。其中"人生烛上花,光灭巧妍尽……惨见当涂坟,青松蔼朝露"哀诗仙,哀爱妻,哀人生。这与他许下将来与爱妻同穴的心愿是一致的。

死亡的最后时刻，感到孤独和恐惧时，只要想到时空尽头有一个老家伙正捻髯微笑站在那里等你，就一定会感受到平静和温暖。那个人就是苏东坡。中国人属意于叶落归根，入土为安。然生于眉州，殁于常州的东坡最后埋骨之地却是汝州的小峨眉山下的郏县。苏辙在为兄长苏轼撰写的墓志铭中记其缘由是依兄所嘱，即东坡临终前的遗信"即死，葬我嵩山下，子为我铭"意思所做的安排。墓志铭中有"秋七月，被病，卒于毗陵。吴越之民相与哭于市，其君子相吊于家，讣闻四方，无贤愚皆咨嗟出涕。太学之士数百人，相率饭僧惠林佛舍。呜呼，斯文坠矣！……"（《亡兄子瞻端明墓志铭》）记其哀荣，今天读来仍不甚唏嘘！至于东坡为什么作此选择，详情又有种种说辞，不赘述。

传铭揣度东坡之意当是：

人在哪里，家就安在那里；

心在哪里，根就埋在那里。

远方传来了三苏墓园广庆寺的隐隐钟声……

尾声

"尾声"这个词是一部作品的结束语,它往往出现在小说等虚构类文学作品的最后,现在更多的还出现于电影、电视剧的结尾。这本书属于非虚构文本,结尾部分应该有更贴切、更常用的名字:跋。

只是最后的最后,我还是决定用"尾声"这两个字,因为最后写的这部分不像"跋",也更非一般结束语。

上一章最后那句话是在本书写到一半的时候就想好了,并且记下来备用。当它出现在第十章结尾的时候,我的潜意识里认为"大传"已经结束了。一旦冒出这个念头,开笔以来一直凝神聚意追踪东坡脚印的那股气一下子就泄了,就如同跑一场漫长的马拉松,明明才刚刚看到终点,却以为自己已经撞线,形神瞬间瘫痪,忘掉一部完整的书还要有一个像模像样的结尾。更糟糕的是,在开笔写作时,虽然未着一字却成竹在胸、信心满满,如今心思已经被掏空,感到仿佛已将关于东坡的重要话题都写完了,又好像"挂一漏万",什么也没写。原先以为这部书结稿时,我应该如释重负、欣然自得,而如今却被不安和惶恐挤迫得欲语难说。怎么办?只好重新收拾精神,惶恐滩头说惶恐,写一点绝非谎言,哪怕纯属多余的话。

从壬寅年中秋到小寒,我用了不到100天写完初稿,速度之快连自己也觉得意外。可仔细想想,我又何尝不是用了将近半个世纪的时间来为写这本书做准备呢?

记得60年前刚上初中开始练习毛笔字的时候,几个字写得像螃蟹爬,明明是自己没本事却挑笔、挑字、挑各种毛病。这时读过两年私塾的父亲教育我:"知书者不挑字,善书者不挑笔。"就这样在耳濡目染中,我知道了用毛笔写字叫书法,也知道了"柳骨颜筋、黄蛇苏肉"[1]和柳公权、颜真卿、苏轼和黄庭坚等古代大书家的名字。有一天父亲问我喜欢谁的字。也许因为那是一个饥饿的年代,我毫不犹豫地说我喜欢"苏肉"。这当然不是指"东坡肉",而是指苏轼的书法。苏轼那肥厚敦实的字形特征和笔性与我契合,于我有一种天然的亲近感。这大概是我能回忆起来与东坡结缘的开始。后来对东坡的绝世才华、精彩人生,了解慢慢多起来。意识里斑斑驳驳的色彩越来越浓,"羡慕嫉妒恨"的纠缠日甚一日,年逾古稀,到了非做一番了结的时候这些就自然孵化成写作"大传"的冲动。

于我而言,东坡现在已不仅仅是那一块记忆中腻软酥香的红烧肉,它变成了一根深藏在心中又横卡在喉管里的"骨头"。既不得轻易示人,又忍不住一吐为快。

我现在终于读懂了《宋史》中对苏轼的千古之赞:"器识之闳伟,议论之卓荦,文章之雄隽,政事之精明,四者皆能以特立之志为之主,而以迈往之气辅之。故意之所向,言足以达其有猷,行足以遂其有为。至于祸患之来,节义足以固其有守,皆志与气所为也。"

我羡慕东坡,他无比真实地生活了66年,又无比神气地长存于人们更真实的热爱与追思中;我羡慕苏辙、文同、黄庭坚、秦少游这

---

[1] "柳骨颜筋、黄蛇苏肉",指四位书法家各自鲜明的书法风格。唐代柳公权书法刚劲有力,故称"柳骨";颜真卿字字筋肉丰满而得"颜筋";北宋苏轼与黄庭坚论书调侃,一说黄庭坚字如树梢挂蛇,一说东坡字似石压蛤蟆,一用笔波折,一用笔肉墩墩的肥厚。

一干兄弟友人，他们可以和东坡对床夜语，诗酒唱和；我甚至羡慕章惇、沈括、吕惠卿、李定这些有严重人格缺陷的小人，因为有东坡这样一位政敌，可以在政坛上联手演出一场惊天动地的对手好戏。

我嫉妒东坡，嫉妒他有慈母严父、兄弟携手，更有张方平、欧阳修、司马光几位伯乐前辈，识青年于草间，护英才于庙堂。我连眉州海棠、西湖朗月、庐山云雾、儋耳桄榔林也嫉妒，因为它们能在东坡笔下超生而美丽永恒。

我还有恨，恨不早生一千年，得以伴随先生登山渡海，一起走过坑坑洼洼的人生之路。

20世纪80年代，我在联邦德国下萨克森州看到一座城雕。

一个四肢健硕的裸体男人正全力飞奔向前方。他没有看到前面正矗立着一块厚实的3米高铜板，一头撞上去，脑浆迸裂被定格为毁灭。雕塑是如此令我震颤，令我终生难忘。一瞥之际便在观者心里埋下了怀疑人生的思想种子，未来的出路呢？难道我们迄今为止的一切努力都是一杯和着鸩毒自酿的苦酒？很遗憾，我没能记住雕塑家的名字……

面对一次又一次频率越来越快、影响越来越大的疫情灾难和环境加速恶化的毁灭性后果，西方一直是希望依赖科技进步来与自然对抗并寻求解决问题的方法。以中国为代表的东方，不仅一时一地的措施有别于西方，同时也是从根本上对近百年来一直为这种"唯科学论"强势逻辑所左右的反思。认识到，全球化进程中包括了全球化危机的孵化。治疗全球性的社会病（包括疫情）也必须是东西方联合的辨证施治才能真正有效。我们坚信，人类命运共同体是人类共同理想的最大普世价值观。

不久前，物理学家杨振宁被问及，为什么现代科学没有出现在东方中国，而是在欧洲首先兴起，他给出的答案是：在文理不分科的古代，古希腊"三圣"之一的亚里士多德的数学逻辑哲学思想，奠定了西方人与自然由分离到对立到抗争到战胜到主宰世界的基本认识论基础。而中国的"天人合一"理念始终把人与自然关系捆绑成一个整体。人对自然的依赖信任敬畏是中国人的国家理念和人文精神的共同体。所以，他把人与自然关系的不同理解视为东西文明的分水岭。到此为止，杨振宁的看法我是认同的。

列夫·托尔斯泰说过："如果你感受到痛苦，那么你还活着；如果你感受到他人的痛苦，那么你才是人。"

苏格拉底说过："人生在世，知道自己需要什么，只不过是一个人的本能；而懂得自己不需要什么，却是一个人的智慧。智慧是唯一的善，无知是唯一的恶。抑恶扬善从认识自我开始。"

王尔德还说过："所谓有趣的灵魂，实际上就是这个人的信息密度和知识层面都远高于你，并愿意俯下身去听你说毫无营养的废话和你交流，提出一些你没有听过的观点，颠覆了你肤浅的想象力及三观。"

写这本书的奢望，就是想将东坡的有趣灵魂和思想根骨中的善良介绍给读者。善良不仅是一个人的心性，更是他的最高智慧，同时也是解码苏轼的钥匙。

壬寅年中秋开笔小寒结稿，全书完。

主要参考书目

一、苏氏文集

（宋）苏轼撰，（明）茅维编，孔凡礼点校：《苏轼文集》，中华书局1986年版。

（宋）苏轼撰，（清）王文诰辑注，孔凡礼点校：《苏轼诗集》，中华书局1982年版。

（宋）苏轼著：《苏东坡全集》，北京燕山出版社2009年版。

（宋）苏轼撰，孔凡礼整理：《东坡志林》，大象出版社2019年版。

（宋）苏轼著，邹同庆、王宗堂校注：《苏轼词编年校注》，中华书局2007年版。

（宋）苏轼著，李之亮笺注：《苏轼文集编年笺注》，巴蜀书社2011年版。

（宋）苏轼著，高智笺注：《苏轼<海外集>笺注》，巴蜀书社2019年版。

（宋）苏轼撰，薛瑞生笺证：《东坡词编年笺证》，三秦出版社1998年版。

（宋）苏轼著，谭新红编著：《苏轼词全集》，崇文书局2015年版。

（宋）苏轼等著，曾枣庄、舒大刚主编：《三苏全书》，中国语文出版社2001年版。

（宋）苏洵著，《苏氏族谱》。

（宋）苏洵著，《族谱后录》。

（宋）苏洵著：《嘉祐集》，商务印书馆1976年版。

（宋）苏洵著，曾枣庄、金成礼笺注：《嘉祐集笺注》，上海古籍出版社1993年版。

（宋）苏辙著，曾枣庄、马德富校点：《栾城集》，上海古籍出版社2009年版。

（宋）苏辙著，俞宗宪点校：《龙川略志·龙川别志》，中华书局1982年版。

（宋）苏过撰：《斜川集》，中华书局1985年版。

（宋）苏籀撰：《栾城遗言》，清刊粤雅堂丛书本。

二、史书类

（宋）司马光编著，（元）胡三省音注，标点资治通鉴小组校点：《资治通鉴》，中华书局1956年版。

（元）脱脱等撰，中华书局编辑部点校：《宋史》，中华书局1985年版。

（宋）李焘撰，上海师范大学古籍整理研究所、华东师范大学古籍整理研究所 点校：《续资治通鉴长编》，中华书局2004年版。

三、相关子集类

唐圭璋编：《全宋词》，中华书局1965年版。

孔凡礼辑：《全宋词补辑》，中华书局1981年版。

（清）严可均辑，苑育新审订：《全宋文》，商务印书馆1999年版。

（晋）虞喜著：《志林》。

（唐）薛用弱著：《旗亭画壁》。

（宋）苏颂著，王同策、管成学、颜中其等点校：《苏魏公文集》，中华书局1988年版。

（宋）沈括撰：《梦溪笔谈》，四部丛刊续编景明本。

（宋）王巩著：《随手杂录》，上海进步书局印行本。

（宋）秦观撰，徐培均笺注：《淮海集笺注》，上海古籍出版社1994年版。

（宋）秦观撰，杨世明笺注：《秦观词笺注》，中华书局2021年版。

（宋）张耒撰：《明道杂志》，中华书局1985年版。

（宋）吕希哲撰：《吕氏杂记》，中华书局1911年版。

（宋）惠洪著：《冷斋夜话》，中华书局1985年版。

（宋）郭若虚著：《图画见闻志》，人民美术出版社1983年版。

（宋）潘淳撰：《潘子真诗话》。

（宋）吴炯著：《五总志》，中华书局1985年版。

（宋）张世南著：《游宦纪闻》，商务印书馆1936年版。

（宋）孙奕撰，侯体健、况正兵点校：《履斋示儿编》，中华书局2014年版。

（宋）彭百川撰：《太平治迹统类》，江苏广陵古籍刻印社1990年版。

（宋）张邦基撰：《墨庄漫录》，中华书局2002年版。

（宋）陆游撰，李剑雄、刘德权点校：《老学庵笔记》，中华书局1979年版。

（宋）王铚撰，朱杰人点校：《默记》，中华书局1981年版。

（宋）贾似道撰：《悦生随抄》。

（宋）刘壮舆撰：《漫浪野录》。

（元）郝经撰，秦雪清点校，张儒审校：《郝文忠公陵川文集》，山西人民出版社，山西古籍出版社2006年版。

（宋）吴曾撰，刘宇整理：《能改斋漫录》，大象出版社2019年版。

（宋）李之仪撰：《姑溪居士全集》，商务印书馆1936年版。

（宋）赵令畤撰，孔凡礼点校：《侯鲭录》，中华书局2002年版。

（宋）洪迈撰，孔凡礼点校：《容斋随笔》，中华书局2005年版。

（宋）孟元老撰，伊永文整理：《东京梦华录》，大象出版社2019年版。

（宋）吴自牧撰，黄纯艳整理：《梦粱录》，大象出版社2019年版。

（宋）王偁撰：《东都事略》，江苏广陵古籍刻印社1990年版。

（宋）杨万里撰：《诚斋诗话》，《文渊阁四库全书》之一，清乾隆刊本。

（宋）邵伯温著：《河南邵氏闻见前录》，中华书局1985年版。

（宋）邵博撰，刘德权、李剑雄点校：《邵氏闻见后录》，中华书局1983年版。

（宋）何薳撰，张明华点校：《春渚纪闻》，中华书局1983年版。

（宋）陈长方撰，许沛藻整理：《步里客谈》，大象出版社2019年版。

（宋）曾敏行著，朱杰人标校：《独醒杂志》，上海古籍出版社1986年版。

（宋）朋九万撰：《东坡乌台诗案》，中华书局1985年版。

（宋）吕祖谦著，任远点校：《皇朝文鉴》，浙江古籍出版社2017年版。

（明）杨慎撰，王大淳笺证：《丹铅总录笺证》，浙江古籍出版社2013年版。

（宋）叶梦得撰：《避暑录话》，上海博古斋影印本。

（宋）费衮撰，金圆整理：《梁溪漫志》，大象出版社2019年版。

（宋）黎靖德编，黄珅、曹姗姗注评：《朱子语类》，凤凰出版社2013年版。

（宋）黄昇选编，杨万里点校集评：《花庵词选》，上海古籍出版社2019年版。

（宋）郎晔选注，庞石帚校订：《经进东坡文集事略》，文学古籍刊行社1957年版。

（明）娄坚撰：《学古续言》，《四库全书》本。

（清）孙承泽撰，白云波、古玉清点校：《庚子消夏记》，浙江人民美术出版社

2012年版。

（清）查慎行著，范道济点校：《苏轼补注》，中华书局2017年版。

（清）方薰撰：《山静居画论》，人民美术出版社1959年版。

（宋）朱弁撰，张剑光整理：《曲洧旧闻》，大象出版社2019年版。

（清）王文诰撰：《苏文忠公诗编注集成总案》，巴蜀书社1985年版。

（清）王太璞撰：《血泪篇》，安徽科学技术出版社1987年版。

丁传靖辑：《宋人轶事汇编》，中华书局2003年版。

四、今人著录

孔凡礼撰：《苏轼年谱》，中华书局1998年版。

孔凡礼撰：《苏辙年谱》，学苑出版社2001年版。

曾枣庄著：《苏辙年谱》，巴蜀书社2018年版。

龚延明著：《宋史职官志补正》，中华书局2009年版。

梁启超著：《王安石传》，商务印书馆2015年版。

王国维著：《人间词话》，人民文学出版社2018年版。

钱穆著：《中国历代政治得失》，生活·读书·新知三联书店2018年版。

海南省儋州市地方志编纂编委会编：《儋县志》，新华出版社1996年版。

禹州市地方史志编纂委员会编：《禹县志》，中州古籍出版社2013年版。

林语堂著，宋碧云译：《苏东坡传》，人民文学出版社1999年版。

林语堂著，张振玉译：《苏东坡传》，湖南文艺出版社2016年版。

李一冰著：《苏东坡新传》，四川人民出版社2020年版。

刘墨著：《苏东坡的朋友圈》，人民美术出版社2021年版。

朱刚著：《苏轼十讲》，上海三联书店2019年版。

孙涛著：《东坡拾瓦砾：苏东坡这个人》，天津教育出版社2008年版。

孔见著：《海南岛传》，新星出版社2020年版。

陶晋生著：《宋辽金元史新论》，中国史学社本。

赵冬梅著：《大宋之变，1063—1068》，广西师范大学出版社2020年版。

邓小南等著：《宋：风雅美学的十个侧面》，生活·读书·新知三联书店2021年版。

蒋勋著，《汉字书法之美》，广西师范大学出版社2009年版。

[英] 李约瑟著：《中国科学技术史》，科学出版社1975年版。

[美]梅维恒编，马小悟、张治、刘文楠译:《哥伦比亚中国文学史》，新星出版社 2021 年版。

季羡林主编:《敦煌学大辞典》，上海辞书出版社 1998 年版。

刘传铭译解:《论语注我》，东方出版社 2015 年版。

刘传铭著:《草间即庙堂》，上海辞书出版社 2018 年版。

刘传铭著:《放思之美》，东方出版社 2014 年版。

刘传铭著:《一眼识大唐》，新星出版社 2019 年版。

刘传铭主编:《中国经典三百丛书》，文物出版社 2013 年版。

大事记[1]

宋仁宗赵祯（1010—1063）

景祐（1034—1038）

三年，1037年1月8日，苏轼生。

宝元（1038—1040）

二年，1039年3月18日，苏辙生。

庆历（1041—1048）

二年，1042年，王安石中进士。

三年，1043年，从学张易简。同年，范仲淹、韩琦、富弼等人主持"庆历新政"。

四年，1044年，宋夏订立"庆历和议"。

五年，1045年，"庆历新政"失败。

七年，1047年，祖父苏序卒。

皇祐（1049—1054）

元年，1049年，李公麟、秦观生。

四年，1052年，三姊卒，苏程两亲家结怨。

五年，1053年，晁补之、陈师道生。欧阳修《新五代史》成书。

至和（1054—1056）

元年，1054年，迎娶王弗。同年，蜀中散布"甲午再乱"谣言，张方平知益州。张耒生。

二年，1055年，苏辙娶史氏。

---

[1] 苏轼研究版本众多，本书大事记取其一说。

嘉祐（1056—1063）

元年，1056年，三苏父子赴京应试。

二年，1057年，进士及第。同榜进士者有苏辙、章衡、曾巩、曾布、林希、朱光庭、蒋之奇、郑雍、章惇、叶温叟、林旦、邵迎、刁璹、苏舜举、程筠、萧世京、家定国、吴子上、陈侗、王琦、莫君陈、蔡元导、蔡承禧、黄好谦、单锡、李惇、丁骘、吕惠卿、郏亶、程颢等。母丧，回眉山服丧。

三年，1058年，苏洵谢辞诏书。王素知成都，令子王巩从学苏轼。王安石《上仁宗皇帝言事书》。

四年，1059年，守满母丧后举家迁往京都。三苏赴京舟中成诗百首《南行集》，苏轼作叙言。长子苏迈生。李廌生。

五年，1060年，抵东京汴梁，授任河南府福昌县主簿，不赴。苏洵会苏颂叙宗盟。宋祁、欧阳修、范镇等合撰完成《新唐书》。

六年，1061年，参加"御试对策"制科考试，登"贤良方正能直言极谏科"第三等，苏辙第四等，改授官职。授苏轼大理评事、签书凤翔府判官，赴任。授苏辙试秘书省校书郎，充商州军事推官，不赴。

七年，1062年，凤翔求雨并作《喜雨亭记》。伯父苏涣卒。

八年，1063年，苏洵作《辩奸论》。周敦颐作《爱莲说》。

宋英宗赵曙（1032—1067）

治平（1064—1067）

二年，1065年，凤翔任满，入朝判登闻鼓院，召试秘阁，任直史馆判官。妻王弗卒。苏辙任大名府推官。

三年，1066年，父苏洵丧，扶柩还乡服丧。

宋神宗赵顼（1048—1085）

熙宁（1068—1077）

元年，1068年，守制父丧满。娶王闰之。

二年，1069年，抵京，复职。"熙宁变法"始，王安石任参知政事，设置制三司条例司，颁行新法。苏辙上《制置三司条例司论事状》。

三年，1070年，次子苏迨生。王安石、韩维任同中书门下平章事。张方平罢判应天府贬知陈州。司马光辞枢密副使诏命，出为西京留司御史台。

四年，1071年，王安石颁布改革科举制度法令。苏轼上《议学校贡举状》，受命告院权开封府推官，呈《上神宗皇帝万言书》，出任杭州通判，途经陈州谒张方平，颍州谒欧阳修。司马光归洛阳续编《通鉴》。

五年，1072年，三子苏过生。欧阳修卒，谥号"文忠"。

六年，1073年，杭州六井修毕。沈括赴浙江考察"农田水利法"执行情况。周敦颐卒。

七年，1074年，移任密州知州。郑侠呈神宗"流民图"，王安石罢相，吕惠卿为参知政事推行"手实法"。王朝云纳入苏门。

八年，1075年，王安石二度拜相。《三经新义》颁于学校，以取仕立政。密州超然台成。

九年，1076年，王安石辞相，外调镇南军节度使、同平章事、判江宁府。

十年，1077年，赴山西河中府上任，改以朝奉郎、尚书祠部员外郎、直史馆、知徐州军州事、骑都尉。张载卒。

元丰（1078—1085）

元年，1078年，徐州抗洪，黄楼建成。

二年，1079年，诏调祠部员外郎、直史官知湖州军州事。"乌台诗案"入狱。文同卒。

三年，1080年，贬谪黄州，以检校尚书水部员外郎、充黄州团练副使、本州安置、不得签书公事。神宗开始官制改革。

四年，1081年，躬耕黄州，筑"雪堂"，自号"东坡居士"。

六年，1083年，四子苏遁生。

七年，1084年，诏移汝州团练副使、本州安置、不得签书公事。四子苏遁夭，过金陵与王安石相会。上表乞居常州。

八年，1085年，获准常州居住。司马光完成《通鉴》，神宗赐名《资治通鉴》并作序。神宗崩，"熙宁变法"告终。太皇太后高氏垂帘听政，重用旧臣司马光、吕公著等主政。苏轼复朝奉郎知登州；任礼部郎中，召还朝；迁起居舍人。程颢卒。

宋哲宗赵煦（1077—1100）

元祐（1086—1094）

元年，1086年，"元祐更化"新法尽废。苏轼迁中书舍人；升翰林学士知制诰；任礼部贡举。王安石卒，谥号"文"。司马光卒，谥号"文正"。

二年，1087年，蒙诏兼官侍读参加"经筵"讲席；"试馆职"策问引发"谤讪先朝"争议。游师雄生擒吐蕃酋领青宜结鬼章。

四年，1089年，以龙图阁学士充两浙西路兵马钤辖、知杭州军州事。吕公著卒。

五年，1090年，疏浚西湖，筑苏堤。孙觉、滕元发卒。

六年，1091年，奉诏进京任翰林学士承旨、知制诰、兼侍读。以龙图阁学士知颍州。张方平卒，谥号"文定"。

七年，1092年，以龙图阁学士充淮南东路兵马钤辖知扬州军州事；以兵部尚书兼差充南郊卤簿使；迁端明殿学士兼翰林侍读两学士、礼部尚书。

八年，1093年，妻王闰之卒。太皇太后高氏崩。以端明殿学士兼翰林侍读学士、礼部尚书充河北西路安抚使兼马步军都总管，知定州。章惇拜相。

绍圣（1094—1098）

元年，1094年，以讥刺先朝罪名贬为左承议郎知英州。再贬远宁军节度副使，惠州安置，不得签书公事。

三年，1096年，王朝云丧。

四年，1097年，责授琼州别驾，昌化军安置，不得签书公事。至儋州。

五年，1098年，彻查张中庇护苏轼案。

元符（1098—1100）

三年，1100年，徽宗即位，大赦。调廉州安置；授舒州团练副使，永州安置；复任朝奉郎，提举成都府玉局观，外军州任便居住。秦观卒。

宋徽宗赵佶（1082—1135）

建中靖国（1101）

1101年，卒于常州，谥号"文忠"。苏颂卒，谥号"正简"。

致谢

自壬寅中秋起笔，至癸卯春末改定，这部大传的写作终于画上了句号。200多天中六次对数十万字书稿增删修订不可不谓艰辛备尝。然而在这次追溯东坡逆旅人生的跋涉中，我不仅没有感到不可避免的疲惫、困惑、沮丧……相反却一直被一种亢奋、欣悦和幸福的情绪包围着。其原因除了传主人生故事的精彩、人格魅力的感召外，就是有以下海南出版社的诸位一直在我身边，用慷慨的赞扬、热忱的鼓励和不厌烦难、谨慎严肃的工作支持着我，让这次不可思议的挑战坚持到了终点。

去年夏天，总编辑谭丽琳听闻我的写作计划后当即约稿，帮我按下了启动键。其后又一直跟踪写作进程并不时探讨，成了初稿的第一位读者。

我当然要感谢出版社的当家人、社长王景霞。接触中，她虽然要言不烦，却能抓住重点，在选题申报和出版计划安排中，一直是一位有力的推手。

北京分社的社长彭明哲是我老朋友，十五年前他在东方出版社工作时就和我签订了十年之约。精神上的契合是超越文字约束的，之后我们便一直相携而行，完成了多本书的合作。这次他又不厌其烦，精心组织了文字编辑、版式设计、书籍装帧和发行工作。"大传"的出版，明哲兄功不可没。

我要特别感谢本书的特约编辑杨佳黎和责任编辑刘长娥。从前期的文字录存，到查对资料，编写年谱，遴选插图到逐字逐句地纠错推敲，她们无不倾尽心力，任劳任怨，为本书的品质保证作了大贡献。

还要感谢出版社的吴宗森、刘逸、欧大伟、宣佳丽、兰志梅等人，以及我叫不出名字的质检组同志，他们为本书所做的工作除了职责所在，更是出版人敬业精神的生动写照。

以上所言，出于至诚，不可或缺，故附书尾。

刘传铭

2023年"五一"国际劳动节